KB070221

우울 다스리기

역설을 딛고 희망으로

Jon G. Allen 저 | 최희철 · 강유임 · 오혜진 공역

학지사

Coping With Depression: From Catch-22 to Hope, first edition
by Jon G. Allen

First Published in the United States by American Psychiatric Association, Washington, D.C.

역자 서문

꽤 많은 사람이 우울한 기분에서 우울증에 이르기까지 정도의 차이는 있지만 기분 상태의 이상으로 어려움을 겪는다. 일상에서 사람들이 "우울해."라고 말할 때 정신과 진단명인 주요 우울증 수준의 우울을 뜻하는 것은 아닐지라도, 약간 우울하다고 느끼는 그 상태를 계속 방치하고 스트레스가 누적되는 일이 발생하면 주요 우울증의 수준으로 악화될 가능성이 있다. 그래서 우울한 기분일 때조차 개선을 위한 적절한 노력을 하는 편이 좋다. 심각한 우울 상태일 때는 더욱 그렇다. 이러한 노력에는 우울한 사람 자신의 능동적인 역할뿐 아니라 중요한 타인의 지지, 전문가의 도움 모두가 포함될 것이다. 이 책은 우울한 사람이 이러한 노력을 할 때 필요한 적절하고 알맞은 정보를 쉬운 방식으로 아주 잘 제공하고 있다.

우울을 다스리기 위해 스스로 노력하든, 중요한 타인의 지지를 추구하든, 전문가의 도움을 받든 간에, 우울한 사람이 자신의 능동적 주체성을 발휘하는 것이 회복을 위한 여정의 첫 출발점이 될 것이다. 그리고 비교적 가벼운 우울한 기분을 느끼는 사람은 회복을 위한 첫걸음을 자기주도적으로 시작해서, 스스로 힘을 내고, 긍정적인 사고를 시도하고, 유쾌한 기분이 드는 일을 해서 우울한 기분에서 벗어나는 데 성공할 수도 있을 것이다. 그런데 가벼운 우울 기분을 넘어서 더욱 심각한 우울 증후군 또는 주요 우울장애의 수준에 이르면 문제가 달라진다. 즉, 우울장애 자체에 스며들어 있는 여러 가지 골칫거리가 회복하기 위한 노력을 좌절시키는 역할을 한다. 이 책의 저자인 Allen 박사는 그 골칫거리란 '당신이 우울에서 회복하기 위해 행할 필요가 있는 모든 일을 우울의 증상 때문에 행하기 쉽지 않다는 것'이라고 명쾌하게 말한다. 구체적인 예를 들어 보면 다음과 같다.

- 잘 먹고, 잘 자서 신체 건강을 유지해야 하는데, 우울은 식욕을 떨어뜨리고 불면을 유발한다.
- 힘을 내서 운동 같은 신체 활동을 해야 하는데, 우울하면 활력이 부족하다.
- 즐거운 활동을 해야 하는데, 우울은 즐기는 능력을 파괴한다.
- 현실적으로 생각해야 하는데, 우울은 부정적인 생각에 편향되도록 박차를 가한다.
- 사람들과 어울려야 하는데, 어울리려는 시도를 할 때 미묘한 거부감을 경험한다.
- 희망을 가져야 하는데, 우울은 절망에 박차를 가한다.

이외에도 '자기를 수용해야 하는데, 우울은 자기비난을 부채질한다. 스트레스를 해결해야 하는데, 우울은 스트레스 사건을 만드는 데 일조한다.' '알코올 및 물질을 남용하는 것은 궁극에는 우울을 악화시키는데, 우울한 사람은 기분 호전을 위해 알코올 및 물질을 자가 치료의 일환으로 사용한다.' 등이 있다. 이 모두를 지칭해서 Allen 박사는 우울의 '역설(catch-22)'이라고 말한다. 그는 이런 역설 때문에 우울에서 회복하는 것이 쉽지 않다는 것을 알게 되면, 우울한 사람이 '우울에서 빨리 벗어나야만 해. 하지만 그렇게 할 수가 없어. 나는 나약해.'와 같은 자기비난을 멈추고, 자비로운 태도로 회복 과정에 참여할 수 있고, 그 과정에서 절망하지 않고 희망을 가질 수 있다고 말한다.

이 책은 우울에 스며 있는 여러 가지 역설을 알고, 우울을 이겨 내는 데 유익한 많은 정보와 연구 결과 그리고 대처 방법을 종합적으로 안내한다. Allen 박사는 당뇨병에 걸리면 혈당, 인슐린, 식이요법을 잘 알고, 과체중이라면 영양 섭취와 운동에 대해 잘 알고 적절한 노력을 해야 하듯이, 우울한 사람도 우울을 잘 알고 유익한 조치를 취해야 회복의 과정을 당길 수 있고, 회복한 뒤에 그 효과를 계속 유지하는 더 나은 입장에 설 수 있다고 강조한다. Allen 박사는 우울한 사람이 회복하는 과정에서 도움이 될 유용한 정보, 연구 결과, 상담 경험을 총망라하여 이 책을 크게 5개의 부로 나누어 저술하였다. 그리고 그는 우울한 사람의 곁에 있는 중요한 타인, 전문가에게도 도움을 줄 목적으로 이 책을 집필하였다.

이 책의 구성을 간략히 소개하면 다음과 같다. 제1부는 우울의 정의, 우울의 역설, 우울한 사람이 발휘할 수 있는 주도성에 대해 소개한다. 제2부는 우울을 유발하는 데 기여하는 생물학적 취약성, 애착, 아동기 역경에 대한 내용을 다룬다. 제3부는 외부의 스트레스 사건들, 내적인 스트레스가 우울에 미치는 영향을 설명한다. 제4부는 뇌와 몸, 우울과 관련된 장애들이 우울과 어떻게 연관되는지를 다룬다. 제5부는 우울에 관련된 각 요인에 대한 이해를 바탕으로 신체 기능의 향상에 유익한 행동적 접근, 부정적 사고를 넘어 현실적 사고를 하게 돕는 인지치료적 접근, 지지적 대인관계를 형성하는 데 유익한 대인관계 및 정신역동치료적 접근을 다루고, 약물치료, 약물치료와 심리치료의 혼용, 기타 신체적인 접근, 입원 등의 효과와 장단점 등을 통해 통합적 접근을 살펴본다.

지금 이 책을 읽고 있는 당신이 우울하다면 우울에서 회복하는 데, 당신이 우울한 사람의 가족이나 친구라면 그 사람의 회복을 돕는 데, 당신이 전문가라면 우울에 대한 종합적 이해와 통합적 처치 접근의 전문성을 향상시키는 데 모쪼록 이 책이 도움이 되기를 바란다.

역자 대표

최희철

추천사

오랜 세월 동안 우울을 잘 이해하고, 효과 좋은 처치를 가능케 한 인상 깊은 많은 연구가 이루어졌어도, 일반 대중과 정책 입안자의 우울 연구에 대한 이해가 대폭 향상되지 않았다는 것이 우울장애와 관련된 작금의 문제이다. 우울을 경험하는 사람의 비율은 점점 증가하고 있으며, 젊은 사람들은 더욱 그렇다. 그러나 지금까지 우울을 겪고 있는 사람 중 소수만이 전문가의 도움을 추구한다. 더욱 문제가 되는 것은 가장 효과가 좋은 전문 상담에 접근하는 비율이 여전히 낮다는 것이다. 우울장애에 관한 연구들이 좋은 성과를 냈지만, 사람들은 우울에 대한 정보를 제대로 접하지 못하고 있으며, 우울을 제대로 이해하지 못하고 있는 실정이다. 이런 실정은 상담을 받지 않아 우울에서 회복되지 못한 사람들이 우울로 인해 상당한 불행, 생산력의 저하, 가족 관계에서의 갈등을 겪고 있다는 것을 뜻한다. 종종 인생에서 꽤 긴 세월을 아주 많은 사람, 특히 여성과 권리를 박탈당한 사람들은 우울로 인해 겪지 않아도 될 고통을 겪는다. 이런 이유로 Jon Allen 박사의 이 책은 매우 쓸모 있고 시기적절한 책이다. 이 책은 여러 가지 원인 때문에 발생하는 우울에서 회복하는 데 도움이 되는 매우 다양한 종류의 상담 방법을 안내하고, 우울장애를 쉽게 이해하게 돕는다는 탁월한 장점을 갖고 있다. 이는 심각한 우울을 겪고 있는 내담자들을 대상으로 심리교육적 상담을 오랫동안 적용한 저자의 경력에서 발달한 기술 덕분이다. 이 책의 최고 강점은 우울은 예방 가능하며, 상담으로 회복할 수 있다는 희망의 소식을 전하고 있다는 것이다. 이런 희망의 메시지는 우울을 겪고 있는 사람들의 곁에서 우울을 직접 체험하거나 목격한 사람들에게 아주 반가운 소식이다.

우울은 복잡한 문제이다. 생리 · 심리 · 사회적 요인 모두가 우울의 원인으로 간주된다. 그리고 우울은 발달 과정 또는 생애 내내 발생-회복-재발 과정을 겪는다. 그래서 생리 · 심리 · 사회적 토대들이 어떻게 이 심각한 장애를 유발하는지 이해하려면 여러 가지 다양한 요인을 복합적으로 이해하는 것이 좋다. 이러한 이해는 이 분야의 전문가에게 꽤 훌륭한 위업이다. 하지만 이 위업은 보통 사람들을 기죽게 한다. 그럼에도 이 책은 정신건강 전문가들과 보통 사람들 모두를 아우르는 명쾌하고 활용 가능한 과학적 지식을 잘 요약하고 있다.

『우울 다스리기』는 우울을 겪는 데 일조하는 취약점과 스트레스 요인으로 작용하는 여러 가지 요소를 편안히 살펴보도록 당신의 구미를 자극한다. 이 책은 정보를 쉽고, 분명하고, 일관성 있게 제시하며 우울이 갖고 있는 몇 가지 덫과 위험을 강조하여 표현한다. 이 책은 이러한 우울의 덫과 위험을 역설(catch-22)이라는 표현으로 비유하는데, 이 역설이 우울을 인지하고, 수용하고, 상담을 추구하는 것을 방해한다. 우울장애는 그 자체에 도사리고 있는 많은 덫과 함정을 갖고 있다. 예를 들어, 우울에 취약한 사람들은 감당하기 어려운 양의 외부 스트레스를 경험하지만, 그것들을 처리하는 데 도움이 되는 내부 자원과 외부 자원은 부족한 경우가 많다. 우울을 겪을 때 나타나는 타인과의 교류 감소와 절망감은 상담을 받겠다는 의도와 상담 과정에서 처치 계획을 따르는 것을 방해한다. 타인의 지지에 의지해서(support seeking) 문제를 해결하는 것은 우울 자체에 도사리고 있는 불신, 적의로 인해 설 자리를 잃거나, 낙인찍히는 느낌을 갖게 한다. 아마도 우울의 가장 큰 덫은 이 용어가 일상의 정서 상태를 표현하는 의미로 사용되는 동시에 심각한 장애를 뜻하는 의미로 사용되는 것이다. 이 모든 것이 우울한 사람으로 하여금 상황을 곡해하고, 세상에서 고립되고, 버티기 어렵다는 느낌을 갖게 만든다.

이 책은 우울장애를 다양한 관점에서 설명하고 기술한다. Allen 박사는 놀랄 정도로 공평한 방식으로 학문 분야, 측정, 혹은 처치 어느 한쪽에 치우치지 않고, 우울에 영향을 미치는 생리 · 심리 · 사회적 요인을 매우 균형 잡힌 시각에서 설명한다. 현재의 학문 및 정치 풍토에서 유행하고 있는 유전학, 생물학, 약학은 우울을 설명하는 패러다임을 독점하려는 위험한 상황을 전개하고 있다. 그러나 Allen 박사는 사회 불평등, 삶의 초기에 겪은 외상, 애착의 문제가 평생 동안 우울장애가 발달하는 과정에 어떻게 영향을 미치는지를 보여 준다. 그는 사회 환경이 개인에게 끼치는 악영향, 개인의 성격이 그 악영향을 증폭시키는 과정, 우울이 대물림되게 하는 생물학적 요인을 설명한다.

Allen 박사는 뛰어난 전문가이다. 그는 여러 심리장애를 상담하고, 연구하고, 교육했던 경험을 사려 깊은 해석을 곁들여 잘 통합한다. 그는 내담자의 의사소통 수준에 맞게 상담기술을 미세하게 조정하면서 오랜 세월 동안 많은 내담자를 상담하였다.

나는 1990년대부터 Allen 박사와 알고 지냈다. 당시 그는 캔자스에 있는 메닝거 클리닉에서 근무했고, 영국의 상담가이자 연구자인 Peter Fonagy 교수가 이끌던 아동 및 가족 팀의 일원이었다. 우리는 함께하는 동안 멋지고 창의성 있는 연구를 했다. 그 팀은 절충주의 접근을 지향했다. 다시 말해, 그 팀은 메닝거 클리닉에서 처치를 받았고, 외상 및 역기능적 배경을 가진 개인의 발달사를 추적한 여러 방법과 심리학, 정신분석학, 사회학, 생물학의 성과를 결부시켜, 그 개인들이 외상 및 역기능적 배경의 결과로 겪은 심리장애를 조사하였다. Allen 박사는 열린 마음으로 미국과 영국, 그 외의 나라에서 이루어진 수많은 과학적·이론적 성과들을 흡수하였다. 그는 영국의 George Brown과 동료들이 개발한 집중 자서전 면접을 빠르게 숙달하였다. 나도 Fonagy 교수가 이끌던 그 팀의 일원이었다. 집중 자서전 면접은 사회적 역경의 맥락, 의미, 중요성을 찾는 데 초점이 맞춰져 있고, 이 면접은 이 프로젝트 동안 개발되었던 생애사 접근들과 통합되었다. 나는 대서양의 양쪽에서 온 두 집단 간에 연이어 이루어진 토론과 훈련 회기에 참여하는 특권을 누렸다. 실제로 나는 이 프로젝트가 1990년대에 사회과학 및 상담현장 연구에서 성취된 최고의 내용을 흠뻑 흡수한 가르침을 제공하는 정말로 창의적인 협력이었다고 기억한다.

나는『우울 다스리기』와 같은 책들이 생물학적 패러다임과 같은 환원주의의 포로가 되지 않고, 우울을 설명하면서 개인의 경험과 사회 맥락을 포함하려는 과학적 노력을 다시 점화하기를 희망한다. 이 책은 여러 수준의 경험을 포괄하여, 분별 있게 아우르며 정보를 제공하는 방법을 보여 주는 본보기이다.

Allen 박사는 희망을 이야기하면서 우울에 대한 설명을 마친다. 희망은 행복하고, 만족하고, 삶에 성공하는 데 필요한 조건이다. 희망이 부족할 때 우울은 너무나 견디기 힘든 장애가 된다. 그러나 『우울 다스리기』는 우울과 희망이 어떻게 공존할 수 있는지를 보여 준다. 그리고 『우울 다스리기』는 희망으로 어떻게 우울에 대처할 수 있는지를 보여 주는 풍부한 실용성을 가진 안내서이다. 결론을 말하면, 이 책은 어떻게 잘 살지를 보여 주는 교훈서이다.

Antonia Bifulco, Ph.D.
Professor in Health and Social Care
Royal Holloway, University of London
September 2005

개관

나는 메닝거 클리닉에서 오랫동안 심리적 외상을 다루는 심리교육 집단을 운영하면서 내담자에게 우울에 대해 가르치기 시작했다. 그때 나는 위기에 빠진 전문가들을 위한 프로그램에 참여한 내담자를 위해 전적으로 우울에 초점을 둔 교육 프로그램을 개발했다. 나는 그들의 우울한 기분을 호전시키기 위해 그들이 할 수 있는 모든 것을 단순하게 말해 주는 식으로 접근하면 나의 교육은 망하고, 그들이 나에게 등을 돌린다는 것을 꽤 빠르게 알아차리게 되었다. 그들은 내가 한 매우 다양한 제안이 그렇게 잘 작동하지 않는 이유를 설명했다. 나는 그들의 설명을 경청했다. 나는 우울을 위한 처치가 지닌 한계를 인정하고 내담자가 쉽게 회복하지 못하는 다양한 이유를 이해하도록 돕는 것이 매우 도움이 된다는 것을 배웠다. 그때 그들은 경청했다.

내담자에게 우울에 대해 가르치는 나의 방법은 한 가지 근본적 전제에 바탕한다. 즉, 우울은 전 세계의 많은 사람을 어려움에 빠뜨리는 주요 원인 중 하나이다. 그리고 대다수의 사람이 우울에서 회복할지라도 대개 회복하는 과정은 결코 쉽지 않다. 내담자를 교육하는 과정에서 이러한 침착한 현실적 접근은 우울한 사람이 빠르게 회복할 능력을 보이지 못해서 느끼는 죄책감을 덜어 주는 장점이 있다. 이런 접근은 우울한 사람이 장기간 치료를 받아야 도움이 되는 처치를 너무 빨리 포기하는 것을 예방하는 데 도움이 된다.

우울에서 회복하는 것은 쉽지 않다. 그리고 우울의 심각성을 지켜보고 있는 것도 편치 않다. 십여 년간 공부를 하고 이후로 몇 년간 상담을 했음에도 불구하고 나는 우울한 사람의 투쟁을 완전하게 이해하지 못했고, 교육 집단에 참여하는 내담자와 상담을 시작하고 아주 방대한 전문 서적을 탐구한 후에야 우울한

사람들의 투쟁을 이해하게 되었다. 삭막한 현실은 널리 퍼져 있는 고정관념과는 완전히 다르다. 널리 퍼진 고정관념은 우울이 급성의 질병이라 생각하는 것이다. 다시 말해, 나쁜 일이 일어나서 당신은 우울해지고, 그런 다음 항우울제 처방의 도움을 받아 꽤 빠르게 회복한다는 관념이다. 사실 우울은 스트레스 사건에 대한 반응으로 비교적 오래가지 않을 수 있다. 그리고 상당한 수의 사람이 처치에 비교적 빠르게 반응하고 충분히 회복한다. 그러나 이 시나리오가 표준은 아니다. 나는 '역설(catch-22)'을 말하는 이 실용적인 책을 쓰면서 이 책을 숙독할 사람이 우울로 고투하고 있다고 가정하고 있다.

우울에서 회복하는 것이 왜 그리 어려운지를 이해하면 회복 과정의 고통이 줄어들 수 있다. 우울에서 회복하고자 노력하고 있는 많은 사람은 우울한 것도 상처가 되는데 거기에다 모욕감 또한 느낀다. 그들은 쉽게 회복하지 못하는 자신을 비난한다. 즉, "우울에서 빨리 벗어나야 해. 하지만 그렇게 할 수가 없어. 나는 나약해."처럼 자신을 비난한다. 이 책은 그런 자기비난을 반박한다. 당신이 회복 과정에 난관이 있다는 것을 이해하면 자신을 더욱 자비로운 태도로 대할 수 있을 것이다.

당신이 심장 발작을 일으키면, 자신을 잘 돌보기 위해 당신의 심장과 순환계를 이해해야 할 필요가 있다. 당신이 당뇨병에 걸리면 혈당, 인슐린, 식이요법을 알아야 할 필요가 있다. 당신이 과체중이면 영양 섭취와 운동에 대해 배워야 할 필요가 있다. 우울의 경우도 마찬가지이다. 당신은 우울의 특성, 여러 가지 원인, 처치 방법에 관련된 최신의 지식을 익히기 위해 최선을 다해야 할 것이다. 이 책의 각 장 제목만을 슬쩍 보기만 해도 당신은 이 책이 망라하고 있는 많은 내용에 놀랄 것이다. 하지만 그 내용의 대부분은 두 가지의 간단한 아이디어로 축약될 수 있다. 바로 역설(catch-22)과 스트레스 누적이다.

역설(catch-22)

우울은 다루기 어려운 문제이다. 우울에서 회복하는 데 왜 그리 오랜 시간이 걸릴까? 회복하는 과정은 왜 그리 어렵고 고통스러울까? 당신이 우울에서 벗어나는 데 어려움을 겪고 있다면, 그 과정에서 당신은 다음 중 몇 가지 또는 모든 것을 조언받았을지도 모른다. "힘내라. 즐기라. 긍정적인 생각을 하라. 다른 사람과 멀어지지 마라." 이것은 좋은 충고이다. 그리고 당신은 아마도 이 충고들의 일부 또는 전부를 따르려고 시도했을 것이다. 골칫거리는 '당신이 우울에서 회복하기 위해 할 필요가 있는 모든 일들이 우울의 증상 때문에 하기 쉽지 않다는 것'이다.

당신은 잘 먹고 잘 자서 신체 건강을 유지해야 하는데, 우울은 식욕을 떨어뜨리고 불면을 유발한다. 당신은 힘을 내서 운동 같은 것을 해야 하는데, 우울의 주요 증상 중 하나는 활력이 부족하다는 것이다. 당신은 즐겨야 하는데, 우울은 당신의 즐길 수 있는 능력을 파괴한다. 당신은 현실적으로 생각해야 하는데, 우울은 부정적 생각에 박차를 가하고, 나쁜 기억이 떠오르게 한다. 당신은 사람들과 어울려야 하는데, 다른 사람에게 가까이 가고 싶지 않다고 느낀다. 그리고 당신은 다른 사람과 어울리려는 시도를 할 때 미묘한 거부감을 경험할 수 있다. 그래서 그 모든 충고를 압축하면 "우울해하지 마!"로 축약되어 보일 수 있다.

근본적인 역설(catch-22)은 우울에서 회복하려면 당신은 희망을 가져야 하는데 우울은 절망에 박차를 가한다는 것이다. 『옥스퍼드 소사전』은 '역설(catch-22)'을 성공이 배제된 어떤 조건 또는 피해자가 극복할 수 없는 딜레마로 정의한다. 내가 역설에 주의를 기울이는 것이 절망을 부채질하는 모양새가 되지 않게 하려면, 우리는 어려움과 불가능을 구별해야 한다. 이 둘의 차이에서 희망을 발견할 수 있다. 역설이 회복을 불가능하게 만들기보다 어렵게 만드는 이유는 우울로 인한 손상이 최악이 아닌 정도의 문제이기 때문이다. 다행히 우리는 이분법적 흑백의 문제를 다루고 있는 것이 아니라, 정도의 문제를 다루고 있다. 예를 들어, 당신은 회복하고자 하는 동기를 갖추어야 할 필요가 있다. 그러나 우울은 당신의 활력을 박탈한다. 우울한 당신은 활력은 떨어지나, 여전히 약간의 에너지와 약간의 동기를 갖고 있고, 어떤 때는 그 정도가 최소한일 수 있다. 어느 정도 보존되어 있는 기능은 역설의 각 영역에서 우울을 극복하기 위한 지렛대가 될 것이다. 예를 들어, 당신은 약간의 잠을 잘 수 있고, 약간의 음식을 먹을 수 있고, 조금씩 움직일 수 있다.

나는 우울에서 회복하는 것의 어려움을 얕잡아 보는 것이 절망을 일으킨다고

생각한다. 당신이 쉽게 회복할 수 있다고 생각하면, 우울에서 재빨리 빠져나오지 못하는 것을 실패라고 느낄 것이다. 당신이 역설을 알아차리지 못하면, 비현실적인 목표를 세울 수 있다. 그리고 그 목표에 도달하지 못하고 실패하는 것은 다시 우울을 악화시킬 것이다. 역설이 회복을 더디고 어렵게 만든다는 것을 당신이 이해하면, 약간의 개선이 생기는 것에도 만족감을 얻을 것이다. 시간이 지나면서, 이 모든 작은 진전이 모여 회복에 이르게 할 것이다. 당신이 작은 성공을 인정하고 소중히 여길 때, 당신은 계속되는 좌절의 느낌을 극복하기 시작할 것이다.

내가 입원 내담자를 위한 교육집단을 운영하면서 우울에서 회복하는 것이 어려우나 불가능한 것은 아니라고 말했을 때, 한 내담자는 당당하게 나에게 항변했다. 즉, 그는 너무나 우울해서 자신이 스스로 회복하는 것은 매우 불가능했다고 말했다. 그는 실제로 거의 마비되기도 했다. 지금 나는 이런 경고를 전하고 싶다. 즉, "회복하는 것이 어렵지만 불가능한 것은 아니라고 주장하면서, 나는 도움 없이 회복하는 것은 불가능할 수 있다는 것을 강조한다." 다행히도 당신은 많은 종류의 도움을 받는 것이 가능하다. 당신이 어떤 도움을 받을 수 있는지를 잘 알고 있을수록, 당신의 우울을 극복하는 데 도움이 되는 발판은 많아진다. 이 책의 제5부('역설에 대처하기')는 당신이 그런 발판을 찾는 데 도움이 되고자 했다.

스트레스 누적

이 책은 발달적 접근을 한다. 어떤 사람들에게는, 우울이 슬픔에서 시작된다. 그러나 대부분의 사람에게, 우울은 일생 동안 누적될 스트레스가 쌓일 대로 쌓였다는 한계의 신호이다. 이 책은 두 가지 이유로 당신이 발달 과정에 주의를 기울이게 한다. 첫째, 무엇이 당신을 우울하게 만들었는지를 이해하게 된다면, 당신은 회복해서 그 회복을 잘 유지할 수 있는 더 나은 입장에 서게 될 것이다. 둘째, 당신이 우울해진 이유를 이해한다면, 자신을 향한 자애로운 태도를 더욱 쉽게 취할 수 있을 것이다. 이 책에서 기술하는 모든 부정적인 발달적 요인이 우울한 개개인에게 적용된다는 것을 의미하지 않는다. 오히려 나는 당신에게 해당되는 요인에 관한 약간의 정보를 주기 위해 우울의 발달에 기여하는 여러 가지 요인을 포함하였다.

당신이 평생 스트레스 누적으로 인해 우울해지는 과정과 어떻게 스트레스를 피해 그것의 누적에서 빠져나올지를 고려해서, 이 책의 차례를 연대기적으로 구성하였다. 그러나 제1장, 제2장, 제3장은 기초적 내용을 다루는 것으로 시작한다. 제1장('우울')은 여러 가지 형태의 우울을 기술한다. 제2장('진퇴양난의 상황'), 제3장('주체와 자유행동의 범위')은 당신이 회복의 과정에서 능동적 역할을 할 필요가 있음을 강조한다.

제4장, 제5장, 제6장은 스트레스 누적을 다룬다. 제4장('체질')은 스트레스에 대한 여러 가지 생물학적 취약성 요인을 알아본다. 제5장('애착')은 우울에서 불안정 애착이 기여하는 역할을 설명한다. 제6장('아동기 역경')은 삶의 초기에 겪은 스트레스가 우울의 발생에 미치는 영향을 묘사한다. 생물학적 취약성과 삶의 초기 스트레스 누적은 당신을 성인기 우울 삽화의 촉발요인에 민감해지게 만든다. 제7장('스트레스 사건')은 외부 스트레스의 역할을, 제8장('마음의 스트레스')은 스트레스 누적의 최후 결정타인 정서적 갈등의 역할을 강조한다. 이때쯤 우리는 우울을 이해하게 된다. 내가 검토한 대로라면, 당신이 스트레스 누적에 직면해서 계속 견디고 싶어도, 당신의 뇌와 몸은 궁극적으로 기능을 멈춘다. 제9장('뇌와 신체')은 우울을 신체 질병으로 간주한다. 제10장('우울과 관련된 장애')은 우울과 자주 동반하는 몇 가지 정신의학적 질병들을 기술한다.

발달적 진전을 계속하는 우울의 경로를 고려하면, 우리는 회복하고 이를 잘 유지하는 방법 또한 생각해 볼 필요가 있다. 유익하지만 혼란스러울 정도로, 상담자들은 너무 많은 처치 접근을 개발했다. 당신은 치료를 위한 노력의 방향을 분명히 잡기 위해서 우선순위를 설정할 필요가 있다. 이 책의 마지막 부분은 그 일을 돕기 위한 것이다. 나는 제11장에서 제15장까지의 내용을 각각 단순한(하지만 쉽지 않은) 것에서부터 복잡한 내용으로 구성하였다. 제11장('건강')은 당신의 신체기능을 끌어올리기 위한 행동적 접근들을 기술한다. 제12장('유연한 사고')은 부정적 사고를 대체하기 위해 개발된 인지치료 기법들을 요약한다. 제13장('지지하는 관계')은 대인관계치료 및 정신역동치료를 검토하는데, 이는 애착 관계 문제

를 다루고자 의도한 것이다. 제14장('통합 처치')은 다양한 심리치료와 조합된 항우울제의 효과를 평가한다. 제15장('희망')은 희망에 관한 나의 몇 가지 생각을 제안하면서 결론을 맺는다.

이 책을 읽는 방법

이 책을 읽는 데 배경지식은 필요하지 않다. 필요한 것은 당신의 개인적 경험일 것이다. 나는 우울한 마음으로 고투하는 당신을 독자로 생각하며 이 책을 썼다. 그러나 더 많은 사람이 이 책을 읽기를 바란다. 즉, 우울한 사람, 그들을 돌보는 사랑하는 사람, 건강 전문가 모두가 읽기를 바랐다. 간단히 말하면, 나는 우울과 그 처치 방법을 종합적으로 이해하기를 바라는 사람을 위해 이 책을 썼다.

그러나 당신이 매우 우울하다면, 이 책을 읽으면서 역설의 상황에 처할 것이다. 즉, 당신은 알아야 할 것이 많지만, 집중하기 어려울 수 있다. 그리고 당신은 읽은 것을 다시 기억하는 것이 어려울 수 있다. 나는 상당히 많은 정보를 이 책에 포함시켰다. 그 정보가 새로운 사고방식을 자극하는 지적인 도전 과제가 되게끔 하였다. 무엇을 하든 그렇듯이, 여기서 역설에 빠지지 않을 한 가지 방법이 있다. 천천히 읽고, 조금씩 실천하라. 나는 그런 접근이 가능하게 이 책의 각 장을 짧은 여러 개의 절로 나누어 구성하였다. 당신은 각 장, 절, 하위 절의 제목을 보고 읽고 싶은 것과 건너뛰고 싶은 것을 쉽게 구별할 수 있다. 뒤쪽의 내용은 앞쪽의 내용에 기초한다. 그래서 앞에서부터 뒤쪽으로 읽도록 이 책을 구성하였다. 당신이 회복의 방법과 관련된 내용으로 곧바로 가기를 바란다면, 대처 방법을 알려 주는 제5부를 곧바로 읽어도 무방하다. 그런 이유로 마지막 장인 희망을 먼저 읽어도 된다. 이 책 전체에서 강조하듯이 당신은 자유로운 주체이다.

차례

역자 서문 _ 3

추천사 _ 7

개관 _ 11

기초

제1장 우울 / 23

소개 _ 24 • 불안과 우울 _ 25 • 우울의 변이 _ 31 • 장애의 과정 _ 36
발달적 관점 _ 38 • 적응 실패 _ 44 • 심각성 _ 48

제2장 진퇴양난의 상황 / 51

진퇴양난 _ 52 • 우울은 흔하다 _ 54 • 우울은 기능을 떨어뜨린다 _ 55
회복은 시간을 필요로 한다 _ 57 • 우울은 만성적인 장애가 될 수 있다 _ 58
우울은 재발한다 _ 59 • 우울해도 처치를 잘 받지 않는다 _ 60
처치를 받으면 빨리 회복된다 _ 62
당신은 통계 자료에 제시된 정보에 부합하지 않을 수 있다 _ 63

제3장 주체와 자유행동의 범위 / 65

주체성 대 제약 _ 68 • 우울과 주체성 _ 72 • 장애 _ 75
책임과 비난 _ 79 • 미리보기 _ 85

발달

제4장 체질 / 89

유전적 위험 _ 90 • 태아기 스트레스 _ 95 • 기질 _ 96 • 성 _ 100
운명에 영향을 미치기 _ 103

제5장 애착 / 105

안정 애착의 이점들 _ 106 • 불안정 애착과 우울 _ 111
치유를 가져오는 애착 _ 121

제6장 아동기 역경 / 125

엄마-유아 우울 _ 126 • 분리와 상실 _ 131 • 애착 외상 _ 134
아동기와 청소년기의 우울 _ 137 • 회복력 _ 140

촉발사건

제7장 스트레스 사건 / 145

스트레스가 되는 삶의 사건과 어려움 _ 147 • 스트레스 생성 _ 150
외상 스트레스 _ 152 • 발달적 경로와 취약성 _ 153
스트레스와 우울의 과정 _ 156 • 스트레스 줄이기 _ 159

제8장 마음의 스트레스 / 161

완벽주의 _ 162 • 죄책감과 수치심 _ 167 • 분노와 분개 _ 171
당신 자신과 관계하기 _ 176

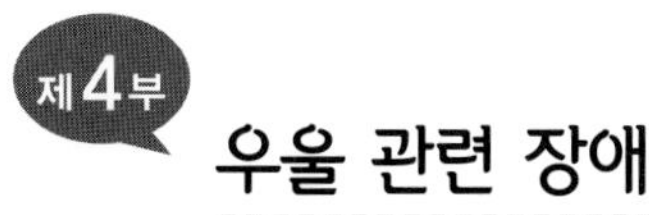

제9장 뇌와 신체 / 185

뇌 조직: 개론 _ 186 • 나쁜 건강과 스트레스 호르몬의 증가 _ 195
화학물질의 불균형을 넘어서 _ 200 • 뇌 활동의 변화 _ 205
뇌, 마음, 역설 _ 216

제10장 우울과 관련된 장애 / 219

양극성 장애 _ 220 • 불안장애 _ 226 • 물질남용 _ 229 • 성격장애 _ 238
일반적인 의학적 조건 _ 239 • 자살 충동을 느끼는 상태 _ 240

제11장 건강 / 247

수면 _ 249 • 섭식 _ 256 • 활동과 운동 _ 257
긍정적 정서 _ 259 • 안녕 _ 266

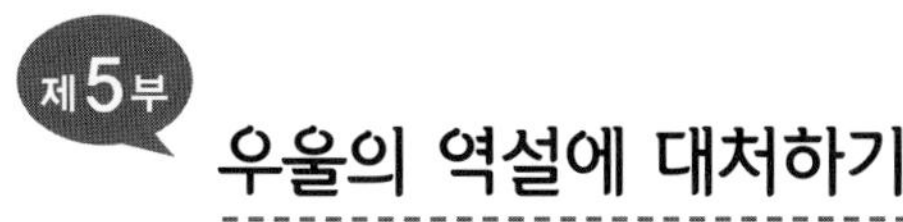

제12장 유연한 사고 / 271

부정적 생각 _ 273 • 반추하기 대 문제 해결하기 _ 277 • 기억하기 _ 280
인지치료 _ 281 • 인지적 취약성 _ 285 • 재발 예방 _ 287
당신 자신과의 관계: 다시 한번 더 생각해 보기 _ 291

제13장 지지하는 관계 / 293

대인관계 행동 _ 294 • 애착관계에서의 갈등 _ 299 • 대인 간 취약성 _ 301
대인관계 심리치료 _ 302 • 정신역동 심리치료 _ 305
돌보미의 줄타기 곡예 _ 309 • 부부 및 가족 치료 _ 312

제14장 통합 처치 / 315

약물 처치 _ 316 • 다른 신체 개입 _ 326 • 약물치료와 심리치료 _ 328
심리치료 간의 비교 _ 333 • 입원 _ 337 • 회복과 건강 _ 340

제15장 희망 / 345

희망을 이해하기 _ 346 • 우울이 희망을 무너뜨리는 방식 _ 351
희망의 발판들 _ 352

용어 설명 _ 359
미주 _ 363
참고문헌 _ 377
추천도서 _ 421
부록 _ 423
찾아보기 _ 424

제1부

기초

• 제1장 •
우울

• 제2장 •
진퇴양난의 상황

• 제3장 •
주체와 자유행동의 범위

Coping With Depression

우울은 모든 사람에게 영향을 미칠 수 있다. 에이브러햄 링컨은 우울로 고생했다. 윈스턴 처칠 또한 그러했다. 다른 유명한 사람 중에서도 우울을 겪은 사람이 많다. 미국 심리학의 창시자인 윌리엄 제임스, 시인 에드거 앨런 포, 월트 휘트먼, 에밀리 디킨슨, 코미디언 로드니 댄거필드, 텔레비전 엔터프레너인 테드 터너, 토크쇼 진행자 딕 카벳, 영화배우 캐서린 제타 존스 등도 우울을 겪었다. 이들 각각은 때때로 자신을 마비시키는 우울한 기분에도 불구하고 계속해서 사회에 기여할 방법을 찾았다.

출처: Knaus, W. J. (2012). *The cognitive behavioral workbook for depression*. Oakland, CA: New Harbinger Publications, Inc. p. 11.

제1장

우울

인간이 배울 만한 가장 소중한 것과 인간이 배우기 가장 어려운 것은 정확히 같다. 그것은 바로 타인의 슬픔이다.[1]

아주 잘못 표현된 단어. 다음 문구는 작가 William Styron이 가슴 아픈 자신의 회고록『보이는 어둠: 우울증에 대한 회고(Darkness Visible)』에서 우울(depression)이란 단어를 논평한 견해이다.[2]

내가 그 질병으로 허약해진 것을 처음 깨달았을 때, 다른 무엇보다 그것을 '우울'로 부르는 표현에 나는 강하게 항변하고 싶었다. …… '멜랑콜리아(melancholia)'라는 단어가 훨씬 더 적절하고, 극심한 형태의 장애를 더 잘 표현한다고 생각했다. 하지만 멜랑콜리아는 다른 낱말에게 그 자리를 빼앗겼다. 그 낱말은 음조가 단조롭고, 권위 있는 모습을 찾아볼 수 없고, 불경기 또는 땅의 움푹 패인 곳을 뜻하는 명사인 '우울(depression)'이다. 우울이란 단어는 매우 중대한 질병을 명명하기에 아주 좋지 못한 표현이다. …… 지난 75년 이상 동안 그 단어는 악의 없는 민달팽이처럼 대중의 언어 속으로 서서히 번졌고, 그

> 단어에 내재된 역효과의 족적은 거의 남기지 않았다. 그 단어의 무미건조한 표현은 우리가 그 질병을 통제하지 못할 때 정말로 심각할 정도로 무서울 수 있다는 사실을 대중이 인식하지 못하게 한다(pp. 36-37).

우울은 아주 흔하다. 우리 중 누구도 우울한 적이 결코 없었다고 말하기 쉽지 않다. 일상에서 '우울하다'고 말한 적이 있는 사람은 우울장애를 잘 안다고 말할지 모른다. 그러나 실제로 그들이 우울을 충분히 잘 이해했다고 말하기 어렵다. 이에 대해 Styron은 다음처럼 설명했다. "충분히 이해하지 못하는 것은 동정심이 부족해서 그런 것이 아니며, 건강한 사람은 일상의 경험과 너무 거리가 먼 고통의 유형을 상상하기 쉽지 않기 때문이다."(p. 17) 우리는 **우울**이란 말에 익숙한 나머지 그것을 잘 이해한다고 착각한다. 묘사하기 어려운 것을 묘사하고자 노력한 Stryon은, 우울은 "무력한 망연자실, 비몽사몽하는 수면 상태, 괴로움, 무겁고 지독하게 불쾌한 기분, 서서히 무너져 내림, 거대한 고통의 고독, 잦아들지 않는 고통, 절망 너머에 절망이 있는 상태"라고 표현했다. 그는 우울로 겪는 매우 고통스러운 경험을 다음처럼 표현했다. "도대체 이해하기 힘들고, 평상시의 경험과 너무 다른 우울로 야기된 공포의 회색 이슬비는 마치 육체적 고통처럼 느껴졌다."(p. 50)

소개

나는 앞에서 우울의 심각성을 강조했다. 나는 대부분의 건강한 사람이 가끔씩 경험하는 **우울한 기분**(depressed mood)과 정신의학적 진단과 처치가 필요한 **우울장애**(depressive illness)를 구별한다. 우울장애의 형태와 심각성은 다양하게 나뉜다. 우울을 제대로 이해하기 위해 먼저 우울의 진단을 알아보기로 하자. 현대 정신의학은 1세기 이상 이 과제에 매달려 왔다. 그래서 다뤄야 할 내용이 많다.

나는 어쩔 수 없이 이 책의 첫 장을 어려운 내용으로 시작하는데, 당신이 시작부터 어리둥절하지 않도록 약간의 안내를 하고 싶다. 당신이 우울을 직접 경험했다면 이미 잘 알고 있듯, 불안과 우울은 친밀한 동반자 같아서 종종 누가 먼저인지 모르게 함께 찾아온다. 그래서 나는 불안과 우울의 관계부터 설명할 것이다. 그런 뒤 정의가 분명하고 많이 연구된 장애인 주요 우울(major depression)을 설명할 것이다. 다음으로는 우울과 관련 있는 주의사항을 백과사전처럼 나열하면서, 주요 우울과 연관된 여러 가지 변종 진단들(variants)을 구별할 것이다. 즉, 여러 가지 증상의 심각성과 지속 기간에 따른 주요 우울장애의 변종을 구별하여 설명할 것이다. 또한 주요 우울의 진행 과정에서 나타나는 몇 가지 중간 기착지들을 구별하여 설명할 것이다. 우울의 변종과 진행 과정을 설명하는 2개 절의 세세한 내용이 당신에게 흥미로울 수 있다. 당신이 원하면 2개 절은 가볍게 읽어도 된다. 그러나 주요 우울은 아니지만 관련된 '경미한' 증상들을 소홀히 하면 안 된다는 핵심사항은 반드시 기억하라. 경미해도 그 증상들은 당신의 삶의 질과 기능을 떨어뜨릴 수 있고, 더 심각한 우울에 취약하게 할 수 있다. 이를 진지하게 수용해서 할 수 있는 한 그 증상들에서 회복하고자 노력하라.

진단 관련 내용을 다루면서, 나는 이 책의 주요 주제 한 가지를 자세히 설명한다. 즉, 우울은 발달적 관점에서 가장 잘 이해된다. 당신이 우울하게 된 과정을 분명히 이해하는 것은 우울에서 회복하고, 그것의 재발을 방지하는 데 유익하다. 당신이 우울에서 벗어나려면, 우울감이 과부하의 신호임을 알아차려야 한다. 이런 관점은 우리에게 한 가지 역설적 주제를 제공한다. 즉, '우울에도 적응적 기능이 있다'는 역설을 보여 준다. 그러나 이 책 전체에서 보여 주듯 우울에 대한 이야기를 장밋빛으로 물들일 의도는 없다. 제1장의 마지막을 우울의 심각성을 진지하게 수용하라고 한 Styron의 언급으로 결론 내린다.

불안과 우울

20세기 초에 '철학적 염세주의와 정신의 우울'이란 글을 쓴 철학자이자 심리학자인 William James는 다음처럼 말했다.

> 나는 땅거미 지는 저녁 무렵 드레스룸에 놓아둔 논문을 가져오기 위해 그곳에 갔다. 막 어둠에서 빠져나온 듯, 어떤 경고 신호도 없이 갑자기 나를 습격한, 나 자신의 존재에 대한 끔찍한 두려움 …… (정신병원에 입원한 간질병 환자가 된 듯) 나는 부들부들 떠는 두려움의 덩어리가 되었다. 이후로 나를 둘러싼 세상은 완전히 바뀌었다. 나는 매일 아침 가슴속에 무시무시한 두려움, 이전에도 이후에도 결코 느껴 본 적 없는 삶의 불안정감을 느끼며 매일 아침잠에서 깼다. 비록 그 감정들이 사라졌어도 그것은 계시 같았고, 그 경험은 이후로 내가 타인들이 느끼는 병적인 감정을 공감하게 만들었다. 그것은 점진적으로 사라졌다. 그러나 나는 몇 달 동안 어두운 밤에 혼자서 외출할 수 없었다(p. 6).

바늘 가는 데 실 가듯, 불안과 두려움은 우울에 동반하므로, 나는 이 책 전체에서 필요할 때마다 불안과 두려움을 이야기한다.[3)] 불안과 우울은 흔히 결부되어 있어, 둘을 분리해 이야기하는 것은 쉽지 않다. 학문적 개념으로 구분하면 다음과 같은 근본적 차이가 있다.[4] 불안은 부정적 정서가 과도한 것이고, 우울은 긍정적 정서가 부족한 것이다([그림 1-1] 참고). 이런 구별이 이해되지 않으면, 앞으로 이어지는 설명을 끈기 있게 경청하라.

부정적 정서 성향

불안부터 시작해 보자. 0에서 10사이의 범위를 가진 부정적 정서의 빛띠(spectrum)를 생각해 보라. 이 빛띠의 낮은 수준, 즉 0과 1 사이에서 당신은 평온함, 이완감, 만족감을 느낀다. 중간 수준, 즉 4와 6 사이에서 당신은 긴장감, 불안감을 느끼고, 조마조마함, 짜증을 느낄 수 있다. 좀 더 높은 7과 8 사이에서 당신은 매우 두려워할 수 있다. 극단의 9와 10 사이에서는 극심한 공포(panicked)나 겁(terrified)을 느낄 수 있다.

부정적 정서는 불쾌해도 긍정적 기능을 한다. 부정적 정서는 위협을 민감하게 알아차리게 하고, 그것을 피할 가능성을 높인다. 위험을 감지한 당신의 생리적 활력 수준은 높아지고, 이는 당신이 도망가거나 싸우는 등의 단호한 조치를 취

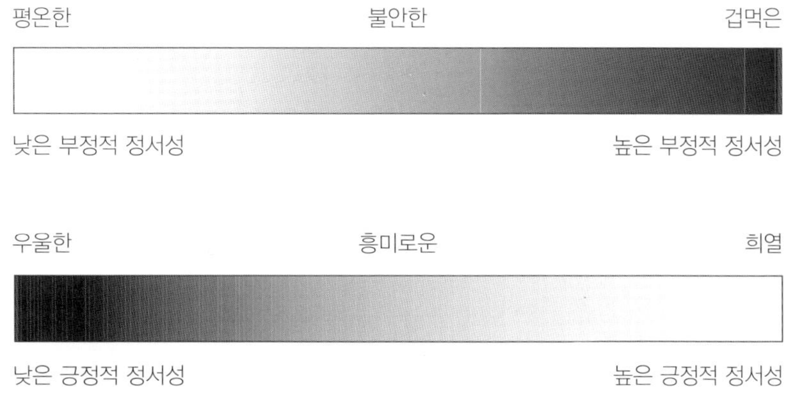

[그림 1-1] 불안 대 우울

하게 한다. 부정적 정서는 또한 학습을 촉진한다. 다시 말해, 당신은 육체적 혹은 정서적 고통을 일으킨 자극을 피하는 것을 학습한다.

정서가 갖고 있는 적응 기능을 이해하는 데 **상태**와 **특성**의 개념을 구별하면 도움이 된다. 두려움이나 분노의 폭발(상태)이 적응 기능이 있다 해도, 오래 지속되는 부정적 정서(특성)는 유해하다. 유전적 기질과 삶의 초기 스트레스 경험 때문에, 일부 사람은 성격적으로 불안, 불편감, 짜증, 죄책감 같은 부정적 정서를 느끼는 경향이 있다. 부정적 정서가 상당히 만연할 때 이는 성격 특성이 된다.

우리는 지나치게 걱정이 많은 사람을 '신경증적'이라고 말한다. 성격 연구자들은 부정적 정서 성향(negative emotionality)을 '신경증적 경향성'으로도 부른다.[4] 신경증적 경향성이 있는 나는 이런 별칭을 큰 모욕으로 느끼지 않으며 대개 그 별칭에 동의한다. 신경증적 경향성은 불편감을 겪는 성향 외에, 자신을 돌이켜 살펴보는 내성(introspective), 반추 성향뿐 아니라 자기와 세상의 부정적 측면에 초점을 맞추는 성향을 뜻한다. 성격 특성으로서 신경증적 경향성은 온갖 일에 관여한다. 신경증적 경향성이 높은 사람은 특히 스트레스에 민감하다. 우울이 계속되는 스트레스에 대한 반응이란 사실을 고려하면, 신경증적 경향성은 우울을 겪게 될 위험을 높인다.[5]

긍정적 정서 성향

우울을 부정적 정서의 한 종류로 생각할 수 있으나 그렇지 않다. 오히려 우울한 기분의 핵심은 흥미, 흥분, 즐거움 같은 긍정적 정서를 경험할 능력을 당신이 잃어버렸다는 것이다. Styron도 우울의 특징은 기쁨을 느끼지 못하는 것이라고 말했다. 여기서 내가 가장 좋아하는 아이디어를 소개하면 다음과 같다. 수십 년 전에 심리학자 Paul Meehl은[6] 뇌에서 즐거움을 주는 용액이 부족한 결과로 우울이 생긴다고 생각했다.

당신이 너무 우울해서 생각조차 할 수 없는 상태가 아니라면, 정말 좋아하는 어떤 일을 곧 할 거란 상상을 할 때 느꼈던 흥분을 생각해 보라. 흥분의 긍정적 정서는 적응적 기능을 한다. 부정적 정서는 당신이 나쁜 것을 피할 수 있게 한다. 반면, 긍정적 정서는 당신이 유익한 것을 더 하게 만든다. 예를 들어, 당신은 맛있는 식사를 잔뜩 기대한다. 부정적 정서는 당신이 처벌을 피하게 한다. 그리고 긍정적 정서는 보상에 접근하게 한다.

우울할 때, 당신은 많은 일에 흥미를 잃을 수 있다. 당신은 그저 의자에 앉아 있거나 침대에 누워 지낸다. 당신은 평소 즐기던 활동(음악 감상, 독서, 영화, 스포츠, 친구들을 만나 밥 먹기 등)에서 즐거움을 느끼지 못한다. 당신은 그런 활동을 하는 데 흥미를 잃는다. 아무것도 중요하지 않으며, 어떤 기대도 하지 않는다. 타인들은 당신이 우울에서 벗어나는 것을 돕기 위해 즐거운 활동을 해 보라고 재촉한다. 당신은 그렇게 해 보려고 노력했으나 별 도움이 되지 않는다. 당신은 역설(catch-22)에 직면한다. 당신이 즐거움을 경험하면 우울에서 회복하는 데 도움이 된다. 하지만 당신은 우울하기 때문에 즐거움을 느낄 능력을 거의 잃어버린 상태이다.

뇌 속의 즐거움 용액이란 아이디어를 넘어서, 신경과학자 Jaak Panksepp는[7] 우리가 보상을 느끼는 활동을 하게 만드는 뇌 속의 **추구체계**(seeking system)를 찾아냈다. 추구는 활력을 북돋운다. 다시 말해, 긍정적 정서는 우리가 외부 환경에 관심을 갖고 적극 참여하는 것과 관련이 있다. 물론 외부 환경은 사회적 환경도 포함한다. 당신은 기분이 좋을 때 사람들과 더 잘 교제하는 경향이 있다. 타인과 교제하는 것은 긍정적 정서를 경험하는 데 중요한 한 가지 방편이다. 그래서 긍정적 정서 성향의 성격 특성은 **외향성**으로 불리며, 이는 신경증적 경향성의 성격 특성과 상반된다.[4] 외향성인 사람은 사교적이며, 자극과 보상이 되는 경험을 더 자주 추구한다. 당신이 외향적 성격이라도, 우울할 때는 더욱 내향적인 사람이 된다. 그리고 회복하면 다시 외향적인 사람으로 돌아올 것이다.

이중의 도전

많은 우울한 사람은 부정적 정서는 너무 많이 느끼고, 긍정적 정서는 너무 적게 느끼면서 고생을 한다. 당신이 우울하면, 극심한 스트레스로 씨름하고, 불안하고, 걱정하고, 심지어 겁먹고 무서워할 것이다. 아마도 William James가 묘사했던 상황과 유사한 이상한 경험을 할지 모른다. 또한 맞닥뜨린 여러 가지 장애물 때문에 좌절하고 짜증을 느낄 수 있다. 당신이 어려움을 겪는 데 일조한 타인들을 향해 적의와 분노를 느낄 수 있다.

불안과 우울은 서로서로 영향을 미친다. 불안이 우울을 부채질한다. 왜냐하면 불안은 당신을 지치게 하고, 활력을 약화시키고, 즐거움과 기쁨을 앗아가기 때문이다. 우울도 불안을 부채질한다. 예를 들어, 너무 우울해서 당신이 해낼 수 없다고 느끼는 사회적 의무나 직무 상황에 직면할 때 당신은 더욱 불안해진다.

우울과 불안은 이중고를 겪게 한다. 둘 모두는 당신이 환경, 특히 다른 사람과 멀어지게 한다. 우울할 때 당신은 타인과 어울리는 데 매력을 못 느낄 수 있다. 이는 즐거움을 느끼지 못하기 때문이다. 불안할 때 당신은 타인들과 관계를 멀리하고 철수하는 경향이 있다. 상호작용을 많이 요구하지 않는 타인과 접촉하는 것은 안전지대를 제공할 수 있다(제13장 '지지하는 관계' 참고).

우울과 불안 모두를 겪고 있다면, 당신은 두 가지 과제를 해결할 필요가 있다. 첫째, 우울할 때 당신은 활기를 찾을 필요가 있다. 다시 말해, 더 많은 활력과 여러 가지 일에서 흥미를 찾는 것이 도움이 된다. 둘째, 불안할 때 당신은 진정할 필요가 있다. 다시 말해, 더 평온하고 이완되는 느낌을 찾을 필요가 있다. 우울과 불안한 상태를 조절하는 것은 균형을 찾으려는 행동이다. 당신이 긴장을 이

완하는 활동[4)]에 몰두하고 참여한다면, 우울과 불안 모두에서 회복하는 데 도움이 된다. 긴장을 이완하는 여러 가지 활동에 타인과 상호작용하는 접촉을 포함하면 훨씬 더 좋다.

이 책 전체에서는 우울에 빠지게 하는 맥락으로 작용하는 스트레스 경험, 불안, 우울에 대한 신경생물학적 관점, 우울과 동반하여 나타나는 심리장애를 다룬다. 우선 이 장은 우울 그 자체를 이야기한다.

주요 우울

주요 우울 삽화의 진단은 〈표 1-1〉의 증상들이 5개 이상 적어도 2주 동안 매일 거의 하루 종일 나타나면 내려진다.[8] 〈표 1-1〉은 주요 우울의 증상들을 나열한 것이다. 이 증상은 당신을 불편하게 만들거나 사회관계 혹은 직장에서 당신이 발휘해야 할 기능을 손상시킨다. 당신이 주요 우울 삽화를 경험하고 있다면, 주요 우울장애 진단을 받을 가능성이 있다. 그러나 주요 우울 삽화는 또한 주요 우울장애 이외의 다른 심리장애(예: 양극성 장애) 또는 일반적인 신체 질병(예: 뇌졸중 또는 갑상선 기능저하증)을 경험할 때도 나타난다. 이런 경우들은 주요 우울장애로 진단하지 않는다(제10장 '우울과 관련된 장애' 참고).

우울할 때 우울하다(depressed)란 말의 의미는 무엇인가? 긍정적 정서가 부족하다는 뜻이다. 주요 우울 삽화의 진단은 우울한 기분 또는 일상의 활동에서 흥미나 즐거움의 상실을 포함한다. 다시 말해, 긍정적 정서 성향의 낮은 수준을 의미한다. 그러나 주요 우울 삽화의 진단 기준은 우울한 기분만으로 구성되어 있지 않다. 주요 우울 삽화는 전체 증후군(a whole syndrome), 즉 함께 발생하는 여러 가지 증상이 존재해야 진단이 가능하다. 특히, 〈표 1-1〉의 9개 증상 중에서 5개에 해당되어야 한다. 당신이 주요 우울 삽화를 경험했다면 이미 알고 있는 것처럼, 그것은 당신의 **존재 전체**(whole being)에, 말하자면 신체기능, 사고방식, 자기지각, 관계 등 모든 영역에 영향을 미친다. 다음처럼 사람들 간에 차이를 보이는 혼란스러운 점도 있다. 즉, 신체 증상은 전형적으로 너무 적게 자고(불면), 너무 적게 먹고, 종종 몸무게가 감소하는 것으로 나타난다. 그러나 우울한 사람 중 상당

표 1-1 주요 우울의 증상들

- 우울 기분
- 일상 활동에 대해 흥미나 즐거움이 뚜렷하게 저하됨
- 몸무게나 식욕의 뚜렷한 감소나 증가
- 불면이나 과다수면
- 정신운동 초조나 지체
- 피로나 활력의 상실
- 무가치감 또는 과도한 죄책감
- 사고력이나 집중력의 감소, 우유부단함
- 반복적인 죽음에 대한 생각, 자살 사고 또는 행동

수는 반대의 패턴을 보이는 비전형적 증상을 겪는다. 그들은 너무 많이 자고(과다수면), 과식하고, 체중이 늘어난다.

우울의 변이

심각성의 변이

우울의 심각성은 수직선상의 여러 수준에 표시하여 나타낼 수 있다. 심각한 우울로 고생하는 사람은 한 수준에서 다른 수준으로 옮겨간다. 우리는 주요 우울보다 심각하지 않은 두 가지 수준의 우울 증상을 구별할 수 있다. 하나는 진단기준에 미치지 못하는 증상을 보이는 우울 기분 증상(subthreshold symptoms)이고, 다른 하나는 경미한(minor) 우울장애이다. 이외에도, 우리는 특별히 심각한 증상을 구별할 수 있다. 즉, 멜랑콜릭하고 정신증적 특징을 보이는 경우이다.

우울은 아동[9]과 성인[10] 할 것 없이 경미한 수준에서 심각한 수준에 이르기까지 심각성의 차이를 보이는 질환이다. 우울한 정도는 세 가지 형태로 구분할 수 있다. 첫째, 우울의 각 증상은 경미한 것에서 심각한 것까지 다양하다. 둘째, 당

표 1-2 진단적 변이들

주요 우울 삽화	적어도 2주간 5개 또는 그 이상의 심각한 증상들을 보임
만성의 주요 우울	적어도 2년 동안 주요 우울을 겪음
기분부전 장애	적어도 2년 동안 주요 우울보다 심각성이 낮은 증상을 보임
이중 우울증	기분부전 장애에 겹쳐서 주요 우울 삽화를 보임
우울 성격장애	우울한 성격장애 패턴의 지속(예: 꿀꿀한, 비평적인, 염세적인)
계절성 기분장애	한 해의 특별한 시기(대개 겨울)에 재발하는 우울 삽화

신은 9가지 증상을 모두 겪을 수 있다. 셋째, 우울의 지속 기간은 다양하다. 즉, 단기 삽화에서 오래 지속되는 우울까지 있다. 심각성과 지속 기간을 다양하게 조합하여 여러 가지 진단을 내릴 수 있다. 이 절에서는 먼저, 여러 수준의 심각성과 지속 기간을 구별하고, 몇 가지 진단적 변이들을 논의한다(〈표 1-2〉 참고).

- 우울 기분 증상(subthreshold[11] or subsyndromal[12] depression)은 명확하게 정의되지 않고, 진단 기준을 충족하지 않는 하나 또는 두 가지의 가벼운(mild) 우울 증상을 나타내는 것을 의미한다. 당신이 우울 기분 증상을 경험하고 있다면 이것은 주요 우울 상태로 변화할 사전 단계일 수도 있다. 당신이 주요 우울에서 회복하는 과정에서 더 좋은 기분을 느낄 때, 당신은 우울 기분 증상을 경험할 수 있다. 그러나 이전의 자기로 되돌아간 것처럼 느끼지는 못한다. 혹은 주요 우울 삽화를 경험하지 않았어도 당신은 우울 기분 증상을 경험할 수 있다. 이 가벼운 증상을 소홀히 여기면 안 된다. 그 증상들을 우울이 활동하기 시작한 단계로 보는 것이 적합하다. 그 증상들은 여러 가지 기능에 문제를 일으킨다. 또 더 심각한 수준의 질환(예: 주요 우울이 재발하는 것)에 빠지게 될 위험을 증폭시킨다.
- 경미한 우울장애(minor depressive disorders[8])는 주요 우울과 동일한 준거를 사용하지만 활동하는 증상의 수가 적다. 다시 말해, 최소 2개의 증상이 있으며, 주요 우울에서 요구되는 5개보다는 적은 경우를 뜻한다. 이 증상들은

1) 우울한 기분 혹은 2) 일상 활동에서 즐거움이나 흥미의 상실(이 두 가지는 핵심 기분 증상들임)뿐 아니라 의미 있는 불편감 혹은 기능의 손상이 있는 경우를 말한다.

- 멜랑콜리아(melancholia)는 지난 2천 년간 알려져 왔고, 특별히 심각한 형태의 주요 우울이다.[8] 멜랑콜리아의 특징은 심각한 기분 손상을 포함한다. 다시 말해, 모든 혹은 거의 모든 활동에서 즐거움을 잃어버리거나 또는 평소 즐거워하던 자극이 생겨도 예전만큼 반응하지 않는다(예: 좋은 일이 생겼을 때, 좋다고 느끼지 못하며, 일시적으로도 느끼지 못한다). 게다가, 다음 중 세 가지 이상의 증상을 보인다. 1) 우울한 기분(예: 주요한 상실에 수반되는 여러 가지 형태의 우울한 기분), 2) 규칙적으로 아침에 악화되는 우울, 3) 아침에 일찍 깨는 것, 눈에 띄는 초조함이나 행동의 지체, 평소와 다른 식욕부진이나 몸무게가 줄어듦, 4) 지나치거나 적절하지 못한 죄책감.
- 정신증적 특징들(psychotic features)은 현실과 접촉하는 것을 상실하는 것을 포함한다. 정신증적 증상은 환각(비현실적인 지각들), 망상(비현실적인 신념들)을 포함한다. 정신증적으로 우울한 사람은 환청, 예를 들어 단점이 있거나 죄지은 사람을 비난하는 목소리를 듣는다. 혹은 우울한 사람은 자책하는 망상을 지각할 수 있다(예: 세상의 모든 비극이 자신의 책임이라고 느끼는 것). 정신증적 특징이 있을 때, 우울의 처치는 그것에 맞게 시행되는 것이 좋다(제14장 '통합 처치' 참고).

지속 기간의 변이들

우울은 몇 시간에서 몇 년간 지속될 수 있다. 오래 지속되는 우울은 대부분 시간의 변화에 따라 영고성쇠를 거듭한다. 그래서 우울의 심각성과 지속 기간으로 여러 가지 조합을 만들 수 있다. 두 가지 심각한 형태의 우울은 지속 기간에서 차이가 있다.

1. 높은 심각성과 장기 지속의 조합: 만성(chronic)의 주요 우울 진단은 주요 우

울 삽화의 모든 준거가 적어도 2년 동안 계속 충족되는 경우이다.[8]

2. 지속 기간을 나타내는 빛띠(spectrum)의 다른 쪽 극에서, 만성의 주요 우울과 상반되는 재발성(recurrent)의 단기 우울 패턴 또한 확인되었다.[14] 이 패턴은 주요 우울 증상들의 단기 삽화, 즉 전형적으로 주요 우울 증상들이 1년 이상 동안 적어도 매달 1~3일 정도 발생하는 것을 의미한다.

기분부전 장애

기분부전(dysthymia)이라는 말은 기분(thymia)이 오랜 기간 동안 손상(dys)되는 것을 의미한다. 기분부전 장애[8] 진단을 위한 준거는 주요 우울장애의 준거와 유사하다. 그러나 기분부전 장애 증상의 심각성은 약한 반면에 지속 기간은 더 길다. 즉, 하루 종일 우울한 기분이 거의 매일 나타나는 것은 아니지만, 적어도 2년 이상 지속된다. 기분부전 장애 진단을 위해서는, 개인이 우울한 한편 적어도 다음 증상 중 두 가지 역시 나타나야 한다. 1) 식욕부진이나 과식, 2) 불면이나 과다수면, 3) 낮은 활력 또는 피로, 4) 낮은 자존감, 5) 주의집중의 곤란 또는 의사결정의 어려움, 6) 절망감.

기분부전 장애의 준거를 충족하려면, 당신이 그 장애를 겪는 동안 1) 2개월 이상 증상이 부재하는 기간이 없어야 하고, 2) 주요 우울 삽화에 해당되면 안 된다. 여기에 기분부전 장애의 위험이 도사리고 있다. 특히 당신이 어려서 기분부전 장애를 겪었으면 더욱 그렇다. 당신은 '그게 내가 존재하는 방식'이라고 여기며 우울한 상태로 체념할 수 있다. 혹은 기분부전 장애에 너무 익숙해서 심지어 당신이 우울한 것을 인식하지 못할 수 있다. 이는 물고기가 물이 무엇인지 모르는 것과 유사하다. 기분부전의 증상이 주요 우울의 증상보다 심각성이 낮아도, 기분부전은 상당한 고통과 기능의 손상을 일으키는 심각한 조건이다.[15] 또한 아동기 또는 성인기의 기분부전은 이후에 주요 우울 삽화를 겪을 위험을 의미 있게 증가시킨다.[16]

이중 우울증

기분부전 장애를 겪은 많은 사람은 이후에 주요 우울장애를 겪는 경향이 있다. 이런 경우를 이중 우울증(double depression)이라고 하며, 기부부전 장애가 최고로 높은 시기에 주요 우울장애가 나타난다.[19] 만성 우울(chronic depression)과 심각한 삽화 증상들이 결부된 것을 고려하면 이중 우울은 특히 심각한 조건이다.[20] 이중 우울장애를 가진 사람들은 주요 우울 삽화에서 회복한 후 기분부전 장애를 다시 겪을 가능성이 있다. 그러나 주요 우울 삽화 뒤에 지속되는 기분부전 장애는 더욱 빠른 시일 내에 주요 우울 삽화가 재발할 가능성을 알리는 징조이며, 주요 우울장애가 재발할 위험이 높다는 것을 시사한다.[21] 분명히 쉬운 일은 아니지만, 당신이 주요 우울 삽화를 겪고 있다면, 기분부전 장애 정도로 회복된 것에 만족하기보다 주요 우울 삽화에서 충분하게 회복할 것을 권장하고 싶다. 한 번 더 말하면, 주요 우울장애처럼 기분부전 장애도 처치를 받으면 호전될 수 있다.

우울 성격장애

우울 성격장애는 우울한 기분이 성격처럼 굳어질 때 내려지는 진단이다. 진단 기준은 1) 즐겁지 않고 불행한 기분, 2) 낮은 자존감, 3) 자기비평, 4) 곱씹으며 걱정하기[5)], 5) 타인 험담하기(negativism)와 비평하기(criticism), 6) 염세주의, 7) 죄책감을 느끼는 경향을 포함한다.

우울 성격장애와 기분부전 모두는 만성적이고 낮은 수준의 우울을 의미하기 때문에, 두 가지를 구별하기 쉽지 않다.[22] 그래서 진단 매뉴얼은 우울 성격장애를 연구가 더 필요한 장애로 분류하고 진단 매뉴얼의 부록에 잠정적으로 포함시켰다. 만성적 우울을 겪고 있는 많은 사람이 우울 성격장애와 기분부전 장애를 동시에 경험하고 있더라도, 상당수의 사람은 둘 중 하나만을 겪고 있어서 두 장애를 구별하는 것은 정당하다.[23, 24] 우울한 기분은 우울 성격장애보다 기분부전 장애에서 더 눈에 띈다. 우울 성격장애를 겪고 있는 사람들 중 상당수는 눈에 띨 정도의 기분 손상을 경험하지 않는다. 그러나 우울 성격장애는 의미 있는 기능 손상과 관계가 있고, 그것은 주요 우울장애가 발생할 위험을 높인다.

계절성 기분장애

계절성 기분장애(Seasonal Affective Disorder: SAD)는 겨울에 나타나는 우울이며, 1980년대 이후 장애로 인정되었다.[25] 계절성 기분장애는 연중 특별한 시기에 일관성 있게 발생한다. 이 우울은 가을이나 겨울에 시작해서 봄에 끝나는 경우가 가장 흔하다. 진단을 내리려면, 이런 패턴이 모든 혹은 거의 대부분의 삽화에서 연중 동일한 시기에 나타나고, 재발해야 한다. 그리고 이런 우울 삽화는 연중 그 특별한 시기에 발생하는 계절성 스트레스(예: 새 학기의 시작, 매해 겨울에 고용계약이 만료되는 것)와 관계가 없어야 한다. 계절성 기분장애는 우울 증상의 비전형적 패턴인 '과다수면, 과식, 체중 증가, 탄수화물 갈망'과 관계가 있다.[8]

계절성 기분장애의 생리적 토대는 완전히 결정된 상태가 아니며 앞으로 더 지켜보아야 한다. 탐색이 필요한 요인은 유전적 취약성, 생리주기의 손상, 수면-기상 주기의 손상, 세로토닌 신경전달의 변화 등이다.[26] 대부분의 계절성 우울 삽화는 겨울에 발생하고 봄에 해결되기 때문에 짧아진 일조 시간이 촉발원인일 수 있다. 따라서 광선치료(전형적으로 아침에, 매일 30~120분간 백색광선을 쬐는 것)가 효과가 있으며, 항우울제 처방 또한 도움이 된다.[27] 이를 겪는 사람에게 광선치료가 효과가 있으므로, 당신이 계절성 패턴의 우울을 겪고 있는지를 결정하는 일은 가치가 있다.

장애의 과정

다른 장애처럼, 우울은 시간이 경과하는 과정에 맞춰 진전하는 패턴을 갖고 있다. 즉, 열병처럼 영고성쇠하는 과정을 거친다. 나빠졌다가 다시 좋아지고 다시 나빠진다. [그림 1-2]에 제시한 것처럼, 상담자는 우울 과정이 '5R' 과정으로

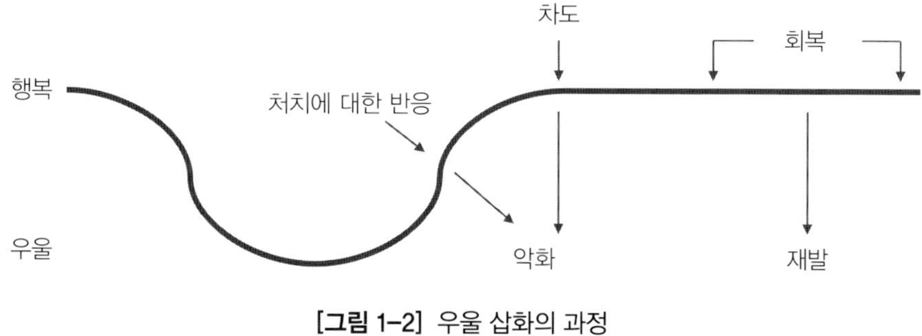

[그림 1-2] 우울 삽화의 과정

진행되는 것으로 본다.[28, 29]

1. **처치에 대한 반응**(response to treatment)은 행복으로 완전 복귀한 것은 아니나 의미 있는 개선이 관찰되는 시점이다.
2. **차도**(remission)는 증상이 해결되는 시점이다. 장애가 여전히 존재하나, 약물처방과 같은 처치로 나아진 상태를 말한다.
3. **악화**(relapse)는 반응 또는 차도가 있은 뒤에 더 심각한 장애로 되돌아가는 것이다. 처치에 반응을 보이고 차도가 있는 기간 동안에 재발할 취약성이 높다. 왜냐하면 우울이 여전히 활동하고 있기 때문이다.
4. **회복**(recovery)은 차도 기간이 의미 있는 정도로 지속된 경우를 말한다. 회복한 뒤에, 증상을 다시 겪을 가능성은 차도기에 비하면 상당히 낮다. 증상이 없는 기간이 얼마나 길어야 회복한 것으로 볼지는 분명하게 정의되지 않았다. 우울 연구자들은 2개월에서 6개월 사이에 증상이 없으면 회복한 것으로 정의한다. 그러나 4주간 행복감을 느끼면 회복하고 있다는 좋은 징표이다. 왜냐하면 그 정도면 재발 가능성이 상당히 낮아졌다는 것을 뜻하기 때문이다.[30]
5. **재발**(recurrence)은 회복 기간 후 다시 장애를 겪는 것이다. 회복은 장애가 끝난 것으로 가정되며, 재발은 새로운 우울 삽화가 생긴 것으로 가정된다. 이 새로운 우울 삽화는 잠정적으로 다른 촉발요인이나 원인에 의해 발생한 것으로 간주된다.

5R을 가장 간단하게 보여 주기 위해, [그림 1-2]로 우울의 과정을 묘사하였다. 이 그림을 보면 행복이 주요 우울로 떨어졌다가, 다시 행복감으로 되돌아온다. 어떤 사람은 이런 패턴으로 설명이 되지만, 많은 다른 사람은 영고성쇠하는 증상을 경험한다. 오랜 기간 동안 언덕에서 골짜기를 번갈아서 오르락내리락하며 여러 개의 협곡을 통과하는 것과 비슷하다. 어쩌면 평생 그럴 수 있다. 장애를 겪고 있다는 징표가 있든 없든, 우울을 일으키는 취약성은 일생 동안 계속 발전할 수 있다.

발달적 관점

일부 사람에게, 성인기 우울 삽화는 느닷없이 발생한 것처럼 보일 수 있다. 다른 사람은 살아오면서 이미 다양한 정도로 심각한 우울과 씨름했을 수 있다. 보통 성인기에 겪는 마음의 어려움은 아동기 또는 청소년기에 겪었던 마음의 어려움과 관계가 있다. 0~26세 사람을 추적 조사한 기념비적인 한 연구는 26세에 심리장애를 겪고 있는 사람의 절반이 11~15세 사이에 진단 기준을 충족하는 심리장애를 겪었다는 사실을 보여 주었다.[31] 대개 아동 청소년기에 겪은 장애와 성인기에 겪은 장애는 동일하였다. 예를 들어, 아동 또는 청소년기에 우울을 경험한 사람은 성인기에 우울을 경험할 확률이 높다.

주요 우울장애가 성인기에 처음으로 발생할 때, 발달과정에서 겪은 과거의 경험(developmental history)이 취약성으로 작용하는 경우가 많다. Styron은 60세에 처음으로 우울을 경험했어도, 그의 우울은 13세에 어머니가 돌아가셨을 때 느낀 초기의 슬픔으로 거슬러 올라갈 수 있다. 그는 자신이 쓴 책들의 주제가 자살을 반복했다는 것을 인식했다. 그의 작품에 나오는 주인공 중 3명이 자살하였다.

나는 이 책의 2부에서 우울에 관련된 발달과정에서 겪은 과거의 경험을 다룰 것이다. 나는 우울이 전 생애 동안 쌓인 스트레스 누적(stress pileup)으로 생긴다고 본다([그림 1-3] 참고). 당신을 우울에 취약하게 만드는 요인이 무엇일지라도 그것들을 진지하게 받아들이는 것은 자기비난을 완화시키고, 당신이 우울과 씨

결혼 갈등
직업에서의 실패
완벽주의
알코올 남용
청소년기 우울
아동기 학대
삶 초기의 상실
태아기의 스트레스
유전적 취약성

[그림 1-3] 전 생애 스트레스 누적의 사례

출처: Adapted with permission from Allen J: "Depression," *in Coping With Trauma: Hope Through Understanding*. Washington, DC, American Psychiatric Publishing, 2005, p. 155. Used with permission. Copyright 2005 American Psychiatric Publishing.

름할 때 자신을 향한 더욱 자비로운 태도를 발달시키는 데 도움이 된다고 나는 믿는다. 더군다나, 당신을 우울에 취약하게 만드는 여러 가지 요인을 이해하는 것은 당신이 자신을 돌보고 회복력을 높이는 데 도움이 된다.

결국에 주요 우울을 일으킬 수 있는 복잡한 발달 궤적을 고려해 보자.

Amanda는 50대 여성인데, 심각한 자살 시도를 한 후에 병원에 입원하였다. 그녀는 진정제와 수면제를 진토닉과 함께 복용하는 방식으로 자살 시도를 하였다. 그녀는 평화롭기를 바랐으며, 아마도 영원히 잠들고 싶었다고 말하였다. 그녀는 입원했을 때, 우울하다고 느꼈을 뿐 아니라 여러 가지 문제로 어려움을 겪고 있었다. 그녀는 잠을 잘 못 잤고, 거의 먹지도 못했다. 또 건강이 좋지 않았고, 몇 달 동안 몸을 움직이기 어려웠다. 그녀는 소진된 것 같고, '아프다'고 말하였다.

Amanda의 자살 시도와 황폐한 삶의 상황은 그렇지 않았던 성인기의 삶과 극명한 대조를 이루었다. 그녀는 아동기에 경험했던 외상 문제들에 잘 대처했다. 그녀가 8세였을 때, 어머니는 오랜 병고 끝에 돌아가셨고, 아버지의 간헐적 음주 문제는 점진적으로 알코올 중독의 패턴으로 발전했다. 아버지는 종종 집에 없었고, 짜증을 냈으며, 집에 있을 때는 별말 없이 혼자 지냈다. 운 좋게도 그녀의 이모가 가까운 곳에 살았다. 이모는 어머니가 아플 때와 세상을 떠난 뒤에도 정서적 욕구를 비롯해 그녀에게 필요한 돌봄을 제공했다. 그녀의 아버지는 아내가 세상을 떠나고 몇 년 후에 재혼했고, 의붓엄마는 그녀와 이모가 친밀하게 지내는 관계라는 것을 알고 질투했다. 의붓엄마는 점점 냉담하고 적대적으로 변했고 때때로 정서적·신체적으로 학대를 했다. 한번은 발끈하며, Amanda가 가장 좋아하는 사진을 찢어서, 그녀가 절망하고 분개하게 만들었다.

다행히도 Amanda는 자원이 많은 학생이었다. 그녀는 예술에 재능이 있었고, 지능도 좋았고, 성격은 따뜻했으며, 인내심을 갖고 도전하는 뛰어난 능력을 갖고 있었다. 그녀의 가정생활이 점점 스트레스로 작용했을 때 그녀는 학업에 몰입했고, 계속 좋은 성적을 받았다. 그녀는 계속해서 학교 활동과 예술 박람회에 참여하였다. 친구를 사귀고, 교사들의 인정과 칭찬을 받으며 쑥쑥 성장했다. 그녀는 장학금을 받고 대학에 진학하였고, 이는 그녀가 집을 떠나 다른 주로 이사를 가는 계기가 되었다. 그녀는 집을 떠나는 것이 정서적으로 굉장한 안도감을 줄 것으로 기대하였고 실제로 그렇게 되었다. 그러나 그녀는 이제까지 자신을 지지해 왔던 사람들을 잃는 것이 충격일 수 있다는 것을 예상하지 못했다. 그녀는 어머니가 세상을 떠난 아동기에 느꼈던 것과 유사한 슬픔과 우울한 기분으로 천천히 씨름하기 시작하였다.

Amanda는 대학 진학이라는 전환기를 통과하기 위해 자신의 의지에 기대었다. 1학년을 마치면서 그녀는 좋은 성적을 받았고, 교수들로부터 약간의 인정을 받았다. 그녀는 기숙사생들과 절친한 사이가 되어 친밀하게 지냈다. 또한 고교 시절 친구들과 계속 연락하였다. 그녀는 자신의 재능을 계속 잘 발휘하며, 예술학과 중등교육을 전공하였다.

세월이 흐르면서, 그녀는 가정을 꾸려야겠다는 강한 소망을 키웠다. 어머니가 질병을 앓으면서 잃어버렸던 사랑스러운 가정을 꿈꾸었다. 그녀는 2학년 때 4학년 선배와 데이트를 시작하였고 곧 사랑에 빠졌다. 그리고 졸업 후에 고등

학교에 임용되어 미술교사로 일했다. 졸업 후 몇 년 뒤에 그녀는 결혼을 했고, 이후 몇 년간 세 아이의 엄마로 살았다. 출산휴가 기간을 제외하면, 그녀는 주 양육자로 아이를 키우며 교사로 일했다. 고등학교 수학교사인 남편은 헌신적인 사람이었으나 학생 지도로 매우 바빴다.

Amanda는 많은 영역에서 매우 성공했다. 그녀는 엄마를 잃고, 아버지, 의붓엄마와 고통스럽게 지냈음에도, 가족 이외의 사람들과 친밀한 관계를 지속해서 맺었다. Amanda는 이모집에 가기 위해 의붓엄마에게 저항했고, 친구들을 사귀었으며, 교사들과 지속해서 교류했고, 헌신적인 남편과 결혼했으며, 자녀들과 애정 어린 관계를 유지했다. 이외에도, 그녀는 학업 능력과 예술 재능을 살려 안정된 직업인 교사로 취업하였다. 그녀는 학교에서 학생들을 돌보며, 자신처럼 특별한 관심이 필요한 학생들에게 특히 더 애정을 기울였다.

그러나 Amanda의 삶은 긴장으로 가득 찼다. 그녀의 삶은 우리가 '동분서주하는 삶의 양식'이라고 부르는 것의 전형이었고, 이는 스트레스 누적을 가져왔다.[32] 그녀와 남편은 자신에 대한 기준이 높은 사람이었다. 그들은 요구가 많은 교직을 직업으로 삼았고, 자녀에게 헌신했으며 일과 가족 사이에서 몹시 바쁘게 지냈다. 그래서 종종 어느 쪽도 충분히 잘하지 못하고 있다고 느꼈다. 두 사람의 어휘 목록에 '여가'와 '긴장 이완'은 빠져 있는 것이나 마찬가지였다. 스트레스는 계속 누적되었다. 그들의 둘째 아이는 아들인데 생활 전반에서 과잉행동을 보였으며, 두 사람이 근무하는 학교 구역에서 점점 심각한 문제로 여겨지기 시작해서 부모 입장에서는 화가 날 지경이었다. Amanda의 아버지는 만성 우울과 알코올 중독으로 어려움을 겪었다. 그는 담배를 두 갑씩 피웠고, 심장병을 앓고 있었다. 그녀는 아버지의 건강을 돌보는 부담을 져야 했고, 누적된 스트레스는 두 사람의 적대적인 관계로 더욱 악화되었다. 누적된 스트레스는 그녀에게 상당한 타격을 주었다. 어렸을 때도 그녀는 상당한 우울을 겪은 적이 있다. 그녀는 스스로를 채찍질하면서 견뎠고, 전문가의 도움은 받지 않았다. 그녀는 우울을 어려운 삶의 환경으로 인한 결과라고 여기는 실수를 범하였다.

시간이 지나면서, Amanda는 종종 '녹초가 되어 가고 있다.'고 느꼈다. 너무 많은 부담을 느낄 뿐 아니라 걱정이 많은 그녀는 성격적으로 매우 불안한 사람이었다. 남편은 그녀가 쉽게 흥분한다고 느꼈다. 더군다나 쉬는 기간 없이 여러 가지 일로 많은 부담을 느낀 그녀는 아버지를 닮아 가기 시작했다. 그녀는 더 자주 규칙적으로 술을 마셨는데, 저녁 식사 전에 독한 술을 한두 잔 마셨고, 때때로 긴장을 풀고 잠을 청하기 위해 자기 직전에 다시 한 잔을 마셨다.

자살 시도를 하고 몇 달이 지난 뒤에, 그녀가 다른 스트레스 사건들로 씨름할 때 고질적인 긴장은 더 심해졌다. 그녀가 개발한 최고의 미술 교육 프로그램으로 학생들을 가르친 지 몇 년이 지나, 학교 조직의 재정비로 그녀는 갑자기 새 학교로 전근가게 되었다. 그녀는 갑작스런 전근을 임의적이며 적절치 못한 행정적 의사결정으로 느꼈다. 그녀는 새 학교에 심각한 불만 사항은 없었으나, 자신이 해 오던 미술 프로그램을 가르칠 수 없었다. 가까운 동료들과 잘 지내며 매일 느꼈던 지지감을 이제는 느낄 수 없었고, 아끼던 학생들과 맺었던 관계도 사라졌다. 그녀는 술을 점점 더 자주 마셨고, 이는 알지 못하는 사이에 우울을 악화시켰으며 또한 일시적으로 불안도 악화시켰다. 그녀의 활력은 줄었고, 불안과 과민함을 동시에 경험하게 되었다. 자녀들이 이제 많이 자라서 여가를 즐길 기회가 충분했어도, 그녀는 남편과 시간을 보내는 것에 흥미를 잃었고, 남편도 점점 친구들과 어울리며 그녀를 혼자 두었다. 이런 일로 그녀는 화를 냈다. 남편도 Amanda가 자신과 시간을 보내는 데 관심이 없다고 화를 냈고, 음주를 많이 한다고 걱정했다. 그들은 다투기 시작하였다.

Amanda가 새 학교로 옮긴 후 몇 달이 지나, 20대 후반인 그녀의 아들이 물건을 훔쳐서 체포되었다. 그녀가 아들의 문제로 오래 걱정을 해 왔는데, 느닷없이 이 사건이 일어났다. 그녀는 충격을 받았고, 화가 많이 났으며, 굴욕감을 느꼈다. 이 일이 최후의 결정타가 되었다. 그날 저녁에 술을 마신 후 그녀는 두통을 느꼈고, 아스피린을 찾았으나 없었다. 그녀는 차를 몰고 약국으로 갔다. 황혼 무렵이었고, 그녀는 약간 술에 취했으며, 남편과 아들 문제로 다툰 일로 생각에 빠져 있었다. 집에서 몇 블록을 지나서, 그녀는 자전거를 타고 지나가던 소녀를 칠 뻔했다. 소녀가 마침 방향을 잘 틀었지만 자전거에서 떨어졌다. 소녀는 심각한 부상을 당하지 않았지만 찰과상을 입었다. 소녀는 놀라서 울었고, 그제야 Amanda는 차에서 내려 소녀를 살펴보았다. 소녀는 버럭 화를 냈다. "당신이 날 죽일 뻔했다구요!" 소녀의 말이 옳았다.

Amanda는 이 위기일발 상황의 여파로 주마등처럼 지나가는 여러 가지 감정을 경험하였다. 처음에는 매우 안도하였으나, 바로 공포에 질렸고, 무슨 일이 일어났을지에 대한 수많은 시나리오가 마음에 떠올랐다. 소녀가 불구가 되었을까? 아니면 죽었을까? 어리둥절한 상태로, 약국까지 가서 그녀는 아스피린을 구입한 후 집으로 돌아왔다. 그 후 그녀는 걱정하며 반추하기 시작했다. 소녀의 부모들에게 연락을 했어야 했나? 소녀가 자동차 번호판을 봤을까? 소녀의 부모들이 나를 찾으려고 할까? 음주운전 때문에 체포될까? 이러한 반추는 자기비난으로 바뀌었다. 그녀는 그 교통사고를 넘어서 지난 몇 개월간 그녀가 실패했다고 생각하는 일들로 자기를 비난하기 시작했다. 그녀는 진정할 수 없었으며 점점 초조해하고 있었다. 자신이 한 일들이 너무 수치스러워 도움을 요청할 수 없었다. 그녀는 평화를 원했다.

Amanda는 술과 수면제를 섞어 마시는 것으로 잠을 청하는 습관에 빠졌다. 진퇴양난에 빠진 그녀는 잠을 오래 자고 싶어 했고, 아마도 영원히 잠들기를 바랐다. 그녀는 집에서 혼자 진토닉 한 잔을 마셨고, 남아 있는 수면제를 다 먹었다. 두통을 가라앉히기 위해서 아스피린도 약간 먹었다. 잠시 후 그녀는 몸을 가누지 못했다. 그녀의 딸이 전화를 했을 때, Amanda는 정신이 혼미하고 제대로 말을 못 했다. 딸은 놀랐다. 운 좋게도 딸은 아버지가 이웃집에 있다는 것을 알았다. 그녀는 아버지에게 연락을 취했고, 그는 Amanda를 응급실로 데리고 갔다.

Amanda가 회복을 했을 때, 그녀는 자살 시도를 했다는 것을 알고 몹시 놀랐고, 심한 수치심을 느꼈다. 죽기를 바란 것은 아니었다. 이 사건은 스트레스를 가중시켰고, 우울을 악화시켰다. 이 시점에서 그녀는 생애 처음으로 전문가에게 도움을 요청하였다.

자신의 삶을 돌아보면서, Amanda는 다가올 어려움을 경고하는 감정적 신호를 느꼈다. 뒤늦은 깨달음은 항상 선견지명보다 낫다. 전문가의 도움으로 Amanda는 이 비극에서 많은 것을 배웠다. 이상적으로 우리는 우울한 감정이 느

껴지면 우울증으로 발전하기 전의 신호로 감지할 수 있다.

적응 실패

우울은 장애이다. 우리는 대개 장애에 유익한 면이 있다고 생각하지 않는다. 그러나 만약 우리가 우울의 신호에 관심을 갖는다면, 두 가지 이유로 우울에 어떤 적응적 가치가 있는지를 알아볼 필요가 있다. 첫째, 1세기 이전에 Darwin[33]이 이미 알았던 것처럼, 불편감을 일으키는 여러 가지 정서는 환경의 도전에 대한 적응 반응으로 진화했다. 둘째, 우리의 대부분은 우울장애를 겪지 않지만, 상당히 많은 사람은 우울감을 느낀다.

우리는 두려움과 분노가 어떻게 적응적 정서가 되는지를 쉽게 이해할 수 있다. 두려움과 분노는 투쟁 또는 회피 반응의 일부분으로서 진화하였다.[34] 두려움과 분노는 자기를 보호하는 역할을 한다. 당신이 위협을 느끼거나 공격을 받을 때 거의 즉각적으로 교감신경계는 활성화되고, 몸은 격렬히 행동할 준비를 한다. 당신은 화가 나서 맞서 싸우거나 두려워서 도망칠 수 있다. 우울이 어떻게 해서 적응적인 면을 갖게 되었는지를 이해하는 것은 쉽지 않다. 우울의 유익한 측면은 무엇인가? 투쟁하지 않고 도망가지도 않는 것은 어떤 목적을 달성하는 데 도움이 되는가? 우울은 대처와 반대 현상인 것 같다.

세 가지 이론이 우울의 적응적인 면을 제안했다. 즉, 보호-철회, 유인가 중단(incentive disengagement), 비의도적인 순종이 그것이다. 각각의 이론은 우울이 어떤 목적을 달성하는 데 도움이 된다고 제안한다. 그러나 너무 지나쳐서 우울장애가 될 때, 우울은 적응에 역효과를 낳는다. 우울의 혜택을 얻으려면, 우울장애를 피하기 위해 우울한 감정을 잘 견디는 능력을 발달시키는 것이 필요하다.

보호-철회

당신이 스트레스가 되는 과제에 당면했을 때, 더 열심히 노력해서 대처하는 것은 자연스러운 현상이다. 예를 들어, 당신은 더 많이 노력하고, 아마도 최선을 다하거나 최선을 넘어설 정도로 노력할 수 있다. 그러나 문제를 해결하는 데 실패할 때, 그런 치열한 노력은 누적된 스트레스를 가중시키는 역할을 할 뿐이다. 우울의 소용돌이에 빠지는 많은 사람은 활력을 모두 소진했을 때, 노력을 점점 더 많이 한다. 활력과 노력 사이의 격차는 점점 커지고, 활력은 없는데 노력은 많이 해서 궁극적으로 그들은 우울에 빠진다. 우울은 소진 상태에서 노력하는 것을 멈추게 한다.

여기에 우울의 적응 기능에 대한 단순한 아이디어가 있다. 즉, 스트레스를 감당하기 어려울 때, 당신의 몸은 **완전히** 소진되는 것을 멈추기 위해 어떤 시점에서 기능을 정지한다. 이는 당신의 활력 엔진을 전소시키기 전에, 스스로 연료를 떨어뜨리는 격이다. 이러한 적응은 **보호-철회 반응**으로 불린다.[35] 이 모델은 유아가 계속 울면 잠이 드는 것에 비유할 수 있다. 이 비유는 과잉활동(울기)이 효과가 없을 때 기능을 정지하는 것이 보호 역할을 한다는 것을 보여 준다. 이와 유사하게, 우울은 동면에 비유될 수 있다.[36] 즉, 당신은 상황에 적극적인 대처를 할 수 있는 좋은 조건을 갖출 때까지 활력을 보존한다.[37]

보호-철회 가설은 매력이 있지만, 문제점도 있다. 즉, 울다 잠든 아이는 활력을 보존할 수 있고, 잠에서 깼을 때 회복하고 생기를 되찾지만 우울은 휴식을 주지 않는다. 그러나 중요한 것은 우울한 사람은 그 누구보다 휴식을 필요로 한다는 것이다. 일시적으로 우울한 철회는 도움이 될 수 있다. 하지만 우울은 필요한 휴식, 한숨 돌리기, 보호를 제공하지 않는다. 우울은 고질적이고 스트레스가 높은 상태이다. 만약 우울이 보호-철회 반응이라면, 보호의 기능은 그다지 성공적이지 않다. 우울은 힘을 소모시키고, 몹시 지치게 하고, 피곤하게 한다. 그러나 우울이 어느 정도 역효과를 일으키더라도, 어떤 의미에서 자기보호 기능이 있다는 생각을 포기하지는 말자.

유인가 중단하기

우리는 대개 인내를 가치 있게 여기고, 어려움에 당면해 포기하지 않는 사람을 존경한다. 우리는 포기하는 것은 나쁜 것이라고 배웠다. 그러나 정복할 수 없는 어려움에 당면해 계속 인내하는 것은 스트레스가 되며, 헛된 일이 될 수 있다. 다시 말해, 지나친 인내는 벽을 무너뜨리고자 머리로 벽을 박는 것이나 마찬가지이다. 나는 포기하는 전략이 대처 전략으로서 과소평가되고 있다고 생각한다. 도전하는 것은 포기할 때를 아는 것이다.

매우 소중한 목표를 포기하는 것은 무척 어렵다. 우리는 때로는 그 목표를 중단할 수 있는 수단을 필요로 한다. 심리학자 Eric Klinger[38]는 달성하지 못한 소중한 목표의 유인가를 감소시키는 중단 메커니즘이 우울이라고 하였다. 이 말이 어렵다면 정신의학자 Rudolph Neese[39]의 간단명료한 말을 참고하라. "우울은 필요 없는 노력들을 중단하게 한다."(p. 17) 그러나 그는 역설을 인정하였다. 즉, "중단에 실패하는 것이 우울을 일으킬 수 있고, 우울이 중단하는 것을 어렵게 만들 수 있다."는 것이다(p. 17). 우울은 또한 당신이 계속 움직이지 못하게 할 수 있다. 그래서 어쩌면 당신에게 보상이 되는 어떤 일을 경험하는 능력을 약화시켜서, 우울은 달성 가능한 목표를 향해 나아가려는 당신의 흥미를 차단할 수 있다.

비의도적인 순종

'우울하다는 것'의 이면에 있는 함의는 억눌리고 있다는 것, 즉 **억압당하고** 있다는 것이다. 우울이란 제압당하고 있는 느낌에 대한 반응이라 생각해 보라. 즉, 우울이 지배받고 있는, 부적절한, 압도되고 있는, 열등한, 소외된, 따돌림당한다는, 또는 심하게 학대받는, 고문당하는, 폭력을 당하는 느낌을 포함하고 있든 아니든, 스트레스, 사건, 장애물, 타인에 의해 제압당하고 있는 느낌이라고 생각해 보라.

이 지점에 우울의 적응의 측면이 있다. 즉, 당신이 제압당할 때, 반격하는 것은 당신을 다치게 할 수 있다. 포기하는 것이 당신이 할 수 있는 최고의 자기보호 행위가 될 수 있다. 심리학자 Paul Gilbert[40]는 우울을 **비의도적 순종 전략**으로 간주한다. 다시 말해, 공격으로 맞서는 것이 개인에게 위험이 될 때 마지못해 항복

하는 반사적 정서 반응이다. 우울은 제압을 하는 경쟁자에게 다음과 같은 의미를 전달한다. "나는 포기합니다. 나는 아무것도 안 합니다."

Gilbert의 관점에서, 우울은 의식적 전략이 아니다. 그것은 자동적 · 생리적 적응이다. 우울에 대한 학습된 무기력 모델 연구가 그 예시를 잘 보여 준다. 피할 수 없는 전기 충격에 반복해서 노출될 때, 많은 동물은 외상을 입는다. 그들은 누워서 포기하며, 우울하다는 신호를 보낸다. 실험자가 시간이 지난 뒤에 동물들이 전기 충격을 피하는 것을 가능케 하는 조치를 했을 때, 동물들은 여전히 우울한 상태로 보이며 탈출을 시도하지 않았다. 대신 그들은 무기력을 학습하였다. 이 동물들은 제압당하였고, 탈출을 포기하였다.

당신이 더 큰 위험에 빠지는 것을 우울이 어떻게 예방하는지 이제 짐작할 수 있을 것이다. 예를 들어, 당신이 학대적인 관계에서 제압된 상태라면, 반격하는 것은 당신의 상처를 더욱 악화시키는 결과를 초래하고, 우울은 더욱 심해질 것이다. 당신은 모든 것을 포기하는 것이 더 나을 수 있다. 그리고 학습된 무기력 실험이 보여 주었듯이, 더 이상 위험하지 않으며 어떤 조치를 취해서 제압된 상태를 극복할 수 있을 때조차 우울한 상태로 있을 수 있다.

우울 인내

앞의 세 가지 이론은 우울이 목적이 있다고 제안한다. 그러나 그런 제안은 과도해 보인다. 적응 노력이 병적일 때 우울은 훨씬 더 심해질 수 있다. 이는 대처하려는 노력을 약화시킨다. 당신이 회복한 후에, 그리고 우울증에 걸리기 전에, 우울한 감정들을 당신이 과부하에 걸렸다는 신호로 사용할 수 있다. 다시 말해, 아마도 당신은 우울을 압도당하고 제압당했다는 신호로 사용하기로 학습할 수 있다. 당신이 목적에 도달할 수 없다면, 어쨌든 당신은 무언가를 다르게 해야 한다. 그러나 당신이 유익하지 않은 것을 계속하면, 우울장애가 그것을 멈추게 할 것이다.

신호로 감지된 우울은 주의를 기울여야 한다. 우울한 감정을 인내할 수 있는 것은 중요한 강점이다. 즉, 당신은 그 감정을 느끼면서 그것이 무엇 때문에 발생했는지를 이해할 수 있다. 우울의 이런 측면을 신체적 고통과 유사한 것으로 생각하라. 우울은 하나의 신호이다. 당신의 몸은 해결해야 할 과제, 스트레스, 장애물에 당면해서 견디기 어렵다는 신호를 당신에게 줄 것이다. 그래서 우울에 직면하고 그것을 인내할 수 있는 능력은 적응적이다.[42] 우울은 당신의 목적들, 전략들, 더불어 당신의 스트레스를 일으키는 삶의 양식을 재고해야 한다는 신호이다.

심리치료자인 Philip Martin은 그의 훌륭한 책 『우울에서 선으로 나아가기(The Zen Path Through Depression)』에서 우울의 적응적 기능을 가장 잘 포착하였다. 그는 우울이 당신의 기력을 쇠하게 해서, 당신의 역경을 알아차리게 하는 기능을 제공한다고 주장하였다. 그는 독자가 우울이 전달하는 메시지를 경청할 수 있게 격려하기 위해, 다음의 말을 하였다.

> 우리는 숲에서 길을 잃었을 때, 멈추고, 상황을 살핀 뒤 우리의 위치를 알아낼 수 있다. 우리가 우울의 한가운데에 있을 때, 멈춰서 우리가 있는 곳을 살핀 뒤 어떻게 이 상태까지 왔는지를 알아낼 수 있다. 종종 우울에 다가서는 것이 고통스럽고 무서워도, 우리는 그렇게 할 수 있다. 우리는 인내하며 도망치지 않을 수 있다. 우리는 우울을 수용하고, 우울이 우리에게 말하는 것을 알아차릴 수 있다(pp. 2-3).

물론, 우울장애가 되기 전에 우울한 감정에 주의를 기울이는 것이 가장 좋다. 내가 봐 왔던 것처럼, 우울한 감정이 제공하는 노란 신호를 무시하면, 당신은 빨간 신호를 무시하고 통과해서 우울장애에 걸릴 수 있다.

심각성

시작을 진지하게 하는 게 좋다. 나는 우울장애의 심각성을 강조했는데, 이 주제를 제2장에서 계속 다룬다. 명백히, 나는 당신의 기분이 좋아지게 하는 노력은

하지 않을 것이다. 당신이 심각하게 우울할 때, 그런 모든 노력은 실패하기 마련이며, 그렇지 않으면 실망하기 마련이다. 당장이라도 기분이 호전될 수 있다는 인상을 주는 비현실적인 제안들에 일시적으로 매력을 느낄지라도!

우울해진 뒤에, William Styron[2]은 비교적 기분이 괜찮은 시기에 우울장애에 대한 책을 아주 많이 읽었다. 그는 많은 문헌을 읽고 다음처럼 말했다. 많은 문헌은 "기운차게 낙관적이며, 적절한 항우울제가 발견되면 거의 모든 우울 상태들이 안정을 되찾거나 호전될 것이란 확신을 퍼뜨리고 있다. 물론 독자들은 빨리 치료될 수 있다는 전망으로 쉽게 동요된다."(p. 13). 그는 자신이 읽은 많은 문헌이 우울장애를 쉽게 고칠 수 있다고 주장하는데, 이는 '번지르르한 말로 사기를 치는' 일이라고 말하였다(p. 10). 궁극적으로 그는 자신의 우울장애를 벗어나게 한 처치를 비하하지 않으면서, "가장 정직한 전문가들은 심각한 우울장애는 그렇게 쉽게 치료되지 않는다는 사실을 열린 마음으로 받아들이고", 우울은 "심각한 장애의 범주에" 해당되며, "가장 현명한 책들은 …… 심각한 우울이 밤사이에 사라지지 않는다는 냉엄한 현실을 강조한다."(pp. 9-11)고 말하였다.

나는 내담자들에게 우울에 관한 심리교육을 할 때, 균형 잡힌 관점을 추구한다. 즉, 당신이 우울장애의 심각성을 수용하는 한편, 희망을 가질 견고한 이유가 있다는 입장을 유지한다. 여기에 그런 균형 잡힌 관점을 지지하는 하나의 근본적인 사실이 있다. 주요 우울장애를 겪는 대다수의 내담자는 회복한다. 그러나 회복하기 위해서는 상당한 기간 동안 시간과 노력을 쏟아야 한다.[6] 이것은 Styron이 우울을 균형 잡힌 관점으로 설명한 것이다.

제2장

진퇴양난의 상황

나는 우울의 심각성을 강조하였다. 즉, 우울을 겪는 사람들은 많고, 우울 삽화는 오래 지속되며, 우울하면 여러 가지 중요한 기능이 손상된다. 우울이 많은 사람을 괴롭히는 장애 중 하나라는 사실은 놀랄 일이 아니다. …… 암울한 청사진은 우울한 사람의 대다수가 적절한 처치를 받지 않는다는 안타까운 사실로 인해 더욱 암울해진다. 하지만 희망이 없는 것은 아니다. 적절한 처치를 받고 그 처치를 지속하면 회복 가능성과 회복률은 높아진다. (본문 중에서)

가장 의연한 낙관주의자를 제외한 모든 사람은 우울한 것이 어떤 느낌인지 안다. 몇 시간, 며칠 또는 몇 주 동안 우울한 기분을 느껴 보지 않은 사람이 있을까? 그래서 우리는 당연하다는 듯 우울장애와 일시적인 우울 기분을 동일하게 여기는 것 같다. 항우울제 처방을 쉽게 받을 수 있는 것도 우울을 급성의 문제로 보는 고정관념을 만드는 데 일조한다. 즉, "프로작(Prozac)을 복용하면 몇 주 지나 분명히 회복합니다!"라는 대중의 이런 오해는 현재 미국의 건강보험 체계와 한통속이 되었다. 이에 대해 정신의학자 Robert Michels은[44] 다음과 같이 말하였다.

> 정신의학자 또는 다른 정신건강 전문가를 만나는 우울한 사람들은 우울장애 진단은 많이 받지만, 그들에게 필요한 장기적 돌봄은 받지 못한다. 여기에 문제가 도사리고 있다. 즉, 건강보험 체계는 우울이 장기적 처치가 필요 없는 급성

> 장애가 되기를 바란다. 건강보험 체계는 우울이 내담자의 선택이나 선호보다 치료 수가로 처치를 선택하는 급성 장애이기를 바란다. 불행히도, 내담자들이 겪는 우울은 종종 건강보험 체계에서 수용하는 우울과 동일하지 않다. 가장 적절한 처치 과정이 반드시 가장 짧거나 가장 값싸야 할 필요는 없다(p. 52).

이 장은 우울장애의 심각성에 대한 몇 가지 내용을 다루고, Michels이 기술한 것처럼 폭넓은 처치가 제공될 필요가 있다는 것을 강조한다. 당신은 우울의 심각성을 내심 알고 있어도, 2장에서 검토하는 증거를 보고 아주 놀랄 수 있다. 나의 의도는 당신을 놀라게 하는 것이 아니라 정보를 제공하는 것이다. 즉, 당신이 적절한 처치를 받으려면 우울장애의 현실을 제대로 아는 것이 좋다.

2장은 우울장애의 심각성을 축소하기보다 직면하라는 호소를 거듭하는 것으로 시작한다. 그 후 이런 호소를 지지하는 연구 결과들을 제시한다. 즉, 우울은 흔하다. 우울은 당신의 기능을 떨어뜨린다. 당신은 회복하는 데 상당한 시간이 걸린다. 우울장애는 만성 장애가 될 수 있다. 당신은 악화와 재발에 취약할 수 있다. 당신과 사람들에게 신뢰를 주기 위해 이 연구 결과를 지지하는 통계 값을 인용한다. 자세한 설명이 지겨우면, 그 부분을 건너뛸 수 있다. 그러나 2장의 마지막 부분은 꼭 읽어라. 그 부분은 암울한 연구 결과에 대한 한 가지 중요한 이유를 설명한다. 즉, 그 이유는 '잘 알려져 있듯이 우울한 사람들이 전문적 도움을 추구하는 비율이 낮기' 때문이다. 당신은 적절한 처치를 받으면 회복이 빠르고, 재발 가능성이 낮아진다는 사실을 받아들이면 좋다. 그래서 나는 당신이 암울한 연구 결과에 해당되지 않기를 바란다는 마음을 전하면서 제2장의 결론을 맺는다. 즉, 우울장애가 심각해도, 당신은 그것에 조치를 취할 수 있다.

진퇴양난

당신이 우울할 때, 진퇴양난(進退兩難)의 길에 빠진다.

진(進, the rock): 우울장애는 심각하지 않다. 만약 X라는 조치를 취하면, 당신은 우울에서 벗어날 텐데 실제로는 그럴 수 없다.

퇴(退, the hard place): 우울은 심각하고, 고질적인(persistent), 정신적·신체적 장애이다.

먼저, 우울에서 회복하기 위해 나아갈 방향을 생각해 보자. 우울을 극복하기 위해 장기간 노력한 많은 사람은 다른 사람에게 다음과 같은 충고를 듣는다. "만약 당신은 (제대로 먹고, 나가서 운동하고, 더 많이 웃고, 스스로를 고립시키지 않고, 침대에서 뒹구는 것을 멈추면 등등)을 하면, 우울하지 않을 텐데." 혹은 이런 종류의 추론을 생각해 보라. "우울은 단지 정신적 문제일 뿐이야. 그러니까 단지 당신의 마음을 바꾸기만 하면 돼!" 이런 추론에서 나는 '단지'라는 용어가 논쟁을 일으키는 단어라고 생각하게 되었다. 다시 말해, '단지'라는 단어는 약간씩 성공하면서 우울에서 벗어나기 위해 오랫동안 투쟁해 온 사람에게 강한 분노를 일으킬 뿐이다. 고질적인 우울에 대한 (한 가지의) 간단한 해결책은 없다. 당신은 다방면으로 대처를 하는 것이 좋다. 당신이 회복하기 위해서 노력을 하더라도, 회복 과정은 장기간의 노력 과정이 될 수 있다.

나는 주로 우울이 지닌 진퇴의 양면 중 '퇴의 난' 측면에 주로 초점을 맞춘다. 왜냐하면 그것이 더욱 현실적이기 때문이다. 우울은 심각한 장애이고, 회복하는 데 꽤 시간이 걸리며, 재발할 수 있다. 이것이 우울의 '퇴의 난' 측면이다. 그래서 '진의 난' 측면에 초점을 두면 모순이 많이 생긴다. 예를 들어, 당신이 '진의 난' 측면에 초점을 두면 우울장애에서 재빨리 벗어나야 하는데, 실제로는 그럴 수 없다. 그래서 당신은 자신을 게으르고, 부적절하고, 약골이라는 결론을 내리거나 이외의 다른 우울한 생각을 하게 된다.

우울이 고질적 장애라고 말하는 것이, 당신이 심각한 우울에 빠질 운명에 처했다는 의미는 아니다. 그러나 당신의 우울이 경미한 우울이든 심각한 우울이든, 여러 수준의 우울에서 회복하는 데 꽤 많은 시간이 걸릴 것이다. 나는 고질적이란 용어를 당신이 의미 있는 스트레스에 당면하면 재발에 취약해지는 것을 강조하기 위해 사용한다. 이런 관점에서 보면, 우울은 고혈압, 당뇨병 같은 신체적 고질병과 유사한 면이 있다. 고질적이란 용어에는 중요한 의미가 숨어 있다. 즉, 당신이 오랫동안 적절한 처치를 받고, 자신을 돌보는 것이 최선이다. 다시 말해, 당신은 도움이 필요할 때 받을 수 있는 모든 도움을 받아야 한다.

우울은 흔하다

당신이 우울하면 혼자라고 느낄 수 있다. 당신이 혼자라고 느끼는 것은, 어느 정도는 당신이 다른 사람과 거리를 두며 혼자 지내는 경향 때문에 생긴다. 게다가, 당신은 다른 사람이 우울의 어려움을 이해하지 못한다고 느낄 수 있다. 당신은 당신보다 다른 사람이 더욱 잘 대처하는 사람인 반면, 당신은 우울을 겪고 있으므로 자신을 실패자라고 생각할 수도 있다.

1980년대에 시작한 열정 넘치는 연구들은 우울이 매우 흔하다는 결과를 제시하였다.[45] 예를 들어, 전국 유병률 조사는 특정한 시기에 미국 사람의 5%가 주요 우울 삽화를 겪고 있다는 것을 보여 주었다.[46] 또한 이 조사는 미국 사람의 17%가 인생의 어떤 시기에 주요 우울 삽화를 겪는다는 것을 보여 주었다. 연구들은 여성이 남성보다 두 배 더 많이 우울을 경험한다는 것을 일관성 있게 보여 준다. 이런 성차는 전 세계에서 동일한 현상이다. 전국 유병률 조사에서, 남성의 4%는 현재 우울하고, 13%는 이전에 우울한 적이 있다고 답했다. 이는 표준보다 높은 유병률이다. 한편, 여성은 더 높은 비율을 보였다. 즉, 약 6%가 현재 우울하고, 21%가 이전에 우울한 적이 있다고 답했다. 성별 간의 차이를 설명하려는 연구는 매우 활발하게 이루어졌다. 제4장('체질')에서 이 성차를 논의한다.

연구자들은 명백하게 증가하고 있는 아동과 청소년의 우울 유병률에도 많은 관심을 쏟았다.[45] 연구 결과에 의하면, 우울이 아동 · 청소년 개인에게 끼치는 고통과 그들의 발달에 미치는 영향이 적지 않다. 삶의 초기에 겪는 우울은 대처 기술의 발달을 저해하고, 이후에 더 심각한 장애를 겪을 가능성과 스트레스에 노출될 위험성을 증가시키며, 삶의 이후 단계에서 우울이 재발하게 한다.[47] 이러한 걱정거리는 초기 개입이 중요하다는 것을 강조한다.

우울은 기능을 떨어뜨린다

심리장애라고 진단하기 위해서는 사회적 · 직업적 영역 또는 다른 중요한 기능의 영역에서 의미 있는 불편감이나 손상이 있어야 한다.[8] 정서적 불편감, 즉 우울한 기분이 우울의 정의에서 핵심요소이다. 당신의 경험에서 알 듯이, 그리고 다른 심각한 장애에서 그런 것처럼 손상된 기능 또한 일상적으로 나타난다. 우리는 진지하게 우울을 장애로 받아들여야 하는데, 그 이유 중 하나는 다름 아닌 손상된 기능 때문이다.

우울이 당신의 온전한 존재(whole being)에 영향을 미치는 여러 증상을 포함한다는 것을 생각하면, 우울이 일, 여가, 대인관계 등 많은 면에 해를 끼친다는 것은 놀랍지 않다.[48] 당신이 예상하는 것처럼, 증상이 심각할수록 기능 손상은 더 클 것이다.[49] 우울증 직전의 증상, 즉 경미한 우울 또는 주요 우울의 진단 기준에 미치지 않는 증상조차 일부 기능을 손상시킨다. 이런 수준의 증상만 나타나도 처치를 받는 것이 좋다. 당신이 우울에서 회복했다면 증상이 개선되면서 시간 차를 두고 기능이 개선되는 것을 알아차렸을 것이다.[48, 50] 당신은 기분이 더욱 호전된 뒤에 기능을 되찾을 수 있다.

당신이 우울로 고생하고 있다면 당신만 그렇지 않다는 것을 강조하기 위해, 나는 두 가지의 중요한 연구 노력을 기술한다.

의학 성과 연구

당신이 우울을 장애(illness)로 받아들이는 것이 어렵다면, 정신의학자 Kenneth Wells와 동료들의 의학 성과 연구[13] 결과를 참작하기 바란다. 이 연구는 우울과 다섯 가지의 다른 만성(chronic) 신체 질병인 고혈압, 관절염, 당뇨병, 심장병, 폐병을 비교하였다. 또 조심스럽게 몇 가지 영역에서 나타나는 기능의 한계를 평가하였다. 즉, 일하기, 규칙적인 일상 활동을 하기, 친구와 친척 방문과 같은 사회적 활동에 참여하기. 이 연구는 또한 침대에서 보내는 시간, 신체 고통의 수준을 추적 조사하였다.

연구 결과는 놀랍다. 우울은 대부분의 만성 신체 질병보다 조사한 기능의 대부분을 더 심하게 악화시켰다. 예외적으로 심각한 심장병을 앓는 사람은 침대에서 보내는 날이 더 많았고, 관절염을 앓는 사람은 신체 고통을 더 크게 느꼈다. 이 연구자들은 비용 효율이 가장 좋은 처치를 찾는 데 도움이 되는 연구도 하였다. 그들은 (일반의학 영역에서) 가장 값싼 치료비는 가장 효과 없는 처치의 성과와 관계가 있고, (정신의학 영역에서) 가장 비싼 치료비는 최상의 성과와 관계가 있다는 것을 발견하였다. 이는 새삼스러운 결과가 아니다. 또한 이 연구 결과에 의하면, 정도의 차이는 있으나, 환자들은 증상 및 기능 손상에서 회복하기 위한 노력을 2년 이상 계속했다. 이는 우리가 우울을 급성 장애로 보면 안 되고, 적절한 처치를 장기간 동안 제공해야 한다는 것을 강조한다.

글로벌 질병 부담

우울의 심각성을 입증하면서 가장 놀라웠던 점은 WHO가 조사한 글로벌 질병부담(global burden of disease)에 대한 결과이다.[51, 52] WHO의 조사는 손상의 척도를 구성하기 위해, 장애를 갖고 산 삶의 연수(햇수)와 조기 사망으로 잃어버린 삶의 연수(햇수)를 활용해서 장애를 조정한 수명 지수(index of disability-adjusted life years)를 개발하였다. 그들은 다양한 정신의학 조건들과 일반 의학 조건들을 비교하였다. 그 결과 우울은 시각장애 또는 양측 하지 마비와 유사할 정도로 수명 지수 등급에 영향을 미쳤다.

1990년대에 우울은 전 세계에서 4번째로 흔한 장애였고, 장애를 갖고 산 햇수가 10년이라면 그중 1년은 우울이 차지하였다. 더군다나, 우울은 개발도상국과 선진국의 여성 모두에게 질병 부담의 주요한 원인이었다. WHO의 조사는[51] "달갑지 않은 불임증의 고부담을 줄이는 프로그램들이 다가올 몇 년간 우선순위의 선순위에 있어야 하는 한편, 여성의 심리적 건강 또한 훨씬 더 많은 관심을 받아야 한다."는 결론을 내렸다(p. 25). 더군다나, WHO 조사는 앞으로 수십 년간 우울이 증가할 것으로 예상하며, 2020년 즈음에는 우울이 두 번째로 흔한 장애가

될 것이고, 허혈성 심장병을 능가할 것으로 예측하였다.

회복은 시간을 필요로 한다

우울은 삶에 많은 지장을 주는 고통스러운 장애이다. 당연히 당신은 빠른 회복을 바랄 것이다. 당신은 아마도 약물치료를 받고 빨리 회복한 다른 사람의 이야기를 듣거나 책으로 읽었을 수 있다. 당신은 '다른 사람은 잘 회복하는데 왜 나는 우울에서 쉽게 빠져나올 수 없지?'라고 생각할 수 있다. 이런 생각은 다시 당신을 우울하게 만들고, 상처에 모욕까지 느끼게 한다. 부적절감 또는 실패감이 당신을 다시 우울하게 할 수 있다. 빨리 회복하지 못하는 것을 실패로 여기는 것은 우울을 악화시킬 것이다. 더구나 이런 생각은 우울의 심각성을 과소평가하는 인식에서 비롯된다.

일부 사람은 주요 우울 삽화에서 빠르게 회복한다. 그러나 대부분의 사람은 그렇지 않다. 20세기 초, 독일의 유명한 정신의학자 Emil Kraepelin은[53] 기분장애 삽화들이 전형적으로 5~8개월간 지속된다는 것을 관찰하였다. 여러 나라에서 이뤄진 많은 현대의 체계적인 연구 프로그램들은 주요 우울 삽화가 전형적으로 몇 개월간 지속된다는 Kraepelin의 관찰과 유사한 결과를 얻었다.[54-57]

우울의 진행과정을 연구한 가장 큰 규모의, 풍부한 정보를 제공하는 연구 중 하나인 협동적 우울 연구(the Collaborative Depression Study)는[55, 58, 59] 미국 정신건강원(National Institute of Mental Health)의 지원으로 이루어졌다. 미국의 5개 도시(보스턴, 시카고, 아이오아, 뉴욕, 세인트루이스)에 있는 처치 센터들에서 주요 우울 삽화로 처치받은 수백 명의 남녀가 연구대상이었다. 이 연구는 이들을 20년 동안 추적 조사했다. 먼저 이 연구 결과를 참고하며 주의해야 할 것은, 참가자들이 심각한 우울을 겪었다는 것이다. 이들의 대부분은 병원에 입원했었다. 더군다나, 인위적 조작을 하지 않은 자연 상태에서 이뤄진 이 연구는 특별한 처치를 하지 않았고, 많은 참가자는 적절한 장기 처치를 받지 않았다.

이 협동적 우울 연구는, 회복을 8주 연속 우울 증상이 없거나 기능의 손상 없이 가벼운 증상을 보이는 경우로 정의하였다.[58] 다른 연구와 유사하게, 연구 시작 후에 참가자가 회복한 시간의 중앙값(즉, 내담자의 절반이 회복한 시점)은 5개월이었다. 물론, 회복하는 시간은 개인 간에 상당한 차이가 있었다. 시간이 흐르면서 대부분의 내담자는 회복할 것이다. 예를 들어, 2개월 후 참가자의 31%, 1년 후 67%, 5년 후 88%, 15년 후 94%가[60] 회복하였다. 다시 말해, 심각한 주요 우울 삽화에서 충분히 회복하기 위해서는 전형적으로 몇 개월이 걸린다는 것이다. 더군다나 전형적으로 몇 개월간 지속되는 한바탕의 긴 장애를 겪은 뒤에 참가자는 자신들이 거주한 지역에서 처치를 추구했고, 몇 개월간의 시간이 걸려서 회복을 했다.

몇 가지 요인이 회복을 더욱 더디게 했다. 1) 현재 또는 이전의 삽화 기간이 길수록[55, 59], 2) 현재의 삽화가 더욱 심각할수록, 3) 현재 앓고 있는 다른 신체 질병이 있을수록[63], 4) 물질남용, 불안과 같은 심리장애가 있을수록[62], 5) 사회적 지지가 부족할수록[56, 63], 6) 회복기 동안 삶의 스트레스가 지속될수록[63] 회복은 더뎠다. 역으로, 우울 삽화 기간 동안 삶의 긍정적 변화는 회복을 빠르게 할 수 있다.[56]

회복하는 시간이 길든 짧든, 회복은 점진적으로 조금씩 이뤄질 것이다. 당신이 완전히 회복하는 데 몇 개월이 걸려도, 이 모든 기간 동안 가장 심각한 수준의 우울을 겪지는 않을 것이다. 물론 어떤 기간 동안 당신은 주요 우울의 모든 기준에 해당될 것이다. 협동적 우울 연구의 참가자의 절반은 4주 또는 그 이상 동안 주요 우울의 모든 기준을 충족하는 시간을 가졌다.[58] 운이 좋게도 당신의 증상들이 약화될 때, 회복할 가능성은 상당히 증가한다.

우울은 만성적인 장애가 될 수 있다

회복의 시간이 고통스러울 정도로 느려도, 연구 결과는 고무적이다. 즉, 대다수의 사람은 회복한다. 그러나 소수는 2년이 지나도 회복에 실패했다. 이런 우울은 만성적인(chronic) 것으로 볼 수 있다. 당신이 여러 해 동안 우울에서 회복하기 위해 노력하고 있다면, 그런 노력을 하고 있는 사람이 당신만이 아니란 것을 알면 좋다. 미국인 중에 만성적인 우울을 겪고 있는 사람은 3~5%로 추정된다.[64] 그러나 당신은 만성적인 우울을 겪는 사람이 회복한다는 사실 또한 알아야 한다. 5년 동안 만성적인 우울을 겪어 온 사람들을 조사한 연구는 이후 5년 내에 35%가 회복한다는 결과를 제시하였다.[55] 평균적으로 매년 9%가 회복하였다. 심지어 몇 년 동안 우울과 씨름을 해 왔어도 회복의 희망을 포기하면 안 된다.

만성적인 우울이 반드시 계속 지속되는 것은 아니다. 증상들은 영고성쇠를 거듭한다. 그러나 심각한 주요 우울을 겪은 적이 있는 사람들은 훨씬 더 많은 시간을 우울의 증상과 싸워야 할 수 있다. 협력적 우울 연구에서[65] 12년간 우울 증상들의 수준을 매주 조심스럽게 살핀 결과, 참가자들은 대부분의 시간 동안(매주 59% 정도의 시간) 일정 수준의 우울을 경험하였다. 증상의 심각성은 다양하였다. 즉, 그들은 주당 15% 정도의 시간 동안 주요 우울 증상을 경험하였고, 27% 정도는 주요 우울의 기준에 미치지 않았으나 의미 있는 증상을 경험하였고, 16% 정도의 시간 동안은 경미한 증상을 경험하였다. 그러나 그들의 대부분은 적절한 처치를 받지 않고 있었다.

우울은 재발한다

안타깝지만, 연구 결과는 우울이 종종 재발한다는 것을 분명하게 보여 준다. 협력적 우울 연구는 입원 환자가 회복 뒤에 재발할 가능성을 가장 체계적으로 살폈다.[66] 그 결과에 의하면, 재발의 가능성은 시간이 지나면서 증가하였다. 예를 들어, 첫 삽화에서 회복한 후에, 참가자들의 25%는 첫해에 재발하였고, 42%는 2년 내에, 60%는 5년 내에 재발하였다. 더구나, 재발이 잦을수록 재발과 다른 재발 사이의 시간 간격은 좁혀졌다. 재발의 이런 패턴은 삶의 초기에 시작할 수 있다. 한 연구는 고등학교 3학년 여학생을 대상으로 하여, 청소년기에 주요 우울 삽화를 겪은 사람의 70%가 그 후 5년 내에 재발할 위험이 있다는 것을 보여주었다.[67] 청소년기 우울은 성인 전기 우울의 전조이다.

재발 위험을 증가시키는 가장 실질적인 요인은 우울 증상 중 몇 가지를 계속 경험하는 것이다. 즉, 여전히 잔여 증상이 남아 있거나 혹은 부분적인 차도만 있는 상태는 재발 위험이 있는 것이다.[68] 협력적 우울 연구에서 심각하지 않은 우울 증상을 갖고 있는 사람은 그 증상이 비교적 가볍더라도 증상에서 벗어난 사람보다 3~4배 더 빠르게 주요 우울을 다시 겪었다. 더구나, 심각하지 않은 우울 증상을 가진 사람의 재발 간격은 증상에서 벗어난 사람보다 더 짧았다. 재발의 전조로 작용하는 심각하지 않은 우울 증상은 비교적 가볍다. 즉, 당신이 평소와 다르게 느끼고, 하나 또는 그 이상의 가벼운 증상을 경험하는 것은 재발의 위험을 높인다.

재발 위험은 이전에 삽화를 경험한 적이 많을수록 높다.[66] 현재의 진단 매뉴얼은[69] 다음과 같이 요약하고 있다. "주요 우울 삽화, 단일 삽화를 경험한 사람들의 최소 60%는 두 번째 삽화를 경험할 것으로 예상된다. 두 번의 삽화를 경험한 사람들의 70%는 세 번째 삽화를, 세 번째 삽화를 경험한 사람들의 90%는 네 번째 삽화를 경험할 수 있다."(p. 372) 그러나 당신이 회복한 상태로 지낸 시간이 길수록 재발할 확률은 낮아진다.[70] 협력적 우울 연구는 회복한 후 6개월 동안 증상 없이 지내는 기간이 거듭될수록 재발 확률이 의미 있게 낮아진다는 결과를 제시하였다.[66]

이전에 여러 번 삽화를 경험한 것으로 재발을 예측할 수 있으나, 다른 요인들로도 재발을 예측할 수 있다. 즉, 환경에서 오는 스트레스[63, 70], 사회적 지지의 부재[70], 물질남용[60, 71], 불안장애[60], 성격장애[55, 72] 등으로 재발을 예측한다. 더구나 몇 가지 요인은 여자 청소년의 더 높은 재발 위험과 관계가 있었다.[67] 즉, 가정폭력, 이전의 정신과 장애, 종종 발생하는 삶의 스트레스는 여자 청소년의 재발 위험을 높였다.

우울해도 처치를 잘 받지 않는다

앞에서 살펴본 것처럼, 우울은 종종 치유하는 데 시간이 오래 걸리는 심각한 장애이다. 그러나 많은 사람은 적절한 처치를 받지 않아 오랜 기간 우울을 경험

한다.[7] 적절한 처치의 첫 단계는 정확한 진단을 하는 것이다. 초기 단계에서 큰 문제가 발생하기도 한다. 즉, 자살 시도 후 응급 처치를 받으러 온 사람들조차 우울의 진단을 받지 않는 일이 종종 발생한다.[73]

또한 부적절한 처치가 이루어질 수 있다.[60, 74] 소수의 사람은 약물 처치를 받는다.[75] 그리고 이들 중 소수만 적절한 약을 처방받는다.[76, 77] 정신건강 전문 병원의 환자들은 1차 일반 병원에서 처치받은 사람들보다 더 적절한 처치를 받는다.[78] 협력적 우울 연구는 2년 동안 우울하였던 내담자들의 50%가 처치받지 않거나 최소한의 처치만 받는다는 결과를 제시하였다. 우울장애가 재발한 사람들 중 50%는 재발 후 몇 개월이 지나서도 처치를 받지 않았다. 재발을 겪고 1년 이상 동안 우울장애를 겪은 사람들의 60%는 처치를 받지 않거나 최소한의 처치만 받았다.[64] 가장 심각한 우울을 겪으면서, 어떤 약물 처치도 받지 않은 사람들도 40%나 되었다.[65]

내담자들이 처치의 일환으로 약물 처치를 받을 때조차, 그들은 너무 일찍 처치를 끝낸다. 종종 증상이 약간 개선되거나 별 차도가 없는 경우 그들은 약물 복용을 그만둔다.[58, 79] 이것은 그들이 심각한 우울을 다시 경험할 가능성을 높인다. 한 연구는 내담자들의 30%만이 항우울제 처방을 처방전대로 3번 정도 조제받았다는 결과를 보여 주었다. 약물 처치를 중도에 그만두는 것은 재발률을 높였다.[71] 약물 처치를 받은 횟수가 적은 사람들은 우울 삽화가 재발하는 간격이 더 짧았다.[66, 68]

우울로 처치를 받는 비율이 낮은 이유는 복잡하다. 여기에는 조력자 요인과 내담자 요인 모두가 관련되어 있다.[78] 우울한 사람들은 자신들이 장애가 있다고 생각할 수 있다. 그렇게 인식하는 사람들은 수치스러워 처치를 회피할 수 있다. 이외에 그들은 처치를 받을 여유가 없을 수 있다. 역설(catch-22)이 여기서도 작용한다. 즉, 회복의 여정이 길기 때문에, 내담자들은 처치를 지속하기 위한 동기를 유지하면서 노력해야 한다. 그러나 지속되는 우울은 그런 노력을 방해한다. 낮은 정도의 우울 증상을 보이는 내담자들은 회복의 여정이 긴 것에 낙담하여 빠르게 포기할 수 있다. 더구나 스스로 처치를 추구했으나, 적절한 진단을 받지 못할 수 있다. 우울로 진단되었으나, 조력자가 적절한 조치를 못할 수 있다. 놀랄 필요 없이, 지역사회에서 처치를 향상시키고자 한 많은 노력들은 더 나은 돌봄을 제공하면 성과가 더 좋다는 것을 보여 주었다.[81-83]

처치를 받으면 빨리 회복된다

나는 우울의 심각성을 강조하였다. 즉, 우울을 겪는 사람들은 많고, 우울 삽화는 오래 지속되며, 우울하면 여러 가지 중요한 기능이 손상된다. 우울이 많은 사람을 괴롭히는 장애 중 하나라는 사실은 놀랄 일이 아니다. 그러나 내가 앞 절들에서 논의했던 것처럼, 이와 같은 암울한 청사진은 우울한 사람의 대다수가 적절한 처치를 받지 않는다는 안타까운 사실로 인해 더욱 암울해진다. 하지만 희망이 없는 것은 아니다. 적절한 처치를 받고 그 처치를 지속하면 회복 가능성과 회복률은 높아진다.

여러 연구는 약물치료나 심리치료를 받으면 우울은 1~3개월 내에 호전되며[55, 64] 주요 우울 삽화의 지속 기간이 줄어든다는 결과를 보여 주고 있다.[84] 협력적 우울 연구는 적절한 약물을 복용하지 않은 사람보다 복용한 사람들이 두 배 더 행복한 상태로 변화한다는 결과를 보여 주었다.[79]

약물처방이 우울 상태를 호전시켜도, 많은 내담자는 완전히 회복되기보다 부분적으로 회복하며, 남아 있는 증상은 일부 사람을 재발에 취약하게 만든다.[11] 따라서 당신의 기능을 최대한 높이고 행복해지기 위해서는 충분한 회복을 목표로 삼는 것이 가장 좋다. 항우울제 처치로 일부 호전된 내담자는 심리치료를 동시에 받으면 완전히 회복하는 데 도움을 받을 수 있다. 그래서 5부에서 상세히 검토하는 것처럼, 적극적으로 여러 가지 처치를 동시에 받으면 완전히 회복할 가능성을 높일 수 있다.

당신은 통계 자료에 제시된 정보에 부합하지 않을 수 있다

나는 우울의 심각성을 두 가지 측면에서 강조하였다. 1) 우울장애 자체의 심각성, 2) 적절한 처치를 제대로 받지 않는 것. 내가 우울의 심각성을 강조한 것은 당신의 사기를 떨어뜨리기 위한 것이 아니다. 당신이 회복하는 데 어려움이 있다면 그것은 당신이 실패하고 있다는 의미가 아니라 우울의 심각성 때문에 그렇다는 사실을 알고 당신이 안심하기를 바랐기 때문이다. 우울에서 회복하는 과정에서 만나는 어려움들을 사실대로 이야기하지 않는 것은 당신의 사기를 떨어뜨릴 것이다. 당신은 "우울에서 쉽게 벗어날 수 없다." 당신이 회복하기를 바란다면 다른 사람이 하는 것 이상으로 노력하는 것이 좋다.

내가 우울의 유병률, 우울 삽화의 지속 기간, 우울의 만성적 성질을 보여 주기 위해 인용한 통계치는 여러 가지 문제점을 지적하고 있다.[85] 즉, 일부 우울한 사람은 장애를 겪고 있다는 것조차 인식하지 못하고 있다는 것이다. 그들이 우울 증상들을 인식하더라도, 그들은 우울 진단을 받지 않을 수 있다. 그들이 진단을 받더라도, 처치를 받는 비율이 낮다. 그들은 적절한 처치를 받아도, 완전히 회복하지 못할 수 있다. 그들은 처치를 받고 회복해도, 차도 후 악화 또는 재발을 경험할 수 있다.

그렇다고 해서 당신에게 희망이 없는 것은 아니다. 당신이 우울장애를 겪고 있는 유일한 사람이 아니라는 통계치가 당신에게 위로가 될 수 있다. 하지만 통계에 얽매일 필요는 없다. 당신은 겪고 있는 우울을 개선하기 위해 어떤 조치를 취할 수 있다. 무엇을 해야 할지를 알고, 우울에 어떻게 대처할지를 알게 되면 우울에서 완전히 회복해서 행복해질 승산을 높일 수 있다. 그러나 이 과정에서 중요한 것은 당신이 적극적으로 역할을 해야 한다는 것이다. 그래서 우리는 제3장에서 주체성(agency)이란 주제를 다룬다.

제3장

주체와 자유행동의 범위

당신은 단 한 번의 기념비적 의지 행위로 회복할 수 없다. 그러나 더 오랜 기간 동안 이루어지는 더 많은 의지 행위를 하면 회복할 수 있다. 회복은 물론 당신의 활력을 무너뜨리는 우울에 의해 영향을 받을 때 특히 더 어렵다. 이런 상황은 역설(catch-22)이다. 더군다나 당신 스스로 회복하는 것은 거의 불가능할 수 있다. 그때 당신은 타인의 도움을 받을 필요가 있다. 효율적인 주체들은 필요하면 도움을 받는 것을 꺼리지 않는다. (본문 중에서)

당신이 부엌에 앉아서 곁눈질로 작은 빵 부스러기가 바닥에서 움직이는 것을 본다고 상상해 보라. 자세히 살펴본 당신은 빵 부스러기를 옮기고 있는 개미를 본다. 빵 부스러기가 아닌 개미가 그 움직임을 주도하는 주체(the agency)[8]이다. **주체성**(agency)[9]은 목적을 달성하기 위해 행위할 수 있는 능력이다. 이 책을 읽고 있는 당신은 이미 주체성을 발휘하고 있는 것이다. 당신은 자신의 우울에 조치를 취하고 있으며, 효율적인 대처를 목적으로 우울장애에 대한 많은 것을 학습하고 있는 것이다.

나는 이 책 전체에서 주체성이란 용어를 중심 개념으로 쓰는데, 주체성이 우울에서 중요한 역할을 하기 때문이다. 다음과 같은 악순환을 생각해 보라. 스트레스의 누적에 당면해서, 당신은 제압당했고, 무기력하고, 덫에 갇혔다고 느낀다. 당신의 주체성은 약화되고, 당신은 우울을 느낀다. 더욱이 우울은 스트레스에 대처할 당신의 능력을 방해해서 주체성을 약화시킨다. 다음은 이와 관련된 가장 흔한 시나리오이다.

Beth는 불철주야로 공부하고 대학 생활 내내 자신을 밀어붙이며 노력했다. 그리고 졸업 후에도 취직을 위해 고군분투하는 자신을 깨달았다. 그녀는 열망한 대로 인류학을 전공했다. 그녀는 대학원 진학을 계획했었다. 그러나 학자금 대출의 상환을 위해 일을 해야 했다. 전공 분야의 일자리를 찾지 못한 그녀는 사무직으로 취업하였다. 자신의 흥미에 맞는 일자리를 찾을 것이란 희망 없이 몇 개월이 지났을 때, 그녀는 점점 좌절했고 사기가 떨어졌다. 그녀와 동거 중인 남자친구와의 갈등은 그녀의 불편감을 악화시켰다. 그녀는 상당한 재능과 호감 가는 성격을 가졌으나, 청소년 시절부터 스스로 매력 없고 가치 없다고 느꼈다. 그리고 그녀는 종종 감정 소통이 잘 되지 않았고 때때로 냉담한 남자와 사귀기도 했다. 자존감이 낮았던 그녀는 자신이 더 좋은 대우를 받을 자격이 없다고 느꼈다.

점점 더 자신의 일에 싫증난 Beth는 정기 관리 평가에서 사소한 비평을 받은 후, 정당하지 않다고 느껴 일을 그만두었다. 몇 주가 지나도 그녀는 다른 일자리를 찾지 못했다. 이후 대부금을 충당하지 못할 정도로 재정압박을 받았다. 그녀의 짜증은 점점 심해졌고, 남자친구의 무관심에 좌절하였다. 사소한 의견 불일치가 큰 싸움이 되어, 그녀는 그에게 집에서 나가라고 말하였다.

Beth는 발전 가능성이 없는 직업과 욕구가 충족되지 않는 관계에 갇혔다고 느꼈고, 운명을 개선하기 위해 어떤 조치를 취하는 데 무력감을 느꼈다. 그녀는 일을 그만두고 그와 관계를 끝내는 조치를 취했다. 그러나 그녀는 일자리를 구하지 못해 더욱 무력해졌고, 남자친구가 떠난 후 버림받았다는 생각에 혼자라고 느꼈다. 그녀는 점점 심한 우울의 소용돌이 속으로 빠져들었다. 그녀는 거의 하루 종일 침대에서 시간을 보냈다. 침대에서 일어나면, 텔레비전을 보며 멍한 상태로 낮 시간을 보냈다. 그녀는 일자리를 찾을 활력과 자신감이 부족하였다. 그녀는 너무 수치스러워서 친구들이나 가족들과 접촉하는 것을 꺼렸지만 그들은 기꺼이 지지를 제공할 준비가 되어 있었다. 그녀는 자신을 실패자라고 비난했고, 직장을 그만둔 것에 부모님이 비난할까 봐 두려워했다.

패배감을 느낀 Beth는 포기하였다. 그녀의 무력감은 절망감으로 변화되었다. 우울은 그녀의 주체성을 무너뜨렸다. 그녀는 세상에서 철수하였고, 대처하는 데 어려움을 느꼈다. 운이 좋게도, Beth의 큰언니가 그녀의 우울이 매우 심각한 것을 알고, 처치를 받으라고 권유하였다. Beth의 두려움과 반대로, 부모님은 그녀를 지지해 주었으며, 친구들은 그녀에게 공감하였다. 다음 몇 개월이 지난 후 그녀가 혼자라고 많이 느끼지 않고, 우울에서 회복하기 시작했을 때, 그녀의 주체성은 회복되었다. 그녀는 또다시 앞으로 나아가 시작할 수 있었다.

Beth의 도피는 역설의 핵심을 보여 준다. 즉, 당신은 대처하려면 주체성이 필요한데, 우울은 주체성을 약화시킨다. 예를 들어, 당신이 우울이 심각해서 누워 있어야 할 때, 주체성은 거의 사라진다. 그때 당신은 도움이 필요하다. 그리고 다른 사람은 분명 도울 것이다. 종종 우울은 주체성을 완전히 사라지게 하는 것이 아니라 줄어들게 한다. 당신은 어느 정도 우울하지만, 여전히 자신을 위해 조치를 취할 능력을 갖고 있다. 다시 말해 자유롭게 행동할 수 있는 여지가 있다.[86]

이 책의 제5부('우울의 역설에 대처하기')는 우울에서 회복하고 그 상태를 잘 유지하는 과정에서 주체성이 하는 역할을 다룬다. 즉, 당신이 증상들을 다루기 위해 여전히 선택할 수 있는 행동을 어떻게 사용할지를 보여 준다. 당신이 우울하게 된 과정을 이해하는 것은 우울에서 빠져나오고, 다시 우울에 빠지는 것을 피할 방법을 찾는 데 도움이 된다. 당신이 이미 자신감을 잃었더라도, 제1장과 제2장의 내용을 바탕으로 자신을 설득해서 우울을 장애로 받아들일 것을 희망한다. 제3장에서는 "장애가 주체성을 제한한다."라는 주제를 논의할 것이다.

나는 두 가지 이유로 주체성을 강조한다. 첫째, 적극적 대처를 격려하고 싶다. 둘째, 자기비난을 멈추게 하고 싶다. 많은 우울한 사람은 우울할 뿐 아니라 빠르게 회복하지 못하는 자신을 비난해서 상처에 모욕을 보탠다. 죄책감을 느끼는 것은 우울을 악화시킬 뿐이다. 나는 섬세하게 균형을 유지하면서, 당신이 줄타기 곡예를 잘하도록 도울 것이다. 다시 말해, 우울장애가 당신의 주체성을 크게 손상시켰다면, 역경에서 벗어나는 것은 당신의 책임이 아닐 수 있다. 하지만 당신의 주체성이 보존되어 있다면, 역경에서 벗어날 책임은 당신에게 있다. 당신이 통제할 수 없는 어려움으로 자신을 비난하면 우울이라는 줄타기 곡예에서 어느 한쪽으로 떨어질 수 있다. 당신에게 도움이 되는 어떤 조치를 취하지 않으면 우울이라는 줄타기 곡예에서 나머지 다른 쪽으로 떨어질 수 있다.

이 장에서는 다음과 같은 내용을 다룬다. 첫째, 주체성과 제약의 개념들을 자세히 설명한다. 둘째, 우울을 야기하는 스트레스를 생성하는 데 주체성이 하는 역할을 조사한다. 셋째, 우울장애에서 주체성과 제약의 균형에 대해 알아본다. 넷째, 책임과 비난의 문제와 씨름한다. 마지막으로, 주체성 대 제약의 주제가 이 책의 뒷부분에서 차지할 역할을 언급한다.

주체성 대 제약

다시 말하면, 주체(agent)가 행위의 원인이다.[87] 주체는 의도적이고, 목적지향적인 행동과 같은 행위를 주도한다. 주체성은 의지, 자율, 자유, 선택, 책임을 의미한다. 가장 기본적 수준에서, 이론생물학자인 Stuart Kauffman은[88] 자율적 주체란 '자신의 이익을 위해 행위할 수 있는' 실체라고 정의하였다(p. x). 그는 이 생물학적 정의에서 모든 독립적 세포와 유기체를 포함해, 박테리아 이상의 생명체에게 주체성은 곧 생명이라고 보았다. 그의 관점에서 개미는 높은 수준의 주체성을 가진 주체이다.

그러나 우리가 관심을 가지는 것은 인간의 주체성이다. 당신은 의식이 있는(conscious) 주체이다. 정신의학자 Daniel Stern이 말한 것처럼 당신은 자신의 행위에 대해 '연출자라는 느낌'을 가진다(p. 71). 더군다나 당신은 자의식이 있는 이성적 주체이다. 즉, 당신은 어떤 이유로 행동을 하는지 알고 있다.[90] 주의할 사항은 당신이 잠재적으로 자의식적이고 이성적이란 점이다. 당신은 행위의 이유를 항상 알아차리는 것은 아니다. 당신이 일상 활동을 하는 거의 대부분의 시간 동안 하고 있는 것을 의도적으로 생각할 필요는 없다. 그러나 당신이 문제에 빠졌을 때, 주체성을 높이기 위해 자기-알아차림을 더 잘해서, 당신의 행동에 더 큰 통제력을 발휘해야 한다. 이것이 이 책을 읽을 때의 요점이자, 우울한 경험에서 더 큰 깨달음을 얻기 위한 요점이다.

주체성의 개념을 분명히 하기 위해 반의어들을 생각해 보자. 주체성은 자발적인 행위를 뜻한다. 그 반의어는 반사(reflexes)와 같은 비자발적 반응을 뜻한다. 당신은 갑자기 큰 소음이 울리면 깜짝 놀라지 않을 수 없다. 즉, 이런 상황에서 당신은 행동한 것이 아니라 반응한 것이다. 주체성은 능동성을 뜻한다. 그 반대는 수동성이다. 주체성은 힘과 통제를 의미한다. 당신은 주체성이 약화될 때, 무력하고 통제력이 없다고 느낀다. 당신은 자신의 이익을 위해 행동하는 것이 아니라 반응을 하는 것이다. 쓰나미에서 폭행에 이르기까지 외상 사건들이 극단적인 예이다. 그 사건은 당신을 제압할 것이다. 그 사건들은 당신의 주체성을 무너뜨려서 외상을 입히고 무기력하게 만들 것이다.

자기효능감

Albert Bandura[91]가 선도한 주체성 연구는 신념의 중요성을 강조한다. "개인이 지닌 주체성의 기제 중에서, 자신의 기능과 환경의 사건에 통제력을 꽤나 발휘할 수 있다는 신념보다 더 중요한 것은 없다. …… 효능감은 인간 주체성의 토대이다."(p. 10) Bandura와 동료들의 연구[92]는 효능감, 즉 '의도한 결과를 생산할 수 있는 힘'을 믿지 않는 아동일수록 더 우울한 경향이 있다는 결과를 제시하였다. 예를 들어, 학업 및 사회적 관계에서 성공할 수 없다고 믿는 아동은 더 우울하였고, 실제로 이 영역에서 성취가 낮았다. 이런 신념은 자기충족적인 예언이 되었다. 효능감의 부족은 우울을 악화시켰다. 우울은 실패할 확률을 높였다. 실패는 다시 우울을 악화시켰다. 더구나 정서를 조절하지 못하는 문제는 아동의 어려움을 악화시켰다. 정서를 조절할 수 없다고 지각한 아동은 우울에 더 취약하였다. 그래서 주체성은 외부 세상에 대한 영향을 발휘하는 당신의 능력뿐 아니라 당신의 마음 상태에 영향을 끼치는 능력과 관련이 있다.

나는 이 책에서 대인관계와 우울이 관계있다고 강조한다. 제3장에서는 주체성의 역할을 강조한다. 서로에게 영향을 미치는 우리의 능력은 주체성의 핵심 영역이다. 놀랄 것 없이 Bandura는 사회적 자기효능감이 부족하다고 믿는 아동이 문제가 되는 사회적 행동, 즉 공격 행동과 파괴 행동을 하는 경향이 있다는 것을 발견하였다. 이 아동들의 적절치 못한 주체성뿐 아니라 대인관계 행동의 부정적 결과는 이들이 우울해지는 데 영향을 미쳤다. 이 결과는 우울을 완화하는 데 사회적 지지가 중요한 역할을 한다는 점에서 중요하다.[93] Bandura는 또한 사회적 지지에서 주체성이 중요한 역할을 한다고 강조하였다. "당황한 사람을 진정시키는 데 도움이 되는 사회적 지지는 기다리면 저절로 생기는 실체가 아니다. 사람들은 밖으로 나가 자신을 위한 지지적 관계를 찾고, 만들고, 유지해야 한다. 이런 대인관계를 형성하는 것은 강한 사회적 자기효능감을 필요로 한다."(p. 259)

제약

여러 가지 제약이 당신의 주체성을 다양한 정도로 제한한다.[94] 당신의 주체성은 선택과 가능성을 제한하는 무언가로부터 제약받을 수 있다([그림 3-1] 참고). 당신의 주체성을 제약하는 것은 무수히 많다. 완전한 행위의 자유, 즉 제한이 없는 주체성의 발휘는 불가능하다. 당신은 계속해서 선택할 수 있지만, 어떤 것 하나만 고집할 수 없다. 당신은 여러 대안 중에 제한된 선택을 한 것이다. 당신이 선택에 대해 생각할 때, 대부분의 일은 당신의 통제 밖에 있다. 당신의 환경은 많은 제약을 가한다. 즉, 어쩌면 당신은 가난, 인종차별, 성차별과 같은 사회적 제약의 영향을 받는 특별한 문화와 특별한 가정과 특별한 시기에 태어난다. 당신 내부의 요인 또한 제약을 가한다. 즉, 당신의 천부적 재능은 제한되어 있고, 당신은 부상이나 장애로 제약을 받을 수 있다. 또한 당신의 유전자 구성이 스트

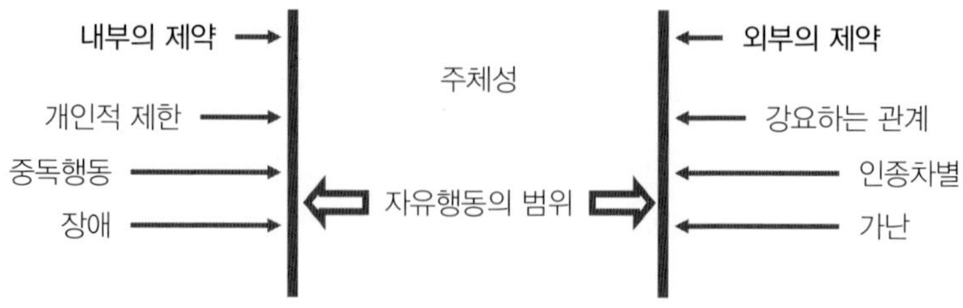

[그림 3-1] 주체성과 자유행동의 범위 대 제약사항

레스를 견딜 수 있는 능력마저 제한할 수 있다.

내부 및 외부의 제약은 일반적으로 당신이 행동으로 조치를 취하는 것을 방해한다. 또한 당신의 의지에 반하는 행동을 요구받을 때 주체성은 감소된다. 그런 요구는 제약으로 작동하여 당신의 자유를 제한한다. 당신은 심리적 압박, 위협, 하고 싶지 않은 일을 하라는 강요를 받을 수 있다. 예를 들어, 가장 심각한 외상의 일부는 학대 또는 폭력을 휘두르게 요구하거나, 학대 또는 폭력을 그만두는 것을 그만두지 못하게 한다.[95] 역설적으로 당신의 주체성은 당신 내부에서 제약을 받을 수도 있다. 다시 말해, 당신의 행동은 중독과 같은 마음속의 강박에 휘둘릴 수 있다. 당신은 원치 않는 행동을 스스로 멈출 수 없을 때 무력해질 수 있다. 이 모든 제약이 당신의 주체성을 약화시키는 정도에 따라, 당신은 우울해질 수 있다.

정도의 문제

주체성은 양극 현상이 아니다. 주체성은 정도의 문제이다([그림 3-2] 참고). 우리가 주체성을 빛띠(spectrum)로 표현하면, 비자발적 행동, 수동적 무력감은 아래쪽 극에 위치할 것이다. 수동적 무력감의 예를 들면, 당신은 교차로에서 차를 멈췄는데 차가 다른 트럭에 들이박힌 꼴이다. 우리는 높은 쪽 극에 자의식의 이성적 주체성을 놓을 수 있다. 즉, 여러 가지 요인을 생각한 당신은 숙고하고, 의사결정을 하고, 행동을 한다. 우리는 전형적으로 주체성의 중간 정도의 범위에서 작동하며, 이때 우리는 스스로 하고 있는 것을 거의 알아차린다. 우리가 습관

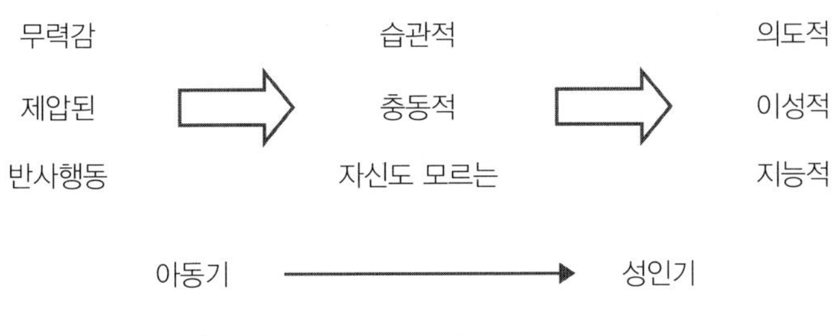

[그림 3-2] 주체성이 증가하는 정도

또는 일상에 따라 행동할 때, 하고 있는 일을 별생각 없이 하더라도, 우리는 주체성을 발휘하고 있는 것이다. 즉, 목적 지향의 행동을 하고 있는 것이다. 우리가 충동적으로 행동할 때 또한 우리는 주체성의 중간 범위에 위치한다. 즉, 이때 우리는 능동자재(能動自在)[10)]하는 주체(active agents)이나, 우리가 의식하고, 의도를 갖고 하는 것은 아니다. 어릴 때, 우리는 능동자재하는 주체이나 제한된 지식과 능력 내에서 우리가 하는 것을 생각한다. 철학자 Alain de Botton[96]의 언급처럼 "우리 모두는 심지어 어떻게 살아야 할지를 알려는 시도를 하기 전부터 이미 살아가게끔 만들어져 있다."(p. 155). 우리가 어떻게 살아야 할지를 아는 능력을 계발했을 때, 우리의 습관, 일상, 또는 부주의하고 무지한 행동이 우리를 어려움에 빠지게 하면, 우리는 주체성의 정도를 증가시킬 필요가 있다. 그런 다음 우리는 지능을 활용하여 주체성을 최고로 높일 필요가 있다. 즉, 우리는 기대되는 장래의 결과를 예상하고, 이를 바탕으로 과거의 경험을 사용하여 현재의 행동을 안내한다.

우울과 주체성

우리는 환경이 우리의 행위와 별개로 영향력을 발휘한다고 생각하는 경향이 있다. 우리의 환경은 기회를 제공하는 한편, 제약을 가한다. 주체성의 관점은 우리가 환경을 형성하는 데 능동적 역할을 하며, 이 환경이 다시 우리에게 강한 영향을 발휘한다는 데 주의를 기울이게 한다.[98] Bandura의 언급처럼 우리를 완화시킬 사회적 지지가 환경에서 이미 대기하고 있는 게 아니다. 우리는 사회적 지지가 제공되게 만들고, 유지하고, 스스로 추구해야 한다. 단체에 가입하는 것은 우정을 쌓을 기회를 만든다. 좋은 교육을 받으면 직장을 구할 기회가 많아진다. 마찬가지로 주체성은 당신에게 되돌아올 환경의 제약을 만들기도 한다. 예를 들어, 당신이 직장을 구하기로 결심했다면, 직장인이 되었을 때 받을 제약을 수용해야 한다. 예를 들면, 당신은 정각에 일어나 출근해야 한다.

심리학자 Arnold Buss는[99] 당신의 주체성이 당신을 둘러싼 환경을 형성하는 세 가지 방식을 분명하게 이야기했다. 즉, 선택, 유발, 조작이다. 물론 당신은 가족이나 당신이 어렸을 적 다닌 학교를 선택할 수 없다. 그러나 성장하면서 당신은 점점 당신의 사회 환경을 **선택한다**. 당신은 학교와 거주할 도시를 선택할 수 있다. 당신은 친구와 연인을 선택할 수 있다. 게다가, 주체로서 당신은 인식하지 못한 상태에서 당신을 둘러싼 사회 환경의 반응을 **유발한다**. 예를 들어, 매우 능동적인 또는 공격적인 아동은 부모와 선생님의 통제 반응을 불러일으킨다. 야망이 있는 학생은 또래의 경쟁을 불러일으킨다. 타인을 지배하려는 개인은 또래가 그의 콧대를 꺾는 노력을 하게 만든다. 마지막으로 당신은 능동적, 의도적으로 당신의 사회 환경을 **조작하고**, 목적을 갖고 타인의 행동에 영향력을 발휘한다. 예를 들어, 당신은 매력을 발산하고, 타인에게 공감하고, 타인의 의견을 묵살하고, 또는 당신 마음대로 할 수 있을 때까지 고함치고 설득하는 대인관계 전략을 사용할 수 있다.

앞서 환경의 스트레스가 우울에 기여하는 역할을 강조하기 위해 **스트레스 누적**이란 용어를 사용하였다. 그러나 주체성의 관점에서 보면 스트레스 누적에 당신이 능동적인 역할을 한다는 사실을 고려하는 것이 좋다. 하지만 나는 이 점을 과장해서 말하고 싶지는 않다. 즉, 우울을 유발하는 스트레스의 대부분은 피할 수 없는 것들이다. 예를 들면, 외상, 상실, 역경이 예상 밖으로 너무나 자주 일어난다.[93] 이후의 장에서는 주체성의 영역에 포함되지 않는 삶 초기의 생물학적 취약성과 사회적 스트레스 사건을 강조한다. 우울을 유발하는 상당한 정도의 스트레스 중 일정 부분은 **자가생성**(self-generated)되는데, 이는 우울한 사람의 행동의 결과일 수 있다.[100] Richard Rhodes의 글을 인용하면,[101] "모든 이야기는 궁극적으로 동일한 이야기이다. 즉, 누군가는 구덩이에 빠지고, 빠져나올 방법을 찾아야 한다."(p. 54) 우울의 구덩이에 빠지는 데 당신이 어떤 능동적 역할을 했는지를 이해하는 것은 구덩이에서 빠져나오고 장래에 다시 구덩이에 빠지는 것을 피하는 데 도움이 된다.

의심할 바 없이, 당신은 우울하기를 바라지 않았을 것이다. 당신이 우울해지는 데 어떤 능동적인 역할을 했어도, 당신은 의도와 계획하에 그러지 않았을 것이다. 하지만 우리는 스스로 한 능동적 역할을 알아차려야 한다. 제3장의 첫 부분에서 이야기했던 것처럼 Beth는 스트레스를 가중시키고자 직장을 그만두거나 남자친구와 헤어진 것이 아니며, 하물며 우울해지려고 그런 것은 더욱 아니었다. 그러나 그 행동은 의도치 않게 그녀를 더욱 깊은 구덩이 속으로 빠뜨렸다.

다음의 사례는 인식하지 못한 갈등이 스트레스를 상승시키는 행동을 하는 데 중요한 역할을 한다는 것을 보여 준다.

Craig는 불안이 심해지면서 극도의 절망감을 느낄 지경이 되자 자살 충동을 느끼는 절망의 상태로 병원에 입원하였다. 그는 상당히 활기 왕성한 형인 Tom과 함께 투자은행에 입사했었다. Tom은 어릴 때부터 Craig를 비난하며 지배했고, 염장을 질렀다. Tom은 가족의 '스타'이자 사랑받는 아들이었다. Craig는 Tom에게 오랫동안 분개했고, 실제로 꽤 자주 화를 냈다. 두 사람의 사업 관계에서 나타나는 Craig의 분개는 당연해 보였다. 그는 재능 있고 매우 성공한 투자자였다. 그런데 모든 주요 의사결정은 Tom이 계속했다. 더군다나 Tom은 Craig보다 훨씬 더 보수적이었고, 이는 둘 사이에 계속되는 긴장의 근원이었다.

동업자로 몇 년 일한 뒤에 Tom은 암에 걸려 자신이 맡았던 당일 투자를 차츰차츰 줄였다. Tom이 모르는 사이에 Craig는 아슬아슬한 줄타기를 하듯 거대한 투자를 했는데 일이 틀어졌다. Tom이 알기 전에 손해를 만회하기 위한 노력으로, Craig는 미친 듯이 점점 더 위험한 투자를 계속했고, 이는 자신을 점점 더 깊은 구덩이로 몰아넣을 뿐이었다. 사실, 그는 투자가 아닌 도박에 빠진 것이나 마찬가지였다.

이 과정에서 Craig는 자신을 환경의 피해자로 여겼고, 스트레스를 받고 공황 발작을 일으켰다. 상담 과정에서 Craig는 Tom을 향한 분노가 회사의 자본을 허비하는 데 어떤 역할을 했는지를 알게 되었다. Craig는 불안과 우울에 걸리게 한 주체는 자신이라는 것을 깨달았다. 늦었지만 그는 무모하게 투자한 자신의 패턴이 공격적 행동이라는 것을 알았다. 물론, 점점 심해지는 불안과 우울은 그가 사리 분별력 있게 의사결정을 할 능력을 무너뜨렸고, 주체성을 점점 더 제약하였다.

Craig는 심리치료가 쉬운 일이 아님을 깨달았다. 그가 심리치료에 완전하게 참여하기 전에 어느 정도의 회복이 필요했지만, 그를 둘러싼 환경은 그가 우울할 때 쉽지 않은 상담 작업을 하게끔 등을 떠밀었다. 놀랄 것 없이 Craig는 Tom과의 갈등, 특히 자신에게도 해가 된 형에 대한 복수를 탐색하는 과정을 극도의 고통으로 느꼈다. 그는 그런 갈등을 탐색하는 데 정면으로 직면했지만 주저하기도 하였다. 그러나 자신의 무의식적 동기와 자신도 의식하지 못한 행동이 우울이 발생하는 데 모종의 역할을 했다는 것을 알아차리는 것이 반드시 필요했다. 왜냐하면, 그런 알아차림이 Craig가 장래에 동일한 스트레스 상황을 재현하는 것을 예방해서, 우울이 재발할 위험을 피할 수 있게 하기 때문이다.

한 번 더 강조하면, 미래의 알코올 중독자가 알코올 중독에 걸릴 목적으로 음주를 시작하지 않듯이, 당신은 우울에 빠질 목적으로 대인관계에서 갈등을 일으키고, 뼈 빠지게 일하고, 당신 자신의 건강을 희생한 것이 아니다. 그러나 당신 삶을 되돌아 살펴보면, 당신은 자신도 모르는 사이에 우울을 창조한 것으로 여길 수도 있다. 주체, 즉 당신이 관련되어 있다. 당신의 행동이 스트레스가 누적되는 데 어느 정도 역할을 했을 수 있다. 스트레스 누적이 당신의 마음, 뇌, 생리를 정신의학자인 Aaron Beck이[102] 적절하게 표현했던 '우울한 양식'이란 것에 빠지게 하면, 당신은 우울에 걸리게 된다. 그때 당신의 주체성은 더욱 제약받는다.

장애

장애(illness)는 주체성과 역행한다. 즉, 장애는 당신이 행한 것이 아니다. 장애는 침입하고, 불시에 닥치고, 발생한다. 우리는 자연스럽게 장애를 우리 몸에서 잘못된 어떤 것, 우리의 통제에서 벗어난 어떤 것과 연결시킨다. 장애에 대한 우리의 직관적인 개념은 질병(disease), 즉 '특별한 원인과 특징적인 증상을 갖고 있는 몸의 특별한 과정'이다.[103] 우울은 정말 장애, 즉 질병인가? 수십 년 전에 정신의학자 Thomas Szasz는[104] 다음과 같은 악명 높은 선언을 하였다. "정신장애는 미신이다. 정신의학자들은 정신장애와 그들의 처치에 관심이 없다. 실제에서

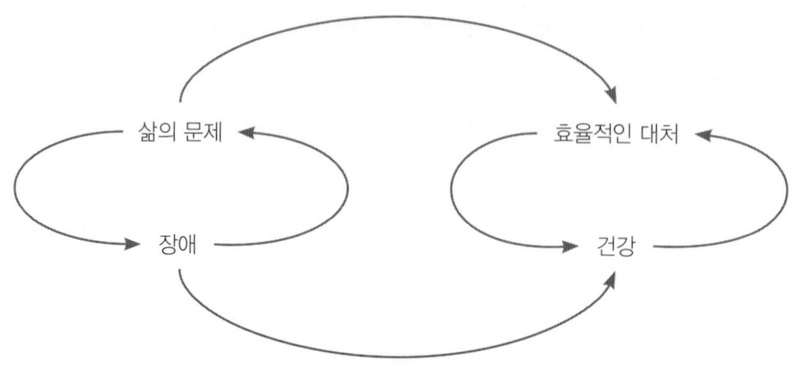

[그림 3-3] 악순환에서 호순환으로 이동하기

그들은 인간적인, 사회적인, 윤리적인 **삶의 문제**를 다룬다."(p. 262, 강조는 저자가 함) 슬프게도 Szasz는 실수를 하였다. 즉, 정신장애는 미신이 아니다. 그러나 Szasz는 유익하게 우리가 삶의 문제들에 관심을 갖게 하였다. 이것은 주체성과 자유행동의 범위가 들어설 수 있는 곳이다. 우리가 우리의 삶의 문제에 능동적인 역할을 하는 것이다. Szasz와 반대로, 나는 정신장애를 두 가지 방식으로 이해하고자 한다. 첫째, 정신장애는 진짜 장애이다. 둘째, 정신장애는 삶의 문제와 관련이 있다. 나는 악순환을 예상한다([그림 3-3] 참고). 삶의 문제가 정신장애를 일으키고, 정신장애가 삶의 문제를 일으킨다. 우리는 전형적으로 닭이 먼저이냐 달걀이 먼저이냐의 문제에 당면해서, 그 주기가 어떻게 전개되는지를 이해하고자 한다. 이와 상관없이 도전거리는 그 주기를 호전시키는 것이다. 삶의 문제에서 효율적인 대처로 옮겨가고, 장애에서 건강으로 옮겨가는 것이다. 삶의 문제와 장애가 서로를 강화하는 것처럼, 효율적인 대처와 건강 또한 서로를 강화한다.

우울은 질병이다

정신장애는 미신이 아니다. 점점 더 성공하고 세련되어 가고 있는 생물정신의학은 정신의학 장애에 질병 모델을 적용하고, 그 범위를 계속 확장하고 있다. 급성장하고 있는 연구는 양극성 장애, 조현병, 강박장애, 외상후 스트레스 장애, 물질의존과 같은 많은 다른 정신의학 장애와 마찬가지로 우울의 신경생물학적 토대를 보여 주고 있다. 수십 년 동안, 연구자들은 우울에 실제로 유전적인 영향이 있다는 것을 밝혀 왔다. 항우울제 처방의 효과 또한 우울이 생물학적 문제와 관련이 있다는 것을 증명한다. 더욱 최근에는 신경 영상 촬영 기법의 도래와 함께 연구자들이 우울의 증상들을 뇌의 여러 영역의 활동 패턴들과 연결 짓고 있다. 이 생물학적 문제는 이후의 장에서 더욱 자세하게 논의한다.

이 극적인 생물정신의학에서의 진전은 우리가 신경생리학의 관점에서 모든 것을 설명하도록 유혹할 수 있다. 이 책 전체에서 알게 될 것처럼, 나는 우울을 이해할 목적으로 생물학적 지식을 충분히 활용하는 데 확실하게 전념하였다. 그러나 우리가 생물정신의학만을 전적으로 수용하면, 정신 문제를 탈인격화하고, 전인(全人, whole person), 즉 주체를 제대로 알지 못하게 되는 위험을 무릅쓰는 꼴이 된다.[105]

자주는 아니나 교육집단에서 스트레스 누적 모델로 우울을 설명할 때, 내담자는 다음처럼 항변한다. "그렇지만, 내 주치의는 내가 화학적 불균형으로 인한 우울을 앓고 있다고 말씀하시던데요!" 우리가 우울이 뇌의 화학작용의 변화와 관계가 있다는 것을 알고 있다는 의미에서 그 말은 맞다. 그러나 그것이 심리적 스트레스가 우울장애에 아무런 역할을 하지 않는다는 것을 의미하지 않는다. 반대로, 우리는 '화학적 불균형'을 어느 정도는 심리적 스트레스의 결과로 볼 수 있다. 생물학적 관점은 필요하지만, 그것이 유일한 관점은 아니다. 나는 당신이 다양한 관점을 받아들일 것을 권장한다. 물론, 당신이 심각하게 우울하다면, 생물학적 측면의 도움이 필요할 것이다. 예를 들어, 항우울제 처방을 받을 필요가 있다. 그러나 전적으로 생물학적 관점에만 의지하는 것은 당신의 우울이 생물학적 처치로 나아지지 않으면, 혹은 당신이 약물처치에 극도로 의존하고 있다고 느끼게 되면, 당신을 무력하게 만들 수 있다. 또한 생물학적 관점만으로는 당신이 어떻게 우울해졌는지 완전히 설명하지 못한다.

여기에 숨어 있는 덫이 있다. 그것은 우울이 생물학적 현상이라면 우울은 나의 통제에서 벗어나 있다는 것이다. 이 책을 읽는 것에서 테니스를 치는 것까지 모든 행동은 생물학적 토대를 갖고 있다. 생물학적 현상 그 자체는 주체성에 반하지 않는다. 생물학적 현상은 주체성의 토대이다. 오히려, 질병과 함께 발생하는 장애가 있는 생물학적 구조와 기능이 주체성을 다양한 정도로 제한한다. 당신이 독감으로 심신이 약화되면 등교할 수 없다. 당신이 우울하면 출근을 못 할 수 있다.

사회적 역할로서의 우울

우울에 대한 생물학적 질병 관점을 버리지 않고, 대비되는 관점을 가진 심리사회적 관점을 생각해 보라. 반세기 전에, 사회학자 Talcott Parsons는[106] 장애를 **사회적 역할**로 이해하면서 의학의 영역에 주체성을 소개하였다. "아픈 사람이 차지하는 역할은 사회적 구조이며, 어떤 의미에서 제도로 만들어진 역할이다." (p. 455)

Parsons는 세 가지 중요한 점을 지적하였다. 첫째, 장애를 갖고 있는 당신은 사회적 및 직업적 의무에 대해 정당하게 양해를 구할 수 있다. 둘째, 장애를 갖고 있는 당신은 의무 또한 갖게 된다. 즉, 정당하게 양해를 구한 당신은 처치를 받으며 협력해야 하는데, 이는 가능한 한 빨리 회복하기 위해서다. 그렇게 하면서, 당신은 장애에 대한 주체성을 수용하고 있는 것이다. 이것은 나의 동료이자 정신의학자인 Richard Munich가 제안했던 것처럼[107] 회복을 위한 중요한 토대가 된다. 나는 Parsons의 세 번째 지적이 우울한 내담자와 그의 가족이 이해할 필요가 있는 단일의 가장 중요한 문제라고 생각한다. 즉, "이성적으로, 아픈 사람은 …… 단순한 의지 행위에 의해 '기운을 되찾을' 것으로 기대될 수 없다."(p. 456). 명백히, 주체성이 회복에 중요한 역할을 하더라도, Parsons는 장애가 주체성을 제한한다는 것을 인식하였다. **당신은 단순한 의지 행위로 회복할 수 없다.**

당신이 장애에 대해 더 큰 주체성을 채택하도록 내가 밀고 나아갈 때, Parsons의 마지막 지적 사항을 잊어버리지 마라. 다음과 같이 생각하라. 당신은 단 한 번의 기념비적 의지 행위로 회복할 수 없다. 그러나 더 오랜 기간 동안 이루어지는 더 많은 의지 행위를 하면 회복할 수 있다. 회복은 물론 당신의 활력을 무너뜨리는 우울에 의해 영향을 받을 때 특히 더 어렵다. 이런 상황은 역설(catch-22)

이다. 더군다나 당신 스스로 회복하는 것은 거의 불가능할 수 있다. 그때 당신은 타인의 도움을 받을 필요가 있다. 효율적인 주체들은 필요하면 도움을 받는 것을 꺼리지 않는다.

요약하면, 우울은 다양한 정도로 그 심각성에 비례해서 당신의 활력을 제한할 것이다. 당신의 우울에도 불구하고, 당신은 어느 정도 자유의지가 있는 주체가 될 수 있다. 당신은 선택을 할 수 있다. 상상 가능한 모든 선택을 할 수는 없어도, 어떤 선택을 할 수 있다. 당신이 매우 우울할 때조차, 당신은 잠자리에서 일어나 앉거나 일어나기로 할 수 있다. 당신은 어렵고 고통스러운 선택과 선택조차 하지 않는 것을 구별하여야 한다.[109] 당신이 우울할 때, 당신이 해야 할 도전은 회복을 촉진하고 당신의 자유와 선택의 범위를 증가시켜 어떤 주체성이라도 사용해야 한다는 것이다. 당신은 자유행동의 범위를 넓히기 위해 자유행동의 범위를 사용할 수 있다. 즉, 주체성이 주체성을 낳는다. 당신이 회복할수록, 회복하기는 더 쉬워진다.

책임과 비난

당신의 주체성이 우울을 겪는 데 일정 부분 역할을 한다는 것을 받아들이면, 비난하는 태도를 생각해 보게 하는 계기를 만든다. 나는 두 가지 경로를 제안해 왔다. 첫째, 당신이 우울하게 된 것에 당신이 어떤 능동적인 역할을 했을 수 있다고 제안하였다. 당신은 이 말을 우울에 걸린 것이 당신 잘못이라고 뜻하는 것으로 여길 수도 있다. 둘째, 우울해도 당신이 사용할 수 있는 주체성, 즉 우울에서 벗어나기 위해 당신이 할 수 있는 자유행동의 범위가 여전히 있다고 제안하였다. 당신은 이 말을 당신이 여전히 우울한 것이 당신의 잘못이라고 뜻하는 것으로 여길 수도 있다.

나는 당신을 비난하는 것이 아니라, [그림 3-4]가 보여 주는 것처럼 주체성이 당신에게 힘을 부여한다는 것을 강조하는 것이다. 나는 우리가 우울로 비난받는 문제를 처리하기 위해서 주체성에 대해 분명하게 생각할 필요가 있다고 확신한

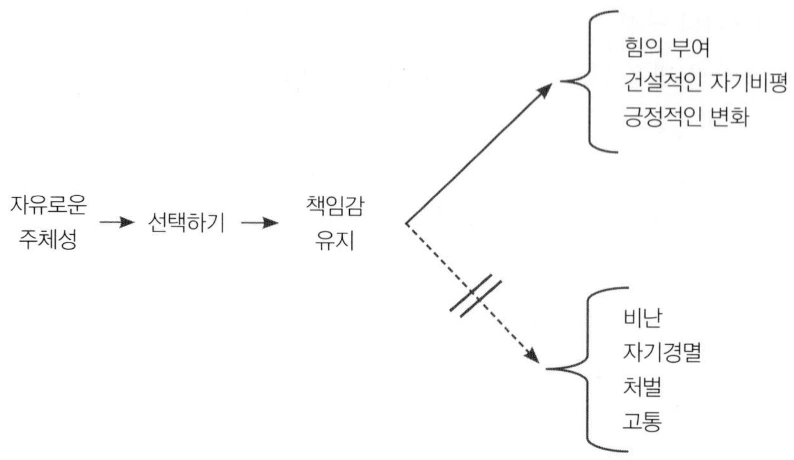

[그림 3-4] 주체성과 힘의 부여 대 비난

다.[105] 일반 정신의학적 장애들, 특히 우울을 겪고 있는 사람은 종종 그들이 겪고 있는 장애 그 자체가 아니더라도 그들의 장애와 관련된 행동으로 오해를 받거나 정당하지 못한 비난을 받고 있다고 느낀다. 그런 비난은 낙인을 유발하는 요소 중 하나이다. 더군다나 당신이 타인으로부터 비난을 받고 있다고 느끼지 않더라도, 당신이 자신을 비난할 수 있다.

주체성과 도덕 판단

우리의 행위가 타인에게 부정적 영향을 끼칠 때, 우리는 도덕 판단의 영향에 들어가게 되며, 잠정적으로 책임감에서 도덕적 비난 영역으로 옮겨가게 된다. 현대 철학자 Daniel Dennett은[110] 책임감 있는 도덕적 주체를 '사려 깊은 이유를 자유롭게 선택하고 선택한 행동에 도덕적인 설명을 할 수 있는 사람'으로 정의하였다(p. 268). 철학자 Thomas Nagel은[111] 이러한 관계를 더욱 자세하게 설명하였다.

> 우리는 우리의 자유를 회피할 수 없다. 일단 우리가 자신의 바람과 동기를 인

> 식할 수 있는 능력을 계발하게 되면, 우리는 바람과 동기가 우리로 하여금 행동하게 할 때 행할지 말지 선택해야 하는 상황에 직면하게 된다. 그리고 우리는 필수불가결하게 당면하는 그 선택에 평가적 질문을 던지기 마련이다. 비록 우리가 그것에 대해 생각하는 것을 거부하여도, 그런 거부가 그 자체로 평가적일 수 있다. …… 도덕적 개념을 우리에게 적용할 가능성은 우리가 갖는 자유로 인한 결과이다. 이런 자유는 우리 자신을 객관적으로 볼 수 있는 능력에서 기인한다. 그런 능력은 새로운 선택을 통해서 우리를 강요한다(p. 118).

당신이 우울과 투쟁해 와서 잘 알고 있는 것처럼, 당신이 자유로운 주체, 즉 선택을 할 수 있고, 당신의 우울한 철수에 대해 책임이 있다고 지각하는 정도에 따라, 당신은 판단당하거나, 아마도 화난 눈길을 받고, 비평당하고, 비난당할 수 있다. 비록 당신이 타인들의 비평을 모면해 왔더라도, 당신은 자신을 경멸할 수도 있다.

우울은 정신의학적 장애에 대한 사회적 관점을 오랫동안 괴롭혀 온 문제 중 한 예란 것을 인식하라. 이것은 진짜 장애인가, 혹은 도덕적 실패인가? 알코올 남용은 가장 두드러지는 예이다. 즉, 알코올 남용은 질병인가, 죄인가?[112] 우울도 다음과 같은 대응관계를 갖는다. 즉, 우울은 장애(illness)인가, 게으름인가? 사전에서 '아픈(ill)'이란 말을 찾아보라. 그러면 당신은 낡은 함의를 발견할 것이다. 즉, '도덕적으로 악한, 사악한, 타락한' 등의 뜻을 갖고 있다.[113] 이런 의미에서, 우리는 일부 사람들을 '마음보가 사나운(ill tempered)' 또는 '악의에 찬(ill willed)' 사람이라고 계속해서 언급한다. 이면에 있는 이 비난의 의미와 함께, 현대의 정신의학이 정신의학적 장애를 도덕적 실패보다 뇌 질병으로 간주한다는 것을 알아차리는 것은 이상하지 않다. 그러나 작가 Andrew Solomon이[114] 거장다운 날카로운 통찰력으로 자신의 자서전인 『한낮의 우울(The Noonday Demon)』에서 설명했던 것처럼, 뇌에 모든 비난을 돌려서는 안 될 것이다.

> 화학적이라는 단어는 사람들이 스트레스로 지쳐 자신의 직업을 좋아하지 않고, 노화를 걱정하고, 사랑에 실패하고, 가족을 미워하는 불행에 느껴야 할 책

> 임감에서 벗어나게 하는 것처럼 보인다. 화학적이란 단어에는 죄책감에서 벗어난 유쾌한 자유라는 의미가 첨부되어 있다. 당신의 뇌가 우울해하는 경향이 있다면, 당신은 우울한 자신을 비난할 필요가 없다. 음, 자신 혹은 진화를 비난하더라도, 비난 그 자체도 화학적 과정으로 이해될 수 있고, 행복 또한 화학적이란 것을 기억하라. 화학과 생물학은 '현실(real)' 자기에 영향을 주는 사태들은 아니다. 우울은 그것이 영향을 미치는 사람과 분리될 수 없다(pp. 20-21).

나는 모든 주의를 뇌로 편향하는 것으로 도덕의 영역에서 도망치고 싶지 않다. 반대로, 우리는 용감하게 맞서야 한다. 왜냐하면 무의식적 상태가 아닌 한 당신은 주체이기 때문이다. 그 위험은 크다. 가치 판단을 피하기 위해 주체성을 화학 혹은 생물학으로 희생시키는 것은 대가가 큰 술책이다. 무력함이 치러야 할 큰 대가이다. 장애에 대한 통제의 힘을 얻으려면 주체성이 필요하다. 주체성은 피할 수 없는 도덕적 평가를 동반하기 마련이다.

균형을 추구하기

가치 판단을 피할 수 없다면, 조심스럽고 지혜롭게 판단을 하는 것이 중요하다. 두 가지 원리를 명심하라. 1) 주체성은 정도의 문제이다. 2) 주체성은 장애, 화학물질 그리고 둘 모두에 의해 제약을 받는다. 그래서 도덕적 관점을 바르게 하기 위해, 우리는 장애가 어떤 시점에서 어떤 특정한 사람의 주체성을 제약하는 정도를 평가하여야 한다.

정신의학적 장애에서 생물학적 질병의 범위를 이해하는 정도가 성장하고 있어도 여전히 제한되어 있다는 것을 고려하면, 주체성의 정도를 적절하게 추정하는 것은 사소한 도전거리가 아니다. 의식적 혹은 무의식적으로, 내담자, 가족 구성원, 정신건강 전문가는 장애와 질병이 주체성을 제한하는 정도에 대해 대략적이라도 경험에 근거한 추론을 한다. 그리고 도덕적 판단은 이러한 추정을 수반한다. 예를 들어, 우울한 당신은 가족 모임에 참석하기보다 당신의 침실로 철수하여 생활할 수 있다. 일부 가족 구성원은 당신의 철수를 도덕적 관점에서 보면

서, 함께하지 않는 것에 상처를 받아 비평을 할 것이며, 당신이 노력을 해서 그들과 함께 지내는 것에 충분한 관심이 없다고 믿는다. 반면, 다른 가족 구성원은 당신의 행동을 장애나 질병의 관점에서 보면서 당신을 동정할 수 있으며, 너무나 우울해서 당신이 활력을 잃었다고 믿는다. 그런 판단은 우울한 사람들 스스로도 하기 어려운 것이다. 당신은 가족 구성원과 함께 당신이 선택을 했는지 혹은 최선의 선택을 했는지 의문이 들 수 있다. 편안한 결정은 아니다.

줄타기 곡예를 할 때 실수를 범할 수 있는 것처럼, 주체성과 관련해서 당신은 두 가지 심각한 실수를 할 수 있다. 첫째, 당신이 통제할 수 없는 일에 책임감을 느낀다. 둘째, 당신이 통제할 수 있는 일에 책임감을 느끼지 못한다. 평온을 비는 유서 깊은 기도문은 이러한 두 가지 도전에 다음과 같이 이야기한다. "내가 변화시킬 수 없는 일은 수용할 수 있게 해 주시옵고, 변화시킬 수 있는 일은 변화시킬 용기를 주시옵고, 그 차이를 말할 수 있는 지혜를 주시옵소서." 주체성과 책임감의 범위를 제대로 추구하려면, 당신은 지혜뿐 아니라 지식이 필요하다. 그러나 생물학적 지식이 충분치 못하기 때문에, 당신과 모든 사람은 당신의 우울에서 생물학적 질병이 차지하는 정도와 그것이 당신의 주체성을 제한하는 정도를 추측할 수 있을 뿐이다.

여기서 우리는 정신의학적 장애의 신경생물학 연구와 관련된 여러 역사적 흐름을 참고할 필요가 있다. 신경생물학 연구는 우울과 관계된 장애가 있는 생물학적 구조와 기능의 범위를 점점 더 많이 밝혀내고 있다. 역사적으로, 우리는 질병의 역할을 과소 추정하는 경향이 있어서, 아픈 사람이 통제하기 어려운 행동에 대해 그 아픈 사람을 비난하는 잘못된 선택을 한다. 새로운 지식의 출현으로, 우리는 더욱 균형 잡힌 관점을 키울 수 있는 더 나은 위치에 서게 되었다.

최신 연구 결과를 아는 것이 다음의 상황에서 어떻게 차이를 만들 수 있는지 생각해 보라. 직장의 많은 일뿐 아니라 가사에서도 부담을 느낀 한 부인은 가족의 금융 관리에 관심이 부족한 우울한 남편에게 점점 더 화를 자주 낸다. 제9장('뇌와 신체')에서 기술한 것처럼, 연구자들은 현재 우울이 전전두엽 피질의 적절하지 못한 기능과 관련이 있다고 보고 있다.[115] 전전두엽 피질은 정서적 불편감을 조절할 뿐 아니라 집행기능(executive functioning)을 하는 영역이다. 집행기능

이란 숙고하고, 계획하고, 의사결정을 하고, 복잡한 문제를 해결하는 것을 뜻한다.[116] 우울로 손상된 뇌 기능의 역할을 이해하는 것은 남편이 책임감을 포기한 것처럼 보이는 상황에서 부인이 남편을 향해 갖는 판단이나 감정에 영향을 미칠까? 또한 이러한 지식은 남편 자신의 자기비난을 완화할까?

주체성과 장애의 정도를 판단하는 시도에서 한 가지는 확실하다. 즉, 우리는 당위의 관점에서 생각하면 잘못 판단할 수 있다. 다시 말해, 주체성이 있으면 반드시 우울을 극복할 수 있다거나, 주체성이 없으면 절대 그럴 수 없다고 판단할 수 있다.

자비로운 비판

여기에 당신이 건너야 할 줄타기 곡예용 줄이 있다. 비난과 경멸을 하지 않으면서 당신의 우울에 대해 당신은 주체성의 느낌, 책임감을 향상시킬 수 있을까? 나는 당신이 어떤 비난도 해서는 안 된다는 것을 제안하는 것이 아니다. 반대로, 나는 자기비평적 관점을 격려한다. 도전 과제는 이득이 되는 변화를 달성할 목적으로 건설적인 비평을 하는 것이다.

해로운 결과를 가져오는 행동에 도덕적 책임을 지는 것은 당신이 그 행동은 재평가해서 변화할 것을 요구한다. 그것은 당신이 그 결과로 고통을 겪거나 처벌받을 것을 요구하지 않는다.[90] 때때로 자책과 죄책감이 건설적인 변화를 하게 동기를 부여한다. 그러나 우울과 씨름하고 있는 많은 사람은 이미 치명적인 죄책감과 수치심을 느끼고 있으며, 장애라는 가장 가혹한 도덕적 의미를 자신에게 부과한다. 몹시 괴로움을 일으키는 수치심은 주체성을 향상시키기보다 약화시킬 것이다. 이상적으로, 당신의 장애에서 주체성의 범위와 제약을 평가하는 것으로, 당신은 비난받는 게 아니라 도전받는다고 느낄 것이다.

나는 어머니가 "네가 할 수 있는 만큼만 최선을 다해라!"고 하시던 조언을 아주 허용적이고 너그러운 말이라고 생각하곤 했다. 지금의 나는 그 말이 아주 높은 기준을 설정한 말이란 것을 이해한다. 우리는 항상 최선을 다하지 않는다. 그 결과로 우리는 비난받을 수 있는 상황에 처하게 된다. 만약 자기비평이 당신이 향상되는 데 영향을 미친다면, 너무나 좋은 일이다. 당신은 우울에서 빠져나오기 위해 자신을 압박할 필요가 없다. 노력하더라도 종종 실패할 것이다. 그러므로 나는 당신이 자신을 향한 자비롭고 격려하는 태도를 가지면 당신의 자기비난이 파괴적인 자기비난으로 바뀌는 것을 방지하는 데 도움이 될 것이라고 믿는다.

미리보기

나는 주체성과 제약의 개념이 당신이 우울에 대한 균형 잡힌 관점을 키우는 데 도움이 될 것이라고 주창한다. 당신의 통제를 넘어서는 요인, 즉 제약이 있다는 것을 완전히 인정하는 것은 당신 자신을 향해 자비로운 태도를 취하는 데 도움이 될 것이다. 나는 이후의 장에서 몇 가지 영역의 제약들을 강조한다. 1) 유전자와 같은 체질 요인들, 2) 상실과 트라우마 같은 아동기 역경들, 3) 우울장애와 관계가 있는 뇌 활동의 변화, 4) 우울의 여러 가지 증상들이 당신의 회복 노력을 방해하는 방식들이다.

당신이 제약에만 주의를 기울인다면, 무력감과 절망감을 느낄 것이다. 그래서 당신은 주체성을 위한 공간을 만들 필요가 있다. 아마도 당신의 우울에 대한 취약성을 증가시킨 어떤 것에 대해 당신도 모르는 사이에 어떤 조치를 취했을 수 있다. 나는 외부 및 내부의 스트레스가 우울에 어떻게 영향을 주는지를 고려한다. 둘 모두는 주체성과 제약 간에 어느 정도의 균형을 포함하고 있다. 어렵겠지만 가장 중요한 것은, 당신이 우울에서 빠져나올 수 있도록 스스로를 밀어붙이는 어떤 조치를 취하는 것이다. 우울이 가하는 제약은 당신이 주체성을 발휘하기 어렵게 만든다. 그러나 당신에게 남아 있는 주체성은 당신의 우울 증상을 극복하기 위한 지렛대의 역할을 할 어떤 자유행동의 범위를 제공한다. 당신은 주체성과 제약 사이에서 균형을 유지하여야 하며, Solomon이 말한 것처럼[114] "당신이 너무 열심히 자신을 밀어붙이면, 당신은 악화될 것이다. 그러나 당신이 정말로 빠져나오기를 원한다면 충분히 열심히 밀어붙여야 한다."(p. 102) 운이 좋게

도, 우울에서 회복하는 것은 당신의 주체성을 회복시키고, 당신이 건재할 기회를 최대화하기 위해 무언가를 할 수 있는 더 나은 위치에 서게 한다.

다음 장에서는 생물학적인 제약에 대해 알아본다.

제2부

발달

• 제4장 •

체질

• 제5장 •

애착

• 제6장 •

아동기 역경

Coping With Depression

말없이 함께 있는 건 멋지다.

더 멋진 건,

같이 웃는 것이다.

두 사람 이상이

함께 체험하고, 함께 감동하며,

울고 웃으면서

같은 시간을 살아가는 건

너무도 근사한 일이다.

출처: Nietzsche, F. W. (2016). 니체와 걷다. (시라토리 하루히코 엮음, 이신철 역). 서울: 케미스토리, p. 41.

제4장

체질

나는 이 체질적 요인을 주체성을 제약하는 요인으로 이해하였다. 그렇더라도 이 요인은 당신이 주체성으로 충분히 자유롭게 행동할 여지를 남겨 두고 있다. 즉, 당신이 삶을 어떻게 살지, 얼마나 많은 스트레스를 겪을지, 어떻게 대처할지는 일정 부분 당신이 좌우할 수 있다. …… 당신은 자신의 운명에 중요한 역할을 할 수 있다. (본문 중에서)

이 장은 당신의 화학적 체질과 우울의 발달을 탐색한다. 내가 체질적 요인을 탐색하는 이유는 두 가지이다. 첫째, 우울이 신체에 기초한다는 것을 강조하기 위해서이다. 둘째, 당신이 통제할 수 없는 여러 가지 요인이 우울에 영향을 미친다는 것을 이해하고 자신에게 더욱 너그러운 태도를 갖기를 바라기 때문이다. 주요 요점은 생물 작용은 운명이 아니라는 것이다. 자궁에서 시작되는 생물학적 요인과 환경적 요인은 상호작용하여 발달 과정에 영향을 미친다. 당신은 성숙하는 과정에서 주체성을 발휘하여 자신의 발달에 점점 많은 영향력을 발휘할 수 있다. 당신의 체질은 당신의 발달에 제약을 가한다. 그래서 여기서는 그런 제약의 네 가지 잠재적 원천을 알아본다. 1) 유전적 위험, 2) 태아기 스트레스, 3) 기질, 4) 성(gender)이 그것이다.

유전적 위험

우리는 우울이 유전된다고 알고 있다. 그러나 이런 단순한 진술은 유전과 환경이 각각 우울에 미치는 영향을 구분하지 못한다. 연구자들은 유전과 환경이 우울에 미치는 영향을 몇 가지 방법으로 밝혔다. 예를 들어, 쌍둥이 연구는 일란성 쌍둥이와 이란성 쌍둥이를 비교하여, 유전적 관계가 클수록, 즉 일란성 쌍둥이가 이란성 쌍둥이보다 우울장애를 겪는 일치율이 높은지 조사하였다. 연구자들은 입양아 연구로 유전자 구성과 아동의 양육 환경 중 어느 쪽이 우울에 미치는 영향이 큰지를 구별하고자 했다. 예를 들어, 이 연구는 생물학적 부모와 입양부모의 특성 중 어느 쪽이 아동의 발달 결과를 더 잘 예측하는지 결정할 수 있다. 전자가 우울을 더 잘 예측하면 유전적 영향이 있다는 것을, 후자가 우울을 더 잘 예측하면 환경적 영향이 있다는 것을 뜻한다. 훨씬 더 정확한 것은 분자 유전 연구이다. 분자 유전 연구는 특별한 유전자의 여러 변종(대립 유전자)이 우울할 위험과 관계가 있는지를 살핀다. 각 방법을 적용해서 수렴된 결과는 우울이 유전자 토대를 갖고 있다는 것이다. 물론 유전자가 우울에 미치는 영향력은 심각한 우울에서는 상당한 정도이고, 양극성 장애에서 최고로 크다.[117, 118]

우울이 유전자의 영향을 받는다는 사실은 새로운 게 아니다. 그래서 제4장의 주요 목적은 매우 오도된 **유전자 결정론**을 다루는 것이다. 유전자 결정론은 어떤 유전자가 정신의학 장애를 곧바로 반드시 일으킨다는 생각이다. 당신은 눈의 색깔처럼 우울이 유전된다고 생각할 수 있다. 헌팅턴병 같은 희귀 질병의 경우는 특별한 유전자를 물려받는 것과 장애 발생 사이에 강한 상관이 있다. 그러나 정신의학 장애에서 유전자 구성은 운명이 아니다. 오히려, 다수의 유전자가 장애와 관계가 있으며, 유전자 구성은 우울의 발생을 일정 부분 **민감하게** 만들 뿐이다. 이런 민감성이 장애로 전환이 되느냐 안 되느냐는 이 책에서 설명하는 다른 여러 요인의 영향을 받는다.

이 장에서 소개하는 전문지식을 읽고 이해하는 것이 어려우면, 내가 제시하는 세 가지 요점만 명심하면 된다. 첫째, 당신의 운명은 유전자 속에 아로새겨져 있지 않다. 둘째, 유전 성향은 환경의 영향과 상호작용한다. 셋째, 유전자 구성은 성격 특성 같은 다른 여러 요인을 취약하게 만들 수 있다. 이 다른 여러 요인은 당신이 우울을 경험할 확률을 높인다. 우리 모두는 위험 및 보호 요인의 여러 조합 아래 성장한다.

유전자가 하지 못하는 것

유전자(genes)는 우울 등의 정신의학 장애를 직접 유발하지 않는다. 유전자는 어떤 다른 행동 패턴을 유발하지도 않는다. 그러나 유전자는 행동에 영향을 미치며, 그 경로는 매우 복잡하다. 여기서 유전의 기능을 묘사하는 목적은 유전자 속에 우리의 운명이 아로새겨져 있다는 과잉단순화의 오류를 바로잡기 위해서이다.

유전자는 세포핵(cell nucleus) 내의 염색체에 있는 DNA를 구성한다. 여러 가지 유전자가 여러 세포(cells)에서 활동하더라도, 개개의 특별한 모든 세포는 동일한 유전자 구조를 공유한다. 특별한 종의 모든 개체는 동일한 유전자 구조를 갖는다. 그러나 많은 유전자는 약간 다른 형태를 띠며, 이는 특별한 종 내의 개체 간에 존재하는 차이를 만든다(예: 성별, 눈동자 색, 키, 다양한 행동 특성, 여러 질병에 대한 민감성).

유전자는 세포에서 특별한 역할을 한다. 즉, 유전자의 DNA 계열은 RNA가 단백질(proteins) 합성 과정에서 전사(傳寫)하는 정보를 갖고 있다. 유전자가 아닌 단백질이 세포의 필수 구성요소이며, 이로 인해 단백질이 생명의 필수 구성요소가 된다. 과학 역사학자 Evelyn Fox Keller는[120] "DNA가 RNA를 만들고, RNA가 단백질을 만들며, 단백질이 우리를 만든다."고 명료하게 요약하였다(p. 54). 단백질은 세포의 구조와 기능의 바탕이 된다. 단백질은 세포가 다양한 분자들을 합성하는 데 촉매로 쓰이는 여러 효소(enzymes)를 갖고 있다. 정신의학이 특별히 관심이 있는 것은 신경전달물질(neurotransmitters), 호르몬(hormone), 세포막 수용기(cell membrane receptors)를 합성하는 데 필요한 정보를 제공해서, 뉴런들이 서로 의사소통하고, 경험과 행동을 뒷받침하는 여러 뇌 활동 패턴을 생성하는 것을 가능케 하는 유전자이다(9장 '뇌와 신체' 참고).

유전자는 단백질 합성의 형판을 제공하여 발달과 재생산의 발판 역할을 한다. 매우 신뢰할 수 있는 복사 과정 덕분에, 유전자 암호(genetic code)는 세포, 조직, 장기, 유기체의 생성에 규칙성을 보장한다. 또한 개체들이 재생산하는 것을 가능하게 한다. 즉, 개체의 자손의 세포도 동일한 단백질을 합성할 수 있다. 유전자가 몸을 구성하기 위한 청사진 혹은 프로그램을 보유한다는 생각은 매력적이나 오해의 소지가 있다. 특정 유전자의 활동은 무수한 다른 유전자와 단백질 활동의 영향을 받는다. 그래서 단백질의 합성 과정은 매우 유동적이며, 유연하게 이루어진다. Keller는[120] 다음과 같이 요약한 바 있다.

> 유전자는 세포 조직과 세포 상호 간의 관계를 분명하게 조직하는 여러 가지 전사 과정과 다르지 않으며, 그 과정보다 더 우위에 있지도 않다. 유전자는 그 자체로 전사 과정의 한 부분이자 한 구획이며, 복잡하게 자기조절을 하는 역동적 체계의 행위에 의해 생겨난다. 유전된 DNA는 역동적 체계 내에서, 그 체계를 위해 중요하고 절대적으로 필요한 원재료를 공급한다. 그러나 그 이상은 아니다(p. 71).

유전자의 역할은 유기체의 구성과 재생산을 안정시키는 데 국한되지 않는다. 세포는 계속 단백질을 합성하며, 유전자는 계속 켜졌다 꺼졌다하며 세포의 필요에 맞게 단백질이 적절한 비율로, 적당한 시간에 합성되게 한다. 그래서 세포의 작동은 특정 시점에서 **표현되고** 있는, 다시 말해 단백질의 합성에서 적극적으로 전사되고 있는 유전자의 하위 요소의 영향을 받는다. 유전자의 표현은 여러 가지 요인에 의해 결정된다.

그래서 우리는 유전자와 환경의 여러 가지 상호작용이 다양한 수준에서 발생한다고 생각할 수 있다. 한 특별한 유전자의 활동은 다른 유전자뿐 아니라 인접한 여러 가지 DNA 영역의 활동에서도 영향을 받는다. 그래서 한 유전자는 자신이 속한 영역의 환경, 즉 세포핵 내 주변 영역의 영향을 받는다. 유전자는 또한 다른 여러 가지 유전자의 표현에 영향을 주는 단백질 합성 과정에 관여한다. 세

포핵 밖의 세포질에서 오는 신호와 세포 밖에서 오는 신호 또한 유전자 표현에 영향을 미친다. 궁극에는 유기체 밖의 환경이 세포 수준에 영향을 끼쳐, 유전자 표현에 영향을 미친다. 예를 들어, 마음의 스트레스를 겪거나 항우울제를 복용하는 것은 궁극에는 유전자 활동, 단백질 합성, 세포들 간의 상호작용에 영향을 미친다.

환경적 스트레스에 대한 유전자 민감성

유전자는 진공 상태로 또는 개별로 작동하지 않는다. 유전자 요인이 자주 스트레스 사건에 대한 반응으로 우리가 우울에 빠질 위험도에 영향을 끼치기 때문에, 우리는 장애 민감성(susceptibility to illness)의 관점을 고려할 필요가 있다.

정신의학자 Kenneth Kendler와 동료들의 획기적인 연구는[121] 환경적 스트레스가 우울 삽화에 관계된 유전적 민감성과 어떻게 상호작용하는지를 보여 주었다. 그들은 (일란성과 이란성) 여성-여성 쌍둥이 짝을 대상으로 주요 우울의 발생을 알아보았다. 연구 대상은 2,000명이 넘었다. 유전적 위험(genetic risk)은 최근에 환경적 스트레스를 겪은 사람과 겪지 않은 사람 모두에게 우울이 발병할 가능성을 높였다. 그리고 높은 유전적 위험을 가진 사람은 환경적 스트레스에 대한 반응으로 우울을 겪을 가능성이 더 높았다. 그들은 다음처럼 분명히 말하였다. "유전자는 여러 가지 스트레스 사건이 우울을 유발하는 효과에 대한 개인의 민감성을 어느 정도 변화시켜서 주요 우울을 겪을 위험에 영향을 미친다."(p. 834)

뉴질랜드의 몇몇 연구자는 특별한 유전자와 환경적 스트레스 간의 상호작용이 우울에 영향을 미친다는 것을 증명하였다.[122] 그들은 뉴런과 뉴런을 연결하는 시냅스의 갈라진 틈에 존재하는 신경전달물질인 세로토닌의 수준에 영향을 미치는 한 유전자에 초점을 맞추었다(제9장 '뇌와 신체' 참고). 그리고 이 유전자의 짧은 대립형질(short allele)을 소유한 사람이 성인기에 환경적 스트레스에 당면하면 더 큰 우울 민감성을 보인다는 결과를 발견했다. 더욱이 그들은 아동기 학대로 인한 우울이 이 유전적 취약성(짧은 대립형질)을 소유한 사람에게만 나타난다는 결과를 제시하였다.

발달적 영향

우리는 앞에서, 특별한 유전자를 소유하면 환경의 스트레스에 당면하여 우울 민감성이 증가한다는 관점으로, 유전자와 우울의 연관성을 이해하였다. 하지만 이런 이해는 유전자가 우울에 미치는 영향을 빙산의 일각처럼 보여 줄 뿐이다. 유전자 구성은 또한 우울에 중요한 역할을 하는 여러 가지 다른 요인에도 영향을 미친다.

여러 가지 유전자 요인은 스트레스에 대한 반응을 넘어, 스트레스에 노출될 가능성에도 영향을 미친다. Kendler와 동료들은[123] 강도, 폭행, 질병, 부상, 결혼 문제, 재정 문제와 같은 스트레스 사건들에 노출되게 만드는 유전적 위험이 있다는 것을 발견하였다. 그들은 유전적인 영향을 받은 성격 특성(예: 충동성, 낮은 좌절 인내도, 모험추구 경향성)이 스트레스 사건들에 노출될 가능성을 높인다고 하였다. 결국, 여러 가지 유전적 요인은 당신이 고위험 환경에 빠지게 영향을 미치는 것처럼, 또한 스트레스를 자가 생산하는 데 한몫할 수 있다. 다른 경우와 마찬가지로 우리는 여러 가지 유전적 제약과 개인의 주체성의 혼합물이 된다.

유전적 요인은 또한 보호 요인의 역할을 한다. 예를 들어, 유전적 요인은 사람들이 적절한 사회적 지지를 받을 가능성에도 상당한 영향을 미친다.[124] 그럴듯한 설명은 또다시 성격과 관련이 있다. 즉, 사교 성향이 높은 사람은 사회적 지지를 제공하는 네트워크를 잘 만든다. 유전자 구성은 이런 성격 특성에서 중요한 역할을 한다.

지금까지 우리는 우울에 중요한 역할을 하는 몇 개의 요인만을 알아보았을 뿐이다. 이후의 장이 보여 주는 것처럼, 발달과정에서 여러 가지 위험 요인과 보호 요인이 우울에 빠질 취약성을 생성하는 데 중요한 역할을 한다. 여기서 나는 여러 가지 유전적 요인의 영향력은 대개 노년기에는 스트레스에 대한 반응으로 자발적으로 분출하지 않는다는 것을 강조하고 싶다. 성격에 대한 유전적 영향, 스트레스에 대한 노출, 사회적 지지를 받는 정도, 우울에 대한 민감성은 전 생애 내내 발달의 모든 측면에 영향을 미친다.

태아기 스트레스

명백히, 스트레스의 누적은 삶의 어느 시점에서든 시작될 수 있다. 우울에 관한 최근의 흥미로운 한 연구에 의하면 스트레스의 누적은 자궁에서 시작할 수 있다.[125] 제6장('아동기 역경')에서 논의하듯이, 여러 연구자는 엄마의 우울이 유아의 행동과 발달에 미치는 영향을 연구하기 시작했다. 연구자들은 우울한 엄마의 신생아가 스트레스의 신호를 보이는 것을 관찰하고, 출산 전의 요인들이 신생아의 상태에 영향을 미칠 가능성을 제기하였다.

심리학자 Tiffany Field는[126] 만성 우울을 겪고 있는 엄마의 유아가 출생 직후에 주의 집중과 반응성이 부족하고, 안달복달하며, 수면이 불규칙하고, 스트레스 호르몬 수치가 높은 것을 관찰하였다. 실제로 이 유아는 어머니가 보인 행동 및 생리 반응에 영향을 받은 것처럼 우울한 행동 및 생리 반응의 프로파일을 보인다. 이와 같이 신생아를 관찰한 결과는 우울한 임신 여성의 태아를 검사하는 계기를 만들었다. 검사의 목적은 출산 전에 태아가 어머니에게 받은 영향력을 측정할 수 있는지를 알아보기 위함이었다. 임신 3~6개월 사이에, 우울한 엄마의 태아는 자극을 주면 더 높은 반응성뿐 아니라 더 높은 수준의 활동을 보였다. 그 아기들은 또한 몸무게가 더 적었다. Field는 우울한 어머니의 활발하지 못한 상태(inactivity)를 태아가 스스로의 높은 활동 수준으로 보상하고 있다고 추론하였다.

엄마의 우울이 태아의 발달에 영향을 미치는 경로는 다양하다. Field는 엄마의 활동 수준, 심박률, 자궁 내의 호르몬이 상당한 역할을 한다고 제안했다. 제9장('뇌와 신체')에서 보게 될 것처럼, 스트레스 호르몬인 코르티솔(cortisol)이 우울에 중요한 역할을 한다. Field와 동료들은[127] 우울한 임신 여성의 코르티솔 수치가 높다는 것을 발견하였고, 그들은 이것이 태아의 코르티솔 수준을 높일 수 있고, 태아의 발달에 끼치는 부정적인 효과를 설명한다고 하였다. 어쩌면 태아의 발달에 문제를 일으키는 다른 요인은 우울한 엄마가 자신의 신체 건강을 잘 돌보지 않는 것(예: 부실한 식사, 수면 곤란, 흡연)뿐 아니라 출산 전에 건강관리를 자주 하

지 않거나 부적절하게 하는 것도 포함된다.[128]

이러한 연구는 아직 초기 단계이다. 출산 전 스트레스가 이후의 발달에 끼치는 영향은 이제 막 연구되고 있다. 일부 연구자는 출산 전 엄마의 불안(그러나 우울은 아닌)이 유아의 4세 때 행동 및 정서 문제와 관계가 있다는 것을 발견하였다.[129] 그러나 그 효과는 상대적으로 작았다. 왜냐하면 여러 가지 다른 발달 요인이 출산 후에 영향을 끼치기 때문이다. 유전자 구성 또는 이외의 다른 단일 요인과 마찬가지로 출산 전 스트레스가 당신의 운명으로 아로새겨지지 않는다. 그러나 출산 전 스트레스 관련 연구 결과는 임신기 스트레스에 대처하는 것이 중요하다는 것과 필요할 때 처치를 받는 게 중요하다는 것을 강조한다.

기질

우울로 씨름하는 많은 성인은 스스로를 '본래(born) 우울했던' 것처럼 느낀다. 아마도 그들은 기억할 수 있는 모든 기간 동안 우울했다고 느낀다. 태아기 발달에 관한 연구는 이런 느낌에 진실한 면이 있다고 제안한다. 그리고 제6장('아동기 역경')에서 유아기의 우울을 많이 이야기할 것이다. 물론, 성인기와 유사하게, 아동기의 우울도 유전적 취약성과 스트레스의 조합으로 발생할 수 있다. 그러나 기억할 수 있는 모든 기간 동안 우울했다는 느낌 또한 우울한 기질적 경향에 바탕을 둘 수 있다.

우리는 '기질적인(temperamental)' 사람의 기분은 변덕이 심하다고 여기는 경향이 있다. 전문 용어로 기질(temperament)은 넓은 범위의 생물학적 바탕을 가진 여러 가지 성격 특성을 말한다. 이 성격 특성 모두는 부분적으로 유전자 구성에 뿌리를 두고 있다. 예를 들어, 어떤 아동은 다른 아동보다 더 능동적이고 충동적이며, 또는 더 큰 사교성을 갖고 태어났다. 이런 기질의 차이는 영장류와 다른 포유류의 경우에도 분명히 나타난다.[130]

불안한 기질과 신경증적 경향성

연구가 가장 잘 된 기질 중 하나는 불안 경향성(anxiety proneness)이다. 이는 우울의 친밀한 동반자이다. 발달심리학자 Jerome Kegan은[131] 아동의 약 20%가 억제된(불안한) 프로파일을, 반면에 약 40%는 억제되지 않은 프로파일을 보인다는 사실을 관찰하였다. 낯선 사람, 상황, 대상 혹은 사건에 노출될 때, 억제된 아동은 회피, 불편감, 가라앉은 감정을 보인다. 예를 들어, 다른 어린이에게 소개될 때, 억제된 걸음마기 아동은 혼자 앉아서 다른 아이들을 관찰하는 반면에, 억제되지 않은 걸음마기 아동은 열심히 놀이에 참여할 것이다.

기질은 운명이 아니며, 기질과 환경은 상호작용한다. 그래서 기질적으로 억제된 아동이 스트레스 환경에 노출되면, 억제된 길에서 벗어나 성장하기보다 억제된 길에 남을 수 있다. 기질적으로 억제된 아동은 더 호의적인 환경에 놓이면 덜 억제될 수 있다. 그러나 기질이 발달에 제약을 가한다. 즉, 억제된 유아는 억제에서 탈억제까지의 범위를 갖는 빛띠(spectrum)에서 그 중간 정도 위치까지 호전될 수 있지만, 탈억제 쪽으로까지 호전될 것 같지는 않다.

신경증적 경향성, 즉 불편감을 느끼는 경향성은 불안한 기질이 성인기까지 확장된 것으로 볼 수 있다(제1장 '우울' 참고). 신경증적 경향성은 유전적 바탕을 일부 갖고 있고, 우울에 대한 민감성을 증가시키며, 특히 스트레스 수준이 높은 환경에서 더욱 그렇다.[5, 132]

우울한 기질

독일 정신의학자 Emil Kraepelin은[53] "우울한 기질의 특징은 삶의 모든 영역에서 평생 음울한 정서적 스트레스를 경험하는 것"이라고 하였다(p. 118). 현대 정신의학자 Hagop Akiskal은[133] 정서적 기질의 개념을 자세히 살폈는데, 그는 정서적 기질이 근본적인 생물학적 과정과 관계가 있다고 보았다. Akiskal은[134] 기질적으로 우울한 사람은 "침울하고, 유머가 부족하고, 회의적이고, 음울하고, 곱씹으며, 고통스러워하고, 자기비평을 하며, 죄책감을 느끼는 경향이 있고, 자기가 부적절하고 실패자란 생각에 골몰하고, 자기주장을 하지 못하고, 희생하며, 내향적이고, 비평적이고, 불만이 많다."고 하였다. 그러나 우울한 기질은 장점을 갖고 있다. 즉, Akiskal은 우울한 기질을 가진 사람들은 신뢰할 수 있고, 헌신적인 사람이란 것을 관찰하였다. 그들은 열심히 일하는 사람이었다.

우울한 기질은 정신의학적 진단이 아니며, 또한 불안한 기질처럼 신중하게 정의되거나 잘 연구되지 않았다. 더군다나, 우울한 기질은 흐릿한 경계를 갖고 있다. 즉, 아동기에 우울한 기질은 만성적인 아동기 우울로 서서히 바뀌며, 이후 삶의 기간 동안 우울 성격장애로 서서히 바뀐다. 나는 단지 우울의 발달에서 유전적 요인 그리고 이외의 생물학적 요인의 역할을 강조하기 위해 우울의 기질[11)]을 언급하였다.

즐거운 기질

제1장에서 우울한 기분을 가진 사람을 긍정적 정서성이란 빛띠의 아래쪽에 있는 것으로 이해했던 것을 상기하자. 긍정적 정서성은 기질의 또 다른 측면이다.[4] 많은 사람에게 사교는 긍정적 정서를 얻는 주요한 원천이다.[135] 즐거운 기질을 잘 보여 주는 성격 특성은 **외향성**이다. 외향성은 일정 부분 유전자 구성의 영향을 받는다. Akiskal은[134] 우울의 반대편에 있는 긍정적 정서성의 빛띠 쪽을 **감정고양 기질**(hyperthymic temperament)로 규정하였다. 그는 감정이 고양된 사람의 특징을 즐겁고, 낙관적이고, 외향적이고, 말이 많고, 자신감 있고, 활력 있고, 억제되지 않은 것으로 보았다. 또한 조울증 기질(cyclothymic temperament)을 우울한 상태와 감정고양 상태를 번갈아 오가는 것으로 제안하였다.

기질의 전쟁

기질적으로 우울한 사람은 성격적으로 아주 발랄한 사람, "힘내자!"고 외치는 사람 등등에게 흥미를 잃는 경향이 있다. William James는[136] '병듦에 관심이 많은' 사람과 '건강함에 관심이 많은' 사람을 대조한 뒤, "어떤 사람은 태어날 때부터 가계부의 지출 목록에 한두 병의 샴페인이 기입된 상태로 삶을 시작하는 반면에, 또 어떤 사람은 출생 시부터 동통-역치(pain-threshold)에 근접한 상태로 태어나는 것 같다. 동통-역치에 근접한 사람은 미미한 정도의 짜증을 운명적으로 전수받은 상태인 것 같다."고 하였다(p. 152).

좋은 상태와 나쁜 상태는 존재의 필수 조건이라는 뻔한 소리를 인용하며, James는 건강함에 관심이 있는 사람은 성격적으로 좋은 것에 주의를 기울이고, 병에 관심이 많은 사람은 나쁜 것에 주의를 기울인다고 언급하였다. 병에 관심이 많은 사람의 반추는 '즐거움을 파괴하는 냉기'를 불러일으키고, 이런 반추는 다시 "쓸데없는 소리! 바깥바람 쐬고 기운 차려!" 같은 건강함에 관심을 갖는 반응을 끌어낸다. 그러나 그 자신이 우울한 경향을 보였던 James는 우울한 "우리의 고통은 그 치유법에 비하면 실제로 너무 심각한 상태에 있다."고 단언했다.

기질적으로 우울한 성향의 사람이라도 걱정할 필요는 없다. James는 다음과 같이 따져 본 바 있다.

> 우리가 이 투쟁에 관해 할 말이 무엇인가? 나에게는 우리가 병듦에 관심이 많은 마음을 가졌다는 것은 더욱 폭넓은 경험을 아우르고 있다고 말하는 것처럼 보인다. 그리고 연구 결과도 이런 제안을 지지한다. 한 사람의 주의를 악에서 다른 곳으로 돌려 단순히 선의 관점으로 삶을 사는 방법은 그것이 작동하는 한 정말 멋지다. 그 방법은 많은 사람에게 작동할 것이다. 그리고 우리 대부분이 가정하는 것보다 훨씬 더 일반적으로 작동할 것이다. 그것이 성공적으로 작동하는 한 반대할 말이 없다. …… 그러나 그것은 슬픈 기분(meloncholy)이 찾아들자마자 무력하게 아주 나빠진다. 그리고 한 사람이 꽤 슬픈 기분에서 자유로워도, 건강함에 관심이 많은 마음가짐은 철학적 당위(philosophical doctrine)가 부적절하듯, 적절하지 못한 측면을 갖고 있다. 왜냐하면, 건강함에 관심이 많은 마음가짐이 긍정적으로 설명할 수 없는 악한 사실들(evil facts)이 정말로 현실의 한 부분으로 존재하기 때문이다. 그리고 종국에는 악한 사실들이 삶의 의미를 찾게 만드는 최고의 열쇠이기 때문이다. 그리고 아마도 가장 깊은 수준의 진실에 우리가 눈뜨게 해 주는 통로이기 때문이다[136](p. 182).

어떤 사람은 우울한 기분을 James의 말과 같은 철학적 진술에 연결시키는 과정에 반대할 수 있다. 의심할 바 없이, 우울한 성향의 사람은 실존적 절망의 수렁에 빠지는 위험에 처한다. 이런 가능성을 염두에 두고 철학자 Simon Blackburn은[137] 다음처럼 말했다. "슬플 때 우리는 논쟁이 아닌 기분을 북돋우는 것(tonic)을 필요로 한다. 철학자 David Hume의 유명한 말에 따르면, 유일하게 좋은 논쟁은 '당신이 자신 또는 타인에게 쓸모 있거나 쾌활한 사람이 될 방법은 없는가?'[12)] 이다."(pp. 80-81). Blackburn의 말은 과학적 연구의 지지를 받았고, James는 '건강함에 관심이 많은 마음가짐'이란 용어를 제대로 사용했다. 현재 많은 심리학 연구는 낙관주의가 지닌 건강한 혜택을 잘 증명하고 있다.[138]

성

여성이 우울한 비율은 남성의 두 배이다. 그러나 이런 성차는 사춘기까지 나타나지 않는다. 소년과 소녀의 우울한 비율은 유사하다. 그러나 소년의 우울 유병률은 이후 안정되게 유지되는 반면에, 소녀의 유병률은 사춘기부터 증가하기 시작해서 청소년기까지 계속 증가하며, 어떤 시점에서 소녀의 유병률은 소년의 두 배가 된다. 이런 성차는 이후 계속 유지된다.

이런 성차는 생물학적 · 심리학적 · 대인관계적 · 문화적 요인의 조합에서 기인한다. 다음에 제시하는 요약은 심리학자 Susan Nolen-Hoeksema가[139] 복잡한 연구 결과를 종합한 것을 바탕으로 작성되었다.

생물학적 기여 요인

우울이 사춘기, 생리, 산후 기간, 폐경과 관계가 있다는 것은 여성의 우울에 호르몬이 영향을 미치는가 하는 질문을 하게 만든다. 특히, 사춘기를 시작점으로 여성과 남성의 우울에서 차이가 생긴다는 것은 놀랍다. 게다가, 상당수의 여성은 생리와 함께 불편한 정서를 나타내는 증상을 많이 보인다. 이런 증후군은 월

경전불쾌감장애(premenstrual dysphoric disorder)로 명명되며, 대략 3~8%의 여성에게 영향을 미친다. 산후 우울(postpartum depression)은 출산 후 첫 주에 나타나는 주요 우울 삽화를 의미한다. 이것은 10~15%의 여성에게 영향을 미친다. 산후 우울의 위험이 높은 여성은 가족이 우울했거나 이전에 자신이 우울한 적이 있었던 경우이다. 자신이 우울했던 경우는 임신기 동안의 우울도 포함한다. 연구 결과들은 폐경기에 우울의 발병 위험이 높다는 가정은 일관성 있게 지지하지 않았다.

호르몬이 우울에 미치는 기여는 잘 입증되었다. 예를 들면, 갑상선의 질병은 우울과 밀접한 관련이 있다. 일반적으로 여성은 성호르몬의 변화 기간과 결부되어 기분의 변화를 겪는 위험에 처하지 않는 것 같다. 오히려, 이 호르몬의 변화는 유전적 취약성 및 스트레스와 상호작용을 하는데, 이 모든 요인의 조합은 일부 여성을 특히 호르몬의 변화 시기에 우울에 민감하게 만들 수 있다.

심리학적·대인관계적·문화적 기여 요인

여러 가지 심리 및 사회적 요인은 우울의 성차에 기여한다. 나는 여기서 몇 가지 요인을 검토한다. 1) 부정적인 신체 이미지, 2) 스트레스와 외상에 대한 노출, 3) 사회적 불평등, 4) 우울을 유발하는 대처 전략이다. 이 요인들의 영향이 여성에게만 국한되는 것은 아니다. 그러나 여성에게 더 현저하게 나타난다.

사춘기에 시작되는 신체 변화는 호르몬보다 발달에 더 큰 영향을 미친다. 신체 이미지는 남성과 여성 모두의 자존감을 구성하는 중요한 요인이다. 사춘기 남성은 신체 변화를 환영하는 분위기이지만, 여성은 그렇지 않은 경향이 있고, 사춘기가 일찍 시작되면 특히 그렇다.[139] 부정적인 신체 이미지는 섭식장애와 관계가 있고, 이것이 자존감에 미치는 영향은 여자 청소년의 우울에 중요한 역할을 한다.[141, 142] 더군다나, 자기 이미지를 걱정을 하면서 데이트를 하는 것은 남자 청소년보다 여자 청소년에게 더 큰 스트레스가 된다.[139]

우울의 성차가 초기에 발달하는 데 스트레스가 미치는 역할을 살핀 결과는 다음과 같은 여러 의문을 갖게 만든다. 첫째, 여성이 남성보다 더 자주 스트레스 사건에 노출되는가? 둘째, 스트레스 사건에 노출될 때, 여성은 남성보다 우울로 반응하는 경향이 더 큰가? 최근의 연구 결과는 비록 여성과 남성이 다른 종류의 스트레스 사건에 반응을 보이더라도, 남녀 간에 차이보다 유사성이 더 많다고 제안한다. 예를 들어, 한 연구는 여성이 대인관계 스트레스를 겪을 때 더 우울한 경향이 있고, 남성은 직업 스트레스를 겪을 때 더 우울한 경향이 있다는 결과를 발견하였다.[143] 그러나 특히 남성은 분리와 이혼에 대한 반응으로 더 우울해하는 경향이 있는데, 이는 남성이 여성보다 사회적 지지원이 부족하기 때문인 것 같다. 비록 스트레스에 대한 남녀의 서로 다른 민감성이 왜 발생하는지와 관련된 질문에 답하지 못해도, 한 연구는 여성이 남성보다 스트레스 수준이 낮아도 더 우울한 경향이 있는 반면, 여성과 남성은 스트레스 수준이 높으면 동등한 정도로 우울한 경향이 있다는 결과를 발견하였다.

비록 전반적인 스트레스 노출량에서 남성과 여성 사이에 차이보다 유사성이 더 크지만, 한 가지 확실한 예외가 있다. 여성은 남성보다 성적 외상, 즉 아동기 성폭력과 이후에 발생하는 성폭력에 훨씬 더 많이 노출된다. 게다가 여성은 성인기 애착관계에서 폭력에 쉽게 노출된다. 여기서 폭력이란 성적 · 신체적 · 심리적 폭력과 심리적 방임 등을 포함한다. 더욱이, 여성은 다양한 환경에서 성희롱에 취약하다. 이 모든 외상 경험은 여성이 우울을 겪을 위험을 높인다.[144] 물론, 더욱 널리 알려지고 있는 것처럼, 소년 또한 아동기 성폭력에 취약하고, 그 후유증은 외상 후 우울을 겪을 위험을 높인다.

명백하게 외상적 스트레스 사건을 많이 겪지 않아도, 여성은 주목할 필요가 있는 또 다른 역경을 경험한다. 즉, 남녀 관계에서 일어나는 불평등이 그 예이다. 친밀한 남녀 관계에서 여성의 의사결정권은 적고, 업무량은 더 많을 수 있다. 여성은 직장에서 남성보다 월급이 적고, 제한된 범위의 활동을 하며, 가치절하를 경험한다. 전문가 수준의 여성이라고 해도 우울에 면역성이 있는 것은 아니다. 1970년대의 조사 자료는 여성 내과의사의 46%가 우울을 경험했다는 통계를 보고하였다. 더 적은 수의 표집인 정신의학자를 조사한 결과 우울을 경험한 비율이 73%였다. 이 결과에 대해 저자들은 편견이라는 부정적인 조건에서 받는 강한 압력이 우울 발생에 중요한 역할을 했을 것이라고 제안하였다.[145]

가난은 여러 정신의학적 장애에 영향을 미치는 악명 높은 위험 요인이다. 우울의 성차를 설명하기 위해 제안되어 온 또 다른 요인은 여성이 남성보다 더 가난하다는 사실이다.[146] 여성의 스트레스와 우울을 관계를 알아본 고전적 연구로, London에서 George Brown과 동료들에 의해 수행된 연구는[93] 가난의 영향력을 강조하였다. 가난한 조건에서 어린 아이를 양육하며 한부모로 삶을 살고 있는 엄마들은 예외적으로 우울할 위험이 더 높았다.[13)]

마지막으로, 스트레스 대처 방식의 성차가 우울에 대한 취약성에 기여한다. 12장('유연한 사고')에서 논의한 것처럼, 반추하는 경향성, 즉 걱정과 부정적 생각을 반복하는 것이 우울의 소용돌이에 빠지게 하고, 우울한 기분을 지속시키며, 생산적인 문제해결을 방해한다.[147] 행동지향적인 경향을 보이는 남성과 비교했을 때, 여성은 반추하는 경향이 더 크며, 이런 경향성 또한 여성이 우울을 경험할 위험을 증가시킨다.[139]

운명에 영향을 미치기

이 장은 우울 발생에 위험 요인으로 기여하는 몇 가지 체질적 요인을 다루었다. 이 요인 중 어떤 것도 우울의 원인은 아니다. 앞에서 잠깐 살펴본 것처럼, 우울이 발달하는 경로는 매우 복잡해서, 생물학적 · 심리학적 · 환경적 요인 모두가 발달 경로의 모든 단계에 관련되어 있다. 나는 이 체질적 요인을 주체성을 제약하는 요인으로 이해하였다. 그렇더라도 이 요인은 당신이 주체성으로 충분히 자유롭게 행동할 여지를 남겨 두고 있다. 즉, 당신이 삶을 어떻게 살지, 얼마나 많은 스트레스를 겪을지, 어떻게 대처할지는 일정 부분 당신이 좌우할 수 있다. 많은 위험 요인이 당신의 통제를 넘어서더라도, 당신은 자신의 운명에 중요한 역할을 할 수 있다.

당연히 당신이 자녀가 있다면, 이제까지 논의했던 취약성의 일부가 자녀에게 전수될까 걱정할 수 있다. 그러나 다음과 같은 동일한 논리를 적용할 수 있다. 이 잠재적 위험 요인은 당신의 자녀가 우울할 운명에 처했다는 것을 의미하지 않는다. 위험 요인을 아는 것은 당신이 어려움을 겪게 될 것에 대한 주의 신호로 작용할 수 있다. 대처방식을 알고 필요한 처치가 무엇인지를 안다면 우울장애의 신호가 나타나면 당신이 재빠르게 효율적으로 개입하는 데 도움을 줄 수 있다.

제5장 애착

우울이 애착관계에 바탕을 둔다는 것을 알아차리는 것은 희망을 제공한다. 왜냐하면 애착 욕구는 지속적이고, 그 애착 패턴의 수정은 가능하기 때문이다. 애착은 다른 발달 영역과 마찬가지로 생애 내내 진화한다. 처음에 유아-부모 상호작용에 매여 있던 애착은 이후에 다른 돌봄이, 형제, 확대 가족의 구성원과 맺는 관계를 바탕으로 형성된다. 학교에 입학하면 애착관계는 또래, 교사, 코치, 이웃, 종교인까지 확장된다. 우리는 집단, 제도에 대한 애착도 발달시킨다. 한 집단에 가입해서 얻는 소속감은 어떤 이에게는 애착 안정감의 중요한 원천이 된다. 동물과 형성한 애착 또한 강력한 힘이 된다. (본문 중에서)

Andrew Solomon은[114] 사랑의 치명적인 결함은 우울이라고 하였다. "사랑을 나누는 생명체인 우리는 무언가를 상실하면 절망을 겪는 생명체이다. 그리고 우울은 그 절망의 기제이다."(p. 15) Solomon의 이 말은 Freud의[148] 다음과 같은 말을 새롭게 진술한 것으로 보인다. "우리는 사랑을 할 때 다른 어떤 때보다 더욱 큰 고통에 무방비 상태가 된다. 우리가 사랑하는 대상 혹은 그의 사랑을 상실했을 때만큼 무력하게 불행을 느끼는 경우는 없다."(p. 33) Freud는 우울에 스며 있는 두 가지 주제를 확인했다. 즉, 상실과 실패이다. 우리는 분리[14)]와 죽음에 당면하면 상실을 경험한다. Freud는 또한 우리가 사랑의 상실을 겪으면 고통을 느낀다고 인정하였다. 애정 대상이 우리를 인정하지 않고 거부하는 것은 우울한 부적절감과 실패감을 유발한다.

스트레스를 일으키는 애착관계가 우울의 중요한 취약성으로 작용하듯, 위로를 제공하는 애착관계는 치유가 이뤄지는 경로이다. 따라서 애착관계는 이 책의 중요한 관심사이다. 이 책은 애착의 기초 개념을 검토하고, 안정 애착관계의 이점을 이야기한다. 제6장에서 아동기 역경의 여러 형태를 자세히 다룰 것이다. 그리고 제5장에서는 두 가지 불안정 애착 패턴, 우울에서 중요한 비중을 차지하는 두 가지 주제인 상실과 실패의 유사점을 도출하는 것으로 아동기 우울의 기원을 알아볼 것이다. 제5장은 전체 인생에서 애착의 유연성이 중요하다고 강조하며 결론 맺는다. 우리는 애착의 유연성이 우울에서 회복하고 이후에 더 많은 우울 삽화를 겪게 하는 취약성을 예방하는 성장 요소라고 확신한다.

안정 애착의 이점들

1950년대에 영국의 정신의학자 John Bowlby는[149] 분리와 상실을 겪을 때 아동이 보이는 반응을 관찰하고 애착이론을 개발하였다. 그는 병원에 입원한 아동이 일시적인 분리를 겪을 때 보이는 반응을 폭넓게 관찰하였다. 그 당시에 병원에 입원하거나 상주 유치원(residential nursery)에 입학한 아동은 부모가 찾아오지 않으면, 며칠, 몇 주, 혹은 몇 달간 볼 수 없었다. 그는 이 아동이 분리된 동안 겪는 불편감의 강도, 집으로 돌아온 뒤에 애착관계에서 보이는 잠정적이고 계속되는 장애를 보고 충격을 받았다. 그는 아동이 부모와 분리되어 병원에 입원하거나 상주 유치원에 입학시키는 정책이 아동에게 끼치는 잠정적인 해를 대중에게 인식시키는 업적을 이루었다. 운 좋게도 현재의 우리는 아동이 병원에 입원하면 부모가 아동과 함께 지내는 것을 당연하게 여긴다.

분리가 아동에게 미치는 영향을 관찰한 Bowlby는[149] 정서적 유대(emotional bonds)의 중요성을 이해하였다. 그의 말을 빌면, 정신건강의 핵심은 '유아와 아동이 엄마(혹은 지속되는 엄마-대리인물)와 따뜻하고, 친밀하고, 지속되는 관계를 맺고, 두 사람 모두 만족과 즐거움을 느끼는 것'이다(pp. xi-xii). 이 친밀한 정서적 유대는 안정 애착관계의 핵심이다.

Bowlby는 애착과 정신건강의 관계에 관심을 많이 가졌지만, 애착에는 생물학적 기능도 있다고 믿었다. 다시 말해, 우리의 애착 능력은 생물학적 체질의 일부이다. 우리는 사회적 존재이므로, 애착은 공기, 물, 음식만큼 생존을 위한 필수 조건이다. 땅에 보금자리를 짓는 일부 새에게도 애착 현상이 관찰되나, 애착은 근본적으로 포유류의 적응 결과이다.[149] 진화생물학의 관점에서, Bowlby는 애착의 첫 번째 기능은 보호라고 주장한다. 즉, 애착 인물에게 근접성을 유지하는 것은 새끼를 포식자의 위험에서 보호한다. 애착으로 제공되는 보호가 없다면, 새끼는 생존하지 못하고, 포유류는 진화하지 못했을 것이다. 삶의 초기에 새끼는 안전을 유지하기 위해 어미 가까이 머물러야 한다. 우리는 애착이 이러한 진화적 과정의 정서적인 유산이란 것을 인정할 수 있다. 즉, 생애 내내 우리는 깜짝 놀랄 때 애착 인물의 곁에 머물기를 바란다.

안정 애착은 하나의 이상(ideal)이다. 분리의 효과를 관찰한 Bowlby의 초기 연구는 애착관계에서 불안정 애착 또한 적지 않게 발견하였다. Bowlby의 동료인 Mary Ainsworth는 유아가 엄마와 분리되고 재회할 때 보이는 반응들을 연구할 수 있는 기발한 실험 절차인 낯선 상황 절차를 개발해서, 몇 가지 애착 패턴을 뚜렷하게 보여 주었다.[150] 첫째, 실험자는 엄마와 유아를 놀이방으로 데려온다. 그런 다음 낯선 사람이 들어오고 엄마는 유아를 낯선 사람과 함께 남겨 놓고 놀이방에서 잠시 나가도록 요청받는다. 잠시 후 엄마는 다시 방으로 돌아오는데, 이는 유아가 엄마가 돌아오는 것에 어떻게 반응하는지 관찰할 기회를 제공한다. 그런 다음 엄마와 낯선 사람은 유아를 홀로 두고 놀이방에서 나간다. 그런 다음 엄마가 다시 되돌아와 두 번째 재회를 한다. 수천 쌍의 부모-유아 짝이 이 실험실 상황의 연구에 참여하였다. Ainsworth는 유아가 엄마와 재회하는 동안 보이는 몇 가지 행동의 패턴을 확인하였다.

실험실 상황의 연구에 참여한 유아의 대부분은 안정 애착 패턴을 보인다. 유아는 엄마의 존재와 부재를 예리하게 알아차린다. 안정 애착된 유아라도 타고난 기질에 따라 분리 시에 거의 모두 불편감을 느낀다. 유아의 분리에 대한 반응과 관계없이, 그들은 엄마가 돌아오면 근접성을 추구하며, 시선 접촉을 하거나 다가가면서 엄마를 환영한다. 유아는 엄마와 포옹을 하거나 들어 올려진 다음 엄마를 껴안기도 한다. 애착은 효과가 있다. 즉, 재회는 유아가 분리될 때 경험한 불편감이 무엇이든 진정시키는 역할을 한다. 엄마와 접촉하며 재획득한 안정감을 바탕으로 안정 애착 유아는 또다시 자신감 있게 놀이를 하거나 환경을 탐색한다.

Ainsworth의 연구는 안정 애착을 전형적인 형태로 보여 준다. Bowlby가[151] 말했던 것처럼, 안정 애착은 유아의 발달에만 필요한 게 아니다. 애착 욕구는 "우리의 전체 삶, 즉 '요람에서 무덤까지' 우리에게 필요한 인간성(human nature)의 특징"이다(p. 82). 발달 과정 내내 안정 애착은 신체 보호 기능 이외에 몇 가지 다른 기능을 한다. 즉, 안정 애착은 우리에게 안식처(safe haven), 안전기지(secure base)를 제공한다. 안정 애착은 생리적 각성을 조절할 수 있는 능력을 향상시킨다. 그리고 익숙하지 않은 말이지만, 안정 애착은 정신화하기(mentalizing)[15] 능력을 증진시킨다. 다시 말해, 우리 자신을 더 잘 이해하고 마음을 소유한 사람으로서 서로서로 잘 이해하게 한다.

안식처

Bowlby의 안식처 개념은 개인이 불편감을 느끼는 시기에, 애착관계를 편안함을 제공하는 정서적 관계로 느끼는 것을 뜻한다. Bowlby의 말처럼[149], 신체 보호와 함께 애착은 우리 인간에게 마음의 안정감(安靜感, feeling of security)을 제공한다. 우리는 고통을 느낄 때, 즉 신체적으로 혹은 정서적으로 아프거나 부상을 입었을 때 애착 인물과 접촉하기를 바란다. 안정 애착은 신뢰를 수반하며, 안정 애착의 주요 특징은 필요한 시기에 애착 인물이 곁에 있어 주며 정서적인 반응을 제공할 것이란 자신감이다.

안전기지

Bowlby는[151] 애착관계의 안식처가 또한 세상을 탐색할 안전기지를 제공한다고 하였다. 그는 이 아이디어와 관련해 다음처럼 거침없이 말했다. "애착이론의 틀 내에서 어떤 개념도 안전기지 개념보다 발달정신의학의 중심을 차지하는 개념은 없다."(pp. 163-164) 아장아장 걷는 유아가 근처에 엄마가 있는지 주시하며,

근처에 있다고 확신하기 위해 때때로 되돌아와 확인하면서 운동장을 자신감 있게 탐색하는 장면을 상상해 보라. 엄마가 근처에 있어서 언제든 달려가 안길 수 있다는 자신감을 느끼는 유아는 아장아장 걸어 다니며 환경을 탐색한다. 우리는 자라면서 점점 더 긴 시간 동안 더 멀리 탐색한다. 그러나 Bowlby가 말했던 것처럼 우리는 애착의 안전기지를 요람에서 무덤까지 계속 필요로 한다.

안식처와 안전기지의 개념은 협력 관계에 있다. 안정 애착은 정서적 연결감을 제공하며, 더 넓은 세상을 탐색하는 것을 격려하여 개인의 자율성을 촉진한다. 물론, 안정 애착은 쾌활한 탐색을 촉진하는 것에만 그치지 않는다. 안정 애착은 우리가 심각한 문제에 대한 가능한 해결책을 탐색하게 한다.[152] 우리가 하는 탐색의 상당 부분은 사회적인 탐색이란 것을 명심하라. 사회적인 탐색은 궁극적으로 우리가 많은 지지 관계를 형성하고, 도움을 필요로 할 때 도움받는 것을 가능하게 한다.

생리적 각성을 조절하기

마음이 불편할 때 애착 인물과 재회하면 불편함이 진정되고, 생리적 과잉 각성이 줄어든다. 더욱이 애착 인물과 접촉해서 마음이 진정되는 경험을 되풀이하면 신경계와 다른 여러 가지 기관계(organ systems)가 건강하게 발달한다.[153, 154] 안정 애착관계에서 엄마와 유아는 정서적 그리고 생리적으로 서로 간에 영향을 주고받으며 조화를 이룬다. 다시 말해, 정서와 생리 작용의 리듬이 서로에게 맞춰 적응이 이뤄진다. 예를 들면, 수면-일어남의 주기와 수유의 주기가 그렇다.[155] 유아는 애착관계에서 정서와 생리적 각성을 조절하는 것을 점진적으로 학습하는 과정에서 자기조절을 향상시킨다. 자기조절이란 우리가 스스로 진정할 수 있는 능력을 뜻한다. 삶의 어떤 시점에서 애착관계를 상실하는 것은 마음과 신체 모두를 동요시킨다. 삶의 초기에 애착이 붕괴되는 것은 불편감을 조절하는 능력의 발달을 가로막아 우울에 취약해지게 만든다. 역으로 삶의 다른 시점에서 안정 애착은 스트레스를 완화하는 효과를 제공한다.

정신화하기

Bowlby에 의하면, 우리는 애착을 신체적 근접성 추구의 관점에서 생각하는 경향이 있다. 즉, 마음이 불편해진 아이가 어머니의 품으로 달려오고, 이때 신체 접촉은 안정감을 제공한다. 우리는 접촉뿐 아니라 연결감(feeling of connection)을 통해서도 안정감을 충족한다. 연결감이란 마음과 마음이 통하는 것(meeting of minds)을 의미한다. 마음이 통한다는 것은 무엇을 가능하게 만드는가? 여기서 나는 최신의 애착이론에서 사용되는 개념의 하나인 **정신화하기**(mentalizing)를 소개하고 설명할 것이다.[156] 정신화하기는 욕망, 목적, 정서, 신념 같은 정신 상태들에 근거해 행동을 인식하고 해석하는 것을 뜻한다. 예를 들어, 당신이 타인의 불편한 마음을 공감하고 있다면, 정신화하기를 하고 있는 것이다. 당신이 어떤 일을 한 이유를 이해하고자 시도하는 것도 정신화하기를 하고 있는 것이다. 당신이 자신 또는 다른 누군가의 감정을 생각하는 것도 정신화하기의 일환이다. 결국 정신화하기는 자기 알아차림(self-awareness)뿐 아니라 타인과 관계를 맺기 위한 토대가 된다.

정신화하기는 말을 익히는 것처럼 타고난 능력이며, 그 능력은 발달하는 데 시간이 꽤 걸린다. 정신화하기는 말을 익히는 과정처럼 관계의 맥락에서 발달한다. 영국의 심리학자 Peter Fonagy와 동료들은[157] 정신화하기가 애착의 안전기지의 환경에서 어떻게 가장 잘 발달될 수 있는지를 보여 주었다. 즉, 안정 애착은 외부 세계(the outer world)를 탐색하는 것을 촉진할 뿐 아니라 내부 세계(the inner world), 즉 마음의 세상을 탐색하는 것을 촉진한다. Fonagy의 관점에서 안정 애착의 핵심은, 애착관계에서 각자가 **마음으로 타인의 마음**(mind in mind)을 생각한다는 것이다. 마찬가지로, 자기 알아차림은 정신화하기, 즉 마음(예: 생각하기)으로 당신의 마음(예: 감정 상태)을 생각하는 것을 말한다. 예를 들어, 정신화하기의 가장 보편적 형태는 감정을 말로 표현하는 것이다. 당신은 자신 혹은 타인의 감정을 어떤 경우에 더욱 잘 표현하는가? 생각해 보면, 신뢰하는 관계에서 그렇다는 것을 알 수 있을 것이다. 이를 보면 당신은 정신화하기 능력이 발달하는 데 중요한 것은 안정 애착이란 것을 이해할 수 있다.

조금만 곰곰이 되짚어 보면(reflection), 당신은 우울에 대처하는 데 정신화하기의 능력이 필요하다고 확신할 것이다. 당신이 당면한 어려움을 당신의 마음으로뿐만 아니라 애착관계에서 이해할 필요가 있다. 나는 당신이 이 과정을 잘 헤쳐 나가는 것을 돕기 위해 이 책을 썼다. 그러나 안정 애착관계가 당신이 이 모든 어려움을 해결하게 돕는 대리인은 아니다. 역설은 우울이 종종 불안정 애착관계에서 나온다는 것이다. 불안정 애착의 토대를 이해하는 것은 당신이 안정 애착이 되게 작업하는데 유용할 수 있다.

불안정 애착과 우울

삶의 어느 시점에서 안정 애착은 스트레스의 해독제가 되는 반면에, 불안정 애착은 스트레스를 일으키는 원천이 된다. 안정 애착에 덧붙여 Ainsworth와 동료들은[150] 유아기에 뚜렷하게 나타나는 두 가지 불안정 애착 패턴을 확인하였다. 즉, 양가 애착과 회피 애착이다. 실험실 상황에서, 양가 애착 패턴을 보인 유아는 놀이실에서 장난감보다 엄마에게 더욱 주의를 기울였다. 양가 애착 패턴의 유아는 분리될 때 매우 불편한 마음으로 반응한다. 그 아이들은 어머니와 재회할 때 쉽게 진정되지 않는다. 아이들의 애착 행동에는 양가, 좌절, 분노의 감정이 스며 있다. 엄마와 재회할 때 접촉을 추구하나, 화가 나서 위로받는 것에 저항하며, 사실 엄마가 먹을 것을 주려 하면 손을 깨문다. 성인기에 이 양가의 패턴은 강한 의존의 욕구를 나타내는 동시에 버림받을까 봐 과도하게 민감하게 반응하며, 애착 인물이 보이는 결점에 분개한다. 의존하면서도 적개심을 보이는 그들의 반응은 불안정하고 언쟁이 오가는 관계를 야기한다. 우리가 진행하는 한 교육 집단에서 나의 동료이자 심리학자인 Helen Stein은 양가 애착을 한편으로 공격하면서 다른 한편으로 매달리는(kick-and-cling) 패턴이라고 적절하게 명명하였다.

대조적으로 회피 애착 패턴의 유아들은 실험실 상황에서 차분해 보이는데, 외견상으로 엄마의 행방에 관심이 없고 장난감에 더 흥미를 느끼는 듯 보인다. 어머니가 놀이실에서 나가도 겉으로는 흔들지 않는 회피 유아는 어머니와 재회할 때 냉담한 모습을 보이며, 아마도 엄마가 자신을 들어 올리면 내려놓기를 바란다. 겉으로 보이는 이런 모습은 차분하다는 인상을 줄 오해의 소지가 있다. 사실 회피 유아는 어머니와 분리될 때 신체 각성 반응이 높아지는 패턴을 나타낸다. 이 각성은 어머니와 재회해도 낮아지지 않는다.[158] 성인기에 이 회피 패턴은 애착 또는 애착의 중요성을 무시하는 태도로 나타난다. 즉, "누가 그런 것을 필요로 하지? 나는 나 자신을 돌볼 수 있어!" 이런 자세는 아동기 또는 성인기에 불편감을 조절할 수 있는 수준일 때는 이성적으로 잘 작동한다. 그러나 스트레스 누적이 심하고, 지지를 제공하는 애착관계에 머무는 능력 없이 고립감을 경험하는 상황에서는 우울을 촉발할 수 있다.

심리학자 Sidney Blatt은[159] 아주 가치 있는 연구를 바탕으로, 불안정 애착에 기반한 두 가지 우울 형태를 구별하였다. 하나는 의존적 우울이고, 다른 것은 자기비평적 우울이다. 이 두 가지는 우울의 두 가지 주요 주제를 반영한다. 즉, 전자는 상실을, 후자는 실패를 반영한다. 간략히 말하면, 의존적 우울은 1) 상실의 주제, 2) 양가 애착 패턴과 관계있다. 자기비평적 우울은 1) 실패의 주제, 2) 회피 애착 패턴과 관계있다(〈표 5-1〉 참고).

의존적 우울과 자기비평적 우울을 이야기하기 전에 두 가지 오해를 방지하고 싶다. 첫째, 불안정 애착은 우울을 유발하는 유일한 경로가 아니다. 불안정 애착은 많은 경로 중 하나일 뿐이다. 둘째, 나는 유아 애착에서 성인 애착까지 이르는 경로가 단선이라고 생각지 않는다. 단선이라는 사고방식은 내가 제4장('체질')에

표 5-1 우울의 두 가지 유형

	의존적 우울	자기비평적 우울
양육의 기여	욕구 충족이 박탈됨, 돌봄이 비일관됨	요구가 많음, 비평함
애착 패턴	양가적임	회피함
대인관계 양식	요구	냉담
선행 스트레스 사건	분리와 상실	실패
적응적 측면	애착을 추구함	성공의 추구

서 포기했던 유전적 결정론과 유사하게 '애착 결정론'이 될 것이다. 유전자 구성처럼 초기 애착 경험은 우울의 취약성으로 작용하는 무수한 발달 요인 중 한 가지일 뿐이며, 유전자 구성이 그렇듯 초기 애착도 더 중요하거나 덜 중요한 역할을 할 뿐이다. 마지막으로, 애착 패턴은 고정 불변 상태가 아니다.[160] 유아기에조차 애착 패턴은 유아-부모 상호작용의 질에 따라 달라진다. 한 유아는 엄마에게 안정 애착이고, 아버지에게 불안정 애착일 수 있다. 물론 그 반대도 가능하며, 이는 유아-부모 간 정서적 상호작용의 질에 영향을 받는다.[161] 상호작용의 질이 변화하면, 애착 패턴은 그것에 맞춰 변화한다. 예를 들어, 엄마에게 안정 애착을 형성한 유아는 이제까지 정서적인 조율을 잘 해 주던 엄마가 이후에 성격적으로 더 자주 화를 내거나, 결혼 관계 스트레스로 유아를 거부하면 회피 애착으로 변화할 수 있다.

요약하면, 애착 패턴은 애착관계에서 이뤄진 상호작용 패턴의 안정성과 변화의 균형을 반영한다. 다시 말해, 애착 패턴은 애착관계에서 발생하는 상호작용 패턴이 안정성 쪽으로 기울면 유지되고, 변화 쪽으로 기울면 변화한다. 애착관계의 상호작용 패턴을 바탕으로 우리는 Bowlby가[151] 말했던 관계의 **내적 작동모델들**(working models)을 발달시킨다. 우리는 학습한 이 모델들을 사람들을 만날 때 적용하는 경향이 있으나, 사람들에 따라 다른 모델을 형성할 수도 있다. 그리고 이 모델들은 우리가 새로운 경험들을 되풀이하면, 새 경험을 반영하여 수정된다. 우리가 애착관계에서 변화를 만들 수 있는 이런 새 경험을 할 수 있는 능력에 의지하면, 이 능력은 다음에 이야기할 불안정 모델과 관계있는 우울의 취약성을 극복하기 위한 수단이 될 수 있다.

의존적 우울

명칭이 암시하듯, 의존적 형태의 우울은 분리와 상실에 대한 민감성을 반영한다. Blatt에 의하면[159] 의존적 관계의 주요한 한 가지 특징은 **요구가 심하다는 것**(neediness)이다. 즉, 친밀함, 접촉, 위로, 진정시키기, 돌봄, 보호, 안정감의 욕구를 충족하려는 요구가 지나치게 심하다. 분리와 버림에 대한 민감성은 매달리는 행동으로 나타나며, 더불어 애착 인물이 떠나는 것을 막기 위해 조종하고 강요하는 노력을 동반할 수 있다. 역설적으로, 이런 취약성을 가진 사람은 악순환에 빠지게 된다. 다시 말해, 요구가 심한 패턴은 애착 인물이 그들과 거리를 두게 만들고, 이는 다시 요구를 심하게 하는 패턴을 악화시킨다.

의존적 패턴에서 우울 삽화는 애착의 붕괴로 촉발된다. 즉, 돌봄을 받는다는 느낌이 사라지는 경우에 촉발된다. 정서적 유대의 상실은 그 개인이 환영받지 못하고(unwanted), 사랑스럽지 않고(unloved), 사랑받을 수 없으며(unlovable), 소홀하게 취급되고, 버려졌다는 느낌을 갖게 한다. 이로 인해 생기는 우울은 무력감과 외로움의 감정을 나타낸다.

양가 애착은 의존 욕구가 충족되지 않으면 좌절감과 적대감을 혼합하여 표현하는 특징을 보인다. 의존 욕구의 충족 실패와 관계된 좌절과 분노는 대개 억압되는데, 이는 분노를 직접적으로 표현하면 애착 인물과 거리는 더욱 멀어지고 무서운 상실을 초래할 것이란 두려움 때문이다. 그러나 대개 분노는 간헐적 혹은 간접적으로 표현된다.

삶의 어떤 시점에서, 양가감정(ambivalence)은 관계 붕괴의 결과로, 예를 들면 파트너의 배신에 대한 반응으로 애착관계에서 작용할 수 있다. 양가감정의 성향은 아동기에도 발달한다. 주로 방임, 박탈, 또는 정서적 가용성의 부족이 심각한 부모와 아동의 관계에서 발달한다. 양가감정을 촉진하는 애착관계의 주요 특징은 비일관성이다. 즉, 아동을 통제할 목적으로 사랑과 돌봄을 사용하는 경우이다. 예를 들어, 아동을 통제하기 위해 지나친 방임 또는 애정 철수를 사용하는 것이다. 이런 관계는 주로 사랑과 온정을 간헐적으로 제공한다. 이런 방식으로 사랑과 온정을 제공하는 것은 안정 애착에서 관찰되는 신뢰와 안정성을 제공하지 못한다.

양가 패턴에도 장점이 있다. 양가 패턴의 개인은 애착의 추구를 포기하지 않는다. 의지하는 것(being dependent)은 좋은 것임을 명심하라.[108] 의지하는 능력은 안정 애착이 되기 위한 주춧돌이다.[16)] 의존적 우울에 대한 취약성은 지나친 의존(excess dependency)에서 기인한다.

Doug는 아들의 권유로 입원하였다. 그는 지난 2년간 우울이 점점 심해지는 것을 경험했고, 지난 3개월 동안 거의 대부분의 시간을 커튼을 치고 불을 켜지 않은 채 침대에서 보냈다. 그는 우울에서 벗어날 능력이 없다고 좌절하고 낙심한 상태에서 상담을 시작하였다.

Doug는 이 우울이 청소년기 초기에 부모가 이혼을 하면서 자신을 방임한 기간에서 시작되었다고 보았다. 그는 이혼하기 전의 엄마가 Doug 자신과 아버지에 대해 비판하고 군림했던 것으로 기억했다. 그는 아버지와 가까웠고, 아버지에게 정서적 지지와 위로를 받았다. Doug는 아버지가 이혼을 한 뒤 다른 여성과 결혼하기 위해 그 도시를 떠난 뒤에 비탄에 빠졌다. 그의 어머니는 그때 우울해졌다. Doug는 부모님이 이혼하고 거의 2년 동안 어머니가 그를 가끔 비난하는 경우를 제외하면, 거의 관심을 기울이지 않았다고 기억했다. 그는 혼자라고 느꼈고 돌봄을 받지 못한다고 느꼈다. 유일하게 위로가 된 것은 가장 친한 친구의 집에서 가끔 저녁 식사를 하는 것이었다. 친구 집에 가면 친구의 어머니는 Doug를 애지중지하였다. 중기 청소년기에 Doug의 어머니는 우울에서 회복했다. 그러나 그는 어머니에게 의지할 수 있다고 느끼지 못했다. 그의 기억대로라면, 그가 어머니의 도움이 필요했을 때마다, 그녀는 '우두머리 행세를 하면서 비평적인' 모습을 보였다.

어머니에게 좌절했어도, Doug는 초기 청소년기의 '두려움'에서 벗어나, 자신의 강점들을 이용했던 것을 기억하였다. 고3이 되었을 때, 그는 Harriett과 데이트를 시작했는데, 그녀는 비교적 수줍어하는 소녀로 Doug를 좋아했고 수용하였다. 그는 그녀에게 이야기를 털어놓았고, 세월이 지나고 보니 그녀가 아버지 역할을 했다는 것을 알게 되었다.

Doug는 고등학교 재학 내내 열심히 공부했고, 2년제 대학을 졸업하였다. 그는 기계공으로 안정된 직장을 구했고, Harriett과 결혼했다. 그는 결혼 첫 해를 행복했다고 기억했다. 그러나 아이를 낳은 후 결혼 생활은 나빠져 갔다. Harriett과 Doug는 3명의 아이를 연년생으로 낳았다. Doug는 Harriett이 아이들을 돌보는 데 정성을 기울인 나머지 점점 자신을 소홀히 한다고 느꼈다. 그는 집 밖에서 많은 시간을 보내며 화난 감정을 다루었고 종종 술친구들과 술집에 갔다. 결국, Harriett은 자신이 가사를 다 떠맡고 있다고 느끼며 분노를 터뜨렸다. 그녀는 Doug의 음주에 화가 났다. 그녀는 그가 그녀와 아이들 곁에서 더 많은 관심을 갖기를 바랐다. 그녀는 가족 간에 접촉이 없다고 불평하였다. 그녀는 더 많은 대화를 원했다. 그가 다가오도록 그녀가 노력할수록 그는 더 멀리 달아났다.

Harriett이 비평을 더 많이 하고, 둘의 관계가 더 멀어지자 Doug는 우울해지기 시작했다. 그의 음주는 일시적으로 도움이 되었으나 궁극적으로 우울을 더 악화시켰다. 그가 심각한 우울로 빠져들기 직전에, Harriett은 직장 상사와 잠시 동안 교제를 하였다. Doug는 비탄에 빠졌고, 그는 아버지가 이혼하고 다른 여자와 결혼하면서 자신을 배신했던 것처럼 Harriett이 자신을 배신한 것에 분개했다. 그들은 화해하기 위해 노력했고, 계속 같이 살기로 결정하였다. 그러나 Doug가 심각한 우울로 빠져드는 것은 멈춰지지 않았다. 그는 일을 할 수 없었고, 그의 표현을 보면, 그는 동굴 속으로 숨어들었다.

Doug는 아들이 병원에 입원할 것을 고집했기 때문에 운이 좋았다. 그는 침대에서 일어나서 돌아다니도록 요구받았다. 그는 규칙적으로 하는 일상의 활동, 즉 먹고 잠자기 시작하였다. 그는 사회적 접촉을 하는 것이 도움이 된다고 생각하였다. 그러나 항우울제 처방을 포함하는 집중 치료에도 불구하고 그는 여전히 심각한 우울을 겪고 있었다. 그는 정서적 상처에 사로잡혀 있었다. 결혼생활에서 점점 커져 가는 거리감에도 불구하고 그는 필사적으로 Harriett에게 의존하였다. 배신을 겪은 뒤, 그는 그녀에게 또다시 의존하는 것을 두려워하였다. 그는 그녀를 떠날 수 없었다. 그러나 자신이 그녀에게 가까워질 수도 없었다. 게다가 그 자신이 얼마나 화가 났는지 그녀가 알게 되면, 그녀가 그를 영원히 떠날지 모른다며 두려워했다. 그는 대개 자신의 분노를 억눌렀으나, 때때로 누를 수 없으면 그녀를 비난하였다.

Doug는 돕기 어려운 사람이었다. 그가 다른 환자들과 잘 지내더라도, 그는 병원의 의료진이 자신을 위해 충분한 시간을 제공한 적이 결코 없고, 정신과 의사가 적절한 처방을 제공하지 않는다고 불평하였다. 그러나 그는 의료진이 그를 싫어하고, 그를 돕는 것을 소홀히 할까 봐 두려워 분노를 표현하는 것을 꺼렸다. 그의 분노와 좌절이 자신이 의존한다고 느끼는 관계에서 도움받는 것을 방해한다는 것이 분명해졌다. 그는 이를 깨닫고 기가 죽었다.

운 좋게도 Doug는 회복에 도움이 되는 강한 동기가 있었다. 즉, 그는 고통을 겪고 있었다. 그는 투지가 강했고 통찰력이 있었다. 그는 자신의 삶의 초기에 느꼈던 방임과 분개가 결혼 생활과 병원 의료진과의 관계에 부정적 영향을 끼쳤다는 사실을 깨달았다. 부주의하게도 그는 계속되는 자신의 고통에 스스로 적극적인 역할을 하고 있었던 것이다. 한 시점에서 그는 자신이 심하게 혹은 충분히 오래 고통을 겪으면 누군가가 궁극적으로 그를 도울 것이라는 좋지 못한 생각을 바탕으로 움직이고 있다는 것을 깨달았다. 그는 자기 자신을 잘 도울 필요가 있음을 깨달았고, 화를 내더라도 아내와 병원 의료진과 더 솔직한 의사소통을 하였고, 그런 뒤로 그들에게 더 많은 정서적 도움을 받을 수 있게 되었다.

자기비평적 우울

> 자신을 존경하는 데서 시작하자.
> 아직 아무것도 하지 않은 자신을,
> 실적이 없는 자신을, 인간으로서 존경하자
> (니체, '힘에의 의지').[17]

자기비평적 우울 패턴은 낮은 자기가치감, 절망감과 관계가 있다.[18] 자기비평을 하는 개인은 자신이 부적절하고, 열등하고, 가치가 없다는 느낌으로 씨름하고, 더불어 죄책감, 수치심으로도 씨름한다. 그들은 끊임없이 성공을 추구하는 것으로 열등감을 보상하며, 극단의 경우에는 완벽주의자가 된다. 실제로 성공하더라도, 가치가 없다는 느낌이 지속되는 한, 성공을 물거품처럼 느낀다. 여러 가지 스트레스 사건이 우울 삽화를 촉발할 수 있다. 실패의 경험도 우울 삽화를 촉발할 수 있다. 실패는 학교나 직장에서 성취가 부족한 것, 친밀한 관계에서 거부당하는 것 모두를 포함한다.

자기비평적 패턴은 자신의 내면뿐 아니라 외부의 인정을 못 받는 것에 취약한 상태(vulnerability to disapproval)와 관련이 있다. 낮은 자기가치와 인정받지 못할 것이란 기대 때문에, 친밀하고 안정감 있는 관계들이 유지되기 어렵다. 그 결과 애착 패턴은 회피가 된다. 회피 애착의 자기비평적 개인은 친밀한 관계를 중요하게 여기지 않고, 극기심이 강하고, 냉담하거나 적대적인 사람처럼 보인다. 더군다나 비평이 타인을 향하는 정도에 따라 타인의 적개심을 불러일으키고, 자기비평, 타인에 대한 비평, 거부, 더 심한 자기비평의 악순환을 만든다.

자기비평적 패턴은 통제는 과도하고 온정은 부족한 부모와 아동의 관계에 뿌리를 두고 있다. 부모는 자녀에게 요구를 많이 하고, 침해하고, 비난하고, 처벌하고, 적개심과 거부를 뜻하는 행동을 한다. 아동의 자율은 좌절되고, 아동은 순종하거나 성취했을 경우에만 사랑받는다고 느낀다. 이런 맥락 속에서 아동은 회피 애착 패턴을 발달시킨다. 그러나 회피 행동이 문제를 해결하지는 않는다. 부모의 비평과 거부는 자기비평의 패턴으로 내면화된다. 다시 말해, 자기가 자기를 적대적으로 공격하는 패턴을 내면화한다.

Elaine은 불안과 우울의 수준이 끔찍할 정도로 심각해져 자살을 생각할 정도가 되자 처음으로 상담을 신청했다. 그녀는 40대이다. 그녀는 자신이 '바보'여서 '심한 굴욕'을 당해도 그대로 내버려둔다는 사실 때문에 우울에 빠졌다고 말했다.

매우 총명하고, 열심히 일해 온 Elaine은 명성이 높은 인문과학 대학의 정교수까지 지냈다. 그녀는 교육과 학문적 업적으로 널리 존경을 받았으나, 비평적이고 냉담한 사람으로 지각되었기 때문에 그 대학에서 진정으로 소속감을 느끼지 못했다. 그녀는 그런 평가에 동의하였고, 자신을 '어리석은 것을 쉽게 용서하지 않는', '막다른 곳에 몰린', '일중독인', '외로운' 사람이라고 하였다.

Elaine은 20대에 잠시 결혼 생활을 했었다. 그녀는 충동적으로 결혼을 했고, 곧 남편과 자신은 서로 잘 맞지 않는다는 것을 인정했다고 말했다. 쉽게 포기하지 않는 사람인 Elaine은 부부가 당면한 문제를 해결하고자 노력했다. 그러나 그녀의 결혼 생활은 남편이 Elaine의 '냉담함'에 거부감을 느끼고 예전의 여자 친구와 교제를 재개한 사실이 드러나면서 갑자기 파경을 맞았다. 결국, Elaine

은 거부당했고, 억울하다고 느꼈다. 그녀는 다시는 그런 취약한 상태를 만들지 않겠다고 결심했다.

Elaine은 이혼한 뒤 지난 20여 년간 때때로 데이트를 했다. 그러나 그녀는 진지한 관심을 보였던 남성들의 흠을 빠르게 찾았다. 그녀는 삶이 균형이 깨졌음을 알았다. 일에 빠져 살며, 가족과 접촉하지 않고, 먼 도시로 이사 간 친한 친구도 거의 만나지 않았다. 그녀는 때때로 몇몇 동료를 만났으며, 그들을 '지인'으로 불렀다. 그녀는 때때로 외로움을 느꼈다는 사실을 부인하는 동시에 인정하였다.

그녀는 우울해지기 전 몇 달 동안 매력 있고 재능 많은 동료 Jeff와 가까이 지냈다. Jeff는 최근에 임용된 다른 학과의 교수이다. 뒤늦게 깨달았지만, 그녀는 평소와 다르게 우려하는 마음을 버리고, 자신의 좋은 판단력에 어울리지 않게 상처받을지 모르는 관계를 허용했다는 사실을 알았다. Jeff는 그녀에게 매력을 느꼈고, 그녀는 둘의 관계에 자존감을 느끼며 매우 만족했다. 그녀는 자신의 지적 능력에 약간 만족했으나 자신을 매력적이라고 생각해 본 적은 없었다. Jeff의 사교성 덕분에 Elaine의 대인관계의 폭도 점점 넓어졌다. 그녀는 캠퍼스에서 Jeff와 함께 다니는 것을 자랑스럽게 느꼈다. 그러나 실망스럽게도 Jeff가 한 대학원생과 낭만적 관계에 있다는 소문을 들었다. 이것은 이 작은 학교의 사람 모두가 이미 아는 사실로 여겨졌다. 과거의 기억이 떠올랐다. 그녀는 과거보다 더 심한 배신감과 굴욕감을 느꼈다.

Elaine의 대중을 향한 굴욕감은 무자비한 자기공격으로 이어졌다. 그녀는 사기당했다고 느꼈다. 그녀는 다른 사람보다 자신이 더 뛰어난 사람이어야 했는데 자신이 그렇지 못하다고 느꼈다. 그녀는 동료와 학생을 향한 '모든 신뢰를 잃었다'고 믿었다. 자신의 모든 성취가 무용지물이 되었다고 느꼈다. 너무나 심란해서 하룻밤에 2~3시간 정도밖에 못 잤고, 잠이 드는 둥 마는 둥 했다. 그녀의 수업은 비탈길을 걸었고, 그녀는 집필하기로 계약한 책을 완성하지 못할까 봐 두려워했다. 그녀는 은퇴를 생각했다. 자신을 '완전한 실패자'로 느끼기 시작했고, 다른 곳에서 좋은 일자리를 찾을 수 있을지 의문을 가졌다. 덫에 갇힌 느낌이었다.

상담 과정에서 Elaine의 자기비난적 우울에 대한 오랜 취약성이 분명해졌다. 그녀는 매우 많은 성취를 이룬 학구적인 가정에서 성장했다. 그녀는 성취를 했을 때 이따금 받는 칭찬을 정서적 음식물로 여기며 생존했지만, 실수하면 날카로운 비판을 받았고, 자그마한 온정 또는 돌봄으로 생기를 찾는 정도였다. 그녀는 매우 자기비평적인 아버지를 동일시했고, 그가 일중독자라고 말했다. 설상가상으로 그녀의 엄마는 아버지를 비평했고, Elaine이 고등학교와 대학교 때 데이트했던 모든 소년을 계속 인정하지 않았다. 그녀는 첫 결혼에서 '서로 맞지 않는다.'고 느꼈던 대부분의 상황이 엄마가 아버지에게 했던 비평적 상황과 닮았음을 깨달았다. 과거를 회상하며 Elaine은 자신의 데이트 상대를 인정하지 않았던 엄마의 입장을 동일시한 것이 결혼 관계가 파경을 맞고 자신을 고립시키는 결과를 낳았다는 생각에 낙담했다. Elaine은 상담을 받으면서 점진적으로 자신의 삶에 더 나은 균형을 찾게 해 준 기나긴 자기탐색 과정을 시작하였다. 그리고 자기를 더욱 수용하게 되었고, 온정 있는 관계를 맺는 능력을 더욱 잘 키우기 시작하였다.

나는 Blatt의[159] 의존적 우울과 자기비평적 우울을 구별하여 검토하였다. 나는 우울이 1) 상실과 2) 실패의 주제와 관련이 있고, 우울이 애착관계에 뿌리를 두고 있다는 것을 강조하기 위해 이러한 검토를 하였다. 많은 사람은 자신이 우울하다는 사실에 당황한다. 그들은 자신의 우울에 이유를 부여하는 한편, "이렇게까지 우울할 이유는 없어!"라며 항변을 한다. 우울에서 회복하는 데 도움이 되는 출발점은 우울을 제대로 이해하는 것이다.[19] 우울한 사람은 자신의 발달 과정과 우울이 어느 정도로 깊은 관계가 있는지를 잘 이해하지 못할 수 있다. Blatt의 의존적 우울과 자기비평적 우울의 구별은 우울의 더 깊은 의미를 탐색하는 데 유용한 지침이 된다. 나는 당신의 우울의 토대를 이해하는 데 도움이 될 것이란 희망으로 Blatt이 구별한 두 가지 우울을 설명하였다.

그러나 나는 당신이 그런 구별을 과잉 진술하는 것을 바라지 않는다. 의존적 우울과 자기비평적 우울은 상호 배타적 관계에 있지 않기 때문이다. 그들은 서로 연계되어 있다. 인정을 받지 못하는 것과 거부당하는 것에 뒤따라 다니는 사랑의 상실은 결국 일종의 상실로서 정서적 유대에 흠집을 낸다. 버림받았다고 느낄 때, 당신은 실패했다고 느낄 수 있다. 버림받았다고 느끼든 실패했다고 느끼든, 당신은 두 경우 모두에서 혼자라고 느낄 것이다. 종종, 상실과 실패는 우울이 발병하는 데 동일한 정도의 책임을 갖고 있다.

치유를 가져오는 애착

우울이 애착관계에 바탕을 둔다는 것을 알아차리는 것은 희망을 제공한다. 왜냐하면 애착 욕구는 지속적이고, 그 애착 패턴의 수정은 가능하기 때문이다. 애착은 다른 발달 영역과 마찬가지로 생애 내내 진화한다. 처음에 유아-부모 상호작용에 매여 있던 애착은 이후에 다른 돌봄이, 형제, 확대 가족의 구성원과 맺는 관계를 바탕으로 형성된다. 학교에 입학하면 애착관계는 또래, 교사, 코치, 이웃, 종교인까지 확장된다.[162] 우리는 집단, 제도에 대한 애착도 발달시킨다. 한 집단에 가입해서 얻는 소속감은 어떤 이에게는 애착 안정감의 중요한 원천이 된다.[163] 동물과 형성한 애착 또한 강력한 힘이 된다.[164] 인간 이외의 포유류도 우리처럼 애착을 형성하는 능력이 있다.[165] 우리는 인간 이외의 포유류와 정서적 유대를 형성할 수도 있다. 특히 그 포유류가 털이 있고 위로가 되는 접촉을 제공할 때 더욱 그렇다.

반복해서 말하면, 애착관계는 발달 과정에서 안정성과 변화 가능성을 보인다.[160] 유아는 생물학적으로 안정 애착을 형성하는 경향이 있다는 것을 명심하라. 나는 안정 애착의 욕구가 생애 내내 유지되는 관계 형성의 원동력이라고 본다. 운이 좋게, 적응력이 있는 애착은 어느 정도 유동적이다. 다시 말해 유아기에서 성인기까지, 민감하게 반응해 주는 애착 인물과 친밀한 관계를 맺는 것은 불안정 애착에서 안정 애착으로 변화할 기회를 제공한다.[166] 따라서 아주 소수의 사람만 긍정적이고, 친밀한 안정 애착을 형성할 능력을 갖지 못한 채 성인이 된다. 외상 애착의 경험을 직면해서도 그렇다.[167] 우리는 우울을 회복하는 것을 촉진하기 위해 안정 애착을 지속적으로 탐구한다. 지지를 제공하는 관계를 형성하는 것은 좋은 항우울제이다.

내가 애착 캠페인을 하는 것처럼 보여도, 나는 독립과 성취가 중요하다는 것 또한 알고 있다. 애착의 안식처와 안전기지는 공동으로 1) 유대와 2) 자율 모두를 증진시킨다는 사실을 명심하라. Blatt과 Blass는[168] 우리 모두의 행복에 두 가지 발달 경로가 필요하고, 중요하다고 강조했다. 즉, 1) 관계 맺기와 2) 자기정의(Self-definition)이다. 우울의 취약성은 애착관계에서 관계 맺기와 자기정의가 불균형한 상황에서 나타난다. 즉, 의존적 우울은 자기정의를 배제하고 관계에 초점을 맞춘다는 의미이다. 자기비평적 우울은 관계 맺기를 배제하고 자기정의에 초점을 맞춘다는 의미이다.

정신분석가 Joseph Lichtenberg는[163] 관계 맺기와 자기정의를 동시에 포괄하는 개념으로 '자기의지(Self-dependence)' 라는 용어를 썼다. 그는 자기의지라는 용어가 독립 또는 회피 애착과 동일하다는 인상을 주는 것을 피하고자 그 차이를 주의 깊게 구별하였다. 자기의지는 1) 타인에게 의지할 수 없을 때 자기에게 의지하고, 2) 가능할 때는 타인에게 의지할 수 있는 능력 모두를 뜻한다. 자기의지는 분리와 재회 사이의 간격에 다리를 놓는 능력이다. 무엇이 그 간격에 다리를 놓는 것을 가능하게 만드는가? 그것은 다름 아닌 애착 인물이 부재할 때도 계속되는 연결감이다. 다시 말해, 애착 인물이 개인의 마음속의 '자애(慈愛)로운 정신적 존재(benevolent mental presence)'가 되는 것이다.[169] Lichtenberg가 요약한 것처럼, "자기의지를 한다는 것은 타인이 곁에 없을 때 타인의 이미지를 떠올려서, 애착 인물과 재회를 회복하기 전까지의 공백을 메우는 방식으로 자기에게 의지하는 것이다."(p. 104). 명백하게, 마음속에 떠오르는 자기비평적 정신적 존재(self-critical mental presence)[20)]는 자기의지를 약화시킨다. 필요할 때 애착 인물에게 기댈 수 없다는 두려움도 자기의지를 약화시킨다. 안정 애착은 우울에서 벗어나는 경로를 제공한다. 안정 애착은 타인과 지지 관계를 맺는 것을 강화할 뿐 아니라 당신 자신과 맺는 관계도 개선시킨다(제8장 '내적 스트레스' 참고).

당신이 다음 장을 대비할 수 있게 애착의 긍정적인 측면을 상기시키면서 제5장의 결론을 맺는다. 다음 장은 더욱 심각한 아동기 역경을 다루는데, 최악의 역경인 애착관계 속의 외상도 다룬다. 나는 애착의 안정성과 변화 사이의 균형을 강조하였다. 안정성의 측면에서 우리는 불안정 패턴을 아동기에서 성인기까지 지속할 수 있고, 또는 어릴 때는 안정 애착이었으나 심각한 스트레스를 겪고 불안정 애착 패턴으로 변화될 수 있다. 제5장과 제6장을 이 책에 삽입한 이유는 우리가 파괴적인 불안정 애착 패턴에서 벗어나려면 그 패턴을 알아야 하기 때문이다. 당신이 이 패턴이 끼친 영향을 안다면, 그 역사는 반복되지 않는다.

제6장
아동기 역경

우리는 장애만큼 행복에도 주의를 기울여야 한다. 다행히 강점이 성공을 이뤄 낼 때, 긍정적 연쇄 반응 또한 일어난다. 이런 성공은 또 다른 성장의 기회와 도전 과제들에 대처할 기회를 제공한다. 이상심리학자와 반대로 발달심리학자는 회복력에 오랜 세월 동안 관심을 가져 왔다. (본문 중에서)

우울에 대한 취약성의 아동기 기원을 이해하는 것은 두 가지 목적을 달성하는 데 도움이 된다. 첫째, 성인기 우울을 이해하는 데 도움이 되며, 둘째, 장래 세대, 즉 자녀나 후손의 우울을 예방하는 데 도움이 된다. 제5장에서 이런 논의를 시작하였고, 불안정 애착 패턴과 자기비평적 우울, 의존적 우울 간의 관계를 설명하였다. 제6장은 동일한 방식으로 초기 애착 관계에서 불안정 애착이 형성되는 데 영향을 미치는 세 가지 부가적인 역경, 즉 1) 엄마-유아 우울, 2) 분리와 상실, 3) 애착 외상을 다룬다. 더욱이, 아동기와 청소년기의 우울과 관계있는 역경을 다룬다. 이 모든 역경은 스트레스의 누적과 장래의 삶에서 겪는 우울의 취약성 요인으로 작용한다. 나는 삶의 균형을 잡는 데 도움이 되는 발달 요인들을 언급하며 제6장의 결론을 맺는다. 즉, 우리가 '스트레스를 회복하는 능력'을 높이는 발달 요인에 동등한 관심을 가질 것을 강조한다. 우울에 대처하기 위한 완전한 방법은 꾸준히 회복 능력을 높여 가는 것이다.

엄마-유아 우울

우리 모두는 정서가 전염(contagion)되는 경험을 한다.[170] 우리는 초조한 사람 곁에 있으면 덩달아 초조해질 수 있다. 다행히 즐거운 정서도 전염된다. 웃음이 가장 흔한 예이다. 불안, 짜증, 흥분 같은 정서처럼 우울도 옆 사람에게 전염된다. 심지어 유아기에도 정서의 전염 현상이 일어난다.

정서의 전염에 신비한 것은 없다. 정서의 전염은 상호작용의 패턴에 따른 것이다. 우리는 자동적, 직관적으로 서로의 행동과 정서의 상태를 반영해 주는 경향이 있다. 우리의 공감 능력은 이런 성향에서 진화한다.[171] 애착관계에서도 정서의 전염 현상이 일어나는데, 이는 애착관계가 정서적으로 친밀하고, 상호작용이 잦고 반복되는 관계이기 때문이다. 유아기의 첫 애착관계는 우리의 정서 상태에 상당한 영향을 미친다.

우리는 엄마의 우울이 유아의 발달에 미치는 영향에 특별히 관심을 가져야 할 이유가 있다. 왜냐하면 엄마는 출산 후 종종 우울을 겪기 때문이다. 그래서 이 절의 첫 부분은 출산 후 우울을 간단히 검토하는 것으로 시작한다. 그런 다음 엄마의 우울이 엄마-유아 관계에서 자연스럽게 일어나는 상호작용을 매개해 유아에게 어떻게 영향을 미치는지 알아본다. 산후 우울이 유아의 발달에 미치는 영향의 정도는 많은 다른 요인에 의해 좌우되며, 상담자들은 부정적 결과를 예방하는 여러 개입 방법을 개발해 왔다.

산후 우울

산후 우울은 출산 후 4주 이내에 우울 삽화가 시작되었을 때 진단된다.[8] 산후 우울은 일시적인 산후 우울 기분(baby blues)과 다르다. 산후 우울 기분은 첫 10일 동안 흔히 나타나지만 엄마의 기능에 영향을 미치지 않는다. 산후 우울은 10~15%의 여성에게 영향을 미치며, 최악의 경우 장애를 일으키고, 몇 개월간 지속된다.[139] 증상은 극적인 기분 변화, 유아의 건강에 대한 지나친 관심, 유아와

둘만 있는 것의 두려움, 유아에게 냉담하기, 높은 수준의 불안 등으로 나타난다.

정의에 의하면 산후 우울은 출산과 동시에 일어나며 주요 삶의 사건들과 뒤얽힌다. 아이를 양육하는 일 자체는 우울의 위험을 높이지 않는다. 산후 우울은 뚜렷한 형태의 우울이 아니다.[172] 산후 기간에 상당한 호르몬의 변화가 생기는데, 이것이 기분장애와 관계가 있는지는 분명하지 않다. 아마도 우울 성향, 예를 들어 가족의 우울, 이전의 우울, 임신기 동안의 우울이 호르몬의 변화와 결부되면 산후 우울 삽화를 촉발하는 데 중요한 역할을 한다.[139] 물론, 출산은 애착관계의 연결망에 변화를 주고, 연결망을 재조직해서 변화를 일으키는 삶의 사건이다.

제7장('스트레스 사건')에서 스트레스가 되는 삶의 사건들과 우울 간의 관계를 다룰 것이다. 산후 우울 또한 그와 같은 스트레스 사건의 맥락에서 가장 잘 이해될 수 있다. 아마도 산후 우울의 위험을 높이는 요인은 임신과 분만 동안 겪는 스트레스 사건, 결혼 갈등, 사회적 지지의 부족이다.[172] 출산은 엄마의 삶의 일정과 일상에까지 영향을 미친다. 특별한 예는 엄마의 수면이다. 수면 변화는 우울에 취약한 사람의 우울 발생 위험을 높인다(제11장 '건강' 참조). 마지막으로 아마도 엄마 자신이 불안정 애착을 경험한 것의 영향으로, 자신이 엄마로서 유능하지 못하다고 여기는 것도 산후 우울에 중요한 역할을 한다. 아마도 이런 무능감은 우울에 기여하는 요인이며, 동시에 우울의 결과일 수 있다.[173, 174]

상호작용의 춤

엄마와 아동 간에 춤추듯 이루어지는 상호작용을 고려하면, 엄마의 우울이 엄마-유아 애착관계에 미치는 영향을 잘 이해할 수 있다. 각자의 행동이 둘이서 춤추는 상호작용의 흐름에 영향을 준다.[89] 유아 연구자들은 수반하는 반응(contingent responsiveness)에 관심을 집중했다.[175] 즉, 두 사람의 상호작용이 부드럽게 진행되기 위해, 엄마의 행동은 유아의 행동에 맞춰 수반되어야 하고, 그 역도 마찬가지이다. 상호작용을 동영상으로 촬영한 세심한 연구는 응시하고, 미소 짓고, 입으로 소리 내고, 만지는 패턴에서 엄마의 행동과 유아의 행동이 눈 깜짝할 사이에 서로 호응하며 조화롭게 움직인다는 것을 보여 준다. 이런 협응은 유아기 초기에 발달하고, 이후의 삶 동안 두 사람 사이에 발생하는 상호작용의 특징이 된다.[177] 엄마의 행동이 유아의 행동과 조화하지 못하면 유아는 불편감을 느낀다. 내가 여기서 엄마의 행동에 초점을 주로 두더라도, 상호작용의 춤은 서로 간의 협력이란 사실을 염두에 두자. 유아가 상호작용의 춤을 추는 능력 또한 두 사람 사이에서 일어나는 상호작용에 중요한 역할을 한다. 여러 체질 요인 또한 유아의 상호작용 양식과 반응에 중요한 역할을 한다. 일부 유아는 다른 유아보다 더 쉽게 참여하며 반응하도록 타고났다.

심리학자 Tiffany Field와[126] 다른 연구자들이[176, 178, 179] 관찰한 것처럼, 심각한 우울을 겪고 있는 엄마는 유아와 상호작용의 춤을 추는 데 어려움을 느낀다. 우울한 엄마는 접촉하기, 쳐다보기, 이야기하기를 많이 하지 않는다. 그들의 얼굴과 목소리는 활기가 부족하다. 연구자들은 우울한 엄마가 보이는 두 가지의 빈번한 행동 패턴, 즉 1) 철수, 2) 침해를 확인하였다.[180, 181] **철수** 패턴은 유아의 활동들을 지지하는 데 실패할 뿐 아니라 적극적인 참여와 반응성을 적게 보이는 것을 뜻한다. **침해** 패턴은 유아의 행동에 간섭하고, 쿡 찌르고, 거칠게 다루고, 공격적으로 괴롭히고, 화난 목소리로 말하는 행동들을 뜻한다.

우울한 엄마의 유아는 엄마가 나타내는 상호작용 양식에 적응해서, 우울하다는 것을 보여 주는 여러 행동 신호들을 나타낸다. 즉, 활동이 부족하고, 말수가 적고, 긍정적 인상 표현이 잦지 않으며, 엄마가 아닌 다른 곳으로 얼굴을 돌리는 경향이 있다. 또한 유아는 불편감을 나타내고, 항변하며, 슬프거나 화난 듯 보이며, 흥미롭다는 표정을 잘 짓지 않는다. 상호작용의 관점에서 보면, 우울한 엄마와 유아는 조화롭지 못한 춤을 추고 있는 것이다. Field가 기술한 것처럼[126], "우울한 엄마와 그 유아 사이의 면대면 상호작용은 중간중간 뚝뚝 끊어지며, 조화를 이루지 못하고, 관찰하고 있으면 마음이 편치 않다."(p. 62). 우울이 높은 수준의 부정적 정서와 낮은 수준의 긍정적 정서(제1장 '우울' 참고)를 특징으로 한다는 사실과 일치되게, 우울한 엄마와 그 유아는 긍정적 정서가 조화를 이루는 순간이 적고, 부정적 정서가 조화를 이루는 순간은 많다. 다시 말해, 긍정적인 정서는 적고 부정적인 정서가 많이 일어나는 춤을 춘다.

부정적 영향

앞서 기술한 것처럼, 우울한 엄마의 유아는 우울한 행동을 보인다. 또한 높은 심박률과 스트레스 호르몬뿐 아니라, 낮은 긍정적 정서성과 높은 부정적 정서성에 일치하는 뇌 활동의 변화로 알 수 있는 생리적 불편감의 신호를 나타낸다.[182] 이 관찰 결과를 바탕으로 연구자들은 중요한 질문을 했다. 산후 우울은 아동의 발달에 장기적으로 부정적 영향을 미치는가?

발달심리학자는 특히 산후 우울이 이후의 엄마-유아 애착의 질에 미칠 영향을 많이 걱정하였다. 일부 연구는 산후 우울이 심할수록 유아가 불안정 애착을 형성할 위험이 크다는 결과를 보여 주었다. 반면에 다른 연구는 그런 결과를 발견하지 못했다.[183, 184] 마찬가지로, 연구자들은 산후 우울이 아동의 인지 발달에 좋지 못한 영향을 끼칠까 봐 걱정했다. 엄마-유아의 상호작용이 유아의 주의집중과 학습 능력의 형성뿐 아니라, 주의집중과 학습을 방해하는 정서적 불편감을 조절하는 데 중요한 역할을 한다는 것을 고려하면 당연한 걱정이다.[174, 185] 이런 걱정과 일치되게, 일부 연구는 아동기 초기의 능력을 측정했을 때 수행도가 낮은 것과 산후 우울 사이에 의미 있는 관계가 있다는 결과를 제시하였다.[184]

산후 우울이 유아의 발달에 미치는 부정적 효과의 정도는 여러 가지 다른 조건의 영향을 받는다.[185] 유아의 발달에 영향을 미치는 것은 엄마-유아의 상호작용의 질이지, 엄마의 우울 자체가 아니다. 물론 엄마의 우울이 상호작용과 관계가 없는 것은 아니다. 많은 엄마는 산후 우울을 겪더라도 유아와 효율적으로 상호작용할 수 있다. 당신의 예상처럼 산후 우울의 심각성과 지속 기간이 중요한 요인이다. 비교적 짧은 우울은 많은 영향을 미치지 않는다. 더욱이 우울만이 아니라 엄마의 삶에서 생기는 또 다른 스트레스가 중요한 역할을 한다. 그래서 우울 이외에 많은 다른 기여 요인이 아동의 발달에 부정적 영향을 미칠 부모-아동의 상호작용을 조성하며, 부모가 겪은 아동기 역경도 그 요인에 포함된다.[181] 산후 우울이 더 큰 부정적인 영향을 끼치는 경우는 대개 고위험 상황들과 관계있다. 예를 들면, 고위험 상황이란 사회적 지지를 제대로 받지 못하고, 가난 속에서 사는 청소년 연령의 산모들이다. 이런 상황이 시사하는 바와 같이 유아가 맺고 있는 다른 관계의 질이 발달에 중요한 역할을 한다. 예를 들어, 우울한 엄마와 상호작용하는 동안 우울한 행동을 보이던 유아는 우울하지 않은 아빠,[186] 혹은 우울하지 않은 다른 돌보미와[187] 상호작용할 때는 활기차게 행동한다.

개입

산후 우울이 엄마뿐 아니라 유아와 가족에게 끼칠 부정적 영향을 고려하면, 조치를 취하는 것이 중요함을 명심해야 한다.[188] 임신과 수유 모두는 항우울제 처방을 내릴 때 조심해야 하는 조건이다. 물론 임신과 수유가 항우울제 처방을 절대 금해야 하는 조건은 아니다.[189] 출산이 관계에 미치는 영향을 고려하면, 대인관계 치료 또한 이 시기의 우울에 도움이 될 수 있다(제13장 '지지하는 관계' 참고).

다행히 여러 개입 방법이 산후 우울을 개선하고, 긍정적인 엄마-유아 상호작용을 촉진하기 위해 개발되었다.[126, 173, 191, 192] 단기 개입은 장기 효과보다 단기 효과를 보일 가능성이 높다.[193, 194] 상담뿐 아니라 스트레스 감소 기법, 예를 들면 마사지 치료, 음악 듣기 등은 우울한 엄마에게 도움이 된다. 또한 유아의 발달에 부정적 영향을 미칠 수 있는 엄마-유아 상호작용 패턴에 직접 초점을 맞추는 것이 중요하다. 예를 들어, 청소년 연령대의 우울한 엄마가 유아를 마사지하는 방법을 배워 사용하면 유아의 기분이 개선되며, 생리적 스트레스의 수준이 내려간다. 게다가, 엄마가 유아와 상호작용을 잘하게 코칭하는 것도 유익하다고 증명되었다. 예를 들어, 철수하는 엄마는 활동 참여의 수준을 높여 유아의 관심을 끄는 방법을 배울 수 있었다. 반면에, 침해하는 엄마는 유아를 흉내 내는 것을 배우는 과정에서 유아가 보내는 신호를 민감하게 알아차릴 수 있었다.[192]

아동기 역경에서 출발하여, 나는 이 절을 산후 우울에 할애하였다. 물론, 부모의 우울은 삶의 어떤 시기에서든 자녀의 발달에 영향을 미칠 수 있다.[195] 부모의 우울은 아동과 청소년이 겪는 여러 가지 정서 및 행동 문제와 관계가 있다.[196] 유아기에 그런 것처럼, 부모의 우울이 지닌 부정적인 효과는 다른 여러 요인의 영향을 받아 좌우된다. 설상가상으로 연령이 높은 아동과 청소년은 가족 밖에서 더 많은 영향을 받기도 한다. 이 책에서 검토한 많은 자료가 보여 주듯, 부모의 우울은 스트레스와 다른 정신의학적 장애와 같은 기타 요인과 서로 연관이 있고, 이 기타 요인 또한 아동과 부모-아동 관계에 영향을 미친다. 심리학자 Constance Hammen이[197] 요약한 것처럼 4가지 요인, 즉 1) 부모가 겪는 증상, 2) 부모가 우울과 더불어 겪고 있는 결혼 문제와 같은 고질적인 스트레스 사건, 3) 부모에게 영향을 미치는 스트레스 사건, 4) 아동기에 겪는 다른 스트레스 사건이 우울한 부모의 아동에게 영향을 미친다. 도움을 받을 수 있는 방책들은 여러 가지가 있다. 예를 들어, 1) 부모를 위한 처치, 2) 아동을 위한 처치, 3) 가족 상담 등이 가능하다.[188]

분리와 상실

Bowlby의[198] 말을 빌리면, "사랑하는 사람을 상실하는 것은 인간의 경험 중에서 가장 고통이 심한 경험의 하나이다."(p. 7). 그는 상실 후에 아동과 성인이 보이는 반응은 유사하다고 강조했다. 그리고 아동과 성인의 경우 모두에서 '상실이 불편감을 야기하고 장애를 일으키는 정도가 얼마나 심한지, 그 불편감과 장애가 얼마나 오래 지속될지를 과소 추정하는 경향'이 있다고 비평했다(p. 8). 그는 우리가 상실을 빠르게 극복해야 하며, 완전히 회복해야 한다는 통념을 갖는 것을 경계했다. 이런 통념과 관련하여, Bowlby는[198] Freud가 아들이 죽은 한 동료에게 쓴 위로의 편지글을 인용하였다.

> 비록 우리가 그런 상실을 겪은 뒤에, 급작스러운 애도 상태가 진정될 것임을 알아도, 우리는 슬픔을 가누기 어렵고, 그를 대신할 사람을 결코 찾을 수 없다는 것을 안다. 그 공백을 메우더라도, 심지어 완전히 메워지더라도, 그럼에도 불구하고 채워지지 않는 무엇이 있다. 그리고 실제로 그럴 수밖에 없다. 그것이 우리가 포기하고 싶지 않은 사랑을 지속하는 유일한 방식이다(p. 23).

아동의 분리에 대한 반응

Bowlby는[198] 상실을 겪은 아동과 성인이 보이는 반응이 매우 유사하다고 강조한다. 그는 아동이 상실을 겪은 뒤에 보이는 전형적인 정서 반응을 발견하였다. 1) 항변, 2) 절망, 3) 무심함이다. 초기의 **항변** 반응, 즉 울면서 화를 내는 것은 불편감이 심한 마음 상태를 눈에 띄도록 표현하는 것이다. 항변은 적어도 초기에 분리를 미연에 방지하려는 의도로 나타난다. 시간이 약간 지난 뒤에, 항변은 고요한 **절망**으로 변한다. 절망은 불편감이 가라앉았다는 오해를 낳을 수 있다. 오랜 시간 동안 또는 반복해서 일어나는 분리는 궁극적으로 **무심함**(detachment)[21)]을 야기한다. 무심함은 애착의 반대편 극이다. 아동은 장래에 분리가 발생하면 겪게 될 고통을 방지하기 위해 친밀한 정서적 유대를 맺고 싶은 자연적 욕구를 방어 자세로 차단한다. 그런 무심함은 엄마와 재회할 때 가장 분명하게 나타난다. 즉, 아동은 심지어 엄마를 알아차리지 못하기조차 한다. 다음의 인용은 Bolwby가[199] 그 현상을 차례대로 기술한 것이다.

> 엄마와의 애착을 발달시킬 기회를 가진 어린아이는 자신의 의지와 다르게 분리될 때마다 불편감을 나타낸다. 그리고 낯선 상황에서 계속 낯선 사람의 돌봄을 받아야 하면 아이의 불편감은 더욱 강해진다. 아이가 행동하는 방식은 일정한 순서로 나타난다. 처음에는 맹렬하게 항변하고, 가능한 모든 수단을 동원해 어머니와 떨어지지 않으려 한다. 나중에 아이는 어머니가 떠나지 못하게 막으려는 일에서 절망한다. 그럼에도 불구하고 엄마를 찾으며, 엄마가 돌아올지 신경을 곤두세운다. 마지막으로 아이는 엄마에게 관심을 상실한 듯 보이며, 정서적으로 엄마에게 무심해진다. 조만간 엄마와 재회한 뒤에 아이의 엄마 애착은 새로워진다. 이때부터 그는 며칠 또는 몇 주 동안, 때때로 훨씬 더 오랜 기간 동안 계속 엄마 옆에 있을 것을 고집한다. 더욱이 엄마를 또다시 잃어버릴 것이라는 의구심이 들 때마다 갑작스럽게 불안을 나타낸다(pp. 26-27).

우리는 기꺼이 우울을 무심함의 단계와 동일하게 여길 수 있다. Bowlby는 무심함의 단계를 증가하는 절망(hopelessness)과 동일하게 여겼다. 그가 기술했던 것처럼[149] 아동은 "반복해서 또는 간헐적으로 울 수 있다. 아동은 철수하고, 소극적이며, 주변 사람에게 요구하지 않으며, 깊은 애도의 상태에 있는 것처럼 보인다."(p. 27). 그러나 다른 단계 또한 우울에 중요한 역할을 한다. Bowlby의[199] 항변 단계의 관찰은 분리의 반응으로 나타나는 화와 분개의 역할을 강조한다. 이 정서들은 우울에 강력한 역할을 한다(제8장 '내적 스트레스' 참고). Bowlby는 아동이 홀로 남겨지면 자연스럽게 화를 표현한다는 것을 관찰하였다. 그리고 때때로 아동의 분노는 희망을 나타낸다. 즉, 아동의 화난 책망은 그들이 또다시 부모와 분리되는 것을 제지하고, 분리되지 않게 한다. 아동기뿐 아니라 성인기의 그러한 화난 책망은 강압으로 작용하여, 정서적 유대를 굳히려는 노력이다. 그러나 강하고 지속되는 분노는 심한 분개의 형태를 취하게 되고, 이는 정서적 유대를 약화하는 역효과를 낳으며, 궁극에는 애착에 무심해지게 만든다. 이는 애착을 포기하는 듯 보이지만 사실은 방어 작용일 수 있다.

아동기 상실과 성인기 우울

다음 장에서 논의하는 것처럼, 충분한 연구 결과에 의하면 스트레스 사건들은 종종 우울 삽화에 선행한다. 그럼에도 불구하고 스트레스에 노출된 대부분의 사람이 우울한 것은 아니다. 한 저명한 연구는 스트레스에 대한 반응으로 여성이 우울해질 위험을 높이는 발달 요인을 조사했는데, 그 결과에 의하면 11세 이전에 엄마가 세상을 떠나는 상실 현상이 아주 두드러진 위험 요인임을 확인하였다.[93] 이 연구에 의하면 이후의 연령대에서 겪는 어머니 또는 아버지의 상실은 성인기 우울과 관계가 없었다.

아동기의 부모 상실과 성인기의 우울 증상 사이의 관계를 알아본 이후의 연구 결과들은 서로 간에 일치하지 않았고, 상실의 맥락을 고려할 필요성을 제안할 뿐이었다.[128] Bowlby는[198] "상실 후에 겪는 아동의 경험이 매우 중요하다."는 것에 주의를 돌렸다(p. 132). 그는 아동이 상실을 겪은 후에 받는 돌봄이 종종 적절하지 못하며, 상실 후에 경험하는 슬픔은 정상적 반응인데 힐난을 받는 현상을 관찰하였다. 부모를 상실한 아동이 상실 전 부모와의 관계가 안정적이고, 부모에게 생긴 일에 관한 적절한 정보를 제공받고, 애도 의식에 참여하고, 애착이론의 관점에서 가장 중요한 측면, 즉 아동이 "생존 당시의 부모가 제공하던 진정시키고 달래는 모습을 마음에 간직하고, 자신을 돌봐 주고 신뢰가 형성된 대리인물과 계속 관계 맺는 것이 가능하지 않더라도 그 관계가 유지될 것이란 확신을 가지면 가장 좋을 것이다."(p. 276).

불행히도 Bowlby가 인정했던 것처럼, 상실의 후유증을 겪고 있는 아동의 안녕 회복을 위해 그가 필요하다고 제시한 조건은 쉽게 충족되지 않는다. 슬프게도 상실은 종종 아동이 더 많은 스트레스 사건과 역경을 겪게 만드는데, 그 사건에는 재정적 곤궁, 거주지의 이동이 포함되며, 가장 큰 사건은 학대를 경험하는 것이다. Bowlby의 현장 경험을 지지하는 증거를 보여 준 영국의 심리학자 Bifulco와 동료들은[200] 아동기에 상실을 겪은 뒤에 뒤따르는 애착관계의 맥락과 성인기 우울 사이의 관계를 세밀하게 연구하였다. 이 연구에 의하면, 성인기 우울의 취약성은 상실 발생 전의 엄마의 양육 소홀, 상실 발생 후의 아버지 또는 대리인물의 돌봄의 부재, 상실의 후유증으로 생긴 아동의 무력감과 관계가 있었다. 이 결과는, 우리가 성인기 우울의 취약성 요인으로 아동기 외상의 영역을 고려하게 만든다.

애착 외상

인생의 한 시점에서 외상 스트레스에 노출되는 것은 스트레스의 누적에 상당한 기여를 하고, 이런 누적은 궁극에는 우울을 일으킬 수 있다.[95] 외상(trauma)이란 극도의 스트레스가 되는 사건들(stressful events)에 노출된 까닭으로 영속하는 부정적인 효과를 뜻한다. 우울은 그렇게 영속하는 많은 효과 중 하나이다. 외상 사건들(traumatic events)은 객관적인 속성과 주관적인 속성 모두를 갖고 있다.[8] 객관적으로 그 사건들은 개인의 온전함에 심각한 위협, 즉 죽음이나 심각한 상처를 입힌다. 주관적으로 그 사건들은 무력감과 공포감을 경험하게 만든다.[8] 물론, 잠정적으로 외상이 되는 것은 스트레스 상황에 대한 주관적인 정서적 경험이다. 나는 외상 사건의 핵심은 정서적으로 감당하기 어렵다는 느낌과 고립이라고 본다. 극도로 스트레스가 되는 사건들의 외상적 충격(traumatic impact)은, 안정 애착관계를 경험하는 것으로 안정과 안전의 느낌을 회복시키고, 외상 경험을 이해하는 기회를 제공하면 개선될 가능성이 있다.

수많은 형태의 외상이 존재한다. 나는 외상에 대인관계가 관계된 정도에 따라 외상을 구분하는 것이 유용하다고 생각한다.[144] 다른 조건들이 동일하다면, 타인에 의해 외상을 입는 것이 최악이다. 특히 당신이 그 사람에게 의지했을 경우에 더욱 그렇다. 그래서 세 가지 범주의 외상으로 구별한다.

1. 비인간 외상: 지진, 토네이도, 쓰나미, 댐의 붕괴
2. 대인 간 외상: 타인의 의도 혹은 부주의의 결과로 생긴 전쟁, 테러 공격, 폭력, 음주운전으로 생긴 자동차 사고
3. 애착 외상: 애착 관계에서 가해진 학대와 방임

애착 외상은 인생의 한 시점에서 애착관계에서 일어날 수 있다. 애착 외상에는 아동기 학대에서[201] 가정폭력,[202] 노인 학대까지[203] 포함된다. 애착 외상은 특히 고통스럽다. 왜냐하면 그것이 친밀한 관계에 불신을 조장해서 개인이 안정 애착을 형성할 능력을 가로막기 때문이다. 안정 애착은 가장 중요한 치유의 수단이다.[144] 여기서 우리의 관심사인 아동기 애착 외상은 나의 동료인 Peter Fonagy와 Mary Target이[204] 이중고(dual liability)라고 불렀던 것을 일으킨다. 즉, 그것은 1) 극단의 스트레스를 일으키고, 2) 그 불편감을 조절할 수 있는 정신적·대인관계적 능력(mental and interpersonal capabilities)의 발달을 무너뜨린다.

애착 외상의 형태

성인기 우울이 지닌 취약성의 아동기 기원을 찾고자 한 Bifulco와 동료들은 몇

가지 형태의 학대(maltreatment)를 신중하게 구분했다.[205, 206] 간략히 말하면, 학대는 폭력(abuse)과 방임(neglect)으로 나뉘고, 이는 다시 몇 가지 형태로 구분된다.

Bifulco는 다른 연구자처럼 심리적 폭력과 성폭력을 구별하였다. 한편 그는 다른 연구자와 다르게 혐오감(antipathy)과 심리적 폭력을 구분해서 우리가 '정서적 폭력'을 이해할 수 있게 도왔다. **혐오감**이란 강렬하거나(예: 아이에게 저주를 퍼붓기) 또는 희미한(예: 침묵으로 다루기) 거부를 의미한다. **심리적 폭력**은 아동에게 여러 가지 형태로 가해지는 잔인한 행위, 가학 행위를 의미한다. 예를 들어, 공포에 떨게 만들기(예: 어둠을 무서워하는 아이를 옷장 속에 가두기), 굴욕감을 느끼게 만들기(예: 친구들 앞에서 창피 주기), 기본 욕구 충족 기회를 박탈하기(예: 음식을 주지 않거나 좋아하는 소유물, 애완동물을 해치기), 타락하게 만들기(예: 포르노물이나 다른 불법 행위에 끌어들이기) 등이 있다.

Bifulco는 이 모든 아동기 학대가 성인기 우울의 위험을 높인다는 것을 발견하였다.[207] 다른 연구도 Bifulco와 동일한 결과를 제시하였다.[144] 아동기 학대는 성인기에 우울할 가능성을 높일 뿐 아니라 우울 삽화의 심각성,[208] 자살 행동의 가능성[209], 재발의 가능성[210]에 영향을 미친다. 그러나 어떤 측면에서, 아마도 심리적 폭력(잔학 행위)은 발달과 애착 관계 모두에 가장 심한 영향을 끼친다. 심리적 학대는 성인기 우울과 가장 강한 관계가 있었다.[211] 심리적 폭력은 거의 변함없이 다른 형태의 학대, 예를 들어 혐오감, 방임, 성폭력 및 신체폭력과 관계가 있다. 궁극적으로 폭력의 누적 정도가 심할수록 성인기 우울을 겪을 위험이 높다는 것을 알 수 있다.

폭력과 비교하면, 아동기 방임의 영향은 상대적으로 학대만큼 많은 관심을 받지 못했다.[212] 하지만 방임이 발달에 끼치는 영향은 폭력과 동일하거나 심지어 폭력을 능가한다.[213] 간략히 말하면 두 가지 형태의 방임이 있다. **신체적 방임**은 기본 욕구의 충족에 필요한 음식, 옷, 안식처, 건강보호, 위생관리를 제대로 제공하지 않고, 아동의 안전이 보장되지 않게 감독을 소홀히 하는 것(예: 아동을 위험한 환경에 내버려두는 것)을 의미한다.[214] **심리적 방임**은 아동의 심리적 발달을 지지하는 데 실패하는 것을 뜻하며[206], 정서적 방임(아동의 정서 상태에 대한 반응의 부족), 인지적 방임(인지 및 교육적 발달을 양육하거나 지지하는 것의 실패), 사회

적 방임(또래 관계의 발달을 격려하거나 지지하는 것의 실패)이 포함된다. 물론, 이 모든 형태의 방임은 서로 관련이 있고, 다른 폭력과 관계되어 있다. 예를 들어, Bifulco와 동료들은[215] 방임, 신체폭력, 보호시설에 머무르는 것이 성폭력을 겪을 위험이 높아지는 것과 관계있다는 결과를 보여 주었다. Bowlby가 인정했던 것처럼, 이 연구는 부모의 상실과 같은 하나의 외상이 다발성의 기타 외상을 초래할 수 있는 전형을 보여 준다.

아동기와 청소년기의 우울

스트레스의 누적은 자궁에서 시작될 수 있고, 우울한 행동은 출산 후에 곧 나타날 수 있다. 성인기처럼 아동기 우울은 생물학적 취약성, 환경의 스트레스와 결부되어 나타난다. 더욱이 우울한 상황 자체가 스트레스가 된다. 그래서 이 절에서는 아동기와 청소년기의 우울을 다룬다. 왜냐하면 아동기와 청소년기의 우울이 스트레스 누적에 기여하고, 이후에 우울을 겪을 위험을 높이기 때문이다.[216]

아동기와 청소년기의 우울은 성인기 우울과 구분되는 장애가 아니다. 그 증상은 인생의 어느 시점에서든 동일하다.[47] 진단기준도 두 가지의 가벼운 차이가 있을 뿐이다.[8] 첫째, 아동 및 청소년은 우울한 기분보다 짜증을 내는 기분을 보일 수 있다. 둘째, 아동과 청소년은 1년간의 지속 기간(성인은 2년간의 지속 기간을 보이면 진단받는 것에 비해)을 보이면 기분부전 장애를 진단받는다. 아동과 청소년은 성인처럼 이중고의 우울을 경험할 수 있으며(예: 기분부전 장애의 최고조 시에 주요 우울 삽화 겪기), 성인처럼 우울한 아동과 청소년은 종종 다른 정신의학적 장애, 즉 불안, 품행장애, 주의력 결핍 장애, 물질남용 등을 겪을 수 있다.[216]

아동기 우울

현장의 상담자들이 유아와 걸음마기 아동에게 우울의 공식 진단이 가능한지 논쟁을 벌여도,[216] 삶의 초기부터 우울한 행동을 나타낸다는 것은 의심의 여지가 없다. 단일 사례 연구에 참여한 일부 학령 전 아동들이 심각한 우울을 겪는 것이 확인되었다.[217] 그들은 더 높은 연령의 개인에게 나타나는 모든 우울의 증상을 보였으며, 이외에 그들 모두 신체 증상을 호소했고, 2/3는 자살 시도 행동을 하였다. 이 모든 우울한 학령 전 아동은 결손 가정의 자녀였고, 폭력이나 심각한 방임을 겪었다.

우울의 유병률은 학령 전 연령에서 청소년기 연령으로 올라가면서 점점 더 커진다.[47] 성인과 마찬가지로 아동의 우울 삽화는 몇 달간 지속되며 또한 재발한다. 밝혀진 증거에 의하면 가장 걱정되는 것은 아동기와 청소년기의 우울 유병률이 증가하고 있다는 것이다. 이는 아마도 가족의 붕괴, 스트레스에 대한 노출의 증가, 가용한 지지 자원의 부족과 관련이 있다.[45] 아동기 우울은 학교에서 잘 기능하고 또래와 잘 지내는 것을 방해한다. 이런 방해는 학업 기술, 사회적 기술이 발달하는 것을 가로막고, 자기가 가치 없다고 생각하게 만들어 아동을 점점 불리한 위치에 처하게 한다.

슬프게도 삶의 초기부터 스트레스의 누적이 악순환을 일으킬 수 있다. 심리학자 Constance Hammen의[47] 말을 빌면 악순환의 과정은 다음처럼 작용한다. "유능성의 감소가 우울한 정서를 유발하고, 이는 더욱 역기능적 행동을 유발하며, 이는 다시 증상을 지속시키거나 악화시키는 부정적인 결과들을 유발한다."(p. 177) 또한 가족 간의 문제 있는 상호작용은 아동의 어려움들과 맞물려 악순환을 일으킬 수 있다. 즉, 부모-아동 간의 상호작용은 정서적 조율의 부족, 적개심, 명백한 학대를 특징으로 하고, 이는 부모의 심리적 문제 혹은 물질남용에서 기인한다. 결국 우울한 아동은 가족의 안팎에서 안정 애착을 발달시키는 데 방해를 받는다.

청소년기 우울

청소년기의 우울 유병률은 성인기 유병률과 맞먹는다. 우울이 가족에서 시작될 수 있다는 사실은 청소년기뿐 아니라 성인기에 자명해진다. 한쪽 부모 또는 양쪽 부모의 우울은 청소년 자녀가 우울을 겪을 가능성을 상당히 높인다.[218, 219]

흔히 부모와 청소년의 문제는 서로를 부추긴다. 예를 들어, 우울한 부모는 더 많이 비평하는 경향이 있고, 그들의 청소년 자녀가 겪는 장애의 증상이 그러한 비평 경향을 부추길 수 있다.[220]

성인기처럼 청소년기 주요 우울 삽화는 고질적일 수 있다. Lewinsohn과 Essau는[221] (병원에 입원하지 않은) 대규모의 지역사회 주민을 관찰한 후, 25%는 3주, 50%는 2개월, 75%는 6개월이 지나면서 삽화에서 회복한다는 결과를 발견하였다. 더욱이 중기 청소년기에 우울 삽화를 겪는 것은 실질적으로 후기 청소년기와 성인 전기에 (불안장애와) 우울을 겪을 가능성을 높인다.[222]

청소년기 우울은 성인기와 마찬가지로 그 자체로 심각한 문제이다. 아동기 우울에서 그런 것처럼 우울장애의 심각성은 여러 측면의 발달에 영향을 끼쳐 다시 우울이 심각해지는 방식으로 악화된다. Lewinsohn과 Essau가[221] 관찰한 다음 내용을 고려해 보라.

> 이전에 우울을 겪은 성인 전기의 사람은 대학 졸업 비율은 낮고, 최근의 실업률은 높고, 수입은 더 낮으며, 출산율은 더 높고, 흡연을 하고, 가족과 친구의 사회적 지지 수준은 낮고, 사회 관계망은 더 협소하고, 일부 우울 증상을 겪고 있으며(예: 준우울 증상), 스트레스가 되는 삶의 사건을 많이 겪고, 삶의 만족도와 자존감은 낮고, 정신건강 진료를 더 많이 받고, 신체 건강은 좋지 않은 것 같다. 이런 손상이 성인 전기 우울의 재발에서 벗어난 사람에게도 발견된다는 것을 언급하는 것이 중요하다(pp. 548-549).

청소년기 우울에서 회복한 사람들이 겪은 우울 삽화가 어떻게 이후의 발달에 그렇게 폭넓은 영향을 미치는 걸까? 명백하게 청소년들은 우울한 동안 발달을 위한 좋은 토대를 잃고, 그 토대를 회복하는 데 어려움을 겪는다.[223] 게다가, 청소년기 우울은 지속되고 재발할 수 있다. 청소년이 심각한 우울 삽화에서 회복해도, 잔여의 우울 증상이 그들의 기능에 부정적인 영향을 미칠 수 있다. 더욱이 종종 청소년의 우울 삽화는 폭넓은 스트레스 환경과 기능의 손상에 뿌리를 두고 있다. 예를 들어, 가족의 장애와 외상, 더불어 청소년의 물질남용과 학교에서의 낮은 성취에 뿌리를 두고 있다. 우울처럼 이런 환경과 손상이 그 자체로 지속되는 경향이 있다.

Lewinsohn과 Essau의 연구에서[221] 우울한 청소년의 약 60%는 어떤 종류의 정신건강 처치를 받고 있다(비록 9% 정도만이 약물 처치를 받고 있어도). 이 수치는 '절반이 비어 있는 또는 절반이나 물이 차 있는 컵'에 비유될 수 있다. 명백히 우울이 미치는 많은 부정적 결과를 고려하면 청소년기에 우울을 확인해서 적절한 처치를 하는 것이 매우 중요하다. 우울이 여러 가지 기능에 미치는 영향을 고려하면 우울을 개선하는 것이 유일한 첫걸음일 수 있다. 우울한 청소년들에게 더욱 긍정적인 사고방식[222]과 효율적인 문제해결 방식을 가르치는 것은 건강한 발달을 증진시키는 하나의 전망 좋은 전략이 된다.[224]

회복력

적절한 돌봄을 받지 못하는 고아원에서 양육되는 상황처럼 심각한 역경이 되는 스트레스를 겪고도 사람들이 보이는 반응은 엄청난 개인차가 있다.[225] 무엇이 어떤 사람은 다른 사람보다 더 효율적으로 대처하게 만들까? 이 중요한 질문에 답하는 것은 간단하지 않다. 왜냐하면 우리 모두의 마음은 놀랄 정도로 복잡한 발달 경로를 따라가기 때문이다. 이 발달 경로는 환경의 위험 요인과 보호 요인의 조합에 의해 영향을 받는다. 그리고 삶의 전 생애 동안 환경의 위험 요인과 보호 요인은 우리 각자가 갖고 있는 취약성 및 강점과 상호작용한다.

나는 어떤 단일의 위험 요인, 예를 들어 특별한 유전자, 출산 스트레스 또는 산후 우울 같은 요인이 단독으로 발달에 강한 영향을 미치지 않는다고 분명히 이야기해 두고 싶다. 내가 스트레스 누적의 개념을 사용하는 이유는 정신의학적 장애와 같은 심각한 발달적 문제가 서로 상호작용하는 다수의 역경에서 기인한다고 보기 때문이다. 가장 문제가 되는 것은 스트레스에 대한 개인의 반응이 또 다른 스트레스를 일으키는 부정적 연쇄 반응 상황이다.[225] 예를 들어, 부모의 폭력적 다툼으로 우울해진 가난한 가정의 한 청소년은 물질에 의지하고, 학교에서 중도탈락하고, 임신을 해서, 스트레스와 우울이 더욱 악화될 수 있다.

그러나 우리는 장애만큼 행복에도 주의를 기울여야 한다. 다행히 강점이 성공을 이뤄 낼 때, 긍정적 연쇄 반응 또한 일어난다. 이런 성공은 또 다른 성장의 기회와 도전 과제에 대처할 기회를 제공한다. 이상심리학자와 반대로 발달심리학자는 **회복력**에 오랜 세월 동안 관심을 가져왔다.

> 회복력은 개인이 현재의 사안을 적응적으로 조정하게 하고, 이후의 도전 과제를 다루게 하며, 상황이 반전되어도 다시 회복할 토대를 제공하는 자원을 모으는 지속적인 과정이다. 회복력은 역경에 당면해서 잘 대처하게 만드는 원인이 아니다. 오히려 회복력은 아동이 이전 또는 현재의 역경에도 불구하고 긍정적 적응을 성취할 내적 및 외적 자원을 사용하는 능력을 획득하는 발달 과정을 의미한다[226](pp. 249-250).

당신이 초기 발달을 되돌아볼 경우 긍정적 장면을 생각해 볼 만한 가치가 있다. 놀랄 것 없이 여러 가지 특성이 아동의 효율적 기능, 즉 정서적 불편감을 조절하는 능력, 높은 지능과 학업 유능성, 긍정적 자존감과 자기효능감, 느긋한 기질과 양육자의 긍정적 존중과 온정을 끌어낼 수 있는 능력, 사회적 유능성 등을 높이는 것으로 보인다.[226-229] 우울한 부모의 아동은 그들이 약간이라도 부모의 우울에서 벗어날 수 있다면 가장 잘 대처할 수 있다. 예를 들어, 그 아동은 학교 활동이나 재량 활동에 참여할 수 있다.[228] 그들은 또한 정신화하기에서 이익을 얻을 수 있다. 즉, 그들과 부모의 관계에서 일어나는 문제로 인해 자신을 비난하기보다 부모의 우울이 장애라는 것을 이해하는 것이다.

우리는 회복력을 증진시키기 위해 아동의 강점에만 의지할 수 없다. '아동이 삶에서 성취해 낸 일을 분명하게 존중'하더라도, 문헌을 검토한 연구자들은[227] 다음과 같은 결론을 내렸다. "대단히 중요한 메시지는, 간단하게도 (아동은) 스스로 회복력을 계속 만들 수 없다. 그럼에도 그들은 환경에서 계속되는 맹공에도 불구하고 팔팔함을 유지한다."(p. 532). 이와 관련해 이 연구자들은 "꽤 많이, 회복력 있는 적응은 좋은 관계를 맺는 것에 달려 있다."고 결론 내렸다(p. 544). 특히, 아동기 초기에 민감하고 반응을 잘하는 양육자와 안정 애착관계를 경험하는 것은 회복력의 발달의 토대가 된다.[226, 227] 아동에게 영향을 주는 많은 발달적 스트레스 사건은 또한 그 부모에게 영향을 주어, 부모가 민감한 돌봄을 제공하는 것을 어렵게 만든다. 부모는 가난, 정신의학적 문제, 부부 갈등 또는 혼자 양육하거나 의붓 가정을 꾸려야 하는 도전 과제로 괴로움을 겪을 수 있다. 그래서 아동의 회복력을 높이려면 종종 부모의 회복력을 높여야 한다. 예를 들면, 가족, 친구, 지역사회의 자원, 정신건강 서비스를 동원해 부모를 돕는 것이다.[227]

우리는 과거를 변화시키기를 바랄지라도 변화시킬 수 없다. 그러나 위험과 취약성을 감소시키고 회복력을 높이려는 포부를 가질 수 있다. 제3부에서는 더 자세하게 스트레스 사건에 대해 논의한다. 스트레스 사건에 대해 잘 알아차리는 것은 당신이 그 사건을 감소시킬 방법을 찾고, 효율적으로 대처할 방법을 학습하는 데 유익하고, 궁극에는 당신의 위험을 줄이고 회복력을 증가시킬 것이다.

제3부

촉발사건

• 제7장 •

스트레스 사건

• 제8장 •

마음의 스트레스

Coping With Depression

당신이 아직 우울하지 않으나 스트레스가 많다면 채근담의 조언에 귀 기울여 보기로 하자.

"사귐을 덜어 내면 분란을 면하고,
말을 덜어 내면 허물이 적어지며,
생각을 덜면 정신이 소모되지 않고,
총명함을 덜면 본성이 보전된다.
사람들이 나날이 덜기를 구하지 않고
나날이 더하기를 구하는 것은,
진정으로 인생을 속박하는 차꼬이다."

출처: 홍자성 (2017). 채근담. (김원중 역). 서울: 휴머니스트, p. 465.

제7장
스트레스 사건

우울 발생에 한몫하는 스트레스의 두드러진 원천은 일정 부분 자가생성된다. 이 스트레스는 실제로는 쉽지 않아도, 이론적으로는 피하는 것이 가능하다. 당신은 살면서 여러 가지 방식으로 스트레스를 생성한다. 예를 들어, 당신은 실제로 할 수 있는 것보다 더 많은 과제, 책임, 헌신을 떠맡고, 위험한 활동을 하거나, 물질과 알코올을 남용하고, 또는 충분한 잠을 자지 않고 건강을 소홀히 해서 지나치게 피곤하거나 병이 나게 만들어 스트레스를 경험할 수 있다. 이런 식의 모든 스트레스 생성은 우울에서 회복해 행복해지려면 주체성이 중요하다는 것을 증명한다. 다시 말해, 당신은 생활양식을 개선해서 변화를 유도할 힘을 발휘할 필요가 있다. (본문 중에서)

우울 상태는 지속되는 스트레스에 뇌가 보이는 증상 반응으로 볼 수 있다.[230] 앞서 살펴본 제2부('발달')에서는 스트레스 상황에서 사람들을 우울에 취약하게 만드는 여러 형태의 삶의 초기 스트레스 및 체질적 요인을 검토했다. 제7, 8장에서는 우울을 촉발하는 성인기 스트레스 사건을 다룬다. 제7장은 외부 스트레스(관찰 가능한 사건)에, 제8장은 내부 스트레스(정서적인 갈등)에 초점을 맞춘다. 물론 이 두 가지는 불가분의 관계에 있다.

주의할 점이 있다. 많은 연구는 우울한 사람 중 80% 정도가 우울을 경험하기 전에 심각한 부정적 삶의 사건을 겪었다는 결과를 제시한다.[231] 그러므로 내가 스트레스에 관심 가질 이유는 매우 충분하다. 그러나 우울을 겪는 많은 사람은 슬픈 기분 상태에서 우울한 상태로 악화되어 가는 것 같다. 실제로 우울은 '스트레스에서 자유롭고, 종종 최고의 경제적 혜택을 누리고, 명백히 매력이 넘치는 사람들의 삶'(p. 237)에도 스며든다.[232] 누가 봐도 '눈에 띄는 명백한 스트레스 사건'을 겪고 우울해진 내담자를 처치해 온 현장 실무 상담자인 나는 예고 없이 찾아오는 우울은 없다고 생각했다. 그러나 나의 동료이며 정신의학자인 Lauren Marangell은 그럴 수 있다는 가능성을 보여 줬다. 다시 말해, **일상적인 스트레스의 누적**이 생물학적 취약성을 가진 사람의 우울 삽화를 충분히 촉발할 수 있다. 그런 취약성의 한 원천은 이전에 겪은 우울 삽화이다. 장래에 신경생물학 연구는 이런 취약성의 속성을 분명히 설명할 것이다. 그러나 우리는 또한, 명백한 현재의 삶의 스트레스가 관계되어 있든 아니든 일반 의학적 조건, 즉 신체 질병이 생물학적 취약성을 유발하거나 취약성에 기여하는지를 결정할 필요가 있음을 명심해야 한다(제10장 '우울과 관련된 장애' 참고).

미리 말해 둘 것이 있다. 나는 어느 정도는 제7장을 염두에 두고 제3장('주체성과 자유행동의 범위')을 집필했다. 다시 말해, 당신이 경험하는 스트레스에 스스로 능동적인 역할을 했다는 생각을 할 때 일어날 수 있는 자기비난을 막으려는 의도로 제3장을 집필했다. 짧게 논했던 것처럼, 우울을 유발하는 많은 스트레스를 피하기란 쉽지 않다. 하지만 피할 수 있는 스트레스 사건도 있다. 우울을 유발하는 많은 스트레스는 당사자는 의식하지 못하고, 의도하지 않았지만 일정 부분 자가 생성(self-generated)한 스트레스이며, 가장 분명한 예는 대인관계 스트레스이다. 이런 관점을 갖고, 제7장은 제3장에서 슬쩍 보여 준 것처럼(역주: 제3장의 '장애', '우울과 주체성'의 절 참조), 우울에 대한 중요한 두 가지 관점을 전면에 제시한다. 한편으로 1) 우울은 **장애**(illness)이며, 2) 다른 한편으로 우울은 여러 가지 **삶의 문제**(problems in living) 때문에 발생하며, 또한 여러 가지 **삶의 문제**를 촉발한다.[233] 당신은 여러 가지 삶의 문제를 해결할 일부 방책을 갖고 있으며, 우울에서 회복하고, 이후 잘 유지하기 위해 그것을 지렛대로 사용해야 한다. 이 장은 당신이 자기비난에 빠지지 않고, 변화를 위한 자기인식에 도전하는 장이다.

제7장은 다양한 내용을 다룬다. 첫째, 성인 여성의 스트레스와 우울 삽화 간의 관계에 관한 많은 정보를 제공하는 런던의 연구 프로젝트를 특별하게 요약한다. 이 연구는 급성 및 만성 스트레스 모두가 우울에 상호 연관되어 일정한 역할을 한다고 강조한다. 둘째, 피할 수 없는 스트레스와 자가생성 스트레스를 비교한다. 그러면서 주체성이 갖는 중요한 역할을 강조한다. 셋째, 7장의 내용과 앞

쪽의 장에서 알아본 발달적 관점 사이의 연결점을 찾는다. 이를 위해 성인기의 스트레스 사건이 삶의 초기에 시작된 스트레스 사건에서 진화했다고 보는 일부 연구 결과를 요약한다. 그런 다음 아동기 외상 스트레스가 우울에 기여하듯, 성인기 외상 스트레스가 우울에 기여한다고 지적한다. 그리고 지속되는 스트레스(ongoing stress)가 우울의 과정에 미치는 영향을 알아본다. 넷째, 스트레스를 줄이려면 헤쳐 나가야 하는 여러 가지 도전 과제를 알아보고, 다시 주체성을 상기시킨다.

스트레스가 되는 삶의 사건과 어려움

영국의 사회학자 George Brown과 동료인 Tirril Harris는[93] 성인 여성의 우울 삽화에 영향을 미치는 여러 가지 사회 조건을 알아보는 멋진 연구를 했다. 이 연구는 스트레스와 우울의 관계를 이해할 수 있게 했다. 이는 이 연구자들이 집중 면접법을 사용하여 여성들에게 나쁜 영향을 주는 주요 스트레스 사건을 꼼꼼히 잘 평가하고, 우울 삽화의 발달과 관계있는 스트레스 사건의 시작 시기를 신중하게 잘 결정한 덕분이다.

많은 사례에서, 우울 삽화는 선행하는 여러 가지 **촉발 요인**에 뒤이어 발생하였다. 다시 말해, 1) '스트레스가 되는 삶의 사건'과 2) '지속되는 어려움'이 우울 삽화에 선행하였다. 스트레스가 선행하고 우울이 뒤이어 일어나는 전형적 사실에도 불구하고, 스트레스에 노출된 여성 중 일부만 우울을 겪었다. 그래서 연구자들은 이 일부 여성이 스트레스에 대한 반응으로 우울해질 위험에 빠뜨리는 취약성 요인을 결정하고자 했다. 이 연구는 스트레스 사건들이 개인에게 갖는 **의미**가 중요하다고 강조했다.

촉발 요인

Brown과 Harris는 두 유형의 중요한 촉발 요인(provoking factors)을 구별하였

다. 1) '스트레스가 되는 삶의 사건', 2) '지속되는 어려움'이다. 스트레스가 되는 삶의 사건은 주로 '상실과 실망'이 주축을 이루고, 종종 '실패의 감정'을 포함한다. 제5장('애착')에서 논의했듯이, '상실과 실패'는 우울의 주요 주제이다. 상실의 예는 분리 또는 분리하겠다는 위협, 애착 인물의 생명을 위태롭게 하는 질병, 소중한 소유물의 상실, 거주지의 강제 변경 등을 포함한다. 또한 중요한 것은 소중한 신념의 상실 혹은 환멸(disillusionment), 예를 들어 한 여성이 파트너의 배신을 알게 된 것 등이 해당된다.

많은 우울 연구는 급성 스트레스 사건, 예를 들어 직업 상실, 관계 붕괴와 같은 분명한 사건에 주로 초점을 맞췄다. 그러나 지속되는 또는 만성의 스트레스가 더 중요할 수 있다.[100] 현명하게도, Brown과 Harris는 우울이 촉발되는 데 지속되는 어려움(difficulties)이 하는 역할 또한 조사했다. 이 어려움은 끊이지 않는 스트레스의 원천이었다. 예를 들어, 직장에서 겪는 문제, 적절치 못한 주거 환경, 나쁜 건강, 아동 양육의 어려움, 결혼으로 인한 갈등, 재정의 어려움 등이 해당된다. 연구자들은 또한 엄중한 기준을 사용하여 심각한(severe) 어려움을 구별하기도 했는데, 그들은 최소 2년간 지속된 것을 심각한 어려움으로 간주했다. 사실 Brown과 Harris가 관찰한 심각한 어려움들은 평균 4년 지속된 것으로 확인되었다.

스트레스가 되는 삶의 사건과 지속되는 어려움 모두 우울 삽화의 발생 이전에 매우 자주 일어난다. 우울 삽화가 생성되기 전 6개월 기간 내에 많은 스트레스 사건이 발생한다. 절반 이상은 우울 삽화가 일어나기 전 몇 주 내에 발생한다. 스트레스의 누적 개념과 일치되게, 지속적인 어려움과 삶의 스트레스 사건이 조합되어 발생하는 것이 종종 우울을 촉발하였다. 지속적인 어려움과 직접 연결된 삶의 스트레스 사건은 가장 강력한 효과를 발휘하였다.[234] 예를 들어, 지속적인 부부 갈등(어려움)이 이혼으로 끝을 맺는 것(삶의 사건)은 강력한 촉발 요인이다. 자연스럽게, 주요 삶의 목표와 헌신 과제에 관계된 스트레스가 되는 삶의 사건, 예를 들어 소중한 직업의 상실 혹은 사랑하는 관계의 상실은 특히 중요한 촉발 요인이다.

의미

Brown과 Harris는[93] 스트레스가 되는 삶의 사건과 지속되는 어려움의 심각성을 객관적 관점에서 매우 공들여 평가하였다. 즉, 그들은 이 두 가지가 보통 사람에게 미치는 영향력을 평가했다. 그들은 스트레스의 주관적 영향력, 다시 말해 '스트레스가 개인에게 주는 의미와, 그 의미의 정서적 영향력'이 우울의 위험을 결정한다고 주장했다. Brown과 동료들은[235] 두 가지 현저한 주관적 스트레스 반응으로 1) 굴욕감, 2) 덫에 걸린 느낌을 확인하였다. 굴욕감을 느끼는 사건은 가치절하당하는 느낌(feeling of being devalued)과 관계가 있었는데, 예를 들어, 남편과 자녀에게 거부당하거나 비하당하는 사건을 포함했다. 덫에 걸린 느낌은 부부 갈등, 주거 문제, 고용 문제, 건강 염려처럼 단박에 해결되지 않는 지속적인 어려움과 관계있었다. 대개 굴욕감과 덫에 걸린 느낌을 내포한 상실만이 우울을 유발했다. 한 가지 특별한 예외 현상으로서, 사랑하는 사람의 죽음과 같은 상실은 두드러질 정도로 장기적인 부정적 효과를 끼쳤다.

연구자들은 개인을 절망하게 하는 스트레스가 되는 삶의 사건과 지속되는 어려움에서 우울이 발생한다고 제안하였다. 굴욕감, 덫에 걸린 느낌, 죽음과 같은 상실은 특히 패배했고, 힘없고, 무력하다는 느낌을 유발하는 것 같다. 패배했다고 느끼는 우울한 사람은 탈출구가 없고, 헤쳐 나갈 방법을 상상할 수 없다고 믿는다. 실패감, 낮은 자존감, 자신감 부족 또한 스트레스가 패배감과 절망감으로 전환되는 데 중요한 역할을 한다. 한편, 친밀하고 지지적인 관계는 자존감이 낮은 사람에게 보호 장치가 된다. 그러한 관계는 희망을 고무한다. 왜냐하면 친밀하고 지지적인 관계가 자신이 필요한 자원을 제공할 것이란 기대가 개인이 대처하는 데 도움이 되기 때문이다. 당신이 도전하기 어렵다고 생각할 때, 환경이 제공하는 도움은 상황을 변화시키는 발판이 될 수 있다.

여러 가지 측면에서, Brown의 연구 결과는 정신의학자 Aaron Beck과 동료들의[236] 우울 발생에 대한 인지이론(제12장 '유연한 사고' 참고)을 지지한다. 왜냐하면 우울의 발생에 개인이 스트레스가 되는 사건을 해석하는 방식이 중요한 역할을 하는 요인임을 보여 주었기 때문이다. Brown처럼 Beck과 동료들은 일반화된 절망(generalized hopelessness)이 우울을 생성하는 중요한 요인으로 본다. 그들은 스트레스가 되는 사건을 왜곡하여 해석하는 데서 우울이 발생한다고 강조한다. 다른 한편으로, Brown은[237] 다음과 같은 표현으로 인지이론의 관점에 도전하기도 했다. "우울에 대한 심리학 연구는 부정적인 인지적 사고의 문제점을 너무 강조한다. 대조적으로, 나는 부정적인 인지적 사고들의 문제점을 강조하는 동시에, 그 인지가 개인이 처한 현재 환경의 관점에서 어느 정도는 충분히 이해되는 것이라고 강조한다."(p. 367) 틀림없이, 왜곡된 우울한 사고는 나쁜 상황을 더 나빠 보이게 만들 수 있다. 그러나 Brown의 연구는 우울한 사람이 특징적으로 직면하는 현실적인 고통(real hardship)의 수준을 분명히 보여 주고 있다.

스트레스 생성

이 책 전체에서 나는 하나의 분명한 스트레스 사건(stressful event)보다 스트레스의 누적(pileup of stress)이 어떻게 우울을 유발하는지를 강조했다. 내가 제5부('우울의 역설에 대처하기' 참고) 전체에서 강조하듯 우울은 또 다른 삶의 스트레스(life stress)를 야기한다. 그래서 삶의 스트레스와 우울의 관계를 연구하는 연구자들은 '닭이 먼저이냐, 달걀이 먼저이냐'의 문제를 해결하기 위해 노력했다. 즉, 스트레스가 우울을 발생시키는가, 우울이 스트레스를 발생시키는가? 이는 복잡한 문제이다. 우울뿐 아니라 안정된 관계를 유지하는 데 어려움을 겪는 것은 심리학자 Constance Hammen이[100, 239] 말한 **스트레스 생성**이라는 현상에 기여할 수 있다. 다시 말해, 당신이 부지불식간에 삶의 스트레스를 생성하는 데 중요한 역할을 할 수 있는 것이다. 이것은 제3장('주체성과 자유행동의 범위')에서 이미 조금 말했다. '닭과 달걀'의 문제가 생기는 것은, 우울이 관계에 갈등이 생기는 것을 조장하고, 관계의 갈등이 다시 우울을 낳기 때문이다. 결국, 우울은 원인이자 결과일 수 있다.

원인과 결과를 구분하기 위해, 많은 연구자는 1) 운명적 스트레스 사건(fateful stressors), 즉 개인의 행동과 별개로 일어나거나 개인의 통제를 넘어선 사건,

2) 비운명적 스트레스 사건, 즉 내가 자가생성 스트레스(self-generated stress)라고 부르는 것, 다시 말해, 개인의 행동과 어려움이 한몫해서 발생하는 스트레스 사건을 구별하고자 애를 썼다. 우리는 이 자가생성된 사건들을 신중히 생각해보는 것이 좋다. 왜냐하면 자가생성된 사건들은 항상 외부 요인(전형적으로 다른 사람들)과 연관이 있기 때문이다. 그리고 각 개인이 한몫을 하는 정도는 자가생성된 사건마다 매우 다르다. 자가생성된 사건과 운명적 사건을 구별하는 것은 실용적인 중요성이 있다. 왜냐하면 당신이 당신의 삶에 적극적으로 한몫한 정도가 가늠되면, 당신은 그 사건을 줄일 수 있는 발판을 만들 수 있기 때문이다. 여기서 중요한 것이 주체성이다. 내가 제3장('주체성과 자유행동 범위')에서 강조했듯, 우리는 비난, 자기경멸, 자기처벌을 해서 고통을 조장하기보다 자비로운 이해를 추구하는 것이 좋다.

운명적 스트레스 사건부터 살펴보자. 개인의 성격 또는 행동의 영향을 받지 않은 운명적 사건은 불운으로 받아들일 수 있다. 예를 들어, 일부 연구자는 주요 우울 삽화에 앞서 발생하는 여러 가지 운명적 사건을 확인했는데, 우울한 사람은 그 사건이 발생하는 데 한몫하지 않았다고 조심스럽게 확신했다.[240] 이 사건에는 가족 또는 친한 친구의 상실, 고향을 잃는 것, 폭력을 당하는 것, 고용 문제, 질병과 부상에 적절한 치료를 받지 못하는 것 등이 있다. 연구자들은 또한 그 스트레스 사건의 파괴력을 결정하였다. 그것은 그 사건이 삶을 변화시킨 효과의 정도이다. 그 결과는 분명했다. 즉, 우울한 사람이 해로운 운명적 사건을 겪었을 가능성은 해당 지역의 우울하지 않은 사람과 비교했을 때 2.5배 더 높았다. 많은 다른 연구도 운명적 스트레스 사건이 우울이 발생하는 데 한몫한다는 결과를 반복했다.[231]

정신의학자 Kenneth Kendler와 동료들은 운명적이고 일정 부분 자가생성된 스트레스 사건이 여성의 우울 발달에 미치는 영향력을 비교하였다.[241] 그들은 우울 삽화 발생 이전 한 달 내의 스트레스 사건에 초점을 맞추었다. 그리고 조심스럽게 각 스트레스 사건이 영향을 미치는 장기적 위협의 정도를 살펴보았다. 운명적 스트레스 사건과 자가생성된 스트레스 사건 모두는 우울할 위험을 증가시켰다. 일정 부분 자가생성된 스트레스 사건은 세 가지 측면에서 문제가 더 심각했다. 첫째, 자가생성된 스트레스 사건은 운명적 사건보다 발생 빈도가 잦았다. 둘째, 자가생성된 스트레스 사건은 더욱 위협적인 장기적 영향을 미쳤다. 셋째, 위협의 수준과 별개로 일정 부분 자가생성된 사건은 운명적 사건보다 우울 삽화를 촉발할 가능성이 더 높았다.

강조한 것처럼 스트레스 생성의 개념은 주로 대인관계 상황들에 적용된다.[100] 제5장('애착')과 제6장('아동기 역경')에서 다룬 발달 과제는 어쩌면 개인이 스트레스 사건과 우울의 자가영속하는 주기(self-perpetuating cycles)에 빠지게 하는 경향이 있다. 분명한 예를 들면 다음과 같다. 삶의 초기에 겪은 상실과 이후의 외상은 불안정 애착 패턴을 일으킬 수 있고, 이 불안정 애착 패턴은 청소년기, 성인기 동안에 지속되어 친밀한 관계에서 갈등을 겪게 할 수 있다. 그럴 위험은 확연해 보인다. 즉, 남성이건 여성이건 불행한 결혼 생활은 우울을 겪을 확률을 25배 증가시킨다. 물론 이 결과를 해석할 때 부부 갈등과 우울의 선후 관계가 분명치 않다는 문제가 있다. 다시 말해, 부부 갈등이 우울을 일으킬 수 있고, 그 역도 가능하다.[242] '닭과 달걀'의 분리를 시도한 한 연구는 초기 면접에서 우울하지 않은 배우자를 평가하고, 1년 후에 다시 재평가하였다.[243] 이 연구는 결혼 불만족이 우울 삽화를 겪을 확률을 3배 더 높였으며, 우울 삽화를 겪은 사람들의 30%는 결혼 불만족 때문이라는 결과를 제시했다. 다시 말해, 제5장('애착')에서 기술했듯, 스트레스 사건과 성격은 상호작용한다. 의존 경향이 높은 사람은 관계 문제에 대한 반응으로 더욱더 우울해진다.[244] 따라서 애착관계에서 발생하는 문제를 처치하는 것은 우울의 취약성을 줄이는 데 중요하다(제13장 '지지적 관계들' 참고).

외상 스트레스

제6장('아동기 역경')에서 기술했듯이, 애착관계에서 일어난 아동기 외상, 즉 학대는 성인기 우울을 유발하는 주요 요인이다. 여기서는 성인기 외상 스트레스 또한 우울에 중요한 역할을 한다는 사실에도 주의를 집중하고자 한다.[144]

반복하면, 우리는 외상을 극도의 스트레스가 되는 사건으로 인해 겪는 지속적인 부정적 효과로 정의할 수 있다.[95] 외상 스트레스 사건(traumatic stressors)은 신체적 · 심리적 온전함에 상당한 위협을 가하며, 공포감, 무력감을 경험하게 만든다.[8] 일부 외상 사건, 예를 들어 토네이도와 자동차 사고는 대인관계와 상관이 없다. 다른 외상 사건은 대인관계와 상관이 있고, 일정 부분 인간의 과실을 포함하며, 무모함(예: 음주운전으로 인한 사고)에서 의도에 의한 상해(예: 폭력)까지 다양하다. 대인관계 스트레스는 특히 외상이 될 수 있다. 왜냐하면 대인관계 스트레스는 불신을 조장하는데, 애착 외상의 경우에 특히 그렇다. 즉, 당신이 안정감을 느끼며 의지한 사람에게 무서움을 느끼고, 상처받고, 배신당하는 것은 친밀감을 위험하게 만든다. 그러면 당신은 치유의 토대인 안정 애착을 잃는다.

외상 스트레스 사건은 간단히 열거하면, 자연 재해, 사고, 전쟁, 폭력 범죄, 강간, 아동 폭력, 폭력의 목격, 구타하는 관계, 노인 학대, 테러, 고문 등을 포함한다. 이 외상 스트레스 사건 중 다수는 반복되는 스트레스 사건과 만성적 스트레스의 조합을 포함하는 스트레스 누적의 최악의 예이다. 특히 전쟁과 구타하는 관계가 그렇다. 모든 그런 경험은 외상 후 스트레스 장애(PTSD)를 일으킬 수 있다. PTSD는 그 자체로 극단적인 스트레스 장애이다(제10장 '우울과 관련된 장애' 참고). 외상 후 스트레스 장애가 있든 없든 우울은 이런 여러 형태의 극단적 스트레스로 일어난 주요한 외상의 효과이다.[95]

발달적 경로와 취약성

이 장에서 제시하듯이 스트레스가 되는 사건은 우울 삽화를 촉발하는 데 단단히 한몫한다. Brown의 선구적 연구는 스트레스의 의미를 평가할 때 개인을 둘러싼 환경을 고려하는 것의 중요성을 강조했다. 이 책 전체에서 나는 우울의 취약성을 살필 때 전체 삶의 맥락을 고려하라고 말한다. 스트레스에 대한 노출은 도처에서 일어난다. 우울한 많은 내담자는 알고 지내는 타인이 유사한 스트레스 사건을 경험하지만 우울을 겪지 않는다고 말한다. 그들은 "왜 나만 우울한 거죠?"라고 내게 묻곤 한다.

Brown과 동료들은 우울에 민감하게 만드는 요인을 조사했다. 심각한 삶의 사건과 지속되는 어려움에 노출된 여성의 약 20%만이 후유증으로 우울을 겪었다. 무엇이 이 취약한 소수를 구별하는가? 초기 연구는[93] 네 가지 위험 요인들을 확인하였다. 1) 11세 이전에 엄마를 상실하고, 2) 6세 미만의 아동들을 돌보고, 3) 집에서 14세 미만의 아동 3명을 돌보고, 4) 속을 터놓을 수 있는 친밀한 관계가 부족한 경험을 하는 것이었다. 집 밖에서 일하는 것은 보호 요인으로 작용하였고, 스트레스의 영향을 완화시켰다. 특히, 낮은 자존감 또한 의미 있는 취약성 요인이었다. 자존감은 네 가지 위험 요인 모두에 관계되어 있다. Brown은 특히 사회적 조건에 관심이 있었다. 그는 사회적 계층과 우울 사이의 강한 상관을 발견하였다. 노동자 계층의 여성은 중산 계층의 여성보다 더 우울하였다. 이는 사회 계층 자체가 우울과 관계가 있기 때문이 아니라, 오히려 낮은 사회 계층이 높은 수준의 역경 및 스트레스와 관계가 있기 때문이다.[232]

이후의 연구는 이 다양한 요인이 취약성이 된다는 사실을 분명히 했다. Bowlby의 견해와 일치되게(제6장 '아동기 역경' 참고), Brown은 삶의 초기에 엄마를 상실한 뒤에 적절한 돌봄이 제공되지 않을 때, 즉 방임이나 부모의 거부를 겪었을 때 우울에 취약해진다는 결과를 제시하였다.[245] 초기의 부적절한 돌봄은 또한 낮은 자존감에 기여하며, 현재의 친밀한 관계의 갈등 또한 그렇다. 결국 친밀한 관계에서 겪는 어려움, 즉 사회적 지지의 부족 또한 취약성 요인의 또 다른 한 부분이다. 스트레스의 위기 속에서 친밀한 사람의 지지를 경험하는 것은 우울에 대한 강력한 보호 요인이 된다. 위기 속에서 지지는 의지할 수 있는 대상이 된다.[246] 우울한 여성은 우울을 겪은 바로 전 해에 지지를 많이 경험하지 못하고, 여러 가지 실망을 경험했을 수 있다. 여성이 골칫거리를 털어놓으면 이전에 지지를 제공하던 파트너, 예를 들어 남편은 위기의 시기에 지지를 제공하지 않았다. 왜냐하면, 위기가 그 관계에서 시작되었기 때문에, 또는 파트너가 지지적이지 않았기 때문이다(예: 문제의 중요성을 축소하거나 문제를 다루기를 원치 않는 것). 특징적으로 또 다른 여성(예: 종종 자매, 엄마)과 친밀한 관계를 맺고 있는 독신 여성은 위기 속에서 지지를 추구할 때 가라앉는 느낌을 훨씬 덜 느꼈다.

Brown의 연구 결과의 외연을 확장하면, 우리는 우울을 촉발하는 경로가 아주 많다는 것을 쉽게 상상할 수 있다. 예를 들어, 아동기에 엄마를 상실한 소녀는 이후에 돌봄받지 못하고 방임을 경험할 수 있다. 그녀는 낮은 자존감을 키우고, 대인 관계에서 의미 있는 갈등을 경험한다. 친밀한 친구가 부족하고, 사랑받을 가치가 있다고 느끼지 못하는 그녀는 자신을 제대로 대우하지 못하는 문제 있는 남성과 결혼한다. 그녀는 어린 나이에 임신하고, 아기를 양육해야 하는 책임을 떠맡는다. 결혼 갈등으로 인해 남편은 친정아버지가 죽어 가고 어린아이가 목숨을 잃을 뻔한 부상을 당한 위기에 직면해도 그녀에게 지지를 제공하지 않는다. 그녀는 실망감을 느끼고 처치를 받아야 할 정도의 우울을 겪는다.

상상하기 어려울 정도의 복잡한 요인이 관련 있고, 그 요인 간에 여러 가지 조합이 발생한다는 사실을 참조하면, 연구자들은 우울의 발달에서 공통된 패턴을 찾으려는 시도가 벅찬 과제라는 사실에 당면한다. 그러나 정신의학자 Kenneth Kendler와 동료들은 성인 여성 쌍둥이를 대상으로 한 연구에서 이 대단한 과제를 해결하고자 씨름했다.[247] 우울의 취약성 요인이 복잡하게 발달한다는 사실을 강조하기 위해, 내가 여기서 제시하는 많은 정보를 받아들이려면 단단히 결심하는 것이 좋을 것이다. 이전의 연구를 바탕으로, 연구자들은 우울에 민감하게 만드는 데 한몫하는 18가지 요인을 찾아냈다. 그들은 이 요인을 다섯 가지 발달 기간으로 나눠 유목화했다.

1. **아동기 요인 4가지**: 유전적 위험, 붕괴된 가족 환경, 아동기 성폭력, 아동기 부모 상실
2. **초기 청소년기 요인 4가지**: 신경증적 경향성(정서적 불편감을 느끼는 경향성), 낮은 자존감, 불안장애, 품행 장애(반사회적 행동)
3. **후기 청소년기 요인 4가지**: 낮은 교육 수준, 외상, 낮은 사회적 지지, 물질남용
4. **성인기 요인 2가지**: 이혼 경험, 과거의 주요 우울 경험
5. **우울 발생 전년도의 4가지 요인**: 부부 문제, 지속되는 어려움, 운명적 사건, 일정 부분 자가생성된 스트레스 사건

이런 다양한 발달 요인이 함의하는 것처럼, 어쩌면 우울의 발달 경로는 셀 수 없을 정도로 많을 수 있다. 여기에는 유전적 민감성, 성격 요인, 삶의 경험 등이 서로 뒤얽히는 것도 포함된다. 숲과 나무를 구별하고자 통계 분석을 활용해서 Kendler와 동료들은 세 가지의 폭넓은 우울 발달 경로를 확인했는데, 이 모두는 유전적 요인과 얽혀 있었다.

1. 우울의 유전적 위험이 있으면, 초기 청소년기에 신경증적 경향성, 낮은 자존감, 불안장애가 뒤따랐다. 이것들에 뒤따라 과거의 주요 우울을 경험하고, 현재의 우울 삽화가 발생하였다.
2. 초기 청소년기의 품행 장애와 후기 청소년기 물질남용에 우울 경험이 뒤따랐다. 이 모두는 현재의 우울 삽화로 이어졌다.
3. 초기 아동기 요인(붕괴된 가정 환경, 성폭력, 부모의 상실)에 후기 청소년기 요인들(낮은 교육 수준, 외상, 낮은 사회적 지지), 성인기 요인(이혼의 경험과 과거 우울의 경험)이 뒤따랐고, 현재의 우울을 겪기 전년도에 이 모든 스트레스의 형태가 쌓여 현재의 우울 삽화가 발생하였다.

스트레스와 우울의 과정

지금까지 우울 삽화가 촉발되는 데 스트레스가 되는 삶의 사건이 하는 역할을 주로 알아보았다. 우리는 첫 삽화를 넘어선 이후의 우울 과정에서 지속적인 스트레스의 역할을 고려하기 위해, 이후의 우울 삽화에도 발달적 관점을 계속 적용할 수 있다.

회복

놀랄 것 없이, 우울 삽화를 겪는 동안 발생하는 지속되는 어려움과 스트레스가 되는 삶의 사건은 삽화의 기간을 연장시키고, 항우울제 처방을 포함한 다른 처치의 효과를 방해한다.[231, 232] 역으로, Brown의 연구는 지속되는 어려움들을 해결하는 것이 더 빠른 회복과 관계가 있다고 제안했다.[248] 게다가 Brown에 따르면, **새 출발**(fresh start), 즉 새로운 관계, 새로운 거주지, 좋은 고용 기회는 종종 회복의 전조가 되었다. 때때로 새 출발은 스트레스가 되는 사건들의 또 다른 면일 수 있다. 예를 들어, 나쁜 관계의 붕괴는 좋은 관계를 맺을 기회를 제공한다. 게다가 잠정적인 외상적 사건에 노출되는 것, 예를 들어 죽음과 접촉하는 것은 때때로 삶의 우선순위를 다시 평가하게 해서 삶에 책임을 지는 주체성을 더욱 크게 발휘하게 하여 기분의 개선을 가져올 수 있다.[23]

재발

스트레스가 되는 사건들은 우울의 초기 삽화의 발생과 재발, 즉 새 우울 삽화의 발생에 한몫한다. 상담자와 연구자는 다음의 중요한 질문에 진지한 관심을 보여 왔다. 즉, 스트레스가 초기 삽화에서 한몫하듯, 재발 삽화에서도 중요하게 한몫하는가? 정신의학자인 Robert Post는[249, 250] 스트레스가 되는 삶의 사건이 우울장애의 재발 삽화보다 초기 삽화의 발생에 더 큰 역할을 한다는 증거를 많이 제시하였다. 그는 반복되는 스트레스에 노출된 결과로 스트레스에 대한 반응이 높아지는 현상인 **민감화**(sensitization)를 바탕으로 이런 관찰을 설명하였다. 여기서 우리는 민감화 현상을 벌침에 비유할 수 있다. 즉, 알레르기 반응을 보이는 사람은 지난번 벌침에 쏘였을 때보다 각각의 새로운 벌침에 쏘이면 더 부정적 효과를 겪는 민감화 반응을 보인다. 민감화 과정에서 중요한 것은 우울 삽화가 그 자체로 스트레스의 원천(stressor)이 된다는 것이다. 그래서 Post는 민감화 과정의 부분으로, **우울 삽화가 우울 삽화를 낳는다**고 제안하였다. 각 삽화가 이후에 일어나는 부가적인 삽화의 점증되는 취약성 요인으로 작용하기 때문에, 회복과 행복의 수준을 높이려면 맹렬한 개입과 주체성을 발휘하는 것이 중요하다.

Post가 제안한 민감화는 연구자에게 일종의 구호가 되었다. 그리고 스트레스와 우울 삽화 재발 사이의 복잡한 관계는 활발한 연구 영역이 되었다.[100, 232] 예를 들어, Brown과 Harris는[251] 스트레스가 초기 삽화와 재발 삽화 모두를 촉발한다는 결과를 발견하였다. 한편, 재발 삽화가 스트레스에 의해 촉발되지 않는 것처럼 보이는 사람도 있었다. 물론 그들의 초기 삽화는 스트레스로 촉발되는 것으로 보였다. 스트레스의 초기 삽화 및 이후 삽화에 대한 상대적 기여도를 살핀 후속 연구의 결과는 일관되지 않았다.[100] 반면, 잘 설계된 일부 연구는 재발 삽화는 분명히 스트레스가 되는 사건과 관계가 더 적다는 결과를 확증하였다.[231]

청소년기 우울에 대한 두 연구는 스트레스가 우울의 재발에 잠정적 역할을 하고, 우울이 청소년의 발달에 부정적 역할을 한다고 강조한다. Oregon 청소년 우울 프로젝트는[252] 스트레스의 누적이 초기 우울 삽화들과 관계있다는 증거를 찾았다. 즉, 1년 동안 스트레스가 되는 사건을 3번 또는 4번 경험한 청소년은 더 적은 사건을 경험한 청소년보다 우울할 가능성이 5배 높았다. 그러나 이 연구에서 스트레스로 경험된 여러 가지 사건 모두가 우울 삽화의 재발에 한몫을 하는 것은 아니었다. 다른 연구는 고등학교 졸업 시점부터 5년 동안 여자 청소년을 추적 조사하였다.[67] 놀랍게도 과거에 우울을 경험한 연구 참가자의 70%는 고등학교 졸업 후 5년 내에 재발을 경험했다. 이 연구는 삽화적 스트레스가 우울의 발달과 재발 모두에 강력한 촉발 원인이 되는 반면에, 만성적 스트레스는 우울의 시작을 촉발하나 재발은 촉발하지 않는다는 결과를 제시하였다. 이 연구는 또한 우울한 청소년이 대인관계에서 (일정 부분 자가생성된) 높은 수준의 스트레스를 계속 경험하고, 더 많은 우울 삽화들을 겪는 데 취약해진다는 결과를 제시하였다.

복잡한 연구 결과들이 우리를 주눅들게 하지만, 스트레스와 우울이 자가영속하는 악순환을 하며, 우울의 취약성은 전 생애 동안 높아질 수 있고, 이는 청소년기 또는 그 이전에 시작된다는 것에 우리가 관심을 가져야 할 충분한 이유가 많다. 더욱 복잡한 것은 스트레스와 우울의 재발 사이의 관계가 유전적 위험의 영향을 받는 것이다. Kendler와 동료들의 성인 여성 연구는[253] 개인이 우울에 민감해지는 두 경로를 밝혔다. **환경적 경로**는 유전적 민감성이 낮은 사람에게 해당된다. 즉, 스트레스가 되는 사건들이 초기 삽화를 촉발하는 데 단단히 큰 몫을 하고, 이후의 삽화 유발에는 그 몫이 줄어든다(이는 민감화가 시간에 따라 달라질 수 있음을 제안한다). 이와 대조적으로, **유전적 경로**는 유전적 민감성이 높은 사람에게 해당된다. 즉, 스트레스가 되는 사건은 초기 및 이후의 삽화에서 우울을 유발

하는 데 비교적 적은 정도로 역할을 한다(이는 곧 유전적 민감성을 뜻한다).

스트레스 줄이기

우울에서 스트레스는 비중 있는 역할을 하며, 이로 인해 두 가지 도전 과제를 제시한다. 첫째는 피할 수 없는 스트레스를 최소화하는 것이고, 둘째는 우울 발생의 출발점인 스트레스에 효율적으로 대처하는 방법을 배우는 것이다. 요약해서 말하면, 우울을 촉발하는 데 한몫하는 의미 있는 양의 스트레스는 운명적 스트레스, 즉 피할 수 없고 당신의 통제에서 벗어난 스트레스이다. 그러나 우울 발생에 한몫하는 스트레스의 두드러진 원천은 일정 부분 자가생성된다. 이 스트레스는 실제로는 쉽지 않아도, 이론적으로는 피하는 것이 가능하다. 당신은 살면서 여러 가지 방식으로 스트레스를 생성한다. 예를 들어, 당신은 실제로 할 수 있는 것보다 더 많은 과제, 책임, 헌신을 떠맡고, 위험한 활동들을 하거나, 물질과 알코올을 남용하고, 또는 충분한 잠을 자지 않고 건강을 소홀히 해서 지나치게 피곤하거나 병이 나게 만들어 스트레스를 경험할 수 있다. 이런 식의 모든 스트레스 생성은 우울에서 회복해 행복해지려면 주체성이 중요하다는 것을 증명한다. 다시 말해, 당신은 생활양식을 개선해서 변화를 유도할 힘을 발휘할 필요가 있다. 당신이 변화하는 것이 쉽다고 말하는 것이 아니다. 변화하는 것은 매우 어려울 수 있다. 그것은 장기적인 프로젝트이다.

우울에서 회복하기 위해서 삶의 양식을 변화시켜야 한다는 것이 우리를 주눅들게 하는 유일한 도전 과제는 아니다. 대인관계 문제는 일정 부분 자가생성되고, 우울을 유발하는 가장 중요한 스트레스의 원천이다.[100] 이 영역에서 스트레스를 최소화하는 것은 가장 큰 도전 과제의 해결을 필요로 한다. 다시 말해, 더욱 안정된 애착관계를 개발할 필요가 있다. 그러려면 스트레스가 되는 관계를 형성하고 유지하는 데 당신이 어떤 역할을 했는지를 먼저 아는 것이 중요하다. 예를 들어, 당신은 부주의하게 너무 빠르게 너무 깊은 관계를 맺었을 수 있다. 그래서 신뢰하기 어렵거나 당신을 정중하게 대우하지 않는 사람과 애착을 형성했을 수 있다. 그렇지 않으면 당신이 겪고 있는 어려움과 딱 들어맞는 문제를 가진 사람을 선택해서, 당신이 좋은 대우를 받을 자격이 없다고 믿었거나, 당신을 힘들게 만드는 상대방의 마음 상태를 개선할 수 있다고 상상했을 수 있다. 또는 당신은 아동기 초기부터 불안정 애착 패턴을 계속 유지했을 수 있다. 예를 들어, 회피 애착 패턴은 관계에서 감정의 거리를 두기 때문에 당신의 관계에 긴장을 일으켰을 것이다. 양가 애착 패턴은 관계에서 마찰과 불안정을 일으켰을 것이다.

더욱 구체적으로, 당신은 갈등을 부추기는 방식으로 행동했을지 모른다. 예를 들어, 상대방을 비난하고, 갈등을 피하기 위해 상대방에게 안심시키는 말을 요구하고, 상대방을 독점하거나 질투를 하고, 논쟁을 일삼고, 말을 가로막고, 부루퉁하고, 호감을 철회하고, 원하는 것을 요청하는 의사를 표현하지 않고서 원하는 것을 얻지 못했다고 화를 내고, 약속을 어기고, 종종 충분히 또는 분명하게 의사소통하지 않는 등의 행동을 했을 수 있다. 이 모든 행동은 많은 사람이 저지르는 실수이다. 그러나 그 행동은 우울 성향이 있는 사람에게 우울을 유발하는 대인관계 스트레스를 생성할 수 있다. 문제가 되는 이러한 관계 패턴은 뿌리가 깊어 변화시키기 어려울 수 있다. 그러나 당신은 노력과 도움으로, 예를 들면 대인관계 심리치료와 부부치료의 도움으로 그 행동을 변화시킬 수 있다(제13장 '지지하는 관계' 참고).

제7장은 외부 스트레스, 즉 타인에 의해 관찰되고, 객관적으로 기술되고, 신중하게 연구될 수 있는 스트레스 사건과 지속되는 어려움에 초점을 맞추었다. 나는 또한 궁극적으로 이 사건에 대한 주관적인 경험, 즉 그 사건과 어려움이 당신에게 갖는 '의미'가 스트레스를 생성한다고 강조하고 싶다. 제8장에서는 내부 스트레스에 초점을 맞춘다. 내부 스트레스란 당신의 마음에서 계속되지만 인식하기 쉽지 않은 스트레스이다. 여기서 또한 일정 부분 자가생성되는 스트레스를 다룰 것이다. 그리고 희망에 대해서도 이야기할 것이 있다. 즉, 당신은 그 내부 스트레스에 영향력을 행사할 수 있다.

제8장

마음의 스트레스[24)]

당신이 자애롭고, 사랑하며, 자비의 태도로 자신과 관계할 때 더욱 긍정적인 자기가치가 발달한다. 당신 자신과 자애로운 관계를 맺는 맥락에서 당신의 마음속 건설적 비평을 더욱 잘 수용할 것이다. 이는 당신이 선의를 가진 타인의 건설적 비평을 수용하는 것과 마찬가지이다. 반면, 위협적이거나 자기를 경멸하는 태도로 자신과 관계하면 당신의 우울은 더 악화될 수 있다. (본문 중에서)

우리는 외부에서 발생한 여러 가지 스트레스 사건을 객관적으로 기술할 수 있다. 다시 말해, '배우자가 세상을 떠났다. 이혼을 하였다. 직장을 잃었다. 또는 주차장에서 괴한에게 폭행당했다.'처럼 기술할 수 있다. 이 사건에 대한 당신의 주관적 정서 경험이 그 사건을 스트레스로 만든다. 당신의 주관적 정서 반응은 그 사건이 당신에게 무엇을 의미하는지에 따라 결정된다. 다시 말해, 1) 그 사건을 되돌아보며 생각하는 방식, 2) 그 사건의 장기적 결과를 어떻게 예상하는지에 따라 결정된다. 극단적이고 완화되지 않는 스트레스에 당면하면 당신은 굴욕감과 덫에 걸린 듯 절망을 느낄 수 있다. 당신은 여러 가지 괴로운 정서(불안, 공포, 수치, 죄책, 분노, 절망)에 휩싸인 듯 느낄 수 있다. 원천이 무엇이든, 계속되는 괴로운 정서는 우울을 유발한다. 우울은 그 자체로 오래 지속되는 괴로운 정서 상태이기도 하다.

제8장에서는 우울에서 자주 나타나는 마음의 세 가지 정서적 스트레스, 즉

1) 완벽주의, 2) 죄책감과 수치심, 3) 분노(anger)와 분개(resentment)를 알아본다. 제8장의 결론은 이 세 가지 스트레스가 당신이 '자신과 관계를 맺는 방식'과 관계가 있다는 것이다. 제7장에서 논의한 스트레스가 되는 삶의 사건이 그랬듯, 제8장에서 논의하는 마음의 정서적인 스트레스는 자가생성되며, 그 뿌리는 마음의 갈등(internal conflicts)에 있다. 당신이 자기비난을 피하기를 바란다면, 희망의 메시지는 다음과 같다. "당신은 마음의 스트레스에 어느 정도 영향력을 행사할 수 있다." 그러나 나는 겸손한 태도로 말하고 싶다. "나는 당신이 정서를 완전하게 조절할 수 있다고 믿지 않는다. 하지만 당신이 마음의 스트레스를 호전시킬 수 있다고 믿는다."

완벽주의

완벽주의는 자가생성 스트레스의 가장 좋은 본보기이다. 이런 자가생성 스트레스는 마음을 어지럽혀 스트레스가 누적되게 한다. 완벽을 바라는 당신은 평가, 비평, 실수 등에 골몰한다.[254] 당신은 자신을 계속 심문하고, 마음과 환경이 당신을 인정하지 않는다는 생각에 휘둘린다. 완벽주의는 불편감을 일으키는 정서, 즉 불안, 좌절감, 수치심, 분개, 우울 등을 유발한다. 완벽주의는 부정적 정서를 악화시키고, 긍정적 정서는 약화시킨다. 완벽을 바라는 당신은 이뤄 낸 성취와 성공을 즐기기보다 얼마나 부족한지에 모든 주의를 기울여 즐거움과 만족감을 누릴 기회를 박탈한다. 당신은 아주 잘하고 무척 성공해도 목표를 계속 높여 그 높은 포부에 미치지 못하고 실패자라고 느낀다. 이것은 악순환한다. 다시 말해, 당신이 느낀 실패를 보상하기 위해 시야를 더욱 비현실적인 포부에 맞춰서 또다시 실패할 가능성을 높인다.[255]

완벽주의에 대한 이런 관점을 읽은 당신은 곧장 반대 입장을 말할 수 있다. 물론, 완벽주의가 완전히 나쁜 것은 아니다. **긍정적 완벽주의**는 높은 기준을 유지하는 것을 뜻하며, 그것은 높은 성취 욕구와 관계있고 건강하게 경쟁하는 것을 뜻한다.[256] 이런 완벽주의는 **성실성**, 즉 적응에 유익한 성격 특성이다. 긍정적 완벽주의는 높은 성취, 만족감과 관계가 있다. 그러나 완벽주의에 자리 잡은 높은 설정 기준이 자기의심, 부적절감, 불안정한 자존감과 결부되면 당신은 숨 막히게 된다. 불안정감, 열등감을 극복하기 위해 완벽을 추구할 때, 당신은 불안과 우울을 부추기는 승산 없는 싸움의 악순환에 빠질 수 있다.

완벽주의의 유형

완벽주의는 다양한 의미를 내포하며, 그것의 여러 가지 속성은 많은 문제를 일으킬 수 있다. 당신은 다양한 삶의 영역, 예를 들어 직장, 학교, 글쓰기, 말하기나 신체 외모 중 하나 또는 그 이상에서 완벽함을 바랄 수 있다. 당신이 완벽함을 추구하는 영역이 많을수록 정서적 압박과 긴장은 분명히 높아질 것이다.

연구자들은 완벽주의를 세 가지로 구별한다.[256] 첫째, **자기지향의**(self-oriented) **완벽주의**는 스스로 높은 기준을 설정하는 것을 뜻한다. 기준이 합리적이면, 자기지향의 완벽주의는 긍정적이고 적응에 유익하다. 반면, 기준이 비합리적이면, 자기비평, 불안, 부적절감을 부추긴다. 둘째, **사회적으로 부과된**(socially prescribed) **완벽주의는 타인이 당신에게 완벽을 요구한다**는 비현실적인 믿음을 의미한다. 부모, 교사, 사장, 파트너 등이 당신이 불가능한 것을 해낼 거라 기대한다고 생각하는 것이다. 사회적으로 부과된 완벽주의는 당신을 취약하게 만들어 비난받는다고 느끼게 하며, 불안, 분개와 같은 부정적 정서를 유발한다. 사회적으로 부과된 완벽주의는 타인에게 부정적으로 평가될 거란 느낌을 포함하기 때문에, 죄책감과 수치심 같은 고통스러운 감정과 특히 결부된다. 또한 사회적으로 부과된 완벽주의에 포함된 타인의 욕구, 기대, 비평에 대한 비현실적 믿음은 대인관계 스트레스를 일으킨다. 당신의 불안과 분개는 대인관계에 갈등을 유발하고, 거리감, 고독감을 느끼게 만든다. 셋째, **타인지향의**(other-oriented) **완벽주의**는 당신이 자녀, 학생, 종업원, 파트너 같은 타인에게 완벽을 요구하는 것이다. 타인지향의 완벽주의는 타인과 멀어지게 하고, 타인에게 불안, 수치, 분개의 감정을 야기하여 대인관계 스트레스와 갈등을 조장하며, 타인을 압박하고 우울하게 만든다.

비록 이 세 가지 완벽주의가 서로 구분되더라도, 서로가 서로를 부추길 수 있다. 예를 들어, 당신은 자신의 완벽주의를 타인에게 투사해서, 타인이 당신에게 완벽주의를 요구한다는 비현실적 믿음을 가질 수 있다. 이외에도 자신이 설정한 비현실적 기준을 타인도 똑같이 갖고 있다고 믿을 수 있다. 따라서 형태가 같지 않더라도, 완벽주의는 세 가지 방식으로 스트레스 누적을 일으킬 수 있다. 1) 완벽주의는 마음에 정서적 압박을 가하고, 2) 대인관계에 갈등을 일으키며, 3) 사회적 지지를 망가뜨린다. 더욱이 완벽주의는 스트레스 누적을 악화시키는데, 예를 들어, 일중독과 같이 스트레스가 되는 생활양식과 제휴하는 경향이 있다.

완벽주의의 발달

완벽주의를 조장하는 발달 경로는 다양하다. 환경의 기여(예: 가정에서)뿐 아니라 아동이 기여하는 몫을 고려하는 것이 중요하다.[257] 환경의 측면에서 아동은 부모의 (자기지향의) 완벽주의를 동일시하거나, 타인지향적 완벽주의를 지닌 부모의 영향으로 사회적으로 부과된 완벽주의자가 될 수 있다. 완벽주의자에게 자주 관찰되는 가족 배경은 부모의 요구 수준은 높고, 온정과 애정의 수준은 낮다는 것이다.

그래서 초기 애착관계는 완벽주의의 문제를 악화시킬 수 있다. 제5장('애착')에서 기술했듯, 심리학자 Sydney Blatt은[159] 두 가지 우울 유형, 즉 1) 의존적 우울, 2) 자기비평적 우울을 구별했다. 부적응적 완벽주의는 극단적인 자기비평적 우울의 전형적 예라고 볼 수 있다. 가혹하고 처벌적인 아동기 관계는 내면화된다. 환경에서 완벽해야 된다는 메시지를 받은 아동은 마음에서 완벽해야 된다는 소리를 듣고 압력을 느낀다. 이 패턴은 성인기에도 계속된다. 제5장에서 언급했듯, 아동기에 거부된 느낌은, '더 많은 거부를 당할 모험을 하기보다 자신에게 의지하는' 회피 애착 양식을 유발한다. 회피 애착 양식은 성인기에 계속된다. 그리고 대인관계에서 느끼는 고립감은 완벽주의자의 타인을 향한 비평적 판단으로 인해 더욱 악화된다.

완벽주의는 또한 구조와 질서를 제공함으로써 무질서하고 방임하는 가정 환경에 대해 아동이 대처하는 방식이 될 수 있다. 더불어, 부모에게 학대받는 아동은 완벽한 아이가 되고자 노력하는 것으로 대처할 수 있고, 또는 완벽을 추구하여 학대받는 형제와 동일한 운명을 겪는 상황을 피하고자 노력할 수 있다. 물론, 가족만이 완벽주의를 부과하는 호된 시련의 장은 아니다. 또래, 교사, 사회 규범 모두 완벽주의에 일조한다. 예를 들어, 현재의 사회 환경은 완벽한 몸을 만들라는 압력을 넣는 것으로 악명 높다. 섭식장애는 그런 완벽주의의 증상 중 하나이다.[258]

환경의 완벽주의에 대한 기여는 동전의 한 면에 해당될 뿐이다. 일부 어린이는 반항해서, 즉 기대에 반하는 일을 해서 완벽주의 부모의 요구를 거스를 수 있다. 다른 한편으로, 성실한 기질을 가진 아동, 문제해결을 지속하는 성향의 아동은 더욱 더 완벽주의자가 될 것 같다. 또한 불안한 기질을 지닌 아동은 완벽주의자가 되는 데 더더욱 취약하다. 그들의 불안은 실수에 대한 걱정, 비평에 대한 낮은 인내, 처벌에 대한 민감성, 높은 인정의 욕구로 나타난다. 마지막으로, 학교, 스포츠, 음악처럼 능력이나 재능을 드러낼 영역이 생기는 것 또한 완벽주의를 추구하게 하는 데 일조한다.

완벽주의 길들이기

완벽주의를 극복하는 데는 부적응 신념을 다루는(12장 '유연한 사고' 참고) 인지행동상담이 많이 사용된다. 『When perfect Isn't Good Enough(완벽으로 충분하지 않을 때)』라는[259] 책은 체계 잡힌 전략을 제공한다. 당신은 포부 수준을 낮출 필요가 있고, 이는 목적, 우선순위, 가치를 재고하는 것을 뜻한다. 간단히 말하면, 당신은 과대자기, 즉 완벽을 포기하고 겸손한 인간이 될 필요가 있다. 하지만 기대치와 도도한 목적을 낮추는 것은 고통스러운 상실을 동반할 것이다. 그리고 완벽주의적 기준에 부합하지 못해서 생기는 불안을 견디는 것을 학습해야 할 것이다. 그렇게 하면 당신의 불안은 시간이 지나면서 줄어들 것이다. 내가 진행하는 심리교육 집단에 참여하는 일부 내담자는 우회 전략을 제안한 바 있다. 즉, 그들은 성취의 기대를 옆으로 치워 둘 수 있는, 즉 비평적 평가에서 벗어나 시간을 보낼 활동을 찾는데, 이는 완벽주의를 비켜가기 위한 좋은 방법 중 하나이다. 새로운 취미, 예술을 추구하는 것이 좋은 예이다. 하지만 당신은 이 활동을 경연으로 만들지 않아야 한다. 이런 우회로를 택함으로써, 당신은 (자신 혹은 타인이 하는) 비평에서 벗어난 느낌으로 보상을 받고, 이것이 삶의 다른 영역으로 일반화될 수 있다는 것을 발견할 수 있다.

나는 완벽주의를 버리는 것이 쉽다는 인상을 주고 싶지 않다. 초기 애착관계의 문제는 수정하기 어려운 강력한 마음의 갈등을 일으킨다. 특히 완벽주의는 '한 개인이 자기비평을 완화시키는 데 도움이 되는 친밀하고 애정 어린 관계'에서 멀어지게 할 때 수정하기 어려운 강력한 마음의 갈등을 일으킨다. 여기에 역설(catch-22)이 있다. 즉, 완벽주의가 심리상담을 방해한다는 것이다.[256] 예를 들어, 완벽주의자는 심리적 어려움을 겪는데도 대체로 심리상담을 잘 추구하지 않고, 도움 없이 문제를 스스로 해결해야 한다고 느낀다. 게다가, 세 형태의 완벽주의가 대인관계에 문제를 일으키듯, 상담관계에서 문제를 일으킬 수 있다. 자기지향적 완벽주의자는 완벽한 내담자가 되기를 바랄 수 있다. 사회적으로 부과된 완벽주의자는 상담자가 비평적이고 획득할 수 없는 완벽을 요구한다고 느낄 수 있다. 타인지향의 완벽주의자는 상담자에게 완벽을 요구하고, 상담자의 단점에 좌절할 수 있다.

Blatt과 동료들은[260] 완벽주의 성향의 내담자가 보인 상담과 약물처치를 향한 반응이 그다지 좋지 않다는 결과를 제시했다. 완벽주의자는 작업동맹, 즉 상담자를 신뢰하고, 잘 기능하는 상담 관계를 형성하는 데 어려움이 있다.[261] 그러나 완벽주의자는 집중적인 장기적 통찰지향 상담에서 큰 이득을 얻는다. 이 집중상담 과정은 신뢰를 점진적으로 쌓고, 내담자가 자기, 타인, 상담자를 향한 비평적 관점들을 표현하고 탐색하게 한다. 비평을 개방하여 표현하는 것은 상담자에게 수용받거나, 내담자 자신이 스스로를 수용하기 위한 출발점이 되며, 점진적으로 수용은 더욱 강력해져 갈 것이다. 집중상담 과정은 관계 갈등과 씨름할 시간이 충분하기 때문에 완벽주의자는 자신의 성실성을 잘 사용할 수 있고, 상담에서 실질적 효과를 도출하기 위한 열망을 보일 수 있다.

죄책감과 수치심

우울한 사람이 완벽주의자이든 아니든 그들은 언제나 실패의 느낌과 씨름한다. 실패의 느낌은 죄책감과 수치심을 동반한다. 죄책감과 수치심은 고통스러우며 오래 지속된다. 두 감정은 또한 타인과 맺은 관계에 뿌리가 있다. 즉, 두 감정은 자의식 정서로 아동이 자신을 향한 타인의 반응을 알아차리고, 민감해지는 출생 후 두 번째 해에 발달하기 시작한다.[262]

죄책의 느낌

죄책의 느낌(guilt feelings)은 타인에게 해를 끼친 데서 기인한다. 우리는 사랑하는 사람에게 고통을 줬다고 느낄 때 겪는 죄책의 느낌이 최고로 고통스럽다. 우리가 해를 끼쳤을 때 겪는 죄책의 느낌은 적응적일 수 있다. 다시 말해, 그 느낌은 우리가 잘못을 바로잡도록 촉구하고, 또 다른 잘못을 하지 않게 한다. 그러나 심각한 우울을 겪는 사람은 종종 비이성적일 만큼 죄책의 느낌을 갖는다. 그 느낌은 실제로 타인에게 끼친 해가 무엇이든 그 해를 훨씬 능가할 정도이다. 죄책의 느낌은 우울할 때 너무나 뚜렷해서 우울의 진단기준에 포함되어 있다.[8] 물론, 타인에게 실제로 해를 가한 정도에 따라 우리 모두는 죄책의 느낌을 갖고 살아갈 방법을 찾는 것이 틀림없다.

우울은 상처에 모욕을 보태는 모양새로 죄책의 느낌을 부추기는 경향이 있다. 예를 들어, 당신이 우울해서 반추하는 경향이 있다면, 죄책감을 느끼는 사건을 되풀이해서 생각할 것 같다. 게다가, 당신은 우울한 결과로 죄책의 느낌을 가질 수 있다. 예를 들어, 당신은 일상의 역할을 잘 처리하지 못해서 타인을 힘들게 만든다고 느낄 수 있다. 당신은 우울로 인해, 당신의 상태를 타인이 걱정하고, 어쩌면 화를 느낀다고 생각할 수 있다. 타인이 당신을 부담스러워한다고 짐작되더라도, 그런 짐작은 당신의 우울한 기분 때문에 생겼을 수 있다. 이를 명심하라.

수치심

구체적인 행동으로 유발된 결과(effects)에 집중하는 죄책의 느낌과 반대로, 수치심은 당신의 기본 가치감과 관계가 있다. 최악의 경우, 수치심은 결함이 있다는 감정, 즉 당신의 핵심 자기가 나쁘다는 느낌에 바탕을 둘 수 있다. 현대 철학자 Martha Nussbaum의[263] 말대로, 수치심은 '개인의 존재의 온전함을 훼손할 수' 있다. 수치심은 손상되었고, 가치가 없고, 부적절하다는 느낌과 동행한다. 물론, 죄책감과 수치심은 공통점이 있다. 당신은 상처를 주거나 누군가를 실망시켜 죄책감을 느낄 때 또한 수치심을 느낄 수 있고, 마음 상하는 행동을 한 것은 당신의 핵심이 나쁘기 때문이라고 여길 수 있다.

죄책의 느낌과 마찬가지로 수치심은 당신을 괴롭히고, 고통스럽게 파열시킬 수 있다. 수치심은 몹시 고통스럽고, 그 강도가 혹독하다. 수치심과 죄책의 느낌 모두는 스트레스가 되고 당신을 지치게 하며, 수치심은 감정적 긴장을 일으킬 뿐 아니라 그것이 당신을 고립시키기 때문에 우울을 유발한다.[264] 수치심과 관계된 기본 충동은 철회이며, 수치심은 당신이 얼굴을 가리고 숨게 만든다.[265]

수치심은 특히 자기비평적 패턴의 우울을 겪는 사람에게 강력한 작용을 한다.[266] 우리가 완벽주의 관점에서 이미 살펴보았듯, 자기비평적 개인은 스스로를 결손이 있고, 가치가 없는 사람으로 간주한다. 그들은 또한 대인관계를 맺고 교제하고 있는 타인을 비평적이고, 요구가 많고, 거부하는 사람으로 간주한다. 사실, 수치심은 자기의 내부와 외부에서 기인한다. 수치심은 고립되었다는 느낌, 즉 버림받은 사람이라는 느낌을 동반한다. 대조적으로, 의존적 패턴의 우울을 보이는 사람은 고립감과 수치의 감정에서 어느 정도 보호를 받는데, 이는 그들이 지지를 더 잘 추구하기 때문이다.

죄책감과 수치심을 극복하기

Frank는 60대 초반의 남성 변호사로 꽤 성공했는데, 갑자기 법률회사를 그만두고 심한 우울에 빠졌다. 그는 일주일의 대부분을 침대에 누워 지냈고, 제대로 생활하지 못했다. 그가 우울에 빠지자 그를 매우 유능하고, 친절하고, 배려심 깊은 사람으로 생각했던 다른 사람들도 혼란스러워했다. 우울한 그는 타인이 그를 보는 것과 완전히 다르게 자신을 지각했다. 그는 자신이 매우 무능하고, 쓸모없고, 가치 없다고 느꼈다. 그는 상당한 재산을 모았고, 엄청난 전문적 기술을 가졌지만, 더 이상 아내와 딸을 부양할 수 없다고 믿었다. 실제로 그의 가족은 결국 가난하게 살게 되었다. 그는 가족의 기대를 저버렸다는 엄청난 죄책감을 느꼈고, 일을 못해서 생긴 가혹한 결과들을 계속 반추했으며, 이는 죄책감을 부추겼다.

Frank는 변호사로 일하는 내내, 겉으로 보이는 모습과 마음에서 느끼는 경험이 일치하지 않았다. 그는 아주 재능이 있었으나, 스스로를 심하게 채찍질했고, 고질적 불안을 겪었지만 아무도 눈치채지 못했다. 우울 삽화가 시작되기 몇 달 전에, 회사에서 생긴 변화가 불안을 악화시켰다. 그는 오랜 세월 동안 컴퓨터를 싫어했는데, 전산화된 요금 청구 체계가 새로 도입되자 그 상황을 피해 갈 수 없었다. 그는 도움을 요청하는 것을 어려워했고, 덫에 걸린 듯했다. 직업이 요구한 이 새로운 상황은 사업장에 많은 변화를 일으켰고, 회사는 경쟁사의 위협을 받고 있어 변화해야 했다. 그는 회사에서 가장 많은 존경을 받고, 매우 가치 있고, 인기 넘치는 변호사였는데 회사의 구조조정 계획을 들었을 때는 자신이 제일 먼저 해고될 거라 믿었다.

이것이 Frank가 첫 번째로 경험한 우울이다. 그는 이전에 정신과 처치를 받은 적이 없다. 오랫동안 불안으로 씨름했어도 그 이유를 생각해 본 적은 없다. 그의 우울은 그가 처음으로 그 감정의 심리적 바탕이 무엇인지 탐색하게 하였다. 명백히 Frank는 자기비평적 우울의 전형인데, 그 뿌리는 아동기인 것으로 보였다. 그의 엄마는 가정을 지배하고 다정다감하지 못한 인물로, 장남인 Frank에게 큰 기대를 보였다. 그리고 남편이 성공하지 못한 것에 실망했고, 좋지 못한 경제 사정에 분개했다. 그녀는 Frank가 아버지의 전철을 밟으면 안 된다고 결심했고, 이는 Frank가 보인 뛰어난 능력 덕분에 더욱 강화되었다. 그는 가족의 별이 되었다. 그러나 마음은 긴장으로 가득 찼다.

성공의 정점에 도달한 Frank는 회사에서 생긴 변화를 생각하면 성공의 발판에서 떨어질 날이 멀지 않았다고 예측했다. 그는 수입이 곤두박질칠 거라 확신했다. 그는 덫에 걸리고, 굴욕적이고, 절망스럽다고 느꼈다. 그는 아내와 딸들과 안정된 사랑을 주고받았어도, 사실 완전히 철수해서 고립된 상태로 침대에서 지냈다. 제대로 생활하기가 어려웠던 그는 병원에 입원해서 처치받는 것 외에 다른 방도가 없었다. 입원은 그의 죄책감을 더욱 부추겼는데, 입원으로 가정의 재정 상황이 더 악화되었기 때문이다. 이는 또한 그의 수치심과 굴욕감을 악화시켰다. 그는 '정신 문제가 있는 환자'가 된 느낌을 견딜 수 없었다. 더욱이 그는 처치가 도움이 될 거란 희망을 거의 갖지 않았다.

수치심과 부적절감을 느꼈으나, Frank는 병원 생활이 매우 해 볼 만하다는 것을 발견하였다. 그는 정보를 교환할 정도로 다른 환자와 잘 어울렸고, 여러 집단 모임에도 참석했다. 그는 심리상담을 받으면서 고통스러운 감정을 표현해야 하는 상황이 올 것을 예상하였다. 그는 철수해서 숨고 싶었다. 그가 꽤나 침묵을 지켰지만, 환자와 의료진은 그를 매력 있고 매너 좋은 사람으로 생각했고, 그에게 다가갔다. 그가 점점 더 많이 참여하게 되었을 때 기분은 나아졌다. 그는 자신의 가난에 대한 공포가 근거 없는 것임을 알아차렸다. 그는 재정적인 손해가 없는 것은 아니지만, 필요하면 은퇴할 수 있었다. 스스로 놀랄 정도로, 그는 직장에 복귀하는 상상을 때때로 하였다. 그는 여러 대안 중에서 무언가를 선택할 수 있다고 생각하기 시작했다.

처치를 받기로 결정내린 행동이 Frank가 회복하는 데 단단히 한몫하였다. 그는 도움과 정서적 지지를 찾아 나서기 어려울 정도로 심각하게 어려움을 겪고 있었다. 그는 덫에 걸린 느낌이었고 파멸될 거라 느꼈었다. 그는 자신을 얼마나 무모하게 몰아대고 있는지 알았고, 더욱이 접점을 찾아냈다. 즉, 부자가 될 필요가 없다는 사실을 알아차렸다. 또한 새로운 컴퓨터 기술 때문에 혼자 허둥대기보다 동료들에게 도움을 요청하는 것을 고려하기 시작했다. 기분이 나아졌을 때, 그는 우울이 자신의 현실 지각과 자신에 대한 생각을 얼마나 왜곡시켰는지를 예리하게 알아차렸다.

죄책감과 수치심은, 비난받을 만하고 가치 없다는 느낌으로 우울을 겪을 때

흔히 나타난다. 이 감정은 종종 비이성적 자기지각으로 악화되며, 우울한 사람이 지지를 제공할 수 있는 사람과 소원해지게 한다. 타인과 떨어져 고립되면 반추가 악화되고, 우울의 소용돌이는 아래쪽으로 점점 깊어진다. 어쨌든 이 고통스러운 자기훼손의 과정이 전도되어야 한다. 아마 가장 어렵겠지만, 첫 단계는 자기의 상태에서 벗어나 타인과 접촉하는 것이다.[25] 고립은 우울제나 마찬가지이다. 타인과 어울리는 것은 항우울제이다. Frank의 경험이 보여 주듯, 더욱 객관적 입장에 있는 타인과 이야기를 나누고 타인의 수용을 받는다는 느낌은 죄책감과 수치심에서 벗어나게 해 준다.

분노와 분개

감정의 폭발을 뜻하는 분노(anger)는 적응적 기능을 갖고 있으며 종종 필요하다. 분노는 그 사촌인 두려움처럼, 투쟁 또는 회피 반응의 한 측면으로 자기보호를 위해 진화했다. 자연스러운 분노는 활력과 힘의 원천이다. 예를 들어, 필요하면 당신이 자신을 옹호하거나 싸울 동기를 부여한다. 그래서 쉽지 않겠으나, 적절히 표현된 분노는 대인관계 갈등의 해결에 유익한 역할을 한다. 물론, 극단적으로 강한 수준의 감정 예를 들어 폭발적인 격노는 관계에 심한 타격을 입힌다.

여기서 나는 분노와 우울의 관계를 두 측면에서 살펴본다. 1) 분노가 자기를 지향할 때, 2) 분노가 억눌려 만성적 분개(resentment)로 바뀔 때를 알아본다.

자기지향의 분노

당신은 우울이 자기에게 전치된 분노라는 설명을 들어 본 적이 있을 것이다. 이는 당신이 자신에게 화가나 경멸할 때와 같은 경우에 사실일 수 있다. 자기에게 전치된 분노는 흔히 자기비평적 우울에 바탕하며, 우리는 자기비평적 우울이 초기 애착 관계에 뿌리를 두고 있다는 것을 알고 있다. Freud의 우울에 대한 통찰이 이런 설명의 근간이 되었다.

Freud는 간단한 질문에 복잡하게 답했다. 즉, 상실을 한 결과, 왜 어떤 사람은 애도를 성공적으로 마치는 반면에 다른 사람은 지속되는 우울을 겪는가?[267] 그는 정상적인 비탄과 멜랑콜리아의 차이에서 단서를 찾았다. 멜랑콜리아를 경험하는 사람은 상실에 맹렬한 자기비난의 반응을 보인다. Freud는 질문에 대한 답은 관계의 양가감정, 즉 사랑과 증오가 뒤섞인 감정에 놓여 있다고 믿었다(비록 그 증오가 종종 무의식 상태이고, 알아차림에서 벗어나 있어도). 사랑받다가 상실된, 즉 세상을 떠난 사람에 대한 비난이 자기비난으로 전치된다. 당신이 상실한 사람을 동일시하는 경향이 중요한 역할을 한다. 즉, 당신은 떠난 사람을 마음속에 통합하고 관계를 계속 유지한다. 그렇게 되면 분노는 떠난 사람이 아닌 당신을 향하게 된다. Freud는 또한 분노가 자기에게 전치되는 과정이 죽음이란 상실에만 제한되지 않으며, 당신이 감정적인 상처를 받고, 마음이 상하고, 실망하고, 방임당했다고 느끼는 다른 상황에서도 나타난다고 하였다. Blatt의[159] 자기비평적 우울 관점은 양가애착이 우울과 관계가 있다는 Freud의 통찰을 더욱 발전시킨 것이다.

분개

불안, 죄책감, 수치심처럼 오래 지속되는 정서로 유발되는 만성 스트레스는 궁극에는 우울을 유발하는 모진 세파로 작용한다. 나는 만성 분노(chronic anger)의 오래 지속되는 긴장의 원천인 분개(resentment)가 많은 사람이 우울을 겪는 데 단단히 한몫한다고 믿는다.[26] 내가 제5장('애착')에서 말했듯, 분개는 초기 애착관계의 문제와 관계있는 두 가지 우울 유형 모두에서 뚜렷이 나타난다. 의존적 우울에 취약한 사람은 분리되는 것과 상실에 매우 민감하다. 그래서 그들은 곤경에 처하게 된다. 즉, 그들은 분개를 표현하면 의지하는 사람과 소원해질까 봐 두려워한다. 그들은 분개의 감정을 표현하지 않는 과정에서 만성적인 감정의 긴장을 겪어야 한다. 극단적으로 완벽주의를 지향하는 자기비평적 우울을 겪는 사람은 자신의 결점으로 스스로를 경멸하며, 그들이 필적하지 못한다고 느끼는 (과거 및 현재의) 사람에게 분개를 전치시킨다.

왜 분개가 우울을 유발하는가? 확실히 분개는 스트레스로 작용한다. 분개는 만성적인 정서적 긴장의 한 형태이다. 나는 또한 분개하면 우울해진다고 생각한다. 왜냐하면 분개하는 것은 스포츠 경기로 치면 1점 뒤진 상태에 있다는 것을 뜻하기 때문이다. 다시 말해, 분개는 억압당한 느낌과 관계가 있다. 그리고 억압은 우울한 기분이 들게 한다. 즉, 당신은 덫에 걸렸고, 억누름과 억압을 당하고 있다고 느낀다. 나는 때때로 사람들이 우울한 이유가 모호해도, 특히 그 이유를 초기 애착관계까지 거슬러 가야 할 정도로 모호하더라도, 이유 없이 우울한 사람은 없다는 증거를 충분히 제시해 왔다. 내 견해로는 우울한 사람이 전형적으로 분노와 분개를 느끼는 이유가 있다. 많은 사람은 또한 자신이 보이고 있는 분노와 분개에 죄책감을 느끼는데, 이는 분노와 분개가 사랑, 감사, 충성 등의 감정들과 충돌하기 때문이다. 분노 및 분개와 관계된 자연스러운 충동은 되갚아 주고, 복수하는 것이다.[268] 따라서 당신은 실제로 누군가에게 분노를 표출하지 않고, 상처 주지 않았어도 당신의 분노 경향 때문에 죄책감을 느낄 수 있다. 게다가, 마치 분노와 분개의 감정이 당신을 뼛속까지 나쁜 사람으로 만들기라도 하듯, 수치심을 느낄 수 있다. 결국, 분개라는 정서적 옹이에 꽉 매인 당신은 자신의 분노를 생각하면 죄책감과 수치심이 뒤따르는 이중 옹이에 꽉 매일 수 있다. 이러한 정서적 이중 옹이에서 벗어나려면 분노와 분개의 감정들을 직면해 수용하고, 분노하고 분개하게 되는 이유들을 수용할 필요가 있다. 분노와 분개의 감정이 아동기의 뿌리와 비례하지 않더라도, 그들은 이유 없이 존재할 것 같지 않다.

분개를 해결하는 방안은 애착관계에서 생긴 문제를 해결하는 것이다. 충분히 자주, 이 문제는 부모와 이외의 다른 양육자와 맺었던 관계로 거슬러 올라간다. 현시점에서 그 문제를 해결하는 것은 가능하지 않을 수 있다. 그렇다면, 당신은 마음으로 이 갈등을 수용하는 법을 배워야 한다. 나는 이 오랜 분개가 현재의 여러 관계에서 유사한 갈등을 경험할 때 종종 부추겨진다고 믿는다. 이 현재의 갈등을 다루는 것이 과거에 뿌리를 둔 분개의 강도를 약하게 할 수 있다.

40대 여성 Greta는 2년간 지속된 우울 삽화로 입원해서 처치를 받았다. 그녀는 부모의 다툼을 보고 자라면서 아동기에 처음으로 우울해졌다. 그녀는 아버지를 냉담하고 화를 잘 내고, 기껏해야 어머니를 깔아뭉개고, 최악의 경우에 맹렬하게 어머니를 질책하는 사람으로 이야기했다. 그녀의 어머니는 만성적으로 우울하였고, Greta는 어머니에게 아버지와 맞서지 않고, 이혼하지 않는다고 화를 냈다. 또한 Greta는 어머니가 Greta 자신을 억누르고, 조용하고 바르게 행동해야 하며, 아버지를 적대시하면 안 된다고 말하는 것에 화를 냈다. Greta는 어머니가 별 소용도 없는데, 평화를 유지하는 것에 너무 관심이 쏠려 Greta 자신에게 관심이 없었다고 느꼈다. Greta는 정서적으로 방임당한다고 느꼈고 그런 상황에 또한 분개했다.

과거를 반복하지 않기로 결심한 Greta는 자신을 애정과 존중으로 대하고, 성격이 침착한 남성인 Joe와 결혼했다. 세 아이를 갖는 과정에서 둘의 관계는 점점 소원해졌다. Joe의 직업은 출장이 잦았고, Greta는 혼자 아이들을 돌봐야 했고, 한 아이는 과잉행동으로 매우 손이 많이 갔고, 또 다른 아이는 만성 질병을 앓았다. Joe가 집에 있을 때, 그녀는 화를 내며 그를 멀리하였고, Joe가 가사와 아이를 돌보는 노력을 하지 않는다고 생각하고 갑자기비난하기도 했다. Greta와 Joe는 서로 분노하는 악순환에 빠졌으며, 그런 중에 Joe는 더 많은 시간을 출장지에서 보냈고, 집에서는 가족과 잘 어울리지 않았다. Greta는 Joe의 정서적 방임에 분개했고, 이는 그녀가 아동기에 부모님과 경험했던 일과 유사했다. 그녀 또한 Joe에게 관여하지 않고 우울해졌다.

그녀는 처치를 시작했을 때 단지 우울하다고 느꼈다. 자신이 화가 났다는 것을 알지 못했다. Joe를 비평하는 말은 상담자뿐 아니라 입원 환자의 눈에 날 선 분노로 보였다. Greta는, 예를 들면 제때 전화하지 않는 것 같은 Joe의 사소한 단점에 사로잡혀 분노를 쌓아 가는 것으로 보였다. 그녀는 이런 패턴을 알아차렸을 때 처음에는 방어하였다. 그녀는 화내고 분노하는 것을 죄로 여겼다. 상담이 계속 진행되면서 그녀는 아동기에 화를 낸 이유와 결혼 생활에서 화를 내는 현재의 이유를 검토하면서 화난 감정을 더 잘 수용하게 되었다. 또한 과거부터 축적되어 온 화가 결혼 생활에서의 화를 어떻게 증폭시키는지 알게 되었다.

Greta가 자신의 화를 더욱 수용하게 되었을 때, Joe와의 갈등을 솔직 담백

하게 다루며 화를 해소하게 되었다. Joe는 기꺼이 자신의 출장 스케줄을 다소 조정하였고 Greta는 다른 지지원을 찾을 수 있었다.

용서

나는 분노의 가장 명백한 해독제가 화를 지속시키고 증폭시키는 현재의 관계 문제를 해결하는 것이라고 믿는다. 그러나 중요한 또 다른 해독제는 용서하는 것이다. 분개를 수용하고 처리하는 것이 중요하다. 왜냐하면 잘못된 것을 계속 강박적으로 생각하는 것은 관계 갈등뿐 아니라 정서적 스트레스의 주요한 원천이 되기 때문이다.[269]

용서하는 것은 쉽지 않으며, 한 사람이 어느 정도로 용서를 열망해야 하는지는 논쟁의 여지가 있다. 나는 분개를 옹호하지 않지만, 일부 논쟁가는 분개에 호의적 입장을 취한다. 이에 대해 알아 두는 것도 가치가 있다. 철학자 Jeffrie Murphy는[270] 악행에 대한 분노는 긍정적 기능을 한다고 제안한다. 즉, 자기존중을 유지하고, 자기보호를 증진하고, 도덕 질서를 존중하는 기능을 한다. 그는 용서는 조심스럽게 이뤄져야 하고, 용서하는 것이 쉽지 않다고 주장한다. 더욱이 철학자 Claudia Card가 말했듯[271] 용서는 흑백(all-or-nothing)의 문제가 아니다. 왜냐하면 용서하는 것은 적개심을 버리고, 회개를 수용하고, 처벌의 기회를 포기하고, 화해하는 것을 뜻하기 때문이다. 많은 예에서, '용서는 부분적으로 이뤄진다.'(예: 적개심은 버리나, 상처가 되는 관계를 재개하지 않는 것)고 말하는 것이 이치에 맞다.

자기용서(self-forgiveness)는 죄책감과 관련되어 작동한다. 즉, 실제로 피해를 주는 행동을 해서 그 가해의 정도에 비례하는 죄책감을 느낄 때 자기용서를 고려할 수 있다. 자신을 용서하는 것은 타인을 용서하는 것만큼 복잡하고, 당신이 끼친 가해의 정도에 따라 당신은 죄책감과 씨름할 것이 틀림없다. 문제가 되는 것은 자연스러운 감정인 분개 또는 죄책감이 아니다. 이 감정들은 자연스러운 감정이고 적응에 유용한 기능을 갖고 있다. 우울과 관련된 만성적인 정서적 긴장을 만드는 것은 이 감정에 계속 빠져 있는 것이다. 이는 주기적으로 감정을

터뜨리며 만족하는 것과 반대된다. 당신은 이 감정의 주기적인 표출을 인내하는 것을 학습할 수 있고, 그 감정을 인정하고 수용할 수 있으며, 그 감정의 토대를 이해하는 것을 학습할 수 있다. 이것은 우리가 중요한 문제에 관심을 갖게 만드는데, 그 문제는 바로 당신이 자신과 관계하는 방식이다.

당신 자신과 관계하기

> 우리는 무엇이든 숫자로 책정하는 것을 너무 좋아한 나머지 나 자신의 값어치를 매기는 일도 자연스럽게 받아들인다. …… 친구의 숫자가 관계의 깊이를 증명할 수 없으며 진정한 가치는 숫자로 측정되지 않는다. …… 삶의 가장 중요한 것은 숫자가 담을 수 없는 것에 있다.[27)]

7장에서 나는 대인관계 문제가 스트레스의 원천이 되어 우울을 일으킬 수 있다고 주장했다. 8장에서는 이 문제가 내면(內面)에서 경험되는 방식, 즉 정서적 소모가 우울을 일으킬 수 있다고 제안한다. 나는 내면의 정서적 스트레스를 당신이 자신과 관계를 맺는 관점에서 살펴보는 것이 유익하다고 믿는다. 우리는 자존감, 자기가치와 결부된 문제를 생각하는 데 익숙하지만, 나는 또한 당신이 무엇을 하고 있는지를 더욱 능동적 관점에서 생각해 보는 것이 유익하다고 믿는다. 다시 말해, 당신이 자신과 관계하고 있는 방식, 예를 들어 자신을 가치 있다고 여기는지, 자신의 가치를 절하하는지를 생각해 보는 것은 유익할 수 있다. 나는 자기가치로 시작한 다음, 당신이 자신과 상호작용하는 관점들을 알아보고, 좋든 싫든 당신이 자신과 애착관계를 맺고 있다는 제안으로 결론 맺는다.

자기가치

가장 오래된 연구 결과 중 하나는 우울이, 낮은 자기가치와 관계가 있다는 것이다. 그리고 '무가치감'은 우울을 진단하는 기준 중 하나이다.[8] 자기가치와 우

울 사이의 관계는 복잡한데, 자기가치는 여러 가지 측면의 의미를 갖고 있다.

아동기 자기가치의 발달을 연구한 결과에 터 해서, 심리학자 Susan Harter는[10] 일반적 자기가치(general self-worth)는 중요한 삶의 여러 영역에서 지각된 유능성과 의미 있는 관계를 맺고 있는 사람이 제공하는 인정의 정도와 결부되어 결정된다고 하였다. 사람들이 가치를 두는 유능성의 영역은 저마다 다르다. 예를 들어, 사람은 저마다 학업적 성공, 경기 수행, 호감도, 신체 외모에 가치를 두는 정도가 동일하지 않다. 놀랍게도 신체 외모는 연령, 성별, 국적에 상관없이 일반적 자기가치를 결정하는 데 가장 큰 영향을 미친다. 더군다나 대인관계가 자기가치에 미치는 영향도 사람마다 같지 않다. 어떤 사람은 또래의 수용을 부모의 수용보다 더 중요시하는 반면, 다른 사람은 그 역이다.

자기가치는 비교적 안정성이 있는 성격 특성인 동시에 어느 정도 변화 가능한 마음 상태이다. Harter는 기초선(baseline)의 자기가치와 기압처럼 변동하는(barometric) 자기가치를 구별한다. 두 측면 모두 우울과 관계가 있다. 비교적 오래 지속되는, 기초선의 자기가치가 낮은 것은 우울의 취약성 요인으로 작용한다. 우울에 대한 이 인지적 취약성 요인은 청소년기에 견고해지는 것으로 알려져 있다.[272]

그러나 우울과 자기가치의 관계는 일방적이지 않고 서로 영향을 주고받는다. 다시 말해, 우울을 경험하는 것은 기압이 변동하는 방식과 유사하게 자기가치가 낮아지게 만든다. 우울할 때 당신은 실패한 것에 상당히 주의를 집중한다.[28)] 더욱이, 우울 삽화를 겪는 것 자체가 '우울 삽화의 해결'과 이외의 '다른 영역'에 유익한 영향을 끼치는 자기가치에 해를 입힌다.[273] 예를 들어, 당신은 삽화에서 회복하더라도, 진로 계획을 처리하거나 또다시 우울해질까 봐 두려워 관계를 맺는 데 자신감을 잃을 수 있다.

이론적으로 자기개념과 자기가치의 매우 복잡한 특징은 역경에 처했을 때 틀림없이 우울의 보호 요인으로 작용한다. 당신이 학교나 직장에서 차질을 겪을 때, 당신을 좋은 사람으로 느끼게 하는 유용한 지지적 관계는 기분을 나아지게 하는 완충제의 역할을 하고, 반대로 중요한 관계에서 차질을 겪을 때, 관계 이외의 다른 영역에서의 성공이 그런 역할을 한다. 기압이 변동하는 방식과 유사하게 자기가치는 살짝 내려가나 곤두박질치지 않는다. 불행하게도 우울의 특징 중 하나는 **전반적 부정적 사고**(global negative thinking)이다.[236] 진단기준이 보여 주듯, 삶의 어떤 한 영역에서 실패하는 것은 다른 영역에서도 가치절하하는 전반적인 무가치감을 유발할 수 있다.

우리는 또 다른 '닭이 먼저이냐, 달걀이 먼저이냐'라는 논쟁을 마주한다. 다시 말해, 낮은 자기가치가 우울에 선행하는 취약성인가? 또는 우울이 자기가치를 떨어뜨려 일종의 상처를 만드는가?[274] 이미 시사했던 것처럼 두 가지 모두 사실이다. Harter는 이와 관련된 청소년 대상의 연구를 했다. 어떤 청소년은 자기가치가 낮아지면 우울해하였다. 예를 들어, 학업에서 실패하면 자기를 증오하며 우울해했다. 다른 청소년은 우울한 기분이 되면 자기가치가 낮아졌다. 예를 들어, 사회적 거부와 지속되는 우울이 자기를 비평하는 사고를 하게 했다.[29]

닭이 먼저이냐, 달걀이 먼저이냐를 논쟁하기보다 우리는 '우울과 자기가치의 관계'를 서로서로 부추기는 과정으로 볼 수 있다. 예를 들어, 스트레스가 되는 사건이 당신의 단점과 실패에 대한 우울한 반추를 일으키고, 그때 당신의 생각과 기분은 서로를 악화시키는 악순환에 빠져들게 된다. 심리학자 Rick Ingram과 동료들이[275] 이런 맥락에 대해 말한 바와 같이, 주요 우울 진단은 증상이 2주간 지속되는 것을 전제로 한다. 우울은 밤사이에 발생하기보다 오히려 '안정화되는 과정(stabilizing process)'을 요구한다. 그래서 부정적 사고의 수렁에 깊이 빠져 있는 당신을 벗어나게 하는 데 얼마간의 시간이 걸린다. 우리는 제12장('유연한 사고')에서 우울이 안정화되는 과정을 차단하고 방해하는 것이 우울에 대처하는 데 중요한 것이라는 것을 알게 될 것이다.

당신 자신과 상호작용하기

자존감과 자기가치가 기압처럼 변화하는 측면이 있다고 인정하더라도, 두 개념은 정적인 속성을 갖고 있다. 당신은 한 수준 또는 다른 수준의 자존감을 지속할 수 있다. 나는 주체성의 관점을 주창해 왔는데, 이는 당신의 자존감이 갖고 있는 안정된 특성의 측면에 초점을 맞추기보다, 당신이 자존감에 어떤 조치를 하기 위해 무엇을 할 수 있는지에 초점을 맞춘다. 우리는 자존감의 변화에 영향력을 행사할 수 있기를 바란다. 그래서 나는 당신의 자존감과 자기가치가 당신이 자신과 관계를 맺는 방식을 반영한 현상으로 보도록 격려하고 싶다.

당신이 자신과 관계를 맺는다는 개념이 생소하겠지만, 나는 그것을 매우 중요하게 생각한다. 우리 인간은 자신과 관계를 맺는데, 이는 우리 인간이 두 가지 형태의 의식을 갖고 있기 때문이다.[276] 첫째, 인간이 아닌 많은 다른 동물과 마찬가지로, 우리는 기본 인식능력(awareness)을 갖고 있다. 우리는 수면 중일 때 무의식 상태이다. 우리는 잠에서 깰 때 스위치가 켜진 듯 의식 상태가 된다. 둘째, 우리는 비교할 수 없을 정도로 다른 동물을 능가하는 자의식을 갖고 있다. 다시 말해, 우리는 의식하고 있는 것을 의식한다. 우리 인간은 단순히 자기인식만 하는 것이 아니다. 언어로 자신과 계속 대화를 한다.

자연스럽게 당신이 자신과 관계하는 방식은 타인과 맺은 관계의 질, 특히 애착관계의 질의 영향을 받는다. 당신이 타인과 대화하는 것을 배울 때, 자신과 대화하는 것을 배운다. 당신이 자신과 이야기를 하는 방식은 애착 인물들이 당신에 관해 당신에게 말했던 방식을 반영하고 있을 것이다. 이 아동기 초기의 대화는 마음에 간직될 수 있고 성인기까지 지속된다. 우리는 종종 이 과정을 과거의 '낡은 녹음 테이프를 켜 놓는 것'이라고 말한다.

당신이 자신과 관계를 맺는 모든 방식을 생각해 보자. 당신은 자신에 대해 생각한다. 당신은 자신에게 말한다. 이 과정에서 당신은 종종 자신을 향한 정서적 판단을 한다. 당신은 자신을 평가한다. 당신은 자신에 대해 생각하고 느낀다. 즉, 자신과 정서적으로 관계를 맺는다. 다른 친밀한 관계에서 그런 것처럼, 당신이 자신과 맺는 정서적 관계는 긍정적이거나 부정적인 분위기일 수 있다. 긍정적 측면에서 당신은 자신을 격려하고, 안심시키고, 위로할 수 있다. 부정적 측면에서 당신은 자신을 낙담시키고, 비평하고, 경멸하고, 고통을 안길 수 있다. 특히 당신이 우울할 때 그럴 수 있으며, 그래서 당신의 우울은 더욱 소용돌이치며 깊어질 수 있다.

당신은 수치심과 죄책감이 자신과 관계하는 방식에서 기인하는 것으로 생각할 수 있다. 이 감정은 자의식 정서라고 불린다. 기억나는가? 당신은 타인이 지

켜보는 가운데 죄책감과 수치심을 느낄 수 있다. 그래서 당신은 또한 자신이 지켜보는 가운데 죄책감과 수치심을 느낄 수 있다. 당신은 죄책감을 유발하고 수치심을 느끼는 방식으로 자신과 관계할 수 있다. 이런 관계는 당신의 자기가치를 낮아지게 한다. 이런 식으로 자신과 관계하는 것은 화를 돋우고, 좌절을 겪게 만들며, 분노와 분개를 유발하는데, 이는 타인과의 관계에서 일어나는 방식과 유사하다. 결국, 당신은 자신에게 화를 낼 수 있다. 화의 정도는 아마도 당신이 자신을 학대하는 정도에 비례할 것이다. 이 모든 과정은 당신을 우울하게 만든다.

강조했듯이 당신은 자신과 매우 폭넓은 관계를 맺는다. 당신이 자신을 방임하고, 물질 또는 알코올로 자기인식을 못하게 막아도, 당신은 자신과 항상 함께하고 있다. 당신이 자신을 대하는 방식은 이 폭넓은 관계가 축복이 되거나 저주가 되게 만들 수 있다.

당신 자신과 유대 맺기

앞의 추론을 한 단계 더 진전시키면, 당신이 자신과 맺고 있는 관계를 애착관계로 생각할 수 있다. 뉴질랜드의 철학자 Christine Swanton은[277] 자신과 **유대를 맺는(bonding)** 과정을 독창적으로 표현했다. 타인들과 맺은 애착관계를 반영하여, 당신은 자신과 비교적 안정적 또는 불안정적 애착관계를 맺을 수 있고, 자신을 지탱하기 위해 지지하고 정서적으로 조율하는 방식으로 스스로에게 의지할 수 있다. 조율하기 위해서 당신은 정신화하기를 해야 하는데, 이는 마음으로 당신의 마음을 읽는 것이다. 사실 당신 자신에게 공감하는 것이다.

Swanton은 개인이 자신과 유대를 맺는 것을 **자기사랑**의 맥락에서 기술하였다. 그녀는 개인이 자신과 맺은 유대가 강함, 활기(vitality), 활력(energy)을 제공한다고 보았는데, 이는 타인과 맺은 애착관계에서 애정 어린 유대가 그런 것과 마찬가지이다. 반면, 위협적이거나 자기를 경멸하는 태도로 자신과 관계하면 당신의 우울은 더욱 악화될 수 있다. 당신이 자애롭고, 사랑하며, 자비의 태도로 자신과 관계할 때 더욱 긍정적인 자기 가치가 발달한다. 당신 자신과 자애로운 관계를 맺는 맥락에서 당신의 마음 내부의 건설적 비평을 더욱 잘 수용할 것이다. 이는 당신이 선의를 가진 타인의 건설적 비평을 수용하는 것과 마찬가지이다. 반면, 위협적이거나 자기를 경멸하는 태도로 자신과 관계하면 당신의 우울은 더 악화될 수 있다.

제4부

우울 관련 장애

• 제9장 •

뇌와 신체

• 제10장 •

우울과 관련된 장애

• 제11장 •

건강

Coping With Depression

어려운 일을 하려면 그것이 쉬울 때 해야 하고,
큰일을 하려면 그것이 작을 때 해야 합니다.
세상에서 제일 어려운 일도 반드시 쉬운 일에서 시작되고,
세상에서 제일 큰일도 반드시 작은 일에서 시작되기 때문입니다.

출처: 노자 (2015). 도덕경. (오강남 역) 서울: 현암사, 287.

제9장

뇌와 신체

마음과 뇌의 관계는 양방향으로 움직인다. 항우울제의 투약은 뇌 기능을 정상으로 회복하는 데 도움이 되고, 뇌 기능의 회복은 다시 신체 건강과 정신의 안녕을 회복하는 데 도움이 된다. 역으로, 행동, 심리, 대인관계에서 생기는 긍정적 변화는 뇌 기능의 변화를 정상으로 되돌리는 데 도움이 된다. 생리와 심리의 상호작용은 투약과 심리치료를 병행하는 처치가 가장 좋은 처치가 되는 이유이다. (본문 중에서)

우리는 호기심에 차서 세상을 탐색하고, 열심히 세상에 관여하고, 영향력을 발휘하며, 사건에 유연하게 반응하는 능동적 행위자로 태어났다. 우리는 목적을 가진 지능적·창의적 행위자로 계획하고, 과거의 지식에 의지하며, 숙고하고, 여러 가지 대안을 만들고 행한다. 우리는 사회적 행위자로 애착을 형성하며, 우리가 하는 많은 일은 타인과의 협동을 필요로 한다. 그리고 우리는 정신화하기를 하는 행위자(mentalizing agent)이다. 즉, 우리는 타인에게 영향을 미치고, 그들의 영향력에 반응하는 과정에서 그들의 마음을 이해한다.

이 모든 행위는 우리가 대개 당연시하는 신체의 활력과 지적 능력을 굉장히 필요로 한다. 앞서 제3장('주도성과 자유행동 범위')에서 역설(catch-22)의 근본적인 징후를 다루었다. 다시 말해, 당신이 우울에서 회복하려면 주도성이 필요한데, 우울은 주도성을 방해한다. 우울은 당신의 활력과 창의적 사고를 방해하며, 당신이 타인과 관계 맺는 능력도 방해한다. 그래서 제3장의 요점을 반복하면, 우울한 당신은 의지 있는 행동만으로 회복할 수 없다. 당신이 이런 제안에 대한 생물학적 증거를 알고 싶다면 제9장에서 그것을 제공한다.

미리 알려 주면, 제9장은 다소 전문적인 과학 지식으로 채워져 있다. 생물학, 신경과학의 기초 지식이 부족한 독자는 제9장이 어려울 것이다. 당신은 모든 생물학적 세부 지식을 이해할 필요는 없지만, 나는 신경과학자가 확인한 몇 가지 생물학적 변화와 우울 사이의 연결 고리를 당신이 이해하면 이득을 볼 수 있다고 믿는다. 당신의 심정을 이해하기 때문에, 당신의 머릿속이 복잡해지도록 하지 않을 것이다. 그러니 안심하기 바란다.

우선, 뇌 조직을 소개할 것이다. 불가피하게도 뇌 조직의 소개 내용은 다소 난해하다. 하지만 그 내용은 우울이 뇌의 여러 영역에 미치는 영향을 밝힌 연구 결과의 의미를 이해하는 데 필요한 기초 지식을 제공한다. 뇌 조직에 관한 절에서 제9장의 주요 주제인 '전두엽 피질의 주도성'에 특히 관심을 기울이기 바란다. 그런 뒤 당신이 우울할 때 기분이 나빠지는 것이 스트레스 호르몬의 증가와 어떤 관련이 있는지 논의한다. 이런 논의는 화학과 관련이 있다. 나는 우울과 그 처치에 관계된 신경전달물질을 논의하고, 우울을 화학적 불균형으로 간주하는 개념을 설명할 것이다. 그런 뒤 뇌 활동에서 변화된 패턴이 당신의 동기를 어떻게 약화시키고, 대인관계와 같은 목표지향 활동을 추구하는 당신의 능력을 어떻게 감소시키는지를 이야기하면서 주도성을 다시 논의한다. 어려운 내용을 건너뛰고 싶다면, 당신이 영원히 오작동하는 뇌를 갖고 지내야 한다는 잘못된 추론을 하는 것을 피하기 위해, 적어도 가역성과 관련된 두 부분('가역성과 영웅: 뇌 파생 신경영양 요인', '처치와 가역성')은 꼭 읽기 바란다. 가역성의 주제를 설명한 뒤에는 역설을 극복할 수 없는 것이 아님을 언급하며 이 장의 결론을 맺는다.

뇌 조직: 개론

신경과학자가 아닌 우리 모두는 하나의 곤란한 문제에 부딪힌다. 다시 말해, 우리는 뇌를 잘 모르는데, 생물정신의학 연구의 결과는 우울과 그 처치를 이해하는 데 점점 중요해지고 있다. 이 문제를 해결할 한 가지 대책은 뇌에 대해 학습하는 것이다.

뇌는 너무 복잡해서 신경과학자를 겸손하게 만든다. 우주에서 가장 복잡한 대상은 인간의 뇌로 알려져 있다. 대뇌 피질은 뇌의 바깥쪽을 덮고 있는데, 30억 개의 뉴런, 1,000조 개나 되는 뉴런 간의 연결망을 갖고 있다.[276] 지난 세기에 신경과학자들은 뇌의 구별되는 영역을 찾아 각 영역이 정신, 정서, 행동 기능과 어떤 관계가 있는지 밝히는 노력을 했다. 예를 들어, 뇌의 어떤 영역이 언어, 시각, 두려움, 움직임과 관계가 있는지 밝혔다. 그러나 그들이 밝힌 뇌의 영역은 해결해야 할 과제의 일부일 뿐이다. 뇌의 영역 간에 상호연결된 패턴을 찾는 것도 중요하다. 예를 들면, 시각 피질은 30개 이상의 영역으로 구분된다.[278] 이 영역은 서로 연결되어 있고, 피질 아래에 있는 피질하 구조(subcortical structures)만큼이나 피질의 다른 영역과 연결되어 있다. 모든 뇌 영역과 각 영역을 구성하는 뉴런들은 협력해서 일하는데, 이를 교향악단에 비유할 수 있다.[279] 교향악단의 연주의 질은 계속 변화하는 패턴의 조화로 이루어지며, 서로 구분되는 악기 파트의 능력과 개별 악기의 기능에 의지한다.

궁극에 당신에게 도움이 되는 것은 시상하부와 해마를 구별하는 지식이 아니라, 우울이 뇌 기능의 변화와 관계있음을 이해하는 것이다. 다음의 간략한 소개는 당신이 우울의 심리적 증상과 뇌 활동의 변화 사이에 관계가 있음을 이해하게 만드는 지침, 즉 신경 구조에 대한 지침이 될 것이다. 먼저 신경계의 개별 세포를 설명하는 것부터 시작한다. 그런 뒤, 우뇌와 좌뇌, 전두와 후두, 외부와 내부를 구별하며 뇌 조직을 설명한다. 이 과정에서 우울에 관련된 특별 영역을 언급한다. 전두엽 피질을 설명하며 결론을 맺는데, 이는 이 영역이 우울에 중요한 역할을 하기 때문이다.

뉴런

우울을 처치할 때 약물이 중요한 역할을 한다는 사실(제14장 '통합 처치' 참고)이 우리가 가장 미세한 수준, 즉 내부 뉴런(개별 뇌 세포)의 작용에까지 관심을 갖게 만들었다. 이는 분자생물학의 영역이다.[280] 우리와 유사하게 뉴런은 놀라울 정도의 적응력이 있고, 기능을 환경의 변화에 맞춰 변화시킨다. 우리가 그렇듯, 뉴런의 물리적 조건과 기능은 스트레스로 무너질 수 있다. 뉴런은 우리와 유사하게, 적절한 돌봄을 받으면 치유되고 번창한다.

뉴런은 사회적인 생명체이며, 굉장히 복잡한 연결망으로 서로 연결되어 있다. 그들은 신호로 작용하는 화학물질을 분비한다. 이 화학물질은 수용 뉴런의 수용기에 결합되어, 수용 뉴런이 화학적 신호를 방출하게 만드는 전기의 흐름을 자극한다. 뉴런은 시냅스로 서로 연결되어 있다. 시냅스는 수용 뉴런에 영향력을 발휘하기 위해 화학물질이 오가는 미세한 간극으로, 현미경으로 봐야 보인다. 그 간극에서 화학물질이 오가는 것은 순식간으로, 대략 1,000분의 1초 정도 걸린다.

의사소통의 기능이 있는 뉴런은 세포체 밖에 확장된 신경 가지들을 갖고 있다. 다시 말해, 수신 극(receiving end)에는 수상돌기들(dendrites)이 있고, 송신 극(sending end)에는 축삭돌기들(axons)이 있다. 송신 뉴런의 축삭돌기들은 그들의 세포체들과 축삭돌기들, 그리고 다른 뉴런의 수상돌기들과 접촉한다. 뉴런은 직선의 전선 형태가 아니다. 뉴런은 서로 뒤엉킨 나무와 숲의 모양에 가깝다. 하나의 축삭돌기는 많은 가지들을 갖고 있고, 수십 개 혹은 수백 개의 목표물과 연결되어 있다. 유사하게 하나의 뉴런은 많은 수상돌기들을 갖고 있고, 수백 개 또는 수천 개의 송신 세포들이 보내오는 신호들을 수신한다. 그러므로 뉴런은 발화해서 화학적 신호를 분비하며 의사결정을 하는 과정에서 다른 뉴런의 많은 정보를 계속 통합한다.

뉴런이 서로 간에 신호를 보낼 때 사용하는 화학물질을 신경전달물질(neurotransmitters)이라 한다. 신경전달물질의 종류는 수십 가지이다. 그중 몇 가지가 최신의 우울 연구에서 주목받고 있다. 이 장에서는 1) 노르에피네프린, 2) 도파민, 3) 세로토닌을 주로 알아본다. 정신 또는 신체 활동을 하는 것은 뇌의 여러 영역에 걸친 다수의 뉴런 집합체가 특정 순간에 동시 발화할 것을 요구한다. 이는 교향악단의 모든 악기가 동시에 크고 무질서하게 연주되면 안 되는 것과 같은 이치이다. 뇌는 흥분과 억제 사이의 균형을 항상 유지해야 한다. 예를 들어, 너무 많은 흥분은 발작을 일으킬 수 있다. 이는 교향악단의 불협화음에 비유될 수 있다. 글루타메이트(glutamate) 같은 신경전달물질은 흥분제인데, 이는 수신 뉴런이 신호를 내보낼 가능성을 높인다. 감마아미노부티르산(GABA)과 같은 신경전달물질은 진정제인데, 이는 수신 뉴런이 신호를 내보낼 가능성을 낮춘다.

교향악단을 구성하는 현악기부, 목관악기부, 금관악기부, 타악기부가 교향악의 여러 영역을 연주하듯이 뇌의 여러 영역은 전문 역할을 갖고 있다. 그러나 교향악단과 다르게 뇌의 모든 영역은 활동이 왕성하다. 단, 뇌의 여러 영역의 상대적인 활성화 정도는 지금 당장 처리해야 할 과제에 맞춰 계속 변화한다. 뇌 조직은 여러 가지 관점에서 구분할 수 있다. 나는 여기서 좌뇌–우뇌, 전두–후두, 외부–내부로 구분하는 방식으로 설명한다.

뇌의 좌–우 조직

당신은 뇌가 2개의 반구로 구분된 것에서 유래한 '좌뇌' 대 '우뇌' 활동으로 널리 알려진 아이디어에 익숙할 것이다. 좌뇌와 우뇌의 기능은 공통된 부분이 있고, 둘은 아주 많은 신경 섬유의 묶음으로 차례차례 연결되어 있지만, 상당한 정도로 전문역할을 맡고 있다.

대강 말하면, 좌반구는 세부사항을 분석하고 계열을 만들어 조직화하는 반면에, 우반구는 큰 그림을 이해한다.[281] 좌반구는 일상적인 일을 처리하고, 우반구는 새로운 일의 해결을 위해 노력한다.[116] 이런 이유로 좌반구는 언어의 전문영역이고, 우반구는 정서의 전문영역이다.[282] 둘 사이의 긴밀한 상호연결 덕분에, 두 반구는 협력하며 일한다. 예를 들어, 우리가 말에 귀를 기울일 때, 단어를 들을 뿐 아니라 (목소리의 톤으로 나타나는) 단어 뒤의 음감을 듣는다. 좌반구는 문법과 의미변별을 위한 해석을 하고, 우반구는 정서적 의미를 해석한다.

뇌의 전–후 조직

뇌 중앙의 길게 갈라진 틈(central fissure)을 중심으로 전방 부분은 운동 전문영역이고 후방 부분은 지각 전문영역이다. 우리는 뇌의 앞–뒤와 좌–우 영역을 조합해서 사분면으로 구분할 수 있다. 예를 들어, 전체로서 좌반구는 언어를 위한 전문영역인데, 좌뇌의 전방영역(Broca's area)은 언어산출(speech production)의 전문영역이고, 좌뇌의 후방영역(Wernkcke's area)은 언어지각(speech perception)의 전문영역이다.

뇌 피질의 각 반구는 네 가지 엽(lobes)으로 나뉜다([그림 9-1] 참고). 전방 1/2 영역은 전두엽이고, 후방 1/2 영역은 다시 세 가지 엽으로 나뉜다. 제일 뒤쪽의 후두엽은 시각지각을, 관자놀이가 있는 측면 영역의 측두엽은 청각지각을, 나머지 영역의 두정엽은 공간 및 신체 지각을 담당한다.

각 부분을 한 가지 엽으로 불러도, 피질의 전방영역은 다시 하위 영역으로 구분된다. 중앙의 갈라진 틈의 앞쪽은 운동피질(motor cortex)로 움직임을 조직하고 생산한다. 이마 뒤 전두엽 앞쪽의 대부분의 영역은 전전두엽 피질로 불리며 뇌의 집행기관이다.[116] 바깥쪽 피질의 배측면(背側面) 전전두엽 피질(dorsolateral prefrontal cortex)은 우리가 외부 세상에서 행하고 있는 것에 관련된 정보를 계속 얻는다. 아래쪽에 있는 복측 전전두엽 피질(ventral prefrontal cortex)은 우리의 정서적인 경험을 주시하고 조절한다. 전전두엽 피질[30)]에 대한 자세한 설명은 뒤에서 한다.

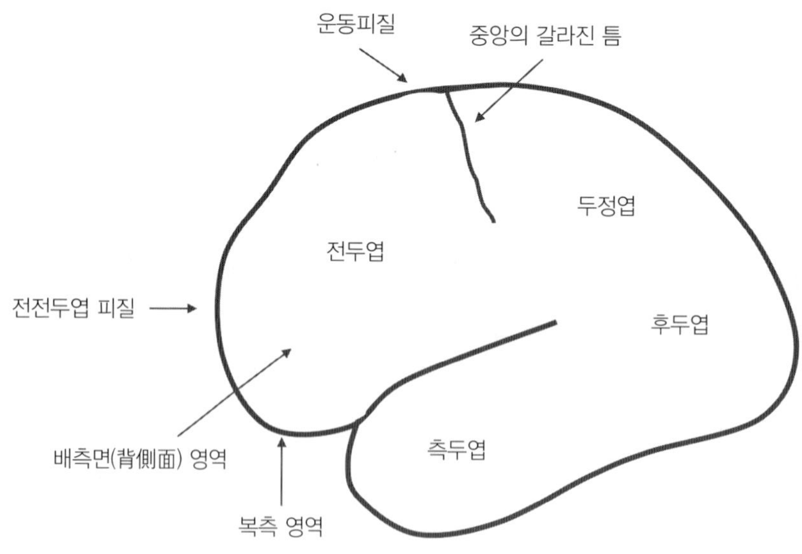

[그림 9-1] 뇌 피질 (좌반구)의 측면

뇌의 외부-내부 조직

지금까지 뇌의 외부 표면, 즉 뇌 피질과 그것의 영역을 주로 설명했다. 뇌 피질은 인간 및 이외의 영장류에서 가장 분명하게 진화된 영역이다. 뇌는 몇 개의 겹으로 포개져 있어, 광대한 양의 조직(300억 개의 세포들)이 두개골이라는 한정된 영역에 무리지어 존재하는 것을 가능하게 한다. 인간의 신피질을 평평하게 쭉 펼치면 그 크기는 큰 테이블 냅킨의 크기와 두께만 하다.[276] 진화적으로 후기에 발달한 이 신피질은 인간이 다른 동물과 공유하는 뇌 구조물인 하위피질의 상부에 자리 잡고 있다.

진화론의 관점에서 뇌 조직을 구분한 신경과학자 Paul MacLean은[165] 뇌를 삼위 일체의 뇌라 했다. 다시 말해, 우리는 아주 밀접하게 상호연결되어 있으나 어느 정도 각자 작동하는 3개의 뇌를 갖고 있다. 3개의 뇌는 뇌간과 척수로 구성된 신경차대[31)](neural chassis) 위에 자리 잡고 있다. 척수 위에 있는 뇌간은 피질의 각성 수준을 조절하는 신경전달물질을 분비하는 세포 집단을 갖고 있다.

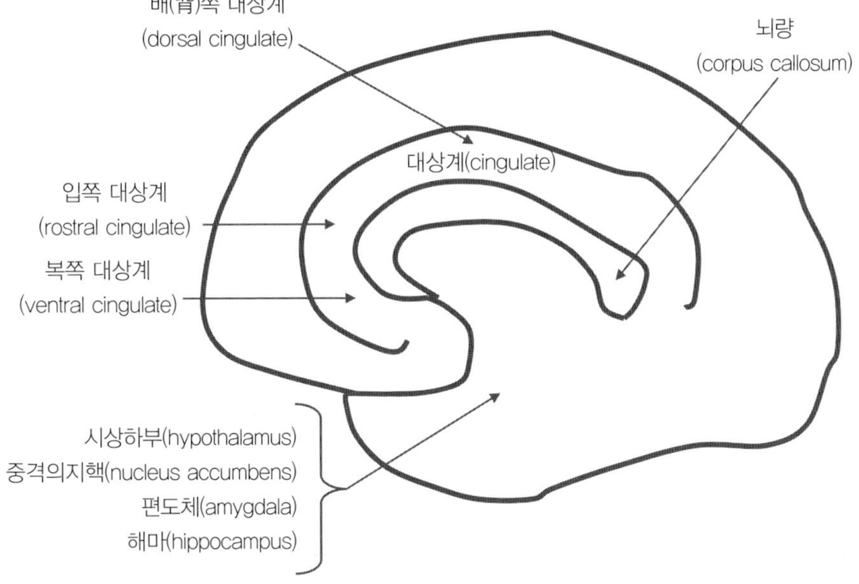

[그림 9-2] 우뇌 변연계의 안쪽 모양

MacLean은 신경차대를 운전기사가 없는 교통수단에 비유하였다.

뇌의 내부에서 외부까지 삼위일체의 뇌를 작동시키는 3명의 운전기사는 파충류의 뇌, 고생 포유류의 뇌, 신포유류의 뇌로 불린다. 앞 절에서 설명한 내용은 신포유류의 뇌인 뇌피질에 관한 것이다. 파충류의 뇌를 대략 말하면, 그것은 기본 습관, 매일의 일상, 사회적 의사소통을 위한 기본 표현의 일부를 관장한다. 우리가 더 자세히 살펴볼 필요가 있는 것은 **변연계**, 즉 고생 포유류의 뇌이다. 변연계는 정서, 기억, 애착에 중요한 역할을 한다. 이 역할 모두는 우리 인간과 고생 포유류 친척이 공유한다. 우울한 상태에서 변연계는 신피질보다 우위를 점하며, 고생 포유류의 장치가 신포유류의 장치를 능가한다.

변연계의 다섯 가지 구조가 우울에 중요한 역할을 한다.

1. 대상피질(cingulate cortex)은 전두 피질 뒤의 아래쪽에 있다. 대상피질은 2개의 뇌 반구를 연결하는 뇌량을 감싸고 있다. 전두 피질에 인접한 대상피질의 전방 부분은 정서와 주의집중에 중요한 역할을 한다. 정서와 주의집중 둘 모두는 우울에서 중요한 측면이다. 전방 대상피질은 정서와 관계있는 복쪽 대상계, 주의집중과 관계된 배(背)쪽 대상계, 복쪽 영역과 배쪽 영역 사이의 관계를 조정하는 입쪽 대상계로 나뉜다.[283] 만약 우리가 뇌 피질이 외부 세상(환경)과 관계가 있고, 변연계의 가장 안쪽 부분이 내부 세상(내장)과 관계가 있는 것으로 생각하면, 대상피질은 둘 사이를 연결하는 교섭 장치(interface)이다. 그러나 전방 대상피질 내에서 보면, 배쪽 영역은 외부 세상과 더 밀접하게 관계가 있고, 복쪽 영역은 내부 세상과 더 밀접하게 관계가 있다.
2. 시상하부는 신경계와 내분비계를 통합하고, 항상성을 조절하는 호르몬을 분비한다. 예를 들어, 시상하부는 기본 생존 기능, 즉 체온, 식욕, 갈증, 성 반응을 조절하는 역할을 한다. 또 스트레스 반응의 자율적(비자발적) 요소들을 조절한다. 다시 말해, 심장, 폐와 같은 신체 내부 기관의 기능을 신체 활동의 요구에 맞게 조절한다. 예를 들어, 당신이 스트레스를 받을 때 혈압을 높인다.

3. 해마는 정서와 기억에 중요한 역할을 한다. 개인적인 경험을 삽화 기억으로 만들며, 단기 기억을 장기 기억으로 변환한다. 그리고 시상하부의 스트레스 호르몬의 분비를 조절한다.
4. 편도체는 두려움에서 가장 중요한 역할을 한다. 1초도 안 되는 짧은 시간에 위험을 탐지하고(예: 위협적인 얼굴 표정에 반응하는 것), 두려움 반응(신체적 및 행동적 표현)을 조절하며, 두려움의 조건화 학습, 즉 어떤 자극을 위험과 연합시키는 학습을 한다.
5. 중격의지핵은 도파민 수용기를 많이 갖고 있고 즐거움과 보상에 중요한 역할을 한다. 즐거움과 보상의 부재는 우울의 주요 증상이다.

요약하면 신포유류의 뇌인 신피질은 지각, 언어, 추상적 추론, 복잡한 문제해결, 예를 들어 장래의 전망을 기대하고 이 기대에 맞게 우리의 행동을 계획하는 능력을 지지한다. 그러나 우리는 외부 세상을 탐색할 때 신체 내부 세상에도 주의를 기울여야 한다. 왜냐하면 내부 세상이 외부 세상의 가치를 계속 평가해서, 우리가 보상을 받는 쪽으로 움직이고, 해로운 것을 피하게 하기 때문이다. 우울할 때 피질과 변연계 간의 균형에 변화가 생기는데, 이는 내부 세상에 고통스럽게 집착하는 방식으로 표현된다.

전전두엽 피질의 주도성

뇌의 모든 영역 중에서 전전두엽 피질이 주도성에 아주 중요한 역할을 한다. 신경과학자 Elkhonon Goldberg[116]에 의하면 전전두엽 피질은 뇌의 집행기관이다. 그는 전전두엽의 역할을 교향악단의 지휘자에 비유한다. 주도성의 자리인 전전두엽 피질은 목표 지향 행동을 조직하고 유지한다. Goldberg는 다음처럼 말했다.

> 전전두엽 피질은 목적과 목표를 형성하고, 이를 달성하는 데 필요한 행동 계획을 고안하는 중요한 역할을 한다. 전전두엽 피질은 계획의 수행에 필요한 인지 기술을 선택하고, 조정하며, 정확한 순서로 적용한다. 마지막으로, 전전두엽 피질은 우리의 행동이 의도를 달성하는 데 성공했는지 또는 실패했는지를 평가한다(p. 24).

전전두엽 피질은 행동의 지속성과 유연성 간의 균형을 잡고, 상호작용하게 한다.[284] 전전두엽의 활동은 당신이 기대하고 바라는 것을 정신적 표상으로 생성하고, 방해물이 있는 주의산만한 상황에서도 이 표상을 잊지 않고 기억하게 한다. 당신은 전전두엽을 사용하여 우선순위를 만들고 유지하며, 현재의 상황 또는 의도에 맞지 않는 강한 충동과 습관을 중단한다. 또한 전전두엽을 사용하여 적절한 순서로 행동을 조직하고 실행한다. 전전두엽이 없으면 당신의 행동은 무계획하게 실행될 것이다. 알다시피, 당신이 거실에서 무언가를 가져오기 위해 부엌에 갔는데 막상 왜 갔는지 잊어버렸을 때, 전전두엽 피질이 그 행동을 그만두게 한 것이다.

그러나 무언가를 계속 진행하는 당신의 능력의 균형을 잡기 위해, 전전두엽 피질은 또한 상황이 변화를 요구하면 당신이 방향을 전환할 수 있게 한다. 당신은 방해물, 새로운 것, 변화하라는 요구에 적절하게 반응할 수 있다. 전전두엽의 통제가 없으면, 당신은 무언가를 집요하게 계속할 것이다. 다시 말해, 당신이 무엇을 찾고자 동일한 곳을 반복해서 살핀다면, 이는 전전두엽 피질의 기능에 문제가 있기 때문일 수 있다.

신경과학자 Joaquin Fuster은 전전두엽을 창의성의 기관이라고 했다.[285] 사실, 전전두엽 피질은 필요할 때 다른 뇌 영역에서 정보를 가져온다. 가장 일반적으로, 전전두엽은 어떤 행동을 조직할 때 외부 세상의 정보와 신체 내부 세상의 정보를 통합한다. 전전두엽 피질은 변연계의 정서 활동을 주시하고 조절한다.[286] 그래서 전전두엽 피질은 당신이 행동을 계획하고 목표를 추구하는 과정에서 감정의 안내를 받는 것을 가능케 한다.[287] 전전두엽과 변연계의 활동이 잘 조화하면 정서지능, 즉 정서와 이성의 통합을 형성한다.[288]

정서지능은 타인의 마음을 읽고 관계하는 능력, 즉 정신화하기라는 능력을 뜻하는 사회지능과 공통점이 있다. 여기서도 주목할 대상은 전전두엽 피질이다. Goldberg의 말처럼[116], "전전두엽 피질은 사회적 존재가 되게 하는 신경회로기판에 가깝다."(p. 111). 우리는 전전두엽 피질이 적절하게 작용할 때, 서로 간에 상호작용하는 능력을 당연한 듯 여겨도, 사실 상호작용 능력은 우리의 능력 중 가장 '복잡한 능력'이다. Goldberg는 그런 복잡함을 다음처럼 잘 묘사했다. "이전에 내가 반드시 필요한 집행기능을 설명했을 때, 나는 집행기능이 순차적 · 계획적 · 시간적으로 질서정연하게 이뤄진다는 것을 강조했다. 당신이 계획해야 하고, 그 계획에 관여된 다른 개인, 기관과 당신의 행동이 조화를 이루게 절차적으로 조직화해야 한다고 상상해 보라."(p. 107)

앞과 같이 대략적으로 뇌를 소개하면서, 나는 뇌 조직이 믿기 어려울 정도로 복잡하다고 암시했다. 그리고 나는 전전두엽 피질을 지능적 · 정서적 · 사회적 활동을 조정하는 최고 기관인 지휘자 위치에 놓았다. 당신은 우울이 이 장의 뒷부분에서 논의할 전전두엽 피질의 기능 손상과 관계가 있다는 것을 알게 되더라도 놀라지 않을 것이다.

뇌 조직의 간략한 설명을 염두에 두고, 우리는 이제 우울에서 중요한 신경화학적 변화를 생각할 지점에 왔다. 우리는 화학적 수준에서 우울이 호르몬과 신경전달물질에서 발생하는 변화와 어떤 관련이 있는지를 이야기하고 나서 우리의 주요 관심사인 뇌-마음의 활동 패턴의 변화에 대한 이야기를 할 것이다.

나쁜 건강과 스트레스 호르몬의 증가

우리의 복잡한 스트레스 반응은 급성 스트레스 사건에 적응할 수 있게 진화하였다. 그러나 우리의 스트레스 반응은 고질적인 스트레스에 대처하는 데 적절하게끔 설계되지 않았다.[289] 신경과학자인 Robert Sapolsky는[290] 자신의 책 『얼룩말에게 궤양이 생기지 않는 이유: 얼룩말은 사자를 보고 도망칠 뿐 또 마주칠 거라 강박하지 않는다』[32)]에서 인간의 스트레스 반응 장치의 결점을 잘 설명했다.

스트레스가 고질적이면, 적응은 질병으로 전환된다. 두루뭉술하게 말하면 스트레스가 당신을 아프게 할 수 있는 것이다. 당신은 우울할 때 이 사실을 잘 알게 된다. 활력이 부족하고, 입맛도 없고, 잠도 잘 못 잔다. 성에도 별 흥미를 느끼지 못한다. 이처럼 좋지 못한 신체 건강은 당신의 활력, 동기, 정신기능을 약화시켜 주도성을 파괴한다.

스트레스 호르몬은 부정적인 신체적 변화가 생기는 데 중요한 역할을 한다. 이 장의 앞부분에서 기술했듯이 신경전달물질은 미세한 시냅스를 통해 뉴런에서 뉴런으로 신경전달을 해서 영향력을 발휘한다. 뉴런은 신경전달물질뿐 아니라 호르몬을 분비한다. 그래서 우리는 또한 신경 내 분비 반응을 고려할 필요가 있다. 호르몬은 혈류 속에서 흐르면서 영향력을 발휘하며, 천천히 뇌를 포함한 여러 기관의 기능에 영향을 미친다. 더욱 복잡한 것은 뇌 또한 전달물질로 호르몬을 활용한다는 것이다.

시상하부-뇌하수체-부신 축과 코르티솔

우리는 급성 스트레스에 당면하면 투쟁 또는 회피 반응을 보인다. 이 교감신경 체계 반응은 (아드레날린의 한 형태인) 노르에피네프린이라는 신경전달물질에 의해 촉발된다. 노르에피네프린은 뇌간에 있는 세포 집합체인 청반(locus coeruleus)에서 분비된다. 투쟁 또는 회피 반응은 스트레스에 대한 즉각적인 비상사태 반응이며, 더욱 속도가 느린 신경 내분비계의 스트레스 반응에 의해 잘 조정된다.

신경 내분비계의 반응의 핵심은 시상하부-뇌하수체-부신 축(Hypo-thalamic-Pituitary-Adrenal: HPA)의 반응이다([그림 9-3] 참고). 스트레스 반응으로 시상하부는 부신 피질 자극 호르몬 방출 인자(Corticotropin-Releasing Factor: CRF)를 분비하여, 뇌하수체가 부신 피질 호르몬(ACTH)을 분비하게 자극하고, 부신 피질 호르몬은 다시 부신 피질이 주요 스트레스 호르몬인 코르티솔(cortisol)을 분비하게 자극한다. 코르티솔 분비는 다수의 장기 적응 기능들과 함께 여러 개의 단기 적응 기능들을 갖고 있다.[289] 코르티솔의 많은 기능들 중 하나는 포도당 가용성을 조절

[그림 9-3] HPA 축의 개관

출처: Reprinted from Allen, J.: "Illness," in Coping With Trauma: Hope Through Understanding. Washington, DC, American Psychiatric Publishing, 2005, p. 143. Used with permission. Copyright 2005 American Psychiatric Publishing.

하여 활력을 제공하는 데 도움을 주는 것이다. 급성 스트레스를 겪을 때 코르티솔은 뉴런의 포도당 흡수를 증가시켜 뇌에 활력을 제공한다. 더군다나 코르티솔은 뉴런의 흥분 수준을 증가시킨다.

코르티솔의 적응 기능 중에서 매우 중요한 부분은 스트레스 반응을 종료시키는 것이다. 코르티솔은 또한 항스트레스 호르몬으로 불려 왔다.[291] 해마는 코르티솔 수용기를 풍부하게 갖고 있고, 이 수용기가 자극되면 해마는 시상하부의 CRF 분비를 줄여, HPA 축을 약하게 만든다. 그러나 과잉 코르티솔 수준은 해마의 뉴런에 해를 끼치고, 이는 뉴런을 위축시키며, 최악의 경우에 뉴런은 사멸한다. 과잉 코르티솔 수준은 해마의 기능에 부정적 영향을 끼쳐 궁극에는 스트레스 반응의 억제를 방해하고, 이는 다시 코르티솔 수준을 증가시키는 악순환을 만든다. 불행히도 그러한 세포 손상은 해마에만 국한되지 않고 전전두엽 피질에도 나타난다.[292]

HPA 축의 악당: 부신피질 자극 호르몬 방출 인자(CRF)

우울이란 곧 높은 스트레스 상태라는 사실에 걸맞게, 상당한 수의 우울한 외래 내담자 및 다수의 입원 내담자는 코르티솔 과잉분비의 신호를 보인다.[230] 정신의학자 Charles Nemeroff의[293] 말처럼, "아마도 모든 생물 정신의학에서 가장 유서 깊은 연구 결과는 약물 복용을 하지 않은 우울한 내담자의 HPA 축 활동이 증가되어 있다는 것이다. 이런 '내분비 질환'이 부분적으로, 아마도 상당부분 CRF의 과잉분비 때문이라는 제안에 상당한 합의가 있다."(p. 523). CRF가 스트레스와 우울에서 차지하는 역할은 HPA 축 활동에서 그것이 차지하는 중심 역할을 능가한다. CRF는 뇌 피질, 편도체, 청반 등을 포함한 뇌의 여러 영역의 뉴런에서 분비된다.[293] CRF 분비는 청반의 노르에피네프린 활동을 증가시키고, 그 역도 성립한다. 예를 들어, 투쟁 또는 회피 반응과 HPA 축 반응은 서로를 고조시킨다.

나는 CRF가 우울을 겪게 만드는 주요 악당이라고 간주한다. Nemeroff와[295] 다른 사람들이[296] 논의했듯이, 노르에피네프린의 자극을 받은 CRF 분비는 높은 심박률, 고혈압, 높은 놀람 반응, 차분하지 못함, 새로운 자극에 대한 높은 회피 반응 등과 같은 생리적 효과와 함께 불안을 유발한다. 더군다나 CRF는 우울과 관계있는 여러 가지 건강 요소가 나빠지는 데 중요한 역할을 한다. 예를 들어, 식욕, 수면, 성욕, 재생산 활동에 문제를 일으킨다. 요약하면 CRF 과잉 분비는 당신을 병들게 한다.

발달적 취약성

해결 가능한 스트레스에 반복 노출되는 것은 회복력을 증가시킬 수 있다. 왜냐하면 그 과정에서 스트레스에 둔감해지기 때문이다. 예를 들어, 당신이 대중 연설을 해야 하는 스트레스 사건에 직면해서 점진적으로 대중 연설에 대응해 가면, 마침내 더 잘 대처하고 불편한 정서를 덜 겪는다. 역으로, 지나치거나 만성적 스트레스에 반복 노출되면, 이후의 다른 스트레스에 대처할 당신의 능력은 약화될 수 있다. 즉, 당신은 민감해져서, 스트레스에 예전보다 더 민감하게 반응할 수 있다.[249] 동물을 대상으로 한 많은 신경생물학 연구는 삶의 초기에 스트레스를 경험하는 것이 장래에 발생하는 스트레스에 우울로 반응할 취약성을 증가시키는 민감화 과정을 촉발한다는 결과를 제시하였다.[297] 스트레스 반응에 관련된 많은 화학적 요소가 민감화 과정에 복잡하게 얽혀 있어도, 우리의 악당 CRF는 이 과정에서 중요한 역할을 한다.

모성 상실과 같은 삶의 초기의 스트레스는 CRF 생산을 증가시키고, CRF의 유전자 표현을 증가시킨다. 다시 말해, 삶의 초기의 스트레스는 뉴런의 CRF 유전자를 활성화하고, CRF의 합성률을 높인다.[295] 민감화에 의해 이 초기의 영향력은 지속적인 효과를 갖게 되며, 장래의 삶에서 CRF 분비와 스트레스에 대한 HPA 축의 반응을 높인다.[296] 제4장('체질')에서 논의했듯, 스트레스와 우울에 대한 생물학적 취약성은 어쩌면 엄마가 겪는 스트레스, 우울과 결부되어 출산 전에 시작된다. CRF의 생산이 임신 9주에서 첫 3개월 사이의 인간 태아에게 시작된다는 것을 고려하면, 출생 전의 HPA 축의 장애는 스트레스와 우울의 만성적 취약성 요인으로 중요한 역할을 할 수도 있다.

신경생물학자가 인지하고 있는 것처럼[296] 앞의 연구 결과는 상담자들이 오랫동안 알아왔던 것을 강조한다. 즉, 성인기 우울은 스트레스가 되는 아동기 관계에 유의한 기원을 갖고 있다.[144] 이런 지식은 초기에 예방하고 개입하는 것이 필요하다는 것을 강조한다. 임신기에 그리고 분만 후에 엄마의 우울을 처치하는 것이 1순위가 되어야 한다. 이외에 참고할 것은, 아동기 학대의 예방을 강조하고, 가난과 가난으로 인해 생기는 스트레스가 되고 압박감을 주는 삶의 결과 같은 사회적인 불건강을 개선해야 한다는 것이다.

가역성과 영웅: 뇌 파생 신경영양 요인

삶의 초기 스트레스와 관계있는 HPA 축 장애에 대한 연구는 암울한 사진을 제시한다. 그래서 주체성을 염두에 두는 것이 중요하다. 다시 말해, 당신은 취약성을 보완하는 조치를 할 수 있다. 내면의 갈등을 해결하기 위한 심리상담과 스

트레스를 낮추는 조치를 하는 것이 유익할 것이다.[301]

스트레스와 우울이 신경세포의 위축, 심지어 세포의 사망과 관계있다는 연구 결과는 놀랍다. 그래서 우리의 신경세포가 어마어마한 가소성이 있음을 염두에 두는 것이 중요하다.[280] 해마에 있는 신경세포가 위축되는 것은 세포의 자기보호 반응일 수 있다. 왜냐하면 세포의 위축은 그들이 과잉 신경화학 작용으로 발생하는 독성 효과에 노출되는 것을 막아 주기 때문이다.[302] 더군다나, 해마는 새로운 신경세포들을 생성할 수 있다. 그래서 세포의 사망 효과를 되돌릴 수 없는 것이 아니다.

다행히, 악당 세포의 부정적 효과에 대응하고자 신경생물학자들은 영웅 세포를 찾았다. 즉, 그들은 뇌 파생 신경영양 요인(Brain-Derived Neurotrophic Factor: BNDF)을 찾았다.[294, 297, 303] BNDF는 뇌가 육성하는 화학물질이다.[118] 그것은 뇌가 발달하는 동안 신경세포의 분화와 성장에 기여하며, 성숙한 뇌의 신경세포의 생성, 성장, 건강을 계속 증진한다. 더욱이 BNDF는 신경전달을 향상시킨다. 비록 스트레스가 BNDF의 표현을 낮춰도, BNDF의 가용성은 스트레스의 독성 효과에 대항해 신경세포를 보호한다.

급소를 찌르는 구절이 여기 있다. 즉, 항우울 처치는 BNDF 생산을 증진하여 신경세포의 치유와 건강을 증진시킨다.[303, 304] 분자생물학은 우리가 우울을 잘 이해하고, 어떤 처치가 신경세포의 기능을 회복시켜 뇌 활동을 정상으로 돌아가게 하는지를 보여 주는 세포 내의 과정을 밝히고 있다. 무엇보다도 이 연구는 차츰 차츰 더욱 정제되고 효과가 좋은 여러 가지 항우울제 개입의 발달을 촉진하고 있다.

화학물질의 불균형을 넘어서

항우울 약물 처치의 출현은 우울이 화학물질의 불균형 때문이고, 항우울 약물이 그 균형을 회복시킨다는 아이디어를 널리 전파하였다. 나는 이 아이디어의 한 측면을 좋아한다. 다시 말해, 이 아이디어는 우울을 실제로 신체 질병

(physical illness)으로 받아들이는 대중문화를 형성했다. 그러나 나는 당신의 마음 또는 삶과 관계가 없는 화학물질의 불균형으로 특별한 형태의 우울이 생긴다는 추론을 싫어한다. 화학물질의 불균형이란 아이디어는 모든 것을 설명하지 못한다. 그것은 가능한 하나의 설명일 뿐이다. 무엇이 화학물질의 불균형을 유발하는가? 이 책의 여러 곳에서 이 질문을 다뤘다. 나는 화학물질의 불균형이란 아이디어는 부주의한 것이라 생각한다. 다시 말해, 우리는 우울을 **경험하는** 것을 화학물질의 불균형이라는 하나의 원인에 환원할 수 없다. 간단히 논의했듯이, 우울을 경험하는 것은 오히려 더욱 폭넓은 뇌 영역의 활동 패턴의 변화와 관계가 있다고 보는 편이 좋다. 어쨌든, 뇌 활동은 신경화학 활동을 작동시키고, 약물처치는 뇌의 신경화학 수준에 개입한다. 그래서 우울과 그 처치를 이해하려면 화학물질, 즉 신경전달물질을 이해하는 것이 필요하다.

우울의 처치에서 주목받은 세 가지 신경전달물질은 노르에피네프린, 도파민, 세로토닌이다. 이것들은 뇌간에 있는 신경세포군에서 생산되며, 대뇌 피질을 포함해서 뇌의 상층부(the upper of levels)로 분비된다. 이 신경전달물질들은 또한 **신경조절물질들**(neuromodulators)로 불리기도 한다. 왜냐하면 그 물질이 분비되는 여러 가지 패턴으로 인해 피질 신경세포의 더 큰 군집의 반응에 영향을 주기 때문이다. 예를 들어, 신경조절물질의 존재는 신경세포의 글루탐산 흥분과 GABA 억제에 영향을 미친다. 이 신경전달물질의 수준은 뇌 활동의 패턴에 여러 효과를 발휘하고, 이러한 효과는 다시 각성과 기분에 영향을 미친다.

노르에피네프린과 각성

이전에 언급했듯이 노르에피네프린은 투쟁 또는 회피 반응을 조직하는 데 중요한 역할을 한다. 노르에피네프린의 분비는 대뇌 피질을 빠르게 작동시키고, 부신 수질은 아드레날린(에피네프린)을 혈류로 분비하여 몸속에 상응하는 생리, 즉 심박률과 혈압 등을 높여 왕성한 행동을 할 준비를 시킨다.

노르에피네프린은 더욱 폭넓게 대뇌 피질을 각성시키고, 이를 유지시켜 비상대기 상태에 들어가게 한다.[230, 305] 예를 들어, 갑작스러운 소음과 같은 새로운 자극에 대한 반응으로 노르에피네프린계는 피질을 활성화시켜, 당신이 방향감각을 찾고 주의를 집중하게 한다. 결국, 노르에피네프린계가 적절히 작동할 때, 그것은 주의, 집중, 학습, 기억을 증진한다. 각성이 충분하지 못하면 당신의 사고는 느려지고, 각성이 지나치면 초조하고 산만해지고 집중하는 데 어려움을 겪는다.

우울과 관계있는 노르에피네프린 수준의 변화를 알아본 연구의 결과는 일관성이 없었다. 즉, 일부 우울한 사람은 노르에피네프린의 수준이 낮았던 반면에, 다른 사람들은 그 수준이 높았다.[230] 그러나 만성적 스트레스는 노르에피네프린계의 기능을 손상시키며, 이는 스트레스와 도전 과제를 해결하는 데 도움이 되지 않는 반응을 야기한다는 데 합의가 이뤄져 있다. 정상 상태에서 벗어난 노르에피네프린이 우울의 1차 원인이 아닌 2차 원인이더라도, 노르에피네프린계는 우울을 회복하는 데 중요한 역할을 하는 것 같다.[305] 흔히 사용되는 항우울제(예: 프로작)는 노프에피네프린계보다 세로토닌계의 변화를 목표로 한다. 하지만 일부 약물은 노르에피네프린계의 변화를 우선 목표로 한다. 또 다른 약물은 둘 모두의 변화를 목표로 한다. 그러나 주요 신경조절물질이 서로 간에 상호작용한다는 것을 명심하라. 신경조절물질 중 한 가지에 직접 영향을 미치는 약물은 다른 신경조절물질에 간접 영향을 미친다(제14장 '통합 처치' 참고)

도파민과 보상

노르에피네프린처럼, 도파민은 활성화시키는 효과를 발휘한다. 도파민은 운동에 중요한 역할을 하며, 행동에 영향을 주는 그것의 역할에 걸맞게, 도파민 활동은 동기와 관계된 뇌 체계와 연관이 있다. 변연계(중격의지핵)의 도파민 활동은 음식, 성, 물질남용과 같은 많은 종류의 보상과 관계가 있다. 동물 연구 또한 도파민이 사회적 행동의 보상 경험에 중요한 역할을 한다고 제안한다.[306] 암페타민류는[33)] 도파민의 분비를 높이며, 코카인은 도파민이 분비 세포로 재흡수되는 것을 억제한다. 결국, 암페타민류와 코카인이라는 두 자극제는 뇌 속에 더 많은 도파민이 유지되게 한다.

암페타민류의 효과를 알아본 뇌 영상 촬영 연구는 주관적 희열감(feelings of euphoria)이 중격의지핵의 인근에서 일어나는 도파민의 분비량과 관계가 있음을 보여 주었다.[370] 심리학자 Paul Meehl이[6] 추론했던 '뇌의 기쁨 용액'인 도파민이 우울한 사람에게 부족하다는 생각은 매력적이다. 그러나 우리가 고려해야 할 것은 뇌 속 화학물질의 수준이 아니라 복잡한 뇌 회로의 활동임을 명심할 필요가 있다. 도파민 활동과 관계있는 뇌 회로는 실제로 복잡한데, 변연계를 넘어 다양한 뇌 영역이 연관되어 있으며 전전두 피질도 포함된다.

신경과학자들은 쾌락과 보상의 경험에서 도파민이 하는 역할과 관련된 여러 가지 가설을 제안했다.[308] 도파민의 활동은 **유인가**(incentive value)의 지각, 즉 행동에 동기를 부여하는 잠재적인 보상 자극의 힘과 밀접한 관계가 있다. 그래서 도파민 활동은 보상의 즐거움보다 곧 있을 보상에 대한 흥분, 즉 좋아하는 것보다 원하는 것에 더욱 강하게 관계되어 있다. 예를 들어, 도파민 활동은 물질을 실제로 섭취하는 것보다 물질을 갈망할 때 더욱 강하다. 신경과학자 Jaak Panksepp은[7] 이 도파민 관련 뇌 회로를 **추구체계**(seeking system)라는 적절한 용어로 표현하였다. 도파민 추구체계는 흥미 있고, 흥분되거나 보상이 되는 것을 추구할 때 적극적이다. Panksepp의 말을 빌면, 추구체계는 유기체가 그것을 둘러싼 환경에 있는 열매를 열렬하게 추구하게 하는데, "그 열매는 견과류부터 지식까지 모두 포함한다."(p. 145). 추구체계는 주체성에 동기를 부여하는 핵심요인이다.

우울하면 도파민계에 문제가 생겼다고 생각하는 것은 매력적이다. 우울의 중요한 증상 중 하나는 이전에 즐거움을 느꼈던 활동에 관심이 부족한 것이다. 그런 추구체계가 약해지면 주체성이 낮아진다. 희열감을 일으키는 흥분 물질(예: 암페타민류, 코카인)은 추구체계를 활성화한다. 당신은 항우울 물질들이 추구체계를 겨냥해서 변화를 꾀한다고 생각할 수 있다. 어느 정도는 그렇다. 그러나 대부분의 경우는 그렇지 않고, 적어도 직접적 변화는 일으키지 않는다. 그런데 기억하고 있는가? 하나의 신경조절물질에 영향을 미치면 다른 모든 신경전달물질에 영향을 미칠 수 있다는 사실 말이다. 그래서 여러 가지 항우울제는 도파민의 기능을 정상으로 돌아오게 하는 데 도움을 준다.[230]

세로토닌, 자기통제, 사회 참여

세로토닌 관련 뇌 회로는 많은 기능과 활동에 한몫한다. 즉, 일주기 리듬(circadian rhythms)과 식욕에서 사회적 행동에까지 관여한다. 세로토닌은 스트레스 반응을 조절하고[230], 충동 통제를 하는 데[309] 중요한 역할을 한다. 다른 두 가지 신경조절물질계 사이에 위치한 세로토닌계는 노르에피네프린 기반의 각성 효과를 약화시킬 수 있고, 도파민 기반의 행동 경향성을 조절할 수 있다.[118] 정서의 각성과 행동을 조절하는 세로토닌의 역할을 고려하면, 세로토닌이 사회적 관계 기능에 중요한 역할을 하는 것은 놀랍지 않다. 적절한 세로토닌 기능은 적절한 사회 참여와 관계있고, 그것의 기능 손상은 사회 불안과 사회적 지위의 상실과 관계있다.[310]

현재까지 발표된 많은 연구 결과에 의하면, 세로토닌 기능에서 생긴 변화는 우울과 관계가 있다.[293] 가장 많이 복용되는 항우울제인 선택적 세로토닌 재흡수 억제제(예: 프로작과 같은 SSRIs)는 시냅스에 존재하는 세로토닌이 자신을 분비했던 신경세포로 다시 전송되는 것을 즉각 차단하는 효과를 발휘한다. 그러나 단순히 시냅스에 존재하는 세로토닌의 수준을 높이는 것이 항우울 효과를 나타내는 것은 아니다. 왜냐하면 항우울제를 투약한 뒤의 치료 반응이 지연되어 나타나는 것이 증명되었기[118] 때문이다.[34)] 오히려, 시냅스의 수준(synaptic levels)을 높이는 것이 신경세포의 기능에 다양한 변화, 다시 말해 유전자 활동의 변화, 수용기의 수준(levels of receptors)에서 변화를 일으킨다.[311] 더군다나 신경조절물질들은 서로 영향을 미칠 뿐 아니라 흥분성 및 억제성 신경전달물질의 효과에도 영향을 주기 때문에 세로토닌의 수준을 변화시키는 것은 또한 노르에피네프린계와 도파민계의 기능을 정상으로 작동하게 한다.[230]

통제력을 발휘하는 데 세로토닌의 기능이 중요한 역할을 한다는 것은, 스트레스를 조절하지 못하는 것이 우울을 겪는 데 한몫한다는 것을 뜻한다. 나는 이 책 전체에서 어떻게 우울이 높은 수준의 부정적 정서와 낮은 수준의 긍정적 정서의 조합과 관계가 있는지를 강조하는데, 이 점을 다음 절에서 자세히 설명할 것이다. SSRIs가 우울뿐 아니라 공황장애, 사회공포, 강박장애, 외상후 스트레스 장

애와 같은 불안장애에 치료 효과가 있다는 것은 언급할 가치가 있다. 그래서 이 항우울 약물은 또한 항불안 물질로 불린다.[312] 그러나 신경전달물질의 수준이 아닌 뇌 활동의 패턴이 우리가 느끼는 정서 경험과 가장 직접적인 관련이 있다.

뇌 활동의 변화

『보이는 어둠: 우울증에 대한 회고(Darkness Visible)』(1989)에서, Styron은 우울을 뇌 속의 폭풍으로 비유했다. 다음의 진술은 그가 뇌 화학물질의 변화와 자신의 개인적인 경험을 연결 짓는 방식을 보여 준다.

> 뇌 조직 안에서 이 모든 것들이 혼란을 일으켜 과잉 분비와 고갈 상태가 되풀이되면 정신은 고통받고 상처 입었다고 느끼며, 그렇게 흐려진 사고 과정은 신체 조직에 스트레스를 주어 발작을 일으킨다. 흔한 경우는 아니지만 그처럼 혼란스러운 정신으로 인해 다른 사람에게 폭력을 휘두르기도 한다. 그렇지 않고 그들의 정신이 고통스러울 정도로 자기 내면으로 향하게 되면 우울증에 걸린 사람은 대체로 자기 자신에게만 위험한 존재가 된다. 일반적으로 말하자면 우울증의 광기는 폭력의 반립(反立, antithesis of violence)이다. 그것이 폭풍우임은 분명하지만 음울한 폭풍우이다(p. 47).[35]

이 진술이 비유라 해도, Styron은 제대로 짚었다. 그는 뇌 속 화학물질에서 발생하는 변화가 뇌 활동의 변화와 어떤 연관이 있는지 이해하고자 했고, 그 변화를 자신의 감정 경험과 연결시켰다. 현재의 뇌 영상 촬영 기술은 연구자들이 뇌 활동을 연구하는 것을 가능하게 했다. 예를 들어, 연구자들은 연구의 참가자가 다양한 과제를 수행하고 있는 동안 뇌의 여러 영역에서 일어나는 혈류, 산화, 포도당 사용의 변화를 측정한다. 여전히 잘 알지 못하는 것이 많아도, 우리는 현재 여러 뇌 영역과 심리 기능 사이의 관계를 상당히 밝혔다. 그래서 뇌의 특별한 영역이 손상을 입거나 적절치 못하게 기능하면, 우리는 어떤 능력에 장애가 생길

지 예측할 수 있다.

말을 해석하는 능력이 좌뇌 측두엽에 의해 매개된다는 것을 아는 우리는 이 영역에 손상이 생기면 언어 지각이 손상될 것을 예측할 수 있다. 마찬가지로, 뇌 영상 촬영 연구에 의하면 사람이 말의 의미를 해석할 때, 뇌 활동은 좌뇌 측두엽에서 증가한다.[313] 따라서 우울할 때 활동 변화가 나타나는 뇌 영역을 확인하면, 우리는 우울 증상을 더 잘 이해할 수 있을 것이다. 무엇보다 중요한 것은, 우리는 약물 치료뿐 아니라 심리치료를 포함하는 개입들이 손상을 입은 뇌 영역의 활동에 어떻게 영향을 미치는지를 알아보는 연구로 처치 접근을 개선할 수 있다는 것이다.

주의 사항들

나는 비교적 새로운 연구의 영역에서 확인된 연구 결과를 요약할 참이다. 우리는 잘 알려진 연구 결과와 새로운 개척 분야의 연구 결과를 접하고 있다. 이 영역에 친근하지 않은 독자는 몇 가지 주의 사항을 명심하는 것이 좋다.

- 사람들의 뇌의 물리 구조와 연결 패턴은 서로 같지 않다. 이는 사람들이 저마다 독특한 경험을 했기 때문이다. 뇌 과학 연구는 사람들을 집단으로 묶어 뇌 활동의 보편적 패턴을 조사하므로 개인 간에 존재하는 차이를 얼버무리고 넘어간다.
- 사람들 간의 차이를 넘어, 신경생물학 연구 결과는 성별과 연령 차이뿐 아니라 의료 처치의 경험의 차이에서도 영향을 받는다.
- 우울은 이질적이어서, 증상의 심각도와 패턴에 차이가 있다. 연구 결과에 의하면, 서로 다른 우울의 하위유형(subtype)은[36] 서로 다른 뇌 변화 패턴을 보인다.
- 뇌 연구는 주요 우울에 주로 관심을 두고 있다. 뇌 과학 연구가 다른 형태의 우울, 즉 기분부전과 같은 우울에서 발생하는 뇌 변화에 주는 시사점은 분명하지 않다.

- 연구자들은 뇌의 어떤 변화가 현재의 우울 상태를 반영하는지를 찾아야 한다. 그리고 뇌의 어떤 변화가 더욱 오래된 특성인지를 찾아야 한다. 오래된 특성이란 우울한 상태들에 대한 고질적인 취약성을 뜻한다.
- 뇌 영상을 촬영하는 여러 가지 기법의 차이에 따라 결과도 차이가 있다. 그리고 모든 뇌 영상 촬영 기술은 정밀함에 한계가 있다. 다시 말해, 뇌의 어떤 영역에서 활동의 변화가 일어났고, 어떤 시각에 일어났는지를 찾는 데 각자 한계를 갖고 있다. 기술이 더욱 발전하면, 장래의 연구는 한층 더 정확성을 갖게 될 것이다.
- 마지막으로, 보통 사람에게 분명하게 이해가 되지 않더라도, 나는 평균의 수준에서 연구 결과를 제시했고, 많은 세부사항은 얼버무렸다. 내가 논의한 연구를 매우 다양한 종류의 풍경으로 이뤄진 산맥에 비유하면, 나는 파노라마 사진을 찍듯 매우 먼 거리에서 눈에 띄는 몇 개의 산 정상을 살펴보았을 뿐이다.[37]

당신이 이 책을 읽는 목적은 신경해부학을 배우기 위한 것이 아니라 우울을 이해하는 것이다. 그래서 나는 이 절에서 심리 유능성과 관계된 부분으로 구성하였고, 이런 심리 유능성에 관계된 뇌의 영역을 선택하여 강조하였다. 당신은 관련된 구체적 뇌 영역을 기억하지 않아도 된다. 오히려, 당신은 우울할 때 나타나는 문제에 관련된 구체적 뇌 영역이 있다는 것을 이해하면 된다.

전두엽의 정서 불균형

우리가 부정적 정서보다 긍정적 정서를 더 좋아해도, 우리에게는 둘 모두가 필요하다. 부정적 정서는 우리가 피하면 좋은 일을 삼가게 한다. 긍정적 정서는 우리가 행복하기 위해 하면 좋은 일을 다시 하게 한다. 당신이 알고 있듯, 우울은 불균형 상태를 일으킨다. 다시 말해, 부정적 정서는 너무 많이 느끼고, 긍정적 정서는 별로 느끼지 못한다.

뇌 활동을 기록하는 뇌파 그래픽(electroencephalographic: EEG)으로 심리학자

Richard Davidson과 동료들은[314-316] 이 우울한 불균형이 우뇌 전두와 좌뇌 전두의 뇌 활동 패턴의 비대칭과 관계가 있다고 보았다. 이 장의 초반부에서 언급했듯, 전체론적(holistic) 그리고 새로움 지향 양식(novelty-oriented style)의 정보처리 방식과 일치되게[38)], 우반구는 정서를 다루는 전문영역이다.[282] Davidson의 연구는 이런 전문화에 대한 관점을 더욱 상세하게 설명한다.[39)] 우뇌 전두 피질의 활동은 부정적 정서의 맥락, 예를 들어 해로운 자극에서 두려워하며 물러서는 맥락에서 높아진다. 반대로 좌뇌 전두 피질의 활동은 긍정적 정서의 맥락, 예를 들어 잠재적으로 보상이 있는 상황에 접근하는 맥락에서 높아진다.

전전두엽 피질은 이미지와 목적을 기억하게 한다는 것을 상기하라. 당신은 접근 목적과 회피 목적을 가질 필요가 있다. 즉, 활성화하거나 억제할 필요가 있다. 당신이 회피하고 싶은 것을 기억하면 불안을 느끼고, 당신의 우뇌 전두 피질은 상대적으로 더 활성화된다. 당신이 추구하는 것을 기억하면, 즉 당신의 추구 회로를 활성화시키면 흥분을 느끼고, 좌뇌 전두 피질이 상대적으로 더 활성화된다.

Davidson은 또한 더욱 지속적인 정서 양식들(emotional styles)[40)], 다시 말해, 특성적으로 더욱 쾌활하거나 두려워하는 양식이 전두 불균형이라는 뇌 패턴과 관계가 있음을 발견했다.[314] 즉, 아동기뿐 아니라 성인기에, 불안해하는 경향이 있는 사람은 우뇌 전두 피질에서 휴면하고 있던 뇌 전기활동의 수준이 높아지고, 긍정적 정서를 더 많이 보이는 경향이 있는 사람은 좌뇌 전두 피질에서 휴면하고 있던 뇌 전기활동의 수준이 높아진다.

우울은 좌뇌 전두 활동이 낮아진 것과 관계가 있고, 이는 우울의 가장 중요한 증상과 일치한다. 즉, 즐거운 활동에 관심이 줄어들고, 즐거움을 느낄 수 있는 활동에 흥미가 낮아지며, 목적 지향의 동기와 활동이 많이 감소된다.[317] 역으로 특성적으로 좌뇌 전두 활동이 높은 사람은 또한 부정적 정서를 조절해서 다시 회복하기 위해 긍정적 정서를 더 많이 사용한다는 의미에서 더 큰 회복력을 보인다.

뇌 반구들 간에 존재하는 이런 차이는 삶의 초기에 나타나기 시작한다. 예를 들어, 심리학자 Tiffany Field와 동료들은[127] 우울한 여성과 그들의 신생아가 우뇌 전두의 활성화 수준이 높다는 것을 발견하였다. 성인기와 마찬가지로 이런 활성화 패턴은 정서 행동과 관계가 있다. 다시 말해, 우뇌 활성화가 높은 유아는 엄마와 분리될 때 더 높은 민감성을 보였는데, 예를 들어 더 많이 우는 경향이 있었다.[317] 우울하지 않은 엄마의 유아는 엄마와 놀이를 할 때 좌뇌 전두 활성화 수준이 높았고, 반면에 우울한 엄마의 유아는 이런 패턴을 보이지 않았다.[318] 결국, 우울한 엄마의 유아의 경우, 좌뇌 전두의 활동이 낮았으며, 이는 이 유아가 엄마에게 애정을 표현하는 수준이 낮은 것과 관계가 있다.[182]

변연계의 정서 불균형

편도체 활동에 변화가 생긴다는 증거는 우울이 높은 스트레스, 높은 불안 상태라는 것을 가장 직접적으로 보여 주는 것이다. 앞서 언급했듯, 편도체는 위협 신호에 빠르게 반응하고, 두려움 반응을 조절한다.[319] 정신의학자 Wayne Drevets는 우울에 대한 많은 뇌 영상 촬영 연구를 했다. 그는 우울한 사람들의 편도체의 혈류가 높고, 비정상 활동이 높을수록 우울이 심하다는 것을 관찰했다.[320] 더욱이 편도체의 활동 수준이 증가하는 것은 우울한 사람이 잠자는 동안에도 관찰되었다.[321] 우울할 때 비정상적 편도체 활성화의 정도는 상당했는데, 이는 대략 조건화된 두려움 자극(fear-conditioned stimuli)에 노출된 동물에게서 관찰되는 수준과 맞먹었다.[322] 다행히, 처치가 적절하게 이루어지면 편도체 활동은 정상으로 돌아왔다. 그러나 오랫동안 높은 편도체 활동 수준을 보인 사람은 처치에도 불구하고 여전히 재발 위험의 여지가 있었다.

편도체가 경고와 각성의 기능을 하는 한편, 변연계의 다른 영역은 우리가 내장 감정들(gut feelings)로 경험하는 내장 활동(visceral activity)을 등록하고 조절하는 기능을 한다. Drevets는[323] 또한 전방대상피질의 복측 부분(ventral part of the anterior cingulate cortex)의 비정상 활동을 관찰했다. 전방대상피질의 복측 부분은 스트레스와 관련된 생리를 조절하는 데 실패하는 것과 관계가 있다.

즐거움과 보상과 관계있는 피질하 구조(subcortical structure) 또한 우울과 관련하여 연구되었다. 앞서 언급했듯, 중격의지핵의 도파민의 활성화는 보상 자극,

목표 지향의 욕구 행동, 즉 추구(seeking)에 중요한 역할을 한다. Drevets는[322] 우울에 관한 연구를 요약해서 중격의지핵 인근의 도파민 기능뿐 아니라 뇌 구조의 활동이 비정상이라고 하였다. 더군다나, 우리가 위협받는다고 느낄 때, 모두가 경험으로 아는 것처럼, 과잉 활성화된 편도체로 대처할 것이므로, 보상 활동에 더 적게 참여하는 경향이 있다.

요약하면, 대뇌 피질과 변연계의 수준 모두에서 존재하는 뇌 구조와 기능의 비정상은 우울을 경험하는 것과 관계가 있다. 다시 말해, 우울은 높은 스트레스 상태이고, 종종 불안과 관계가 있으며, 즐거운 활동을 하지 않고, 목표 지향 활동이 감소하는 상태를 동반한다.

손상된 주체성과 전전두 기능

우울 관련 연구들은 우울할 때 전전두 피질의 많은 활동이 비정상적인 것을 보여 주었다. 이 연구들은 우울할 때, 뇌 구조와[292] 뇌 활동 모두가 비정상이라고 보고했다.[283, 304, 324, 325] 결국, 동기의 감소가 가장 높을 때 전전두의 기능 손상은 주체성의 핵심인 목표 지향 행동을 계획하고 유지하는 능력을 더욱 심하게 무너뜨린다.

집행 기능(executive functioning)의 손상에 발맞춰서 우울은 인지 기능의 여러 측면을 손상시키는 것으로 악명 높다. 다시 말해, 주의, 집중, 기억, 복잡한 문제해결 능력을 손상시킨다. 주목할 만한 뇌 영상 촬영 연구는 우울한 사람과 그렇지 않은 사람을 대상으로, 복잡한 문제해결 과제를 실행하고 있는 동안의 뇌 활동을 비교했다.[326] 이전의 연구들은 과제 수행에 성공하는 것이 높아진 전전두 피질의 활동과 관계가 있고, 이런 과제가 우울과 관계된 인지적 손상들을 찾는 데 민감하다(sensitive)는 결과를 보여 주었다. 이런 과제는 비교적 쉬운 문제와 비교적 어려운 문제를 조합한 것이다. 어려운 문제를 해결할 때, 우울한 사람은 전전두 피질에서 예상되는 활성화를 보이지 않는다. 적절히 기능하지 않는 전전두 피질은 도전적 과제에 잘 대처하지 못한다. 우울한 참가자는 그 문제를 해결하는 데 필요한 정신 활동을 개시해서 유지하지 못했고, 자신의 반응이 적절한

지 제대로 평가하지 못했다.

당신이 전전두 기능 손상의 중요성을 생각할 때, 타인과 상호작용하는 것, 즉 정신화하기를 하는 것 또한 전전두 피질에 상당히 의존하는 인지적, 정서적인 도전적 노력이란 것을 염두에 두어라.[327-329] 다른 형태의 복잡한 문제해결 상황처럼, 사회적 상호작용은 상당한 지적 능력을 필요로 한다. 당신이 우울할 때, 사교 활동을 하면 상당한 노력이 든다고 생각할 수 있다. 당신이 낮은 활력 상태에 있을 때 사람을 만나는 것은 상당한 정신적 부담을 요구하는데, 이는 우울한 사람이 타인을 만나지 않고 철회하는 이유 중 하나이다. 여기에 역설(catch-22)이 상당한 비중을 차지한다. 왜냐하면 사람을 만나지 않고 고립되는 것이 우울을 야기하는 데 중요한 역할을 하기 때문이다. 고립과 결부된 또 다른 중요한 문제가 있다. 다시 말해, 전전두의 손상과 관계된 어려움, 즉 활동의 개시, 즐거움의 추구, 유연한 사고, 어려운 문제의 해결 등에서 어려움을 겪기 때문에, 당신은 타인의 도움을 받는 것이 좋은데 그러지 못한다. 우리 모두는 서로 상대방의 전전두 피질에 의지한다. 당신은 우울할 때 사람을 만나지 않고 싶은 경향에도 불구하고 더욱 폭넓게 사람을 만날 필요가 있다.[41)]

정서와 이성: 협력과 경쟁

MacLean의 원시 포유류(paleomammalian)의 뇌 위쪽에 위치한 신포유류(neomammalian)의 뇌 개념은 일면 호소력이 있다. 왜냐하면 그것이 우리 모두가 때때로 경험하는 정서와 이성 사이에서 일어나는 주도권 다툼을 잘 포착하기 때문이다. 그러나 우리는 언어로든 신경해부학으로든 이성과 정서 사이에 분명한 선을 그을 수 있다는 오해를 하지 않는 게 좋다. 다시 말해, 우리는 이성을 안내할 수 있는 정서를 필요로 한다. 이상적으로 우리는 정서적으로 판단하며, 전전두와 변연계의 활동이 협력하에 작동하는 것이 정상이다.[287] 우리 모두가 알다시피, 강한 정서는 우리의 이성과 문제해결 능력을 무마시킬 수 있다. 여기에는 적응에 도움이 되는 측면이 있다. 때때로 우리는 생각하기를 멈추고, 투쟁 또는 회피 양식의 형세를 취하는 것이 좋을 수 있다. 우리가 돌격해 오는 곰에게 대처해야 할 때, 생각은 재빠르게 도망치는 것을 방해한다. 그러나 우리는 아주 종종, 이성과 정서가 함께 협력하는 것을 필요로 한다.

우리가 살펴보았듯이 전전두 피질은 정서를 해석하고 조절한다. 전전두의 기능이 손상되고, 더불어 변연계가 과잉 각성되는 것은 골치 아픈 조합이 형성되는 것이다. Drevets는[322] 뇌의 이런 역기능 패턴이 우울의 한 가지 주요 문제인, 강박 반추(obsessive rumination)와 관계가 있다고 생각하였다. 높은 정서적 불편감 상황에서, 사고의 유연성마저 떨어지면, 당신은 경직된 사고방식으로 시간을 낭비하며, 우울한 생각을 재생, 또 재생할 수 있다. 이런 악순환은 우울의 소용돌이가 하강하도록 부추기고 우울 상태를 유지한다(제12장 '유연한 사고' 참고).

역설은 뇌 속에도 깊이 뿌리를 내리고 있다. 우울은 당신의 주의를 내면으로 향하게 한다. Drevets의 설명처럼, 우울에 대처하는 방법 중 한 가지는 당신의 마음이 주의를 전환하여, 생산성 있는 활동을 해서 우울한 반추에서 빠져나오는 것도 포함한다.[330] 당신은 주의를 마음속(from the inner world) 불편감에서 정서적으로 중립적 또는 긍정적인 외부 세상의 영역으로 전환하면 좋다. 그러나 당신도 알다시피 주의 전환이 쉽지 않다. 당신이 우울할 때 뇌는 주의 전환을 어렵게 만드는 방식으로 조직이 바뀌어 있기 때문이다. 우울한 상태와 관련된 뇌 영역(편도체, 복측 전전두 피질, 복측 전방 대상피질)은 생산성 있는 인지 활동과 관계있는 뇌 영역(배측 전전두 피질, 배측 전방 대상피질)과 상호적인 관계에 있다. 이 두 영역의 상호적인 관계는 한 지역이 활성화되면, 다른 지역이 비활성화되는 것을 뜻한다.

우울을 유지하는 뇌 영역을 비활성화하기 위해서는 대화를 유지하는 것처럼 외부 세상과 능동적 접촉을 하는 것이 필요하다. 텔레비전 시청처럼 수동적인 주의 집중하기는 우울을 유지하는 뇌 영역을 비활성화하는 데 적절치 않다. 당신은 사실상 뇌 활동의 기어를 변환해서 활동 패턴을 재조직하는 것이 좋다. 이런 도전 과제는 우울한 뇌의 진행 방향에 반한다. 당신이 뇌 회로를 이해하면, 당신은 우울한 반추에서 벗어나 주의를 외부로 돌리는 데[42)] 상당한 노력이 드는 이유를 이해하게 되는 것이다. 종종, 당신은 그렇게 하기 위해 타인의 도움이 필요하다.

2개의 전전두 피질이 하나의 전전두 피질보다 더 잘 기능하기 때문이다.

처치받고 가역성 회복하기

우울과 관계있는 뇌 활동의 변화를 입증하는 것은 이 장애의 심각성을 증명하는 데 도움이 된다. 이런 지식은 당신을 안심시킬 수 있고, 놀라게 할 수도 있다. 다시 말해, 당신이 겪고 있는 어려움에 이유가 있다는 것을 강조한다는 면에서 안심할 수 있으나, 당신의 뇌가 손상을 입었다는 것을 암시한다는 면에서 놀라울 수 있다. 당신은 두 가지 사항을 고려하면 놀란 마음을 진정할 수 있다. 첫째, 뇌는 매우 가소성이 있다. 그렇지 않다면 우리는 무언가를 발달시키거나 학습하지 못할 것이다. 둘째, 우울과 관계된 뇌 변화는 최소한 어느 정도 가역성이 있다. 그렇지 않다면 아무도 우울에서 회복하지 못할 것이다. 부정적인 변화를 어느 정도로 제대로 기능하게 할 수 있는지에 대해 논쟁이 계속되지만, 두 종류의 뇌 변화는 회복과 관계가 있다. 1) 기능의 정상화, 다시 말해 뇌 활동의 패턴이 우울 이전의 상태로 되돌아오는 것, 2) 보완의 과정, 다시 말해 새로운 패턴이 여전히 지속되고 있는 손상을 보완하는 것이다.

정신의학자 Helen Mayberg와 동료들의 연구는 처치를 받은 뒤 뇌 활동의 패턴이 어떻게 변하는지를 보여 준 모범적인 최신의 노력이다.[331] 정서와 이성을 통합하는 도전 과제와 일치되게, 이 연구자들은 우울한 상황에서 뇌의 여러 영역 간의 상호작용이 변하는 것이 중요하다고 강조했다.

> 현재 시점에서 일반적으로 이해되고 있는 것은 우울이 뇌의 단일 영역 또는 단일 신경전달 체계로 인해 일어난 결과가 아닐 수 있다는 것이다. 대신에, 우울은 서로 분리되어 있지만 기능적으로 통합된 경로로 묶여서 영향을 미치는 다차원, 다계층에서 일어나는 장애로 정의된다. 더군다나, 우울은 이 요소들의 한두 가지에서 발생한 역기능의 결과일 뿐 아니라 인지적 또는 신체적으로 스트레스가 높은 시기에 항상성을 유지하고, 정서적 통제를 유지할 수 있는 이외의 다른 체계의 기능이 실패한 것으로 여겨진다(p. 194).

반복하면, 변연계가 활성화되고 피질의 조절은 감소해서 균형을 잃으면 우울로 전환된다. Mayberg와 동료들은[332, 333] 실험 조작으로 유발한 슬픔, 처치를 받아야 할 정도의 우울 모두가 (복측 전방 대상에 있는) 변연계 활동을 증가시키고, (배측 전전두 피질에 있는) 피질의 활동을 감소시키는 현상을 관찰했다. 또다시 이런 결과는 변연계와 피질의 기능 사이에 상호성이 있다는 것을 뜻한다. 다시 말해, 우리가 슬프거나 우울하면 감정이 우리의 주의를 차지한다. 그래서 우리는 변연계의 활동이 우세할 때 우리의 내부에 주의를 기울인다. 외부 세상과 효율적으로 접촉하는 우리의 능력은 피질의 활동(특히 배측 전전두 영역)이 감소하면 낮아진다.

역으로, 항우울제 투약을 적절히 처치하면 정상에서 벗어난 변연계의 활동을 억제하고(보상 과정), 전전두의 기능을 향상시킨다(정상화 과정). 처치 개입과 뇌 활동의 변화 사이의 관계를 알아본 연구들의 결과는 서로 간에 차이가 있는데, 처치를 받은 내담자의 조건, 특별한 처치 개입의 조건에 따라 달라졌다. 그러나 전전두의 기능이 정상으로 회복된다는 결과는 가장 일관성 있게 반복되었다.[333] 이처럼 정상 기능을 회복하는 것은 필수적이다. 과잉 활동과 과소 활동 모두 해로운데, Mayberg는[331] 다음처럼 말하였다.

> 현재, 전두의 과잉 활성화는 심리운동적 초조, 그리고 반추를 야기하는 과장된 또는 부적응적 보상 과정으로 여겨진다. 전두의 과잉 활성화는 변연계 하위 피질 구조의 비정상적이고 고질적인 활동성으로 생성된 지속적인 부정적 기분을 중단하는 기능을 한다. 대조적으로 우울이 심각해지면 나타나는 전두의 낮은 신진대사는 그러한 보상 상태의 개시 또는 유지가 실패한 것으로, 무관심, 심리운동의 지체, 집행 기능의 손상을 야기한다(p. 197).

반복하면, 전전두의 정상 기능은 우리가 정서적 불편감을 효과적으로 조절하게 하며, 주의를 유연하게 외부 세상으로 돌려 불편감이 아닌 다른 것에 주의집중하게 한다. Mayber의[331] 검토처럼 항우울제 투약, 전기경련 치료, 미주 신경자극, 외과적 절차까지 여러 가지 처치는 변연계의 과잉 활동을 약화시켜 전전두의 기능을 향상한다.[43)] 특히 위약(즉, 신경화학적 효과가 없는 물질들)도 효과를 발휘하는 동안, 위약 또한 항우울제의 효과에 버금가는 뇌 변화를 일으켰다. 물론 그 효과는 적극적인 투약 처치보다는 낮았다.[334]

물론, 우리는 일상생활에서 정신을 통제하는 노력을 해서 뇌 활동의 패턴을 변화시킨다. 예를 들어, 우리는 현실적인 사고를 하거나, 주의를 전환시키는 활동을 하는 등과 같이 정서를 조절하는 노력으로 뇌 활동의 패턴을 변화시킨다. 당연히 우리는 우울하지 않고, 전전두 피질이 완전히 기능할 때 정서 조절을 더 잘할 수 있다. 이와 상응되게 Mayberg가[331] 언급한 것처럼, 인지치료(제12장 '유연한 사고' 참고)는 뇌 활동의 변화와 관계가 있다. 또한 예비 연구에 의하면, 대인관계 치료(제13장 '지지 관계들' 참고) 또한 뇌 활동의 변화와 관계가 있다.[335, 336]

비록 이 처치 결과가 긍정적이어도, 처치가 뇌 기능에 끼치는 긍정적 효과보다 우울과 관계된 역기능적 뇌 변화를 찾는 노력이 훨씬 더 많았다. 게다가, 심리치료 접근보다 항우울제의 효과를 찾는 노력을 훨씬 더 많이 하였다. 이 모든 처치의 효과는 결코 동일하지 않다. 이 장의 초반부에서 말했듯 나는 그러한 차이에 대해서는 간단히 이야기한다.

정신의학은 우울의 진단을 목적으로 뇌 신경 촬영을 사용하는 단계까지 발전하지 않았다. 그리고 어떤 개인이 어떤 형태의 처치에 가장 잘 반응할지를 예측할 정도로 발전하지 않았다. 그러나 우리는 뇌 영상 촬영 방법이 장래의 상담 실제에 유익한 정보를 제공할 것이라 희망한다. 예를 들어, Mayberg와 동료들은 뇌 활동의 어떤 특별한 패턴들이 개인이 특별한 형태의 처치에서 좋은 효과를 보는 것과 관계가 있는지를 조사하고 있다.[115] 예를 들어, 그들은 7개 뇌 영역 간의 여러 상호작용 패턴을 기반으로, 인지행동치료와 항우울제 투약 각각에 더 잘 반응하는 사람의 차이점을 확인하였다.

심리학자 Anthony Roth와 Peter Fonagy가[17] 제안한 대로, 우리가 해야 할 질문은 어떤 처치가 효과 있는지가 아니다. 대부분의 처치는 어느 정도 효과가 있기 때문이다. 우리가 물어야 할 질문은, '어떤 처치가 누구에게 효과가 있는가?' 이다. 심리학자들은 수십 년간 이 질문의 답을 찾는 노력을 했다. 그리고 지금 우리는 신경과학에서 약간의 도움을 기대할 수 있다. 현재 진행되고 있는 연구의 속도와 창의성을 고려하면 아마도 멀지 않은 장래에 도움을 받을 것으로 기대된다.

뇌, 마음, 역설

이 모든 신경생물학적 연구 결과는 우울을 뇌 장애로 보는 것과 일치한다. 그러나 신체장애의 발달 이면에는 중요한 역할을 하는 많은 심리작용이 있다. 우울을 지속되는 스트레스에 대한 뇌의 반응으로 보는[230] 우리는 스트레스가 심리적, 대인관계적이란 것에 주목한다. 궁극적으로, 지속되는 스트레스를 뇌와 몸의 장애로 전환시키는 것은 스트레스 사건의 의미와 주관적 정서 경험이다.

우리는 이제 뇌와 마음이 주체성을 깨뜨리고, 당신의 자유행동의 범위를 압박하는 음모를 어떻게 꾸미는지 어느 정도 이해할 수 있다. 즉, 역설: "우울에 대처하려면, 당신은 유연하게 사고하고, 타인과 효율적으로 상호작용하고, 자신과 타인의 마음을 헤아리며 조율하는 즉, 정신화하기를 할 필요가 있다. 그러나 당신의 변연계의 활동이 과하고 전전두의 기능은 약하면 이 모든 과제를 수행하기 어렵다." Styron이[2] 적절히 표현한 말을 반복하면, 당신은 '어둠을 동반한 악천후'를 다뤄야 할 수 있다. 우울의 역설은 회복을 어렵게 만들지, 불가능으로 만들지 않음을 기억하라. 당신은 흑백의 상황을 다루는 것이 아니다. 다시 말해, 아무도 우울과 관계된 뇌 활동이 완전히 정지하는 것은 발견하지 못했다! 연구 결과들은 변화된 활동성, 즉 증가 및 감소를 보여 줬다. 당신이 여전히 할 수 있는 몇 가지 자유행동으로 자신에게 영향력을 발휘하는 무언가를 할 수 있다.[44)] 다시 말해, 당신이 하면 좋을 어떤 일을 하는 것이 가능하다. 하지만 그런 일을 하는 것은 당신이 우울하지 않은 상태 때보다 훨씬 어렵다.

다행히, 마음과 뇌의 관계는 양방향으로 움직인다. 항우울제의 투약은 뇌 기능을 정상으로 회복하는 데 도움이 되고, 뇌 기능의 회복은 다시 신체 건강과 정신의 안녕을 회복하는 데 도움이 된다. 역으로, 행동, 심리, 대인관계에서 생기는 긍정적 변화는 뇌 기능의 변화를 정상으로 되돌리는 데 도움이 된다. 생리와

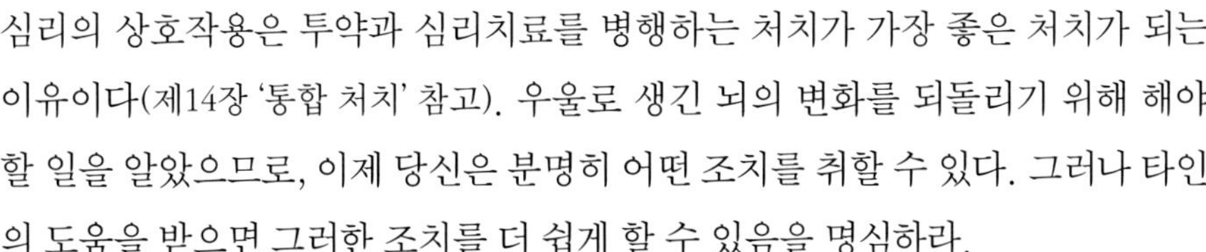

심리의 상호작용은 투약과 심리치료를 병행하는 처치가 가장 좋은 처치가 되는 이유이다(제14장 '통합 처치' 참고). 우울로 생긴 뇌의 변화를 되돌리기 위해 해야 할 일을 알았으므로, 이제 당신은 분명히 어떤 조치를 취할 수 있다. 그러나 타인의 도움을 받으면 그러한 조치를 더 쉽게 할 수 있음을 명심하라.

제10장

우울과 관련된 장애

거의 죽을 뻔했던 자신의 치명적 자살 시도를 회고하며, Jamison은 간단명료하게 "나는 운 좋게도 삶의 다른 기회를 봤다."(p . 311)라고 말했다.

물질남용과 우울에 각각 적절한 처치를 하는 것 이외에, 당신의 건강과 안녕을 향상하고 유지하는 긍정적 생활양식의 변화는 두 가지 장애의 재발을 예방할 것이다. 중독 전문가 Avram Goldstein의 주장처럼, 뇌는 수백만 년간 진화한 섬세한 조절체계이다. 그는 중독 물질을 사용하는 것은 뇌에게 '신중하지 못한 화학적인 공격'이 될 것이라 생각했다. 그리고 다음처럼 비유했다. "어떤 신중한 사람도 고압의 전기 쇼크로 개인용 컴퓨터에 충격을 줘서 컴퓨터의 기능을 보강하려고 시도하지 않을 것이다."(pp. 68-69) 대신에 당신의 마음, 행동, 인간관계로 보상체계는 켜고, 불안체계는 끄는 식으로 뇌 속의 화학작용을 조절하는 것을 상상해 보라. 물질남용에 비교하면, 이런 대안은 속도가 늦지만 효과는 확실하다. (본문 중에서)

불행히도, 한 가지 장애를 겪고 있다고 해서 또 다른 장애를 겪지 말란 법은 없다. 당뇨병이 있다고 고혈압에 걸리지 않는 것은 아니다. 이는 정신장애에도 동일하게 적용된다. 흔히 우울은 다른 정신의학 장애와 동시에 발생한다. 이를 동반이환(co-occurence)이라 한다. 동반이환은 우울의 처치를 복잡하게 만든다. 이는 우울이 다른 정신의학 장애 또는 일반 질병의 처치 과정을 복잡하게 만드는 것과 마찬가지다. 흔한 예로, 알코올 남용은 우울을 악화시키고, 우울은 알코올 남용을 부추긴다.

따라서 당신이 우울에서 회복해서 잘 지내려면, 우울과 동시에 처치받으면 좋을 다른 정신의학적 문제를 잘 알고 있는 게 좋다. 우울은 여러 가지 다른 정신의학 장애와 관계가 있다. 하지만 이 작은 책에서 그 모두를 다룰 수 없다. 나는 우울과 뒤얽힌 현저한 장애, 즉 양극성 장애, 불안장애, 물질남용, 성격장애를 간단히 설명한다. 나는 당신이 우울에 영향을 미치는 질병에 관심을 갖게 할 것이다. 또한 자살 관련 문제를 논의하며 결론을 맺을 것이다. 왜냐하면 자살 관련 문제가 심각한 우울에서 명백하게 나타나기 때문이다.

양극성 장애

오랜 역사를 가진 양극성 장애(bipolar disorder)는 꽤 오랫동안 **조울증**(manic-depressive illness)으로 불렸다. 이는 이 장애에서 조증과 우울의 삽화가 교대로 나타나기 때문이다. 양극성이란 기분이 두 가지 다른 방향, 즉 한쪽은 조증으로, 다른 쪽은 우울로 오간다는 의미이다.

긍정적 정서의 과도함

긍정적 정서를 빛띠(specrum)의 개념으로 살펴보면, 조증과 우울을 구별하는 데 도움이 된다.[4] 나는 우울한 기분은 긍정적 정서의 수준이 낮은 상태, 즉 흥미, 흥분, 즐거움, 기쁨을 경험할 능력이 저하된 상태라고 제안했다. 우울할 때 당신은 어떤 일을 하고 싶게 만드는 유인가를 찾지 못하고, 일에서 보상받는다는 느낌을 갖지 못한다. 대조적으로, 긍정적 정서는 행동을 활성화하고, 접근 행동을 하게 만들고, 보상을 기대하는 반응을 촉진한다. 이런 현상을 Panksepp는[7] **추구**(seeking)라고 적절하게 명명했다. 그래서 조증 상태의 당신은 보상이 기대되는 다양한 활동에 참여하기 쉽고, 여러 가지 유인 자극에 쉽게 반응해서, 모든 것에 매력을 느낄 수 있다. 추구체계가 속도를 내면 에너지가 무한 충만된 느낌으로 부채질당한다. 조증 상태의 활동은 높은 수준의 사교성을 수반하기도 한다. 다시 말해, 조증 상태의 사람은 말이 아주 많아지거나, 무분별한 성적 교제를 하며, 흥청망청 돈을 쓰고 도박을 하며, 경솔하게 창업하고, 위험한 투자를 하고, 더욱이 지키지 못할 책임을 많이 떠맡고, 통제하기 쉽지 않은 복잡한 일에 손을 댄다.

기분 변동이 양극성 장애의 핵심이지만, 우울과 유사하게 조증은 기분 장해(disturbance) 그 이상의 의미를 갖는다. 다시 말해, 사고 패턴, 행동, 활동, 관계 등에서 변화가 생긴다. 그래서 조증 삽화의 진단기준은 들뜬 기분 이외에 많은 증상을 포함한다.[8] 기분의 진단 준거는 적어도 1주일간 하루 중 대부분 비정상적으로 들뜨고, 의기양양하고, 과민한 기분을 포함한다. 다른 증상은 자존감이 증가하고, 수면 욕구가 감소하며[45)], 평소보다 말이 많아지고, 사고가 질주하고, 주의는 산만하고, 목표 지향적 활동이 증가하는 것을 포함한다. 과민한 기분과 공격성은 어쩌면 기대되는 보상의 높은 가치와 관계가 있다. 다시 말해, 조증 상태의 사람은 유인 자극을 추구하다 훼방받으면 쉽게 좌절을 겪는다. 조증 상태의 사람은 지배하고 통제하려는 성향이 있으며, 최악의 경우 자신의 사려 깊지 않은 계획에 타인이 동조하게 밀어붙인다.

우울과 조증 사이의 이런 극명한 차이들 중 일부를 〈표 10-1〉에 제시하였다. 여러 가지 진단기준이 보여 주듯, 이 차이는 즐거움, 움직임의 속도, 활력, 활동, 자아개념, 사교성 모두에서 나타난다. 대개 조증 상태인 사람은 수면과 섭식을 너무 적게 하는데, 이런 증상은 우울 상태에서도 마찬가지로 나타난다. 하지만 다음과 같은 차이가 있다. 다시 말해, 조증 상태에서 당신은 잠자거나 먹고 싶은 욕구를 거의 느끼지 못할 수 있다. 반면에 우울한 상태에서, 당신은 (불면증 때문에) 잠들기 힘들고 (식욕부진 때문에) 먹는 게 즐겁지 않을 수 있다.

표 10-1 양극성 빛띠

우울	조증
즐거움의 상실	즐거움의 과잉
낮은 움직임의 속도	빠른 움직임의 속도
낮은 활력	높은 활력
과소 행동	과잉 행동
무가치감	지나친 자신감
사회적 철수	사회적 침해

조증의 심각도

우울처럼 조증의 심각도는 다양하게 구분된다. 다시 말해, 조증은 경조증(hypomania, hypo는 아래를 의미함)보다 더 심각하다. 경조증 상태는 기분의 분명한 변화를 보여도 의미 있는 기능 손상은 보이지 않는다. 실제로 많은 사람은 경조증 상태를 가치 있게 여기는데, 기분이 들뜨고, 일을 잘 처리할 정도로 생산성이 올라가기 때문이다.

양극성 장애의 심각도는 세 가지로 구분된다. 이 구분은 조증과 우울의 심각도에 바탕을 둔다.[8] **I형 양극성** 장애는 조증과 주요 우울을 번갈아 경험하는 것을 뜻한다. **II형 양극성** 장애는 경조증과 주요 우울을 번갈아 경험하는 것을 뜻한다. 이 두 형태의 양극성 장애는 시간이 지나도 상당한 안정성을 갖고 유지된다. 예를 들어, II형 양극성 장애는 대개 I형 양극성 장애로 진전되지 않는다.[337] (가장 심각성이 낮은) 세 번째 양극성 장애는 **순환성 장애**(cyclothymia)이다. 순환성 장애는 경조증과 우울 증상(depressive symptoms) 사이를 번갈아 경험하는 것을 뜻한다. 순환성 장애에서 우울은 주요 우울의 심각도에 미치지 못한다.

결국, 우리는 1) 양극성 우울(I형 양극성 또는 II형 양극성 장애 속의 주요 우울)과 2) 단극성 우울(조증 또는 경조증 경험이 없는 주요 우울)을 구별할 수 있다.[46] 양극성 및 단극성 우울은 촉발하는 스트레스 사건(스트레스가 되는 삶의 사건들)뿐 아니라, 증상의 패턴, 사고의 패턴(부정적인 사고와 낮은 자존감)에서 유사하다.[338] 더욱이 양극성 및 단극성 우울은 동일한 형태의 심리치료 처치, 예를 들어 인지치료, 대인 간 치료로 호전된다. 항우울제 투약만으로 양극성 우울을 처치하는 것은 조증을 유발할 위험이 있다는 것을 고려하면 약물 처치의 효과는 두 장애에서 동일하지 않을 것이다[189](제14장 '통합 처치' 참고).

스트레스와 경조증

양극성 장애는 대개 상대적으로 생물학적인 것으로 간주된다. 왜냐하면 유전적 요인이 단극성 우울보다 양극성 우울과 더 강하게 관계되어 있기 때문이

다.[339] 우울이 생물학적 요인과 관계있다는 것이 우리를 심리적 요인에서 눈멀게 하면 안 되는 것처럼, 조증이 생물학적 요인과 관계있다는 것도 우리를 심리적 요인에서 눈멀게 하면 안 된다.

예를 들어, 스트레스가 되는 삶의 사건은, 단극성 우울을 겪고 있는 사람에게 그렇듯, 양극성 우울을 겪고 있는 사람의 기분 삽화에도 선행한다.[340] 그러나 조증을 촉발하고, (양극성을 포함한) 우울을 촉발하는 스트레스 사건의 종류는 서로 다르다. 특히, 두 종류의 스트레스 사건, 다시 말해, '사회적 교제에서 생긴 변화와 목적의 달성'이 조증을 촉발하는 듯하다.

일상의 계획(daily schedules), 반복되는 생활(routines), 리듬(rhythms)을 무너뜨리는 스트레스 사건이 특히 조증 삽화를 촉발한다.[341, 342] 특히, 문제가 되는 것은 수면 리듬(schedule rhythms)을 무너뜨리는 사건이다. 안정된 수면, 섭식, 운동 패턴에 기여하는 사회적 일상(social routines)은 24시간 일주기 리듬[circadian (24-hour) rhythms]과 조화를 이룬다. 이 리듬을 깨는 사건들이 조증 삽화를 촉발한다고 알려져 있다. 일주기 리듬을 깨는 흔한 예는 한밤중에 응급실에 가는 것, 외국 여행을 가는 것, 교대 근무를 하는 것 등이다. 그러나 중요한 관계가 깨지는 것도 일상의 생활과 일정을 정상에서 벗어나게 할 수 있다. 그래서 이 심리적 스트레스 사건은 신체 리듬을 깨뜨려서 좋지 못한 생물학적 결과를 유발하기도 한다.

우울과 다르게, 긍정적 삶의 사건이 조증 삽화를 촉발할 수도 있다.[343] 하지만 일반적인 긍정적 사건들 모두가 조증을 촉발하는 것은 아니다. 긍정적 사건과 관련 있는 목적 달성이 중요한 요인으로 작용한다. 예를 들면, 승진, 대학 또는 대학원의 입학 허가 또는 새로운 사랑의 시작 등이다. 왜 목적 달성이 조증을 촉발할까? 대개 중요한 목적을 달성하기 위해 열심히 노력한 사람은 그 목적을 달성한 후에 허탈감(letdown)을 경험한다. 성공을 제대로 즐기는 사람은 한동안 설렁설렁 일하며 편히 지낸다. 반면에, 조증 상태의 사람은 반대의 반응을 보인다. 다시 말해, 그들은 보상의 느낌을 받는 경험에 아주 민감하다. 조증 삽화를 겪는 사람의 쾌락-접근-보상 체계(pleasure-approach-reward system)는 쉽게 속도가 붙는다. 약간의 보상이 기대되면 그는 속도를 내기 시작한다. 그래서 성공은 목표 지향 또는 보상 추구 활동의 나선을 촉발한다. 그래서 포상을 받는 것은 그 사람이 포상을 더 많이 받을 거란 희망을 품게 만들고, 이는 새로운 일을 시작하게 자극한다. 성공을 향한 열정은 더욱 불붙는다.

양극성 장애는 스트레스 누적 모델에 잘 부합한다. 첫째, 스트레스의 유형이 달라도, 스트레스가 우울 삽화를 촉발하듯, 조증 삽화도 촉발할 수 있다. 둘째, 우울과 함께 촉발된 조증 삽화는 스트레스가 되는 결과를 다시 생성한다. 실제로, 조증 삽화의 결과는 특히 삶과 마음을 황폐하게 만들 수 있다. 조증 상태의 가장 중요한 한 가지 문제는 판단력의 손상이다. 판단력은 두 가지 측면, 즉 '1) 당신은 행동이 가져올 결과를 예상하고, 2) 그 예상에 걸맞게 행동을 하는가?'로 정의된다.[344] 그래서 조증 삽화의 특징인 무모한 충동적 행동은 대개 주요한 삶의 스트레스, 즉 관계 문제, 부채, 법적 문제 등을 야기한다. 그래서 조증에 동반하는 주요 우울에 취약하게 만드는 요인은 스트레스가 되는 삶의 사건의 누적이며, 또한 이런 누적과 관계된 자존감의 하강이다.

조증과 우울의 혼재

양극(bipolar)이란 개념은 직관적으로 이해할 수 있다. 왜냐하면 이 개념은 조증-우울이라는 반대극을 쉽게 상기시키기 때문이다. 그러나 양극이란 고정관념은 기분장애의 중요한 여러 가지 임상적 특징을 이해하기 어렵게 만든다. 조증 삽화를 겪고 있으나 우울하지 않은 사람은 궁극적으로 우울 삽화를 경험할 것이란 기대로 양극성 장애라는 진단을 받는다. 그러나 상당수의 사람, 즉 조증 삽화를 경험하는 사람의 1/5에서 1/3은 이후에 우울을 경험하지 않는다.[338] 물론, 양극성 장애의 첫 번째 징후가 우울 삽화일 수 있다. 주요 우울로 입원한 사람을 15년간 추적 조사한 연구는 그들 중에 19%가 이후에 조증을, 27%가 경조증을 겪었다는 결과를 제시했다.[345]

우울을 겪지 않는 조증보다 더 혼란스러운 것은 양극성 장애를 겪는 사람의 상당수, 즉 30~40%가 **혼재성 양상**(mixed states)을 경험하는 것이다.[346] 혼재성 양상에서는 우울 증상이 나날이 또는 시시각각 조증 증상과 번갈아 나타난다.[347] 이러한 혼재성 양상은 또한 우울, 불안 및 공격성과 함께 조증 증상들이 더욱 복잡하게 혼재하여 나타나는데, 이는 **기분부전의 조증**(dysphoric mania)이라고 불리는 조건이다.[348]

불안과 공격성은 말할 것도 없고, 우울과 조증이 다양한 정도의 심각성 수준에서 발생하는 것을 고려하면, 이들이 혼합되어 나타날 수 있는 증상은 아주 많다. 더욱이 이 혼재성 증상은 동시에 존재할 수도 있고 아주 빠르게 변동하면서 나타날 수 있다. 더욱이, 양극성 장애를 겪는 사람에게, 한 극에서 회복하는 과정에서 다른 극의 증상이 나타나는 현상을 겪을 수 있다. 다시 말해, 조증에서 회복하는 과정에서 우울의 증상이 나타날 수 있다. 그렇지 않으면, 우울에서 회복하는 과정에서 조증 증상이 나타날 수 있다. 혼재성 양상에 대해 혼동하지 말아야 할 것은[349] **빠른 변화주기**(rapid cycling)로 증상이 나타나는 현상이다. 이 현상은 12개월의 기간 동안 (한 극에서 다른 극으로 전환되는 것을 포함해서) 최소한 4번의 분명한 기분장애 삽화가 나타나는 것을 의미한다.

처치 함의

조증 상태가 한창인 많은 사람은 염려스럽게도 어려움을 부인하고, 처치받는 것에 저항한다. 조증 상태에 있으면, 어느 정도의 즐거움을 누리기 때문에, 조증은 매력 있게 느껴지며 그 상태를 포기하기 어렵다. 조증 상태의 사람이 처치를 받기로 한다면, 조증 삽화의 회복이 촉진될 뿐 아니라 악화와 재발을 예방하기 위한 투약을 할 수 있다.[350]

특히, 심리적 개입을 하는 것은 조증 삽화를 예방하는 데 도움이 된다. 우울 삽화에서 관찰되듯, 부정적 인지 양식, 즉 스트레스가 되는 사건을 자기와 관련지어 비평하고 해석하는 경향으로 인해, 스트레스 사건을 겪은 뒤에 조증으로 반응할 가능성이 높아진다.[351] 따라서 인지행동치료는 회복된 기간을 늘리고 재발을 예방하는 데 유익하다. 더군다나, 연구들에 의하면, 조증 삽화를 촉발하는 스트레스 사건의 종류를 정확히 겨냥해서 처치하면 좋다. 가능하다면 조증을 겪을 가능성이 있는 사람은 최대한 수면을 방해하지 않을 정도의 일정만 계획하는 것이 최선이다. 목적 성취를 하지 않는 것이 자신에게 해가 되더라도, 조증을 겪을 수 있는 사람은 일의 속도를 내고 싶을 때 오히려 느긋하게 진행하는 것에 집중하면 좋다. 게다가 가까운 대인관계에서 겪는 어려움과 갈등이 조증 삽화의 발생에 중요한 역할을 하므로,[352] 지속되고 안정감 있는 관계들을 맺고 유지하는 능력을 계발하는 처치는 양극성 장애를 겪는 사람에게 매우 적합하다.

불안장애

나는 이 책 전체에서 우울과 불안이 서로 관계가 있다는 것을 강조했다. 우울한 많은 사람은 불안장애의 진단기준을 충족한다.[353] 그러나 불안장애는 상당히 이질적 장애이며, 일반화된 불안장애, 공포증, 공황장애, 강박장애, 외상후 스트레스 장애 등을 포함한다. 이 장애들은 모두 우울이 심해지는 것과 관계가 있다. 항상은 아닐지라도, 아주 종종 불안의 증상이 우울에 앞서 찾아온다. 유사하게, 아주 종종 불안장애(anxiety disorders) 또한 우울장애에 앞서 진행된다.[353]

이 증상과 장애의 일련의 순서는 불안과 우울을 구별하는 중요한 차이를 반영한다. 첫째, 불안은 예상되는 위험, 무력감과 연관 있는 '불확실성의 느낌'과 관계가 있다. 둘째, 우울은 절망감과 연관 있는 '실패 및 상실'과 관계가 있다. 불확실성과 불안의 기간은 '두려운 결과를 피할 수 없거나 이미 발생했다는 결론(즉, 절망감; 역자주)'에 대개 선행한다. 이러한 무력감과 절망감의 순서는 Bowlby가 관찰한 애착관계의 상실에서 관찰된 결과와 일치한다.[198] 다시 말해, 초조와 불안은 시간이 지나면서 우울로 진화되는 삶의 초기의 항변 반응과 관계가 있다.

우울과 동시에 발생하는 불안장애를 진단해서 반드시 처치해야 한다. 왜냐하면 우울이 심할 때 불안장애를 함께 겪는 것은 여러 가지 부정적 결과를 초래하기 때문이다. 예를 들어, 회복하는 데 시간이 더 오래 걸리고, 만성이 되고, 재발할 가능성은 높아지고, 기능은 더 많이 손상되며, 자살 상태로 바뀔 위험이 높아진다.[353] 심리치료와 투약 처치가 우울과 불안장애가 공존할 때 둘 모두에 효과가 있어도, 구체적 불안장애에 대해 적절하게 처치를 조정하는 것이 중요하다.[354]

이 절에서는 종종 우울과 함께 발생하는 두 가지 불안장애, 즉 1) 일반화된 불안장애(Generalized Anxiety Disorder: GAD), 2) 외상후 스트레스 장애(Post Traumatic Stress Disorder: PTSD)를 살핀다. 우울과 일반화된 불안장애의 진단에서 공통점을 아는 것은 이 책의 전체에서 언급한 불안과 우울 사이의 뒤얽힌 관계를 명료화하는 데 유익하다. 그리고 우울과 외상후 스트레스 장애 사이의 공통점은 외상후 스트레스가 우울에 중요한 역할을 한다는 것을 강조한다.

일반화된 불안장애

여러 가지 불안장애 중에서, 일반화된 불안장애가 가장 현저하게 우울과 공통점을 갖고 있다.[353] 일반화된 불안장애의 특징은 여러 가지 문제에 대한 과도하고 통제하기 어려운 불안과 걱정이며, 차분하지 못함, 피로, 집중의 문제, 과민성, 근육의 긴장, 수면의 어려움 같은 증상을 동반한다.[8] 이 증상은 높은 수준의 부정적 정서성을 반영한다. 여기서 불안과 우울의 공통점이 가장 눈에 잘 띈다. 이러한 공통점과 일관되게, 주요 우울과 일반화된 불안은 유전적 경향성과 관계가 있다는 공통점이 있다. 이런 유전적 경향성은 신경증적 경향성(정서적 불편감을 경험하는 성향)으로 나타난다. 신경증적 경향성이 있는 사람은 이 두 장애를 경험할 수 있다.[353]

다시 말하면, 우울(낮은 긍정적 정서성)과 불안(높은 부정적 정서성)이 서로 간에 일면 차이가 있어도, 이 둘은 또한 상당한 공통점을 갖고 있다.[4,353] 부정적 정서성과 상관없이 주요 우울을 겪는 사람은 거의 없고, 더욱 흔하게, 불안을 겪는 사람은 긍정적 정서를 경험할 능력을 유지하고, 그런 상황에서는 불안해도 우울하지 않다. 우울과 구별되는 불안의 특징은 교감신경계의 활성화를 특징으로 하는 생리적 과잉 각성이다. 증상은 현기증, 심장 박동이 빨라지는 것, 호흡 곤란, 다리가 떨리는 것을 느끼는 것이다.[355]

외상후 스트레스 장애

나는 이 책 전체에서 우울이 발생하는 데 스트레스가 중요한 역할을 한다고 강조했다. 그리고 아동기 및 성인기의 외상이 전 생애 스트레스의 누적에 중요한 역할을 한다고 강조했다. 우울은 대개 외상 관련 장애이다.[144] 외상이란 극도로 스트레스가 되는 사건에 노출된 후에 지속되는 부정적 효과들을 뜻한다.[95] 외상후 스트레스 장애는 외상으로 생길 수 있는 장애 중 한 형태이며, 매우 잔인한 장애이다. 다시 말해, 끔찍한 사건들을 경험하고 외상후 스트레스 장애를 겪는 사람은 이후에 이 사건을 마음으로 계속 재경험하고, 때때로 그 재경험은 몇 달 또는 몇 년간 지속된다.[8] 이러한 증상의 재경험은 의도하지 않는데 떠오르는 기억과 강한 정서적 변화의 형태로 나타난다. 이 증상의 특징은 플래쉬백(flashback)이며, 이는 현재에서 외상을 재경험하는 느낌을 뜻한다. 슬프게도, 수면시간이 반드시 한숨 돌릴 휴식을 제공하는 것은 아니다. 외상 사건이 악몽의 형태로 재경험되기 때문이다. 이해하기 쉽지 않겠지만, 외상후 스트레스 장애를 겪는 사람은 회피 증상을 보인다. 예를 들어, 그들은 외상에 대해 생각하거나 말하려고 하지 않을 뿐 아니라 외상 기억을 떠올리는 상황을 회피한다. 최악의 경우에 그런 회피는 심각한 철회나 사회적 고립에 이르게 할 수 있다.

Darwin은[33] 선지적으로 여러 가지 정서 중에서 두려움이 가장 많이 우울을 유발하는 정서라는 것을 관찰하였다. 외상후 스트레스 장애를 겪는 사람은 극도로 두려운 경험을 겪었을 뿐 아니라 그 증상이 발생하는 것을 여전히 두려워한다. 이것이 그들이 회피 행동을 하는 이유이다. Darwin의 관점과 일치되게, 외상후 스트레스 장애를 겪는 사람의 상당한 비율이 또한 주요 우울을 겪는다.[144] 다른 불안장애와 마찬가지로, 외상후 스트레스 장애는 더욱 자주 우울에 선행하는데, 그 역의 경우는 많지 않다.[356] 이미 우울을 겪고 있는 것은 외상적 스트레스의 후유증으로 외상후 스트레스 장애를 일으킬 취약성을 높인다. 더군다나, 우울을 경험한 것은 개인이 아마도 외상 스트레스에 노출될 위험을 더 크게 만든다. 이는 우울이 개인의 판단력을 흐리게 하거나, 대인관계 갈등을 겪을 가능성을 높이기 때문이다.[357]

우울이 발생하는 데 외상과 외상후 스트레스 장애가 기여했을 가능성을 고려하는 것은 중요한데, 왜냐하면 외상후 스트레스가 우울의 처치를 복잡하게 만들기 때문이다. 그리고 이 두 가지 장애가 공존할 때 외상을 다루기 위한 개입을 하는 것이 필수적이기 때문이다.[144]

물질남용

물질남용은 우울에 대한 스트레스 누적의 관점과 잘 맞아떨어진다. 앞서 장황하게 논의했듯, 우울과 씨름하는 대부분의 사람은 불안과도 씨름하는 것이 틀림없다. 우울과 불안 모두는 뇌 기능의 변화된 패턴과 결부된 심리적 스트레스에 근거한다. 우울과 불안은 힘든 문제이다. 우울과 불안을 심리적 대처와 대인관계를 개선해서 줄이기 위해서는 상당한 노력을 들여야 한다. 그래서 많은 우울하고 불안한 사람이 화학적 개입으로 직접 뇌 기능을 변화시키는 데 의존하더라도 별로 놀랄 일이 아니다. 예를 들어, 알코올은 부정적 정서를 강력하게 줄이고 긍정적 정서를 높인다. 그래서 우울과 알코올 중독은 종종 함께 발생한다. 한 연구는 우울증 진단을 받은 사람의 30%가 또한 알코올 중독 진단을 받고, 알코올 중독자의 약 40%가 우울 진단을 받는다는 결과를 보여 주었다.[358]

약물이 기분을 변화시킨다는 발견은 오래된 것이다. 우리 인간은 영리하게도 뇌 내부의 화학 반응을 흉내 내어,[359] 각성과 기분에 중요한 역할을 하는 내생 신경전달물질과 신경조절물질의 부가제로 작용하는 여러 가지 물질을 발견해서 합성해 왔다.[360] 우리 대부분은 카페인, 알코올, 니코틴을 일상적으로 사용해서 마음 상태를 바꾸고자 한다. 카페인과 알코올 같은 물질을 적절히 사용하면 이득은 되나[361] 우리 대부분은 그것을 적절히 사용하는 데 능숙하지 않다. 우리는 다른 포유동물처럼 여러 가지 물질을 강박적으로 자가 투여하는 성향을 공유한다. 우리의 중독에 대한 취약성은 다른 포유동물처럼, 유전자 구성과 스트레스 경험에 따라 좌우된다. 포유동물 중에서도, 독특한 우리 인간은 진화하면서 기분에 변화를 주는 여러 가지 문화적 도구를 개발했고, 이것들을 언제라도 쓸 수

표 10-2 물질남용이 스트레스 누적을 일으키는 방식

스트레스 영역들	예
스트레스가 되는 삶의 사건	체포, 실직
대인관계 스트레스	논쟁, 헤어짐
내면의 스트레스	죄책감, 수치심
스트레스가 되는 삶의 양식	물질을 획득해서 사용하는 데 들여야 하는 시간
손상된 대처	손상된 문제해결과 정서 조절
장애	우울과 다른 신체 장애를 악화시킨다

있게 다음 세대에 전수했다. 현대 사회의 제조 공정과 판매 방법은 다양하고, 강력하고, 언제든 손에 넣을 수 있는 여러 가지 중독 물질을 빠르게 증가시켰다.

사실, 중독 물질은 극적으로 불안과 우울의 수준을 낮춰 준다. 그리고 우리는 그 물질을 쉽게 구입할 수 있다. 그러나 물질남용은 또한 더욱 심각한 우울을 야기하는 **촉매 작용**을 한다. 즉, 스트레스의 누적을 높여서 우울해지는 과정의 속도가 빨라지게 한다(〈표 10-2〉 참고). 알코올이 주요한 예이다. 많은 사람은 불편한 정서를 피하기 위해 알코올을 사용하는데, 이는 **대처 음주**(drinking to cope)로 불린다.[362] 우리는 대처 음주 패턴을 적신호로 볼 수 있다. 10년간의 추적 조사는 대처 음주를 하는 사람은 알코올 소비를 더 많이 하고, 문제 음주를 한다는 결과를 제시했다. 당신이 예상하는 바와 같이, 이 사람들은 또한 우울 삽화를 겪는 동안에 알코올 소비를 더 많이 했다. 불안하고 우울할 때 음주는 매우 해롭다. 다시 말해, 스트레스 누적을 고려하면, 알코올 남용은 심각한 우울로 빠져드는 속도를 높이고, 더 오랜 시간 우울하게 만든다. 작가인 Andrew Solomon은[114] 자신의 경험을 다음처럼 말했다.

> 나의 경험에 의하면 당신은 우울을 겪고 있을 때 알코올에 매우 매력을 느끼는 것이 아니라, 불안을 경험하고 있을 때 아주 매력을 느낄 것이다. 문제는 불안을 약화시키는 그 알코올이 우울을 악화시킨다는 것이다. 그래서 당신은 긴장과 두려움을 느끼는 것에서 너무나 외롭고 무가치감을 느끼는 쪽으로 옮겨갈

뿐이다. 이것은 개선이 아니다. 나는 그런 상황에서 음주하는 것을 좋아했고, 사실을 말하자면 술로 세월을 보냈다. 하지만 도움이 되지 않았다(p. 226).

발달적 관점

우울과 물질남용을 촉발하는 발달적 경로는 매우 복잡하다. 왜냐하면 수없이 많은 가능한 경로를 거쳐 이 두 가지 장애에 이를 수 있기 때문이다. 더군다나 우울과 물질남용은 발달 과정에서 여러 가지 방식으로 서로에게 영향을 미친다.

많은 개인에게, 청소년기는 두 장애가 발달하는 주된 시기이다. 성인기에 그런 것처럼, 청소년기의 우울과 물질남용은 서로를 악화시킬 수 있다. 1,000명이 넘는 고등학생을 조사한 한 연구는[363] 우울 또는 심한 음주 문제를 겪고 있는 사람과 두 문제 모두를 겪고 있는 사람을 구별하였다. 이 우울-알코올 혼합 문제 집단은 최고로 높은 수준의 아동기의 문제, 스트레스가 되는 삶의 사건, 적절하지 못한 대처, 비행 행동, 물질남용을 보였다. 그리고 그들은 가족의 적절한 지지를 받지 못한다고 느꼈고, 학업 성적이 매우 좋지 못하였다. 특히 우울하기만 한 집단과 우울-알코올 혼합 문제 집단은 높은 수준의 스트레스에 대처하기 위해 알코올을 사용한다고 보고하였다.

버지니아의 등록된 쌍둥이를 대상으로 한 연구(Virginia Twin Registry study)는[247] 다수의 발달적 요인이 어떻게 청소년기 물질남용을 일으켰다가 다시 성인기 우울로 이어지는지를 예를 들어 보여 준다. 아동기의 두 가지 위험 요인, 즉 1) 유전적 취약성, 2) 아동기 성폭력이 후기 청소년기 물질남용의 발생에 기여하였다. 초기 청소년기의 두 가지 부가적 위험 요인, 즉 1) 불안장애, 2) 품행장애(반사회적 행동) 또한 후기 청소년기 물질남용의 발생에 기여했다. 후기 청소년기에 나타나는 세 가지 스트레스 사건, 즉 1) 낮은 교육 수준, 2) 외상의 경험, 3) 낮은 사회적 지지 또한 그 기간 동안의 물질남용에 기여하였다. 스트레스 누적에 기여한 후기 청소년기 물질남용은 성인기 우울의 두 가지 중요한 위험 요인, 즉 1) 이혼, 2) 스트레스가 되는 삶의 사건들을 경험할 가능성을 증가시켰다.

생리적 촉매

아편, 니코틴, 암페타민, 코카인, 알코올, 대마초 같은 물질은 뇌의 보상계(reward system)를 자극한다. 이 물질을 계속 사용하면 신경세포에 장기적인 적응적 변화를 일으키고, 중단하면 보상계에 우울을 야기한다. 그래서 물질 사용을 자제하지 못하면, 소용돌이치는 불편감-중독의 주기가 시작된다.[360]

물질남용이 기분장애의 생리적 촉매로 작용한다는 사실은 **물질 유발 기분장애**라는 정신의학 진단으로 정착되었다. 이 진단은 우울 또는 조증 삽화가 물질의 **직접적 생리적 효과로 촉발될 때** 적용된다.[8] 기분 삽화를 촉발하는 물질은 알코올, 암페타민, 코카인, 마취제, 환각제 외에 여러 가지 처방약들도 포함한다.

물질 유발 기분장애의 진단이 정확한 것이 되려면, 기분장애가 중독 또는 금단의 시기에 즈음하여 시작되어야 한다. 예를 들어, 코카인을 금단한 동안 처치받아야 할 정도의 우울을 겪고, 금단에 성공한 뒤에 1개월 이상 우울이 지속되는 사람은 '우울한 특징을 지녔고, 금단 동안 발생한 코카인 유발 기분장애'로 진단될 것이다. 특히 물질남용은 또한 지속적인 불안 증상을 촉발하는데, 이는 물질 유발 불안장애로 진단된다.

억제제

억제제(depressants), 즉 알코올, 신경안정제, 마취제 등이 중추신경계에 미치는 효과는 우울과 불안을 통제하기 위한 노력으로 물질들이 어떻게 사용되는지뿐 아니라 물질남용이 어떤 역효과를 낳는지를 보여 준다. 대체로 당신은 극적으로 불안에서 벗어나기 위해 이 물질에 의존할 수 있다. 이 물질은 신경 흥분을 억제하고 뇌의 불안 회로를 약화시킨다.[364] 적절히 절제하는 음주자의 기분과 음주의 관계를 매일 살핀 한 연구는 하루 동안 초조한 감정이 알코올 소비를 높이고, 음주가 다시 초조한 감정을 낮춘다는 결과를 보여 주었다.[365] 이런 효과는 남성, 대개 불안 수준이 높은 사람, 알코올 중독 가족력이 있는 사람에게 특히 강했다. 다른 한편, 알코올은 우울이 심한 사람과 문제 음주 경향이 있는 사람의 초조한 감정을 낮추는 효과는 크지 않았다. 중요한 것은, 즐거운 기분 또한 알코올 섭취의 증가와 관계가 있었지만, 우울과 지루함은 관계가 없었다. 비록 이 특별한 연구에서 제시되지 않았지만, 일부 사람의 경우에 알코올과 같은 억제제는 즐거움 또는 행복감을 느끼게 해서 일시적으로 우울감을 낮출 수 있다. 불안이 줄어드는 것으로도 즐거움을 느낄 수 있다.

그러나 이런 중추신경계 억제제의 불안을 줄이는 속성은 이야기의 한 면에 지나지 않는다. 억제제의 사용을 중단하면 불안은 원상태로 돌아온다. 불안을 줄이는 억제제의 사용을 줄여 보라. 그러면 불안은 원상태를 회복한다. 물질을 금단하는 경험, 심지어 중단할 거란 예상조차 물질남용의 주기에 영향을 미치고, 그런 다음 물질 중독(addiction)에 영향을 미친다. 가장 중요한 것은 중추신경계에 억제제로 작용하는 알코올, 마취제와 같은 물질이 궁극에는 당신의 우울을 더욱 악화시킨다는 가장 명백한 사실이다.

자극제

암페타민과 코카인 같은 자극제는 뇌의 쾌락회로에 직접 영향을 미친다. 쾌락 상태의 부족이 우울한 기분의 핵심이란 것을 고려하면, 자극제는 우울을 개선하기 위한 즉각적 처치가 될 수 있다. 그러나 자극제를 과도하게 복용하면 불쾌감(dysphoria), 즉 즐겁지 못한 기분뿐 아니라 편집증적 불안이 생길 수 있다. 자극제를 사용하다가 멈추면 우울한 상태로 곤두박질칠 수 있다. 게다가, 자극제는 흥분과 쾌락에 관계된 뇌 회로가 활성화되게 만들므로, 양극성 장애에 취약한 사람의 조증 삽화를 촉발할 수 있다.

더군다나, 억제제는 흥분성을 저하시키는 반면에, 자극제는 흥분성을 증가시킨다. 각성을 증가시키는 자극제는 불안을 유발하는 뇌 회로를 활성화할 수 있다. 이런 활성화는 특히 외상 경험으로 외상후 스트레스 장애를 겪는 사람에게 위험할 수 있다. 신경계를 이런 관점에서 보면, 자극제를 복용하거나 억제제를 사용하다가 멈추는 것은 당신의 신경계를 더욱 민감하게 만드는 또 다른 심리적 스트레스의 폭발이나 다름없다.[366, 367] 결국, 당신은 자극제를 남용하거나 억제제를 사용하다가 멈춤으로써 부지불식간에 자신을 스트레스에 민감하게 만들 수 있다. 게다가, 중독(intoxication)은 흔히 폭력과 교통사고와 같은 외상 사건을 일으키는 촉발 사건으로 작용한다. 결국, 물질남용, 외상에 노출되는 것, 민감해진 신경계는 악순환의 고리가 될 수 있다.[144]

억제제와 자극제의 남용은 변덕스러운 방식으로 이루어질 수 있다. 다시 말해, 고용량으로 복용하다가, 여러 가지를 섞어 사용하다가, 사용하는 것을 멈추는 방식으로 사용 방식이 일정하지 않을 수 있다. 이런 기괴한 패턴은 당신의 신경계에 요요 현상을 일으킨다. 단순하게 불안과 우울을 감소시키는 약물남용의 개입 또한 궁극에는 불안과 우울을 지속시켜서 당신의 뇌 기능의 안정성을 무너뜨린다. 사람들이 물질로 인한 역효과를 줄이기 위해 더 많은 양의 물질을 필요로 할 때 중독되는 것은 당연해 보인다.

심리적 촉매들

그러나 물질남용이 우울을 일으키는 유일한 생리적 촉매는 아니다. 물질남용에서 기인하는 심리적 문제와 대인 간 문제는 강력하게 스트레스 누적에 기여한다. 이를 명백히 보여 주는 예는 중독이 외상 사건의 발생에 끼치는 영향이다. 또한 물질남용과 관계있는 내면의 압력을 생각해 보라. 다시 말해, 꽤 자주 물질을 남용하는 사람은 물질뿐 아니라 수치심, 죄책감에 빠져 있다. 또한 외부 스트레스의 누적을 생각해 보라. 즉, 물질남용은 당신의 기능을 무너뜨린다. 예를 들어, 당신은 차분함을 잃고, 집중력과 기억력에 문제가 생기고, 설명하기 힘든 불안감을 경험할 수 있다. 이런 손상된 기능은 가정, 직장, 학교에서 어려움을 일으켜 더 많은 스트레스를 겪게 만들 것이다. 무엇보다 중요한 것은, 물질남용이 전형적으로 대인관계 갈등을 악화시켜 관계를 깨뜨린다는 것이다. 이런 대인관계 스트레스 사건은 우울 삽화를 유발하는 가장 흔한 촉발 사건이다. 그리고 대인관계 스트레스 사건은 회복을 방해하고, 재발을 유발한다. 다음과 같은 측면을 고려해 보자. 즉, 사회적 지지는 우울에 매우 도움이 되는 보호 요인으로 작용한다. 그리고 물질남용은 흔히 그런 지지를 약화시킨다 당신의 뇌와 신체의 다른 부분에서 무슨 일이 일어나는지를 고려하지 않더라도, 물질남용이 스트레스 누적 모델에서 어떻게 촉매로 작용하는지를 이해하는 것은 쉬운 일이다. 예를 들어, 당신은 배우자와 다투고, 음주는 통제에서 벗어나고, 직무성과는 낮아지고, 직장을 잃고, 배우자는 이혼을 요청하고, 알코올이 유발하는 주요 우울증을 겪을 수 있다. 이와 유사한 시나리오는 무한하다.

물질남용과 우울의 과정

물질남용은 우울의 속도를 가중시키며, 회복의 과정을 방해하므로 문제가 된다. 한 중요한 연구 프로젝트는 알코올 사용 장애(alcoholism)와 우울의 회복 사이의 관계를 10년 이상 추적 조사하였다.[358] 비음주자에 비해, 적극적으로 알코올을 남용하는 우울한 내담자는 10년이란 기간의 어느 시점에서 우울에서 회복할 가능성이 절반밖에 되지 않았다. 특히, 알코올 사용 장애로 음주를 중단한 적이 있는 사람은 알코올 사용 장애가 없는 사람만큼 회복할 가능성이 있었다. 이런 가능성은 10년이란 기간에서 그들이 음주를 중단했던 시점과는 관계가 없었다. 지금이라도 멈춘다면 늦지 않은 것이다.

물질남용이 우울 삽화의 촉매와 회복의 방해물이 될 수 있음을 고려하면, 우리는 물질남용이 우울에서 완전히 회복한 뒤에도 재발 가능성을 높일 것이란 점에 관심을 가져야 한다. 스트레스는 초기 우울 삽화와 재발 삽화에 주요한 역할을 하며, 물질남용은 생리적 · 심리적 스트레스를 일으키는 데 기여한다. 이와 일치되게, 여러 연구는[60, 71] 물질남용을 악화(relapse)와 재발(reoccurance)에 기여하는 요인으로 주목해 왔다. 그러나 모든 연구가 이 관점에 일치하는 것은 아니다. 놀랍게도, 앞서 막 언급했던 10년간의 추적 조사 연구는 적극적인 알코올 사용 장애와 우울의 재발 사이의 관계를 발견하지 못했다.[358] 그러나 이 연구가 시작될 무렵, 알코올 사용 장애와 우울을 모두 보였던 연구 참가자를 대상으로 연구가 종료된 후 다시 5년간 추적 조사한 보고서는 알코올 사용 장애에서 차도가 있는 것이 재발에 보호 효과가 있다는 결과를 제시하였다.[368] 덴마크에서 기분장애로 병원에 입원한 20,000명 이상의 환자를 대상으로 한 연구는 우울 과정

초기의 적극적인 알코올 사용 장애가 이후의 우울 재발 위험을 높인다는 결과를 발견하였다. 그러나 우울 과정 후기의 알코올 사용 장애는 그렇지 않았다.[369]

의심의 여지없이, 우울한 사람은 우울할 때 음주를 하지 않는 게 좋다. 또한 회복한 뒤에도 음주를 하지 않는 것이 좋다. 왜냐하면 음주가 재악화의 위험을 높이며, 장래의 재발된 우울 삽화에서 회복하는 것을 방해하기 때문이다.

우울과 물질남용의 과정

2개의 연구 프로젝트가 우울이 물질남용에서 회복하는 것을 얼마나 어렵게 만드는지를 보여 준다. 첫 번째 연구는 알코올 의존(alcohol dependence)으로 입원 처치를 위해 McLean 병원에 입원한 내담자를 대상으로 했다. 이 연구는 입원 당시에 주요 우울 진단을 받은 사람과 진단을 받지 않은 사람을 구분하였다.[370] 우울 진단을 받은 내담자는 퇴원 후에 첫 음주를 시작한 시기가 더 빨랐고, 알코올 남용(alcohol abuse)이 더 빠르게 재발하였다.

이중 진단(dual-diagnosis)을 받은 내담자를 대상으로 한 또 다른 연구 프로그램은[371] 우울이 물질남용(알코올, 헤로인, 코카인의 남용)의 처치에 부정적 영향을 끼친다는 결과를 제시하였다. 특히, 우울은 병원에서 퇴원한 뒤에 물질남용을 할 가능성을 높였고, 물질남용에서 차도를 경험할 가능성을 계속해서 낮췄다. 우울했던 내담자는 18개월간의 추후 조사 기간 동안에 우울하지 않았던 내담자보다 물질의존이 재발할 확률이 3배 더 높았다. 이 연구자들은 우울이 여러 가지 방식으로 물질의존의 재발 문제에 기여한다고 제안하였다. 즉, 우울은 물질남용을 삼가기 위해 필요한 동기나 노력을 방해할 수 있다. 또 절제를 무너뜨리는 부정적 사고 패턴을 불러일으킬 수 있다. 우울이 물질로 자가 처치의 효과를 볼 수 있을지라도, 물질의존의 문제는 남는다.

처치 함의

일단 우울과 물질남용이 눈에 띄면, 각각에 대한 개별 처치를 해야 한다. 우울이 분명히 물질남용의 문제를 초래하므로, 우울을 처치하면 물질남용은 자연히 해결될 것이라 희망하는 것은 미흡한 조치일 것이다. 역으로, 물질남용은 금단 단계 이후까지 계속되는 우울 삽화를 분명히 야기하므로, 물질남용을 처치하면 우울이 더 이상 문제가 되지 않을 것이라고 가정하는 것도 미흡한 조치일 것이다.

물질의존과 주요 우울은 본디 재발하는 장애이다. 더군다나 당신이 두 장애 모두를 겪고 있을 때, 둘 중 어느 한쪽이 재발하는 것은 다른 쪽의 재발 확률을 높일 것이다. 그래서 각각은 별개로 처치해야 한다. 그리고 각각은 장기간의 자기관리(self-care)를 필요로 한다. 『마음의 중독』이란 책에서 약리학자 Ciaran Regan은[323] "중독된 뇌는 중독되지 않은 뇌와 분명히 다르다."라고 결론 내렸다. 뇌의 물질대사 활동, 수용기의 민감성, 환경의 신호에 대한 반응성은 심각하게 변화한다. 중독은 이외의 다른 고질적인 재발성 장애, 즉 당뇨병 또는 고혈압과 유사한가?(p. 75) 그 대답은 분명히 그렇다는 것이다. 우울의 경우에도 유사하게 말할 수 있다. 이 두 장애 모두는 단순히 당신의 뇌에만 변화를 일으키지 않는다. 두 장애는 또한 당신의 삶에 지속적인 변화를 일으킨다.

처치 과정에 난관이 많다. 그래서 급성 회복 기간을 넘어서 건강한 상태를 오랫동안 유지하는 조치를 취해야 한다. 대개 고도(severe) 우울의 처치는 약물치료와 심리치료를 병행한다. 물질남용의 처치도 유사하게 다면적 처치를 한다.[373] 그래서 많은 사람은 회복 과정에서 12단계 프로그램의 효과를 보고 술에 취하지 않은 상태를 유지한다.[374] 그러나 주요 우울을 겪고 있는 사람은 12단계 프로그램에 참가하는 데 많은 어려움을 겪는다.[375] 이는 물질남용에서 회복하는 것을 촉진하기 위해 우울을 다뤄야 하는 것이 중요하다는 것을 보여 준다.

결국, 물질남용과 우울에 각각 적절한 처치를 하는 것 이외에, 당신의 건강과 안녕을 향상하고 유지하는 긍정적 생활양식의 변화는 두 가지 장애의 재발을 예방할 것이다. 중독 전문가 Avram Goldstein의[359] 주장처럼, 뇌는 수백만 년간 진화한 섬세한 조절체계이다. 그는 중독 물질을 사용하는 것은 뇌에게 '신중하지 못한 화학적인 공격'이 될 것이라 생각했다. 그리고 다음처럼 비유했다. "어떤 신중한 사람도 고압의 전기 쇼크로 개인용 컴퓨터에 충격을 줘서 컴퓨터의 기능을 보강하려고 시도하지 않을 것이다."(pp. 68-69) 대신에 당신의 마음, 행동,

인간관계로 보상체계는 켜고, 불안체계는 끄는 식으로 뇌 속의 화학작용을 조절하는 것을 상상해 보라. 물질남용에 비교하면, 이런 대안은 속도가 늦지만 효과는 확실하다. 다시 말해, 물질남용과 우울장애 둘 다 당신이 장기간 동안 건강을 돌보는 것을 필요로 한다. 운명이 좋지 않다고 생각되는가? 더 나쁜 운명도 있다.

성격장애

나는 성격과 관계있는 몇 가지 문제를 강조해 왔다. 즉, 대인관계 갈등에서 스트레스 생성이 하는 역할, 의존 및 자기비평의 문제와 관계된 애착의 장애, 신경증적 경향성의 특성을 강조해 왔다. 그런 성격 특성이 의미 있는 불편감 또는 기능 장애와 관계가 있을 때 성격장애로 진단한다. 개인의 성격이 다양하듯, 성격장애의 형태도 다양하고, 성격장애는 대개 대인관계에서 지속되는 여러 가지 문제와 관계있다.[376] 『정신질환 진단 및 통계편람』은[8] 성격장애를 '개인이 속한 문화의 기대에서 현저하게 벗어나고, 만연하고, 유연하지 못하며, 청소년기 또는 초기 성인기에 시작해서, 시간이 지나면서 안정성을 갖고, 불편감 또는 손상을 초래하는 마음의 경험 또는 행동이 지속되는 패턴'으로 더욱 구체적으로 정의한다(p. 685). 성격장애는 스트레스 생성과 관계가 있고, 이는 다시 우울과 관계가 있다.

성격장애는 상당한 정도로 과장된 성격 특성을 반영한다. 예를 들어, 불안과 두려움이 특징인 성격장애군은 **회피성 성격장애**를 포함하는데, 이 장애는 거부에 대한 민감성과 관계있는 사회적 억제를 반영한다. **의존적 성격장애**는, 돌봄을 받으려는 욕구와 관계있는 순종적이고 매달리는 행동을 반영한다. **강박성 성격장애**는 질서정연, 완벽주의, 통제에 과잉 몰입하는 것을 반영한다. **경계선 성격장애**는 더욱 복잡한 장애인데, 이 장애는 애착장애, 즉 유기와 고립의 두려움에 집중된 정서적 그리고 대인관계적 불안정성의 패턴을 반영한다.[377]

나는 예시로 든 이 장애를 모든 성격장애에서 그저 고른 것이 아니다. 그들은 우울과 매우 관계가 많은 장애이다.[378] 불안한 성격장애군이 우울과 매우 관계가 있다는 사실은 불안과 우울 사이의 유의한 관계가 있다는 사실과 무관하지 않다. 경계선 성격장애는 일정 부분 정신화하기 능력의 손상으로[380] 인해 나타나는 매우 스트레스가 되는 애착관계뿐 아니라 높은 수준의 불안과 정서적 불편감을[390] 특징으로 한다.

이 책의 앞부분(제1장 '우울' 참고)에서 다양한 우울의 종류를 논의하는 과정에서, 나는 불행, 염세주의, 부적절감이 일반화된 패턴을 의미하는 **우울한 성격장애**라는 잠정적 진단명을 언급했다. 심리학자 Theodore Millon은[381] 우울한 성격장애의 증상은 "기분부전 장애의 진단을 받은 사람에 비해 덜 심각하고, 성격은 더 사교적이며, 평생은 아니지만 증상이 더 오래 지속된다."고 했다(p. 289). 결국 우울한 성격에서 중요한 점은 대인관계 기능인 반면에, 기분부전 장애에서 중요한 점은 우울한 기분이다. 그럼에도 둘 사이에 공통점이 많다. 우울한 성격장애의 기준은 신경증적 경향성, 부정적 정서성과 공통점이 많다. 그들은 불행을 포함할 뿐 아니라 걱정, 염세주의, 죄책감을 포함한다.

이와 같은 공통점을 고려하면, 우울, 불안, 성격장애를 구분할 수 있는 것은 진단의 측면에서 보면 대단한 결실이다. 성격장애를 진단하는 것이 중요한데, 왜냐하면 우울의 과정이 길수록, 재발 가능성이 증가하고 처치의 효과에 부정적 영향을 미치기 때문이다.[72, 382] 성격장애는 본래 안정성이 있으며, 행동의 습관적 패턴이 그런 것처럼 성격의 변화는 상당한 시간과 노력을 필요로 한다. 성격장애와 우울이 서로 연관이 있다는 것을 고려하면, 그러한 상당한 시간과 노력이 드는 것은 일면 당연한 현상이다. 운이 좋게도 충분한 연구 결과는 장기 심리치료가 여러 가지 성격장애에 효과가 있다는 것을 보여 주고 있다.[383-385]

일반적인 의학적 조건

셀 수 없이 많은 일반적인 의학적 조건이 우울을 조장할 수 있다. 예를 들어, 우울과 관계있는 질병은 내분비 장애(예: 갑상선 질병), 감염(예: HIV), 퇴행성 장애(예: 파킨슨 질병), 심혈관계 문제(예: 뇌내출혈) 그리고 몇 가지 형태의 암이 있다.[8] 역으로, 우울 또한 여러 가지 일반적인 의학적 조건의 진행 과정과 처치를 복잡하게 한다.[386]

이 복잡한 영역을 검토하는 것은 이 책의 범위를 능가하지만, 나는 요점은 말하고 싶다. 즉, 우울이 주요 스트레스 사건에 의해 발생한 것처럼 보일지라도, 당신은 일반적인 의학적 조건이 우울의 원인인지를 알아보기 위해 철저한 의학적 검진을 받아야 한다. 당신의 상상력이 풍부하다면, 우울 삽화에 가능한 심리적 설명은 언제든 찾아낼 수 있다. 그러나 심리적 설명이 진짜라는 사실이 의학적 조건이 우울에 미치는 잦은 영향을 배제하지 않는다. 심리와 생리 현상은 공모하기 마련이다. 만약 한 가지 의학적 조건이 우울에 중요한 역할을 하고 있다면, 그것을 진단하고 처치하는 것이 중요하다.

더욱 일반적으로, 당신의 신체 건강은 기분에 중요한 영향을 미친다. 그 역도 마찬가지이다. 만성적 스트레스, 높은 코르티솔 수준 그리고 우울은 서로 영향을 주고받는다. 스트레스는 면역기능을 떨어뜨리고, II형 당뇨병에 영향을 미치며, 심장 질환을 일으킨다.[289] 우울은 심장마비와 뇌내출혈의 위험을 높인다.[295, 386] 이와 같은 이유로, 당신이 우울로 고심하고 있다면, 당신은 정기 진찰을 받는 의사와 관계를 맺고, 우울과 관계있는 의학적 조건을 진단받고 치료받는 것이 가장 좋다. 역으로, 당신의 신체 건강을 잘 유지하는 것은 스트레스와 우울에서 회복하는 당신의 능력을 개선하는 데 중요한 역할을 한다.[387]

자살 충동을 느끼는 상태

우울의 진단기준은 반복되는 죽음과 자살 생각을 포함한다.[8] 일부 우울한 사람은 '죽음 소망'을 행동으로 옮기지 않는 '죽음 생각'으로 한숨 돌리기를 바란다. 어떤 사람은 죽기 위해 능동적으로 어떤 일을 한다. 진단기준이 암시하듯, 우울은 자살 사고와 가장 빈번한 관계를 보이는 정신의학적 장애이다.[388] 자살의 생애 유병률은 주요 우울로 입원한 사람의 경우에 15%에 가깝다.[64, 389] 지역사회에서 우울한 사람의 자살 위험 추정 비율도 무시하지 못할 정도이다. 하지만 입원한 사람보다 낮다. 특별히 관심을 기울일 것은 젊은 사람의 자살률이 증가하고 있다는 점이다.[390] 이런 현실은 이 연령층에서 우울의 유병률이 높아지고 있다는 사실과 맞닿아 있다. 우울은 자살과 관계있는 여러 가지 정신의학적 장애 중 하나일 뿐이다. 자살과 관계있는 다른 장애는 양극성 장애, 불안장애, 물질남용이 있다.[390] 더군다나 이 장의 앞부분에서 이야기했듯이, 이 모든 다른 장애는 종종 우울과 얽혀 있다.

자살 행동은 빈번하게 의도적 자해, 즉 죽을 의도가 없는 자해 행동과 혼동된다.[391] 예를 들면, 죽을 의도 없이 상처를 내고, 머리를 퉁 하고 부딪치고, 피부를 불로 지지고, 죽지 않고 잠시 동안 혼수상태에 빠지기 위해 약을 과다 복용하는 행동은 자해 행동에 포함된다. 자해 행동의 첫 번째 목적은 견디기 어려운 고통스러운 감정 상태에서 **일시적**으로 탈출하는 데 있는 반면, 자살은 **영원한** 탈출을 의도하는 것이다.[95] 물론 의도적 자해와 자살 행동의 경계는 분명치 않다. 예를 들어, 완전히 제정신이 아닌 상태에서 한 사람은 정신줄을 놓기 위해 한 병 분량의 약을 모두 삼키지만 죽을 확률을 위해 그러지는 않았을 수 있다.

문제를 더욱 복잡하게 하는 것은 Solomon이 말했던 것처럼[114] 자살을 생각하는 것이 일종의 대처 방법으로, 행동을 사용해서 영원한 탈출을 미연에 방지하는 일시적 탈출구를 제공한다. "나는 이 순간이 지나면 다음번 시도에서 언제든 자살할 수 있다는 것을 알았기 때문에, 극도로 제압당하지 않고 이 순간을 지나갈 수 있었다. 자살 시도 경향은 우울의 한 가지 증상일 수 있다. 자살 시도는 또한 증상을 경감하는 요인일 수 있다. 자살의 생각은 우울을 뚫고 나가는 것을 가능하게 한다."(p. 283)

나는 희망을 찾고 계속 살겠다는 바람을 갖기 전에 몇 달간 계속 자살을 시도했던 내담자와 상담을 했었다. 그러나 그렇게 장기적인 자살 충동을 느끼는 상태는 드물다. 훨씬 더 흔히, 자살 충동 행동에 취약한 사람은 더욱 짧은 단기간에 자살 위험에 빠진다. 우리는 어떤 요인이 일부 사람을 그런 위기에 특히 취약하게 만드는지를 이해할 필요가 있다. 이는 자살 충동에 빠지게 하는 장기적 취약성을 감소시킬 뿐 아니라 자살 행동을 예방할 것이다.

견디기 힘든 정서 상태

여러 가지 취약성 요인이 자살 충동 상태의 위험을 부추긴다. 여러 가지 유전적 요인은 개인이 우울 성향을 갖게 할 뿐 아니라 우울과 별개로 유전적 요인은 자살 위험을 높인다.[392] 이외에도 자살 충동 상태의 위험을 부추기는 여러 가지 요인이 있는데, 충동적 행동 성향, 공격행동과 폭력을 경험한 발달 과정, 우울과 자살 충동 행동의 가족력, 물질남용의 이력 등이다.[393, 394] 자살 위험을 나타내는 가장 진지한 지표는 이전의 자살 시도이다.[390]

무엇이 자살 위기를 만드는가? 우울이 자살 위기의 취약성 요인이듯, 꽤나 자주 스트레스로 작용하는 삶의 사건(들)이 취약한 사람의 급성 자살 충동 상태를 불러일으킨다. 개인이 지각하는 사건(들)의 의미는 중요한 요인이다. 자살 충동 상태에서 가장 중요한 것은 덫에 걸린 느낌과 상황이 절망적일 때이다.[395, 396] 그러나 자살 충동 상태에서 절망은 겉으로 보기에 끝나지 않는 몹시 괴로운 정서적 고통과 특별하게 관계가 있다. 흔히 자살 충동 상태를 촉발하는 여러 가지 사건은 굴욕감 또는 수치심을 내포하고 있다.[393] 완벽주의자는 특히 툭하면 느끼는 실패감에 직면해서 굴욕감을 느끼는 데 특히 취약하다. 그리고 완벽주의는 자살 충동을 느끼는 사람에게 아주 흔하다.[159] 그래서 심리학자 Roy Baumeister는[397] 자살 충동 상태의 핵심이 괴로운 자기인식이라고 강조했고, 자살을 탈출로 보았다. 다시 말해, "자살의 주요 매력은 그것이 잊혀짐을 제공한다는 것이다."(p. 93).

대인관계의 효과

우리는 여러 가지 대인관계 문제가 우울에 중요한 역할을 하고, 여러 애착 관계에서 생기는 파열, 즉 실망, 배신, 굴욕, 버림과 같은 느낌이 자살 충동 상태에 중요한 역할을 한다는 것을 알고 있다. 의도적인 자해와 자살 충동 행동은 다른 사람에게 매우 큰 충격을 준다. 그래서 자해와 자살 충동 행동을 촉발한 그 관계에 갈등을 더욱 부추긴다. 예를 들어, 당신은 대인관계에서 실망하고 굴욕감을

느끼고, 그래서 자살 충동으로 반응을 해서 상대방에게 더 큰 두려움과 적대감을 부추겨 관계에 더욱더 깊은 상처의 쐐기를 박을 수 있다.

꽤나 자주 다른 사람은 당신의 자해와 자살 충동 행동에 조종당한다고 느낀다. 그래서 그들은 당신의 자해 및 자살 행동을 관심을 끌려는 술책으로 본다. 의심할 것 없이, 일부 사람은 자살 위협들을 술책으로 사용한다. 예를 들어, 그런 행동들은 버림받는 것을 예방하려는 시도이다. 그러나 아주 종종 Baumeister가 제안했던 것처럼, 자해와 자살 충동 행동의 의도는 마음의 감정적 고통에서 탈출하는 것이다.[397] 문제가 되는 것은 자살을 시도한 사람이 자신의 행동이 상대방에게 미치는 부정적 영향을 잘 모른다는 것이다.

심리학자 Mark Williams는 의도적 자해와 자살 충동 행동을 도움을 받기 위한 호소 술책이기보다 **고통의 호소**로 이해하는 게 좋다는 유익한 지적을 했다.[396] 그는 이러한 호소를 덫에 갇혀 고통으로 울부짖는 동물의 울음에 비유하였다. 의도적 자해와 자살 충동 행동이 고통에서 일시적 또는 영구적으로 탈출하기 위한 한 가지 방편일지라도, 그것은 또한 고통을 **표현**하는 기능을 한다. 일부 사람은 정서적 고통의 깊이를 말로 표현할 수 없다고 느낀다. 그들은 자해 행동으로만 고통의 깊이를 표현할 수 있을 뿐이다. 그러나 이런 고통의 울부짖음은 종종 너무나 두려운 감정을 불러일으켜, 궁극적으로 정서적 고통을 경감하는 데 필요한 안정 애착을 회복하기보다 떠나가게 만든다.

매우 유명한 『자살의 이해(Night Falls Fast)』[47)]라는 책에서 Kay Redfield Jamison은 충동적 자살 죽음이 사랑하는 사람에게 미치는 영향을 가슴 사무치게 다루었다.[390] 슬프게도 개인적 고통을 넘어 죽음이 사랑하는 사람에게 미치는 영향을 생각할 수 있는 자살 충동을 가진 사람은 자살 충동을 되돌린다. Jamison의 말처럼, "안에서 시작되었든 외부 세상에서 시작되었든 자살 충동을 가진 마음은 많은 다른 사람의 안녕(well-being)과 장래를 깊이 생각하지 않는 경향이 있다. 만약 타인의 안녕을 생각한다면, 자살 충동을 가진 사람은 삶이 아프고, 우울하고, 폭력적 또는 정신병적 모습에서 벗어날 것이란 사실 때문에 더 밝은 장래를 꿈꿀 것이다."(p. 292).

반대로, 사랑하는 사람은 슬픔으로 고통받을 뿐 아니라 외상적 상실로 고통을 받는다. 그리고 어쩌면 우울로도 고통을 받을 것이다. 자살의 후유증으로, 사랑하는 사람은 공포, 혼동 그리고 반드시 죄책감에 직면할 것이다. 그리고 자살을 예방하기 위해 했어야 할 일을 반추할 것이다. 생존자가 반드시 우울증에 걸리지는 않을 것이다. 그러나 우울과 다른 건강 문제를 피하기 위해서 적극적 대처를 해야 할 것이다. 슬프게도 자살과 관계된 수치심은 사회적 지지가 가장 필요할 때 지지를 얻는 과정을 무너뜨릴 수 있다. 이러한 맥락에서 지지 집단은 매우 유익할 수 있다.

예방

우리는 자살 충동 상태를 한 번에 여러 가지 안 좋은 일이 겹친 '더할 수 없이 나쁜 상황'에 비유할 수 있다. 나는 이 나쁜 상황의 핵심에 정서적 고통을 놓는다. 불안 또는 공황은 자살 충동을 부채질할 수 있다. 자살 충동이 있는 사람에게 알코올 또는 물질의 중독은 판단을 흐리게 하거나 억제력을 감소시켜 충동을 행동으로 옮기는 1차 촉매가 될 수 있다. 그리고 구체적인 방법 없이 자살 시도 또는 자살을 하는 사람은 없다. Jamison은[390] 다음처럼 이야기했다.

> 만약 누군가가 갑자기 자살 충동을 느끼거나 그럴 가능성이 있다면, 총, 면도기, 알코올, 칼, 오래된 약병, 독극물을 집에서 없애야 한다. 자살에 사용될 수 있는 약물은 소량만을 처방하거나 관심을 갖고 모니터링되어야 한다. 알코올의 사용은 수면을 악화시키고, 판단력을 손상시키며, 생각이 복잡하거나 초조한 상태를 유발하며, 정신과 처방의 효과를 떨어뜨리므로 하지 못하게 해야 한다(pp. 258-259).

슬프게도, 자살 충동 상태에 있는 사람은 희망 없는 상황에 대처할 이성적 방법이 죽음이라고 믿는다. 심한 정서적 고통의 아픔을 느끼는 사람에게는 현재의 역경 이외에 다른 것은 보이지 않는다. 그들은 Jamison이 "삶의 환경이 …… 위험할 정도로 뇌의 여러 가지 취약성을 점화한다."(p. 309)라고 말했듯이, 자살 충동 상태가 우울이라는 장애(illness)에 뿌리를 두고 있다는 사실을 이해하지 못한다. 자살 충동이 심했으나 몇 년을 기꺼이 버텨낸 사람을 상담했던 나는 우울한 상태에서 생기는 자살은 비이성적이라고 믿는다. 예를 들어, 거의 죽을 뻔했던 자신의 치명적 자살 시도를 회고하며, Jamison은 간단명료하게 "나는 운 좋게도 삶의 다른 기회를 봤다."(p. 311)라고 말했다.

정신화하기가 가장 필요한 상태이자 정신화하기가 가장 어려운 상태는, 당신의 모든 정신력이 망각의 세계로 도피하는 데 주의가 집중된 절망 상태이다. '정신화하기'를 실행하기 위한 첫 번째 단계는 어렵지만 간단한다. 즉, 감정이 불편한 상태에 있음을 알아차리는 것이다.[48] 나는 당신이 마음의 상태를 생각해 보는 것이 중요하다고 지나치게 강조할 수는 없는데, 그것은 당신이 자살의 마음 상태에 있을 때는 특히 그렇다. 그래도 나는 여기서 절망을 느끼는 것과 정말로 절망 상태에 빠진 것 간에는 큰 차이가 있다고 강조하고 싶다. 당신은 상황이 희망적이지 않을 때 절망을 느낄 수 있다. 당신이 겪고 있는 비극(예; 직장의 상실, 죽음, 또는 이혼)에 조치를 취할 수 없다는 것을 아는 것은 절망 상황일 수 있지만, 당신은 천천히 앞으로 나아갈 방법을 찾을 수 있고, 그렇게 되면 절망을 무한하게 느끼지 않을 수 있다(제15장 '희망' 참고).

당신이 복잡한 마음 상태인 절망을 느낄 때, 희망의 마음을 유지하는 것보다 더 어려운 정신적 도전은 없다고 생각한다. 그래서 나는 자살 충동의 위기는 일시적 상태라는 것을 계속 강조한다. 상태(상황)는 변한다. 그렇다 할지라도 짧은 자살 충동의 상태는, 다시 말해 너무나 괴롭고 온통 마음을 다 빼앗는 상태는 영겁(永劫, eternity)으로 보일 수 있다. 최고의 정신화하기 과제는 '당신이 자살 절망의 극심한 고통에 빠졌을 때, 당신의 마음이 현실을 정확하게 표상하지 않는다는 것을 알아차리는 것'이다. 당신이 할 수만 있다면 '나는 이 상태(state)에 처했다. 나는 이 상태에서 빠져 나오기 위해 어떻게 할 수 있는가?'라고 생각하라. 이런 생각이 역설일지라도, 당신은 도움을 찾아 나설 필요가 있다. 최악의 경우에, 당신이 정말로 친구가 없다고 느낀다면, 자살 위기 전화, 병원의 응급실과 같은 공공의 도움을 구할 수 있다. 당신의 정신화하기 능력이 제대로 작동하지 않을수록, 다른 사람이 제공하는 객관성이 필요하다.

나는 거대한 정신적 성취, 즉 '당신이 절망을 느낄 때 희망을 갖는 것, 당신이 의식하지 않기를 바랄 때 정신화하기를 하라.'고 제안하고 있음을 알고 있다. 하지만 당신의 정신화하기 능력은 가능한 큰 잠재력을 줄 것이며, 그 힘은 생명을 구할 수 있을 것이다. 많은 사람은 자신의 자살 충동을 느끼는 상태에도 불구하고, 자살 충동을 따라가기보다 도움을 구한다. 그렇지 않으면 그들은 자살 시도의 여파로 생명을 구하는 도움을 간신히 받는다.

무엇보다 중요한 한 가지 상황을 매우 강조할 필요가 있다. 자살을 시도한 대다수의 사람, 즉 90% 또는 95%는 진단기준을 충족할 수 있는 정신의학적 장애를 갖고 있다.[390] 결국 자살을 예방하는 가장 좋은 방법은 당신을 취약한 상태로 몰아넣는 정신의학적 장애인 우울, 불안, 물질남용만이라도 처치받는 것이다. Jamison의[390] 충고는 주체성을 보여 주는 좋은 사례이다.

> 내담자와 그 가족은 자살 예방, 우울 및 정신적 장애, 알코올 중독, 물질남용을 예방하는 데 유익한 정보를 제공하는 책을 읽고, 강연을 듣고, 지지 집단을 적극적으로 찾아 도움을 받을 수 있다. 내담자와 그 가족은 상담자, 정신과 의사 등에게 진단, 처치, 예후 등에 관한 질문을 해야 한다. 만약 처치를 받는 동안 서로 간에 진전을 위한 협동적 노력이 부족해서 염려가 되면 또다시 질문을 해야 한다(p. 258).

우울과 자살 충동 상태가 한꺼번에 겹친 상태임이 분명해지면, 개입과 예방은 다방면의 노력을 포함해야 하고, 그 노력 모두는 여러 가지 역설을 다뤄야 한다. 이런 상황은 우리를 제5부에서 이야기하는 '대처하기'로 안내한다.

제11장

건강

우울할 때, 긍정적 정서를 잘 가꾸기 위해 정서에 주의 집중하는 것보다 더 중요한 것은 없다. 당신은 흥미나 약간의 즐거움의 기미가 보이는 순간을 알아차리기 위해 노력할 수 있다. 그 순간은 계속 지속되지 않으며, 당신은 다시 우울해질 것이다. 그러나 나는 약간의 긍정적 정서의 기미가 있으면 그것에 관심을 기울이는 것이 유익하다고 믿는다. 다시 말해, 긍정적 정서를 알아차리고, 더 오랜 시간 동안 느끼고, 그것이 더욱 커지게 하라. (본문 중에서)

당신은 우울을 이기려면 다방면의 노력을 해야 한다. 예를 들어, 수면, 섭식, 활동, 긍정적 정서, 사고, 관계와 관련된 문제를 이겨 내야 한다. 가장 중요한 것은 당신이 희망을 가꿔 나가는 것이다. 나는 이 모든 것을 논의한다. 그러나 당신은 모든 것을 호전시키는 노력을 한꺼번에 할 수 없다. 우선순위를 정하는 것이 좋다. 당신이 심각하게 우울하면, 나는 신체 건강의 회복을 1순위로 하는 것이 좋다고 믿는다. 제10장('우울과 관련된 장애')에서 논의했듯이, 우울할 때 당신은 우울을 부채질하는 신체 질병이 있는지 알아보고, 건강을 해치는 상태에 적절한 조치를 취하는 데 도움이 되는 건강검진을 철저히 받는 것이 좋다. 우울에서 회복하려면 당신의 강점을 모두 활용하는 것이 좋다.

신체 건강의 세 가지 주춧돌은 1) 적절한 수면, 2) 좋은 영양 섭취, 3) 신체 단련이다. 우울은 이것들을 방해한다. 제9장('뇌와 신체')에서 논의했듯, 우울은 신경계와 몸의 다른 영역에 지속적인 변화가 생긴 것을 뜻한다. 과도한 스트레스 호르몬은 1) 수면, 2) 식욕, 3) 활력에 문제를 일으킨다. 더욱이 우울을 이겨 내기 위한 다방면의 노력을 하기 위해서는 동기부여가 필요하다. 동기부여는 보상, 즉 흥미, 열정, 흥분을 추구하는 능력을 필요로 한다. 그래서 나는 가장 근본적인 건강 문제 중 하나는 긍정적 정서를 경험할 수 있는 능력이 손상되는 것이라고 본다. 우리가 보아 왔듯, 우울은 쾌락과 보상을 바탕으로 작동하는 당신의 능력을 받쳐 주는 뇌 회로에 말썽을 일으킨다. 당신은 이 회로가 다시 잘 기능하게 만들어야 한다.

이 장에서는 우울을 이겨 낼 건강과 관계된 네 영역, 즉 1) 수면, 2) 섭식, 3) 활동, 4) 긍정적 정서를 논의한다. 물론, 생리 작용에 직접 개입하는 약물 처치는 당신이 건강을 회복하는 데 종종 중요한 역할을 한다. 그러나 나는 당신이 건강을 회복하는 과정에서 능동적 주체가 되는 것이 중요하다고 믿는다. 실제로 당신의 신체를 건강하게 하는 행동을 하고, 사고와 대인관계를 개선하고자 능동적 노력을 하는 것이 약물 처치에 유익하다. Andrew Solomon의[114] 다음의 말을 한 번쯤 생각해 보라.

> 우리는 프로작이 효과가 있기를 바랄 것이다. 그러나 내 경험에 의하면, 우리가 스스로를 돕지 않는다면 프로작은 효과가 없다. 당신이 사랑하는 사람들의 말에 주의를 기울여라. 당신이 믿지 않더라도, 사람은 살 가치가 있다고 믿어라. 우울로 망가져 버린 기억을 떠올리고, 그 기억을 장래에 투사하라. 용감해져라. 강해져라. 약을 먹어라. 한 걸음을 떼는 것이 천근만근처럼 느껴져도 운동을 하면 당신에게 좋다. 당신이 이성을 잃어버렸을 때조차 자신을 논리적으로 설득하라. 포춘쿠키(fortune-cookie) 속에 들어 있는 쪽지에 적힌 글귀가 당신에게 위로가 되더라도, 당신이 우울에서 벗어나는 가장 확실한 방법은 그런 글귀를 혐오하고, 그런 말에 익숙해지지 않는 것이다. 당신의 마음을 침범한 끔찍한 생각을 차단하라(p. 20).

수면

당신이 우울하면, 지쳤다고 느낄 것이다. 나는 며칠간 푹 자는 것이 우울한 사람에게 가장 유익한 개입 중 하나라고 생각한다. 다음과 같은 역설이 있다. 당신은 우울에서 회복하기 위해 잠잘 필요가 있다. 그리고 당신은 잠을 잘 자려면 우울에서 회복해야 한다.

나는 수면 문제가 우울에서 가장 극복하기 벅찬 난제라고 생각한다. 여기서 몇 가지 주제를 다룰 것이다. 즉, 수면의 특징, 깨어 있으려는 추동과 잠자려는 추동 사이의 갈등, 우울과 관계있는 수면장애의 범위, 관련된 정신과 장애, 불면증이 우울 삽화를 촉발하는 데 기여하는 역할, 수면 위생(hygene)의 중요성, 불면증을 위한 처치 개입을 다룰 것이다. 운 좋게도, 수면 문제의 유병률을 고려하면, 수면이 어려운 사람을 위한 탁월한 안내서가 많다는 것이다. 내가 가장 좋아하는 책은 수면 연구의 개척자 William Dement가 쓴 『The promise of sleep(수면의 약속)』[398], 메이요 클리닉 수면장애 센터의 전 센터장 Peter Hauri가 쓴 『No More Sleepless Nights(잠이 보약이다)』[399]이다.

수면의 특징

일상의 수면 욕구는 24시간 주기로 변화하는 리듬이 우리의 신체기능을 조절하고 있다는 분명한 신호이다. 이 일주기는 여러 가지 생리과정, 즉 신체 온도, 호르몬 분비, 심혈관 활동, 위장 기능 등에 영향을 미친다. 이 기능을 조절하는 복잡한 뇌 조직이 점점 밝혀지고 있다.[400] 이 리듬은 빛의 주기와 같이 움직인다. 즉, 매일의 밝음과 어둠의 주기와 같이 움직인다. 그런 단서는 (독일어로) 'Zeitgebers'로 불리는데, 시간 제공자(time givers)란 뜻을 갖는다. 개인마다 차이가 있지만, 대부분의 사람은 하루에 1/3(7~8시간) 정도 잠을 자야 한다. (뇌파 전위 기록 기술로 측정되는) 수면 시간 동안의 뇌파 변화 패턴은 우리가 밤새 여러 가지 수준에서 일어나는 리듬을 순환한다는 것을 보여 준다. 이런 순환 리듬은 각각의 분명한 뇌 전기 활동 패턴으로 나타난다.[398] 즉, 단계 1과 단계 2는 우리가 쉽게 잠에서 깨는 선잠, 단계 3과 4는 숙면 상태이다. 단계 4가 시작되면 서파(slow wave)의 가장 깊은 잠에 들어간다. 우리는 잠든 뒤 꽤 빠르게 단계 1에서 단계 4로 옮겨간다. 잠든 뒤 한 시간이 지나면, 우리는 빠른 안구운동(Rapid Eye Movement: REM) 상태로 들어가고 꿈을 꾼다. 상대적으로 짧은 첫 REM의 잠을 잔 뒤, 우리는 숙면(단계 3과 4)에 들어간다. 우리는 REM이 아닌 잠의 단계에서 REM의 잠의 단계로 이동하는 약 90분의 주기를 순환한다. 대개 이런 순환이 하룻밤에 5번 정도 일어난다. 밤새, REM 수면의 시간은 점진적으로 더 길어지고, 더 잦아진다.

줄다리기

우리는 음식과 성 추동처럼, 잠 추동도 갖고 있다.[398] 깨어 있는 시간이 길면, 잠 추동은 더 커진다. Dement는[398] 많은 24시간 주기 리듬 중 하나인 시간 의존적 각성(clock-dependent alerting)은 잠 추동에 반대된다고 했다. 대개 빛–어둠의 주기에 일치하는, 시간 의존적 각성은 아침에 높고 밤에 약하다. 또한 오후의 전반부에 각성은 약한데, 이는 점심 식사 후에 낮잠이 오게 한다. 몰입, 흥분, 요구, 혹은 불안을 동반하는 활동도 각성 수준을 조장해 잠을 물리친다.

하루 내내, 깨어 있으려는 추동과 잠자려는 추동이 서로 경쟁한다. 밤새 잠잔 뒤에 깨어 있는 시간은, 우리가 수면으로 지불해야 할 **수면 부채**(sleep debt)의 비축 시간이라고 보면 된다. 당신은 2시간 깨어 있을 때마다 약 1시간의 수면 부채를 진다. 그러나 당신이 수면에 말썽이 생기면, 더 큰 수면 부채를 지게 된다. 고강도의 수면 부채를 지면 당신은 각성을 물리치는 높은 수면 추동에 들어가고, 그 결과로 하나의 절충물이 탄생한다. 즉, 당신은 피로한 상태에서 기능을 한다. 피로와 수면은 수면 부채의 크기를 나타내는 단서이다. 좋은 수면의 가늠자는 당신이 잠자리에 들어서, 눈을 감고, 잠드는 데 걸리는 시간이다. 수면 부채가 엄청 크면 당신은 몇 분 지나지 않아 잠든다. 수면 부채가 낮으면 당신은 잠들 수 없다.

수면장애는 일면 건강이 좋지 않다는 뜻이다. 수면장애와 피로는 당신의 정신기능의 몇 가지 측면, 즉 조심성, 자극 반응 시간, 집중력, 기억, 문제해결 등을 무너뜨린다. 피로는 수행만을 방해하는 게 아니다. 피로는 매우 위험하다. 우리는 음주운전에 매우 관심을 갖지만 졸음운전에 거의 관심을 보이지 않는다. 졸음운전은 교통사고와 사망의 주요 원인이다. 피로와 단조로움은 당신을 찰나에 졸음에 빠지게 한다. 우리는 얼마나 많은 교통사고가 우울 및 불안과 관련된 수면장애와 관계가 있을지 궁금할 뿐이다.

수면장애

수면장애는 우울의 기본적인 증상이다. 수면장애는 전형적으로 너무 잠을 적게 자는 불면증의 형태를 취한다. 우울한 사람에게 다양한 형태의 불면증은 너무나 친근하다. 다시 말해, 잠드는 데 시간이 너무 걸리는 것(초기 불면증), 한밤중에 깨어 다시 잠들지 못하는 것(중기 불면증), 아침 일찍 깨서 다시 잠들지 못하는 것(말기 불면증), 뒤척이는 잠(restlessness), 비회복성 잠(nonrestorative sleep).[401]

뇌 전기 활동을 알아본 많은 연구는 우울과 관계된 수면 패턴의 여러 가지 변화를 제시했다. 다시 말해, 서파(깊은) 수면의 양은 감소하고, 수면의 첫 주기에서 REM(꿈꾸기) 수면이 더 빨리 시작되고 더 긴 시간 동안 지속되며, 밤새 REM 수면이 차지하는 비율이 커진다.[402] 심리학자인 Rosalind Cartwright는[403] 또한 우울한 사람의 꿈이 별로 유쾌하지 않다는 것을 관찰했다. 그녀는 꿈을 문제를 해결하기 위한 하나의 노력으로 간주하며, 스트레스가 꿈 체계에 과부하를 일으킨다고 생각한다.

불면증 증상이 보편적이어도, 꽤 상당수의 우울한 사람은 보편적 불면증 증상과 반대되는 자율신경 증상을 보이기도 한다. 이런 사람이 얼마나 되는지 그 추정치는 다양한데, 15~33% 정도로 추정된다.[404] 그들은 불면증, 식욕 저하, 몸무게 감소와 같은 증상 대신에, (너무 많이 자는) 과다수면과 함께 왕성한 식욕, 체중 증가 같은 증상을 보인다. 과다수면은 충분히 편히 잠자지 못한 것을 보상하려는 노력일 수 있다. 많은 우울한 사람은 스트레스의 도피처로 잠을 의도적으로 사용하기도 한다.

우울뿐 아니라 다른 정신의학적 장애도 수면장애와 관계있다. 열거한 증상 또는 뇌 변화 중 어떤 것도 우울에만 독특하게 나타나는 것은 아니다. 그러면서도 이 변화는 다른 정신의학적 장애보다 우울에서 더욱 심하게 나타난다.[402] 물론, 제10장('우울과 관련된 장애')에서 기술했듯, 많은 우울한 사람은 또한 다른 정신의학적 장애도 갖고 있다. 이 다른 장애가 수면과 관련된 문제를 악화시킬 수 있다.

우리가 이 책 전체에서 살펴보는 것처럼, 우울은 대개 불안을 수반하는 매우 심한 스트레스 상태이다. 불안 각성은 당연하다는 듯 수면을 방해한다.[405] 수면은 투쟁 또는 회피 반응과 양립하지 않는다.[406] 우울과 관련된 외상 관련 불안 문제는 특히 수면에 심각한 문제를 일으키며, 그 증상에는 악몽, 공황상태로 밤새 깨어 있는 것, 수면에 대한 두려움, 잠자는 동안 발생하는 비정상적 움직임(예: 갑작스러운 경련의 발생)이 있다.[407] 물질남용도 수면장애를 부추긴다.[402] 예를 들어, 불안을 조절하거나 잠들기 위한 방편으로 알코올을 사용할 수 있다. 알코올은 수면의 연속성을 방해한다.

적색 신호

수면장애는 단순한 우울 증상이 아니다. 수면장애는 우울을 촉발하는 요인이다.[401] 분명히 불면증은 다양한 방식으로 스트레스 누적에 기여한다. 더욱이 불면증은 우울에 취약함을 보여 주는 한 특징이다.[408] 불면증은 우울이 다시 악화될 것이란 조짐으로 우울 삽화에 앞서 몇 주 동안 점진적으로 악화되기도 한다.[409] 우울에 취약한 사람이 2주 동안 거의 매일 밤 불면증이 지속되면 이는 우울 삽화가 임박했다는 신호이자 예방 조치를 하라는 징표이다.

당신이 우울에 취약하다면, 특히 사회적 스트레스를 겪는 동안의 불면증을 경계하는 게 좋다. 비록 빛이 우리의 생물시계의 움직임에 영향을 주는 요소(zeitgeber)일지라도, 생물학적 리듬은 사회적 관계에 의해서도 변화된다. 예를 들어, 결혼한 부부는 식사 시간, 자는 시간, 휴식 활동의 주기를 함께하는 경향이 있다. 내가 조증 삽화들을 논의하면서 기술했듯(제10장 '우울과 관련된 장애' 참고)

관계가 깨지는 것, 즉 불화 또는 사망은 종종 일상생활의 규칙을 깨뜨려 생물학적 리듬을 망가뜨릴 수 있다.

일상의 일정을 깨뜨리는 사건은 우울 삽화의 촉발에 중요한 역할을 한다.[410] 불면증이 우울의 촉발에 한몫한다는 사실을 받아들이면서, 우리는 다음처럼 일련의 스트레스 사건이 연속해서 발생하는 것을 상상해 볼 수 있다. 즉, 관계의 불화가 일상생활을 와해시켜, 생물학적 주기를 깨고, 이는 불면증을 겪게 만들어 결국에 우울 삽화를 촉발한다. 역으로, 상실의 후유증에도 일상생활을 유지할 수 있는 사람은 우울을 심하게 겪지 않을 것 같다.

수면 위생

수면과 관련된 역설보다 더 큰 좌절은 없다. 당신은 잠자고 싶지만 잠들 수 없다. 당신은 잠들고자 노력할수록 더욱 실패했을 것이다. 하지만 당신이 잠들기 위해 해 볼 수 있는 일은 많다. 이 전략은 수면 위생(sleep hygiene) 지침으로 불린다.

Dement는[398] 잠 관리에 유익한 여러 가지 전략을 말했다. 여기서는 몇 가지 요점을 말할 것이다. 내가 이미 강조했듯, 일상의 수면 일정을 지키는 것이 중요하다. 실제로 많은 우울한 사람이 그러는 것처럼, 낮에 자는 것은 밤에 잠드는 것을 방해하고, 이는 우울한 사람의 수면에 장애를 일으킨다.[411] 잠자리에 들기 전에 이완 활동으로 긴장을 풀며 쉬는 것이 필요하다. 따뜻한 물로 목욕하고, 차분한 음악을 듣고, 책을 읽는 것처럼 잠자리에 들기 전에 진정하는 습관을 들이는 것은 이완을 촉진하는 데 좋다. 당신의 침대와 침실 또한 이완에 영향을 미친다. 침실은 안락하고, 조용하고, 적절히 따뜻하거나 시원해야 한다. 이완 기술은 수면 문제를 잘 다루기 위한 가장 중요한 조치 중 하나이다. 이완 기법에는 복식 호흡, 점진적 근육 이완, 안내된 상상(guided imagery)이 있다.[412] 모든 기술이 그렇듯이, 이완에 능숙해지려면 많은 연습이 필요하다. 새벽 3시에 잠을 깬다면 연습 시간이 모자라는 것도 아니잖은가! 이완 기술을 익힐수록, 위기 시에 잘 실행할 수 있다. 당신은 이 기술들로 취침 전에 이완하는 데 도움을 얻을 수 있고, 한밤

중에 불안한 상태로 깼을 때 다시 잠들게 하는 데 도움을 줄 수 있다.

취침 전에 생리 활동을 활성화하고 스트레스가 되는 활동을 하는 것(예: 여러 가지 문제를 의논하거나 논쟁을 하는 것)은 역효과를 낳는다. 일상적인 운동은 수면을 향상시킬 수 있다. 그러나 운동은 생리 활동을 활성화시킨다. 그래서 취침 전 몇 시간 동안은 운동하지 않는 것이 좋다. 취침 전 몇 시간 동안 음식을 많이 먹는 것도 좋지 않다. 저녁에는 카페인 또는 다른 자극제도 피해야 한다. 당신은 카페인이 몸에서 없어지는 데 몇 시간이 걸린다는 사실을 모를 수 있다. 알코올은 진정제이긴 하나, 과한 알코올은 한밤중에 그 효과가 사라지면, 다시 불면증이 되살아나게 하는 원인이 된다.

결국 당신은 수면의 양과 질을 개선하기 위해 여러 가지 일을 할 수 있다. 그러나 Dement는 미국인들의 70%가 혼자서 잠을 청하지 않는다고 하였다. 당신과 방을 함께 쓰는 친구나 동침하는 사람이 당신의 수면 습관과 갈등을 일으키는 습관을 갖고 있거나, 그 관계가 갈등과 긴장으로 가득 차면 수면 위생에서 헤쳐나가야 할 난관은 더욱 많다. 이는 여러 가지 복잡한 타협을 요구할 수 있다. 반면에, 좋은 동침자는 여러 가지 이익을 가져다주기도 한다.

처치

우울과 관계된 불면증을 위한 최고의 처치는 동시에 우울을 위한 처치가 된다.[413] 이런 처치는 심리치료부터 항우울 약물까지 다양하며, 이 책에서 논의한 모든 대처 전략도 포함된다. 그러나 수면 위생을 다룬 많은 문헌이 보여 주듯, 수면 문제는 종종 즉각 조치해야 한다. 물론, 더욱 일반적으로 우울에서 그랬듯이 (제10장 '우울과 관련된 장애' 참고), 신체 질병, 처방 약물이 불면증을 부추기는 것은 아닌지 확실히 하는 것이 중요하다.[388, 413]

지속되는 불면증에 관계된 가장 흔한 문제는 조건화된 불안 반응이다. 잠을 자려는 것이 당신을 불안하게 만든다. 왜냐하면 당신이 잠들지 못하는 좌절 상황을 예상하기 때문이다. Peter Hauri는[399] 조건화된 불안을 소거하기 위한 전략을 제시했다(p. 88).

1. 잠이 올 때만 취침하라.
2. 침대는 잠 전용으로 사용하라. 침대에서 독서, 텔레비전 시청을 하지 말라. 침대에서 음식도 먹지 말라.
3. 당신이 잠을 잘 수 없다면, 일어나서 다른 방으로 가라. 깬 상태로 있다가 정말 졸리면 침대로 돌아가라. 잠이 여전히 쉽게 오지 않는다면 또다시 침대에서 나와라. 이것의 목적은 침대를 좌절과 불면이 아닌 편히 쉽게 잠드는 것과 연합하는 것이다.
4. 필요하다면 밤새 3단계를 반복하라.
5. 알람을 설정하고, 밤새 많이 잤든 적게 잤든 매일 아침 같은 시간에 기상하라. 이것은 몸이 일관성 있는 수면-기상 리듬을 습득하는 데 도움을 준다.
6. 낮잠을 피하라.

Hauri는 이 전략을 사용하는 초기에 당신이 거의 잠들지 못할 수 있다고 경고했다. 하지만 수면 부채가 증가하면서, 당신은 더욱 편히 잠들 수 있고, 수면 패턴이 점진적으로 정상에 가까워질 것이다.

여러 가지 약물, 즉 항불안제, 진정제, 수면제가 불면증에 흔히 처방된다. 그러나 정신의학자 Thomas Neylan은[413] "우울에서 벗어나는 데 유익한 적절한 처치를 받고 있는 환자들은 수면장애를 개선하기 위해 비약학적 개입에 의지하는 것이 더 좋다."고 말했다(p. 59). 수면 약물은 단기간만 사용하는 것이 가장 좋다. 장기간 사용하면 당신의 신경계는 약물에 습관화되고, 그때 약물은 더 이상 도움이 되지 않아, 중단하면 불면증을 유발한다.[399] 그럼에도 불구하고, Dement가[398] 상세히 언급했듯이, 수면제 간에 차이가 많은데 이는 최근에 많이 개선되었다. 수면제 사용에 반대하는 잘못된 편견들은 사람들이 필요한 도움을 받는 것을 가로막는다. 다시 한번 강조하면, 수면을 적절하게 취하지 못하면 여러 가지 해를 입는다. 특히 수면 실패는 우울 삽화가 서서히 진행되는 데 중요한 역할을 하며 또한 회복을 방해한다. 그래서 당신이 할 수 있는 최선의 일은 필요하다면 적절한 약물을 복용하는 것이다. 그러나 수면제를 과다 사용하지 않게 정신과 의사와 세세히 상의해야 한다.

섭식

우울의 전형적 증상은 식욕 감소, 체중 감소이다. 물론 비전형적 증상 패턴은 과식, 체중 증가이다. 제9장('뇌와 신체')에서 기술했듯이, 식욕과 섭식 관련 장애는 만성적 스트레스 증상이 된다. 더욱이 먹는 즐거움의 상실 또한 대개 쾌락을 경험하지 못하는 우울 증상의 한 측면이다. 좋은 음식을 섭취하고 적절한 체중을 유지하는 것은 건강 유지에 필수이며, 신체 건강은 스트레스에서 회복하는 데 중요한 역할을 하므로, 다음의 역설에 주의를 기울여야 한다. 즉, 당신은 식욕이 없더라도 잘 챙겨 먹어야 한다. 물론, 수면이 그랬듯이, 심리치료와 약물처치를 포함해 모든 효과 있는 처치는 당신의 식욕을 회복시키는 데 도움이 된다. 게다가, 당신은 역설에 대처할 필요가 있다.

평소와 다르게 당신이 식욕이 없을 때 취할 대안은 없으며, 하루 세 끼를 먹기 위해 결연히 노력하는 것이 좋다. 당신이 매일 식사 계획을 세우고, 그것을 준수하고, 먹는 것을 계속 기록하는 것은 도움이 된다. 당신의 행동을 조절하기 위한 최선의 방법 중 하나는 행동을 계속 기록하며 지켜보는 것이다. 일부 우울한 사람은 다른 사람과 함께 식사하는 게 도움이 된다고 느낀다. 어떤 사람은 특별히 맛있는 음식을 선택하는 것이 도움이 된다고 느낀다. 또 어떤 사람은 약간 먹으면 더 먹고 싶은 욕구가 생긴다고 느낀다. 여러 가지 밍밍한 음식은 맛을 느끼는 쾌락감이 부족해도 먹으려는 동기를 강화하는데, 일부 사람들은 밍밍하게 먹는 것이 좋다는 것을 알고 있다.

식욕 감소는 스트레스가 극심하고, 우울의 정도가 고도(severe)일 때 나타나나, 중등도(moderate)일 때는 대개 과식 증상이 나타난다. 음식은 알코올 또는 자극제 같은 물질처럼 기분 향상의 수단으로 사용되기도 한다. 알코올 또는 자극제처럼 먹어서 기분이 좋아지는 것은 일시적이며, 역효과를 낳을 수 있다. 즉, 먹는 것은 즉각 당신의 활력을 증가시키나, 한 시간 뒤에 활력은 낮아질 수 있다. 기분 조절에 종종 사용되고, 문제 소지가 아주 많은 습관적 과식은 과체중이 되게 하며, 과체중은 피곤함을 초래하고, 여러 방식으로 건강을 해친다.

심리학자이자 기분 연구자인 Robert Thayer는[414] 기분과 음식 사이의 관계를 자신의 저서『Calm Energy(평온한 활력)』에서 기술했다. 그는 우리가 긴장 피로 상태, 즉 불안하고 우울한 상태에 있을 때, 과식에 취약해지는 것을 발견하고, 이 현상을 정서적 섭식(emotional eating)이라 했다. 고열량 식품, 즉 설탕과 지방 함량이 높은 음식은 기분을 향상시키고 진정시키는데, 이는 알코올의 효과와 유사하다. 그러나 효과는 일시적이다. Thayer는 스트레스가 심한 생활양식이 급속히 증가하는 과체중에 중요한 역할을 한다고 믿는다. 먹는 것은 당신의 기분을 조절하는 쉽고 빠른 방법이다. 그는 하루의 스트레스가 더디게 흘러가면서 긴장 피로가 증가하면, 폭식과 과식을 할 가능성이 높다고 했다. 오후 늦은 시간과 저녁 시간은 과식할 위험 부담이 큰 시간이다.

수면장애는 이런 긴장 피로 상태를 부추기며, 당신의 과식 성향을 부채질한다. 도전 과제는 당신이 긴장 피로의 반대 극인 평온한 활력의 상태로 들어가는 것이다. Thayer가 자신감 있게 주장했듯이, 평온한 활력의 상태로 들어가는 최선의 방법 중 하나는 운동이고, 다음 절에서 이 주제를 더 깊이 다룬다.

활동과 운동

잘 자고 적절히 먹는 것처럼, 활동하는 것은 신체 건강의 기초이다. 역설이 있다. 당신이 우울하다면, 활력이 없거나 많은 일을 해 보겠다는 동기가 없다. 그것은 악순환이다. 즉, 활동하지 않으면, 무기력하고 생산성이 없다고 느끼게 된다. 간단히 논했듯이, 우리는 운동이 효과 있는 항우울제임을 안다. 그러나 우울이 심각하면 당신은 활기찬 운동을 할 활력이 없을 것이다. 따라서 당신은 운동을 할 수 있는 상태로까지 호전되는 것이 중요하다. 심각한 우울을 겪는 일부 사람은 침대에서 일어나는 것조차 어려우며, 빠져나오는 것은 더욱 어렵다. 침대를 정리하고 옷을 차려입는 것을 등산처럼 힘들게 느낀다.

첫걸음을 떼는 것이 중요하다. 우울을 위한 인지행동치료의 주춧돌은 시시각각의 활동 계획을 짜고 당신이 그 계획을 최선을 다해 지키는 것이다.[236] 활동을 하는 것은 무기력한 느낌과 반대되며 또한 불편감을 일으키는 생각에 골몰하는 것에서 주의를 환기한다. 계획표를 지키는 것은 성공의 경험과 완성했다는 느낌을 제공한다. 활동은 주체성의 기초이다. 즉, 당신은 우울을 이겨 내기 위해 무언가 할 수 있다는 느낌을 점점 갖게 된다. 나는 여기서 활동을 즐기는 것을 말하는 것이 아니라 단순히 활동하고 있는 것을 말하고 있다. 초기 회복 단계의 목적은 당신이 할 수 있는 한 하루 내내 활동을 하고 그것을 유지하는 것이다. 물론, 계획을 짜는 것은 모든 계획을 지키지 못하는 위험 부담을 안겨 준다. 당신이 우울할 때 계획을 완전히 실행하지 못하는 것은 충분히 예상되는 일이다. 삶의 다른 일에서도 실패가 생기듯, 실패는 피할 수 없다. 중요한 것은 당신이 할 수 있는 모든 것을 지속하고자 노력하는 것이다.

당신은 활력의 개선이 시작되면, 운동을 시작할 수 있다. 첫걸음을 시작하라. 빠르게 걷기, 달리기 같은 운동이 지닌 속성은 당신을 점점 향상시킬 것이다. 예를 들어, 당신이 천천히 짧은 거리를 걸으면, 점점 더 빠르게 더 긴 거리를 걷는 것이 가능해진다. 당신은 조깅, 수영, 자전거 타기처럼 더 활기찬 운동으로 나아갈 수 있다. 종국에, 당신의 활력이 잘 구축되면, 당신은 규칙적인 운동 계획을 지킬 수 있고, 이는 회복과 안녕의 토대가 된다. 운동에 스며 있는 이득은 아주 많다. 즉, 신체 건강의 개선, 스트레스 회복력, 기분의 향상, 불안의 감소 등이다.

Thayer의 연구에 의하면[414] 좋지 않은 기분에서 벗어날 최선의 전략 중 하나는 운동이다. 그러나 주요 우울증의 개입 방법으로서 운동의 효과를 알아본 연구는 많지 않다. 그는 운동이 우울을 개선하는 생리적 기제가 무엇인지 분명치 않다고 했다.[415] 그러나 최근의 한 연구는 도발적인 결과를 제시했다.

Duke 대학 의학센터의 여러 연구는[416] 주요 우울증을 앓는 노인을 대상으로 운동과 항우울제 투약의 효과를 비교했다. 운동 처방 집단은 매주 3번 유산소 운동인 자전거 타기, 활발한 보행, 조깅을 했다. 투약 집단은 선택적 세로토닌 재흡수 억제제 졸로프트(Zoloft)를 복용했다. 세 번째 집단은 두 가지 처방 모두를 받았다. 항우울제를 투약받은 집단은 다른 접근보다 빠르게 호전했다. 그러나 연구 참가자의 대부분은 4개월 뒤에 더 이상의 처치를 필요할 만큼 우울하지 않았다. 세 집단의 개선 정도는 비슷했다. 6개월 후의 추후 평가는 개선의 정도가 세 집단 모두에서 유지된다는 결과를 제시했다. 더욱이 추후 평가 시에 환자의 기능은 규칙적인 유산소 운동을 계속한 정도와 관련이 있었다. 일주일에 운동시간이 50분 증가할 때 10개월 이후 시점에서 처치가 필요할 정도로 우울할 가능성은 50% 감소하였다. 연구자들은 "운동은 주요 우울증 환자에게 효과 좋은 처치이고, 표준 약물치료 만큼 효과가 있다."(p. 636)는 도발적 결론을 내렸다. 그들은 다음처럼 더욱 구체적으로 언급하였다.

> 연구 결과들은 적당한 운동 프로그램(예: 30분씩 일주일에 3번 정도, 매번 최대 심박률이 70%에 이르는 운동)이 운동 처치에 참가하려는 긍정적 경향성을 가진 주요 우울증 환자에게 효과가 좋고, 강력한 처치가 된다는 것을 제안한다. 그리고 연구 결과들은 처치 효과가 특히 일상생활에서 규칙적으로 계속 운동하는 환자에게 지속된다고 제안한다(p. 637).

그러나 연구자들은 여러 가지 단서 조건을 달았다. 즉, 연구의 참가자들은 운동이 우울에 미치는 효과를 알아보기 위한 연구에 지원했는데, 일부는 항우울제 투약 집단에 배정된 것에 실망했다. 추후 기간 동안 항우울제 처방을 받은 환자의 다수는 약 복용을 중단했고, 운동을 하지 않던 많은 사람이 운동을 시작했다. 그래서 나는 이 연구의 결과를 당신이 운동으로 항우울제 투약을 대체할 수 있다는 의미로 해석하지 않는다. 오히려, 나는 운동이 우울의 악영향에 대응하는 건강한 생활양식의 주춧돌이라고 생각한다.

긍정적 정서

우울할 때 가장 괴로운 조언은 "외출하고 재미있는 일을 하면 우울한 기분이 나아질 거야!"라는 뻔한 말이다. 이에 관한 역설은 당신이 쾌락과 즐거움을 쉽게 경험하지 못한다는 것이다. 조언처럼 당신도 즐거운 일을 하려고 노력했는데 효과를 보지 못했을 수 있다. 당신이 과거에 즐겼던 활동이 더 이상 유쾌하지 않은 경우도 있다.

나는 이 문제를 매우 구체적으로 생각해 보는 것이 유익하다고 생각한다. 즉, 뇌의 보상회로가 적절하게 기능하지 않고, 은유하자면 뇌 속의 즐거움 호르몬이 부족하므로[6] 당신은 뇌 보상회로의 배터리를 다시 충전해서 시동을 걸어야 한다. 어느 정도는, 줄어든 활력에도 불구하고 당신은 스스로 더욱 능동적인 사람이 될 수 있다. 그러나 나는 당신이 즐거움을 저절로 느낄 수 있다고 믿지 않는다. 당신이 할 수 있는 모든 것은 즐거움의 기회를 제공하는 활동에 참여하고자 노력하는 것이다.

이 절에서 나는 긍정적 정서가 제공하는 이득을 먼저 검토하고, 긍정적 정서를 향상시킬 전략을 논의한다. 그리고 다양한 긍정적 정서에 당신이 주의를 기울이게 하는 것으로 결론을 맺는다.

긍정적 정서의 기능

나는 이 책 전체에서 긍정적 정서의 기능을 언급하는데, 이 절에서는 단순히 그 기능을 상기하는 정도로 이야기한다. 나는 배고픔, 갈증, 성욕, 사회적 접촉과 안정 애착 등의 기본 욕구를 충족시키는 활동을 계속하게 만드는 유인가로 쾌락을 생산한다는 **추구체계**(seeking system)라는 개념을 매우 좋아한다.[7] 우리의 기억은 특별한 사건과 관계된 정서를 저장하고 있다. 왜냐하면 장래에 우리가 무엇에 접근하고 무엇을 회피할지 기억할 필요가 있기 때문이다. 보상을 기대하는 것은 즐겁다. 즐거움을 주는 활동을 기대하는 것은 기분을 좋게 한다. 우울할 때의 골칫거리는 당신이 기대하는 것이 없다는 것이다.

우울할 때 부정적 정서는 너무 과다하고, 긍정적 정서는 너무 과소하기 때문에, 긍정적 정서가 증가하면 스트레스를 약화하는 기능, 즉 **원상복구** 기능(undoing function)을 할 수 있다.[417] 당신이 스트레스 상태에 있을 때, 오락거리, 예를 들어 심각한 상황에서 농담으로 시시덕거리는 유머는 아마 생리적 각성을 감소시킬 수 있다.[49]

역설에서 벗어나기 위해, 긍정적 정서를 유발하는 몇 가지 전략을 생각해 보

면 유익하다. 예를 들어, 즐거운 일을 계획하고, 스트레스 상황에서 긍정적 의미를 찾고, 긍정적 정서에 주의를 집중하는 것이다.

즐거운 일을 계획하기

지난 수십 년 동안 심리학자 Peter Lewinsohn은[418] 당신이 즐겁고 욕구가 충족되는 활동을 해서 우울을 이겨 낼 체계적 전략을 갖춘 행동 처치를 개발했다. 그는 종합적인 자기평가를 해 보게끔 안내하는 **즐거운 일과표**(Pleasant Events Schedule)를 개발했다. 이 일과표는 320개의 활동을 열거하고 있다. 당신이 우울하지 않다면 이 일의 다수에서 즐거움을 찾을 수 있다. 이 목록이 긴 것은 즐거움을 느끼는 활동이 사람마다 다르기 때문이다. Lewinsohn은 세 가지 일반적 유형의 활동이 우울의 회복에 매우 유익하다고 했다. 1) 타인과의 즐거운 상호작용(예: 친구들과 함께 어울리는 것), 2) 유능감과 성취감을 느끼는 활동(예: 연구 과제를 완성하는 것), 3) 행위 자체가 우울과 상반되는 즐거움을 내포하는 활동(예: 웃기)이 그것이다.

당신은 우선 각 활동을 최근에 얼마나 자주 했는지 표시한다. 그런 다음 당신이 성격적으로 그 활동을 즐기는 정도를 표시한다. 다음으로 당신은 320개의 활동에서 가장 즐거울 것 같은 100개의 활동을 선택한다. 그런 다음 당신의 기분과 활동 사이의 관계를 알아보기 위해, 한 달 동안 당신이 행한 유쾌한 활동과 그것에 따른 기분을 기록한다. 마지막 단계는 당신의 기분을 더욱 향상하기 위해 즐겁고 욕구 충족이 되는 활동을 점점 증가시킬 계획을 짠다. Lewinsohn과 동료들의 책 『Control Your Depression(당신의 우울을 통제하라!)』에 이 구체적 활동이 분명히 제시되어 있다.[419]

Lewinsohn은 역설을 인식하였다. 다시 말해, 그는 우울한 당신이 즐거운 활동을 거의 하지 않으며, 어떤 활동을 하더라도 즐기기 어렵다는 것을 알았다. 활동을 거의 하지 않는 당신은 보상을 거의 경험하지 못한다는 것을 의미하며, 이런 상태가 우울이다. 그러나 그는 체계적인 노력으로 이 악순환을 전환할 수 있다고 강조했다. 나는 당신이 이런 역설에 유의하면서 너무 큰 기대를 갖지 않고 활동을 하면 도움을 얻을 것으로 생각한다. 당신이 활동을 해서라도 기쁨을 다시 찾아야 한다는 의무감으로 접근하면, 좌절감과 실망감을 경험할 수 있다. 그때 모든 전략은 역효과를 낼 것이다.

처음에, 우울한 당신은 시도한 활동의 대부분에서 즐거움을 거의 느끼지 못할 수 있다. 그러나 당신이 단지 잠시 동안 마음의 고통에서 벗어날 어떤 일을 하는 것만으로 많은 것을 얻게 된다. 즐거움은 시간이 지나면서 더 잦아지고 더 오래 지속된다. 유의해야 할 다른 경고 사항이 있다. 즉, 우울한 일부 사람은 자신들이 즐기는 어떤 일을 생각해 낸다. 그런 뒤 그들은 이해하기 어려울 정도로 그 일을 중독적인 방식으로 한다. 그들은 그 활동을 지나치게 하고, 그 활동은 스트레스가 되어, 즐거움이 사라진다. 즐거움과 천천히 가까워져라. 즐겁기 위해 억지로 노력하는 것은 최선이 아니다.

긍정적 의미를 찾기

당신이 일상의 일에서 긍정적 의미를 찾는 노력을 하는 것은 스트레스에 대처하고 있을 때 기분의 향상에 도움이 된다.[420] 이런 현상을 심리학자 Susan Folkman과 Judith Moskowitz는 '에이즈에 감염된 사랑하는 사람'의 병간호를 하는 보호자를 대상으로 연구하였다.[421] 그들은 긍정적 정서가 심리적 · 생리적 완충제로 기능한다고 언급했다. 즉, 아마도 긍정적 정서는 스트레스에 대처하는 사람이 우울에 빠지게 만드는 부정적 반추의 소용돌이가 깊어지는 것을 막는 기능을 한다는 것이다. 놀랍게도 스트레스에 대처하는 사람은 스트레스를 겪는 기간 동안 다른 사람보다 더 쉽게 긍정적 정서를 경험할 수도 있다. 다시 말해, 그들은 불편감을 상쇄하기 위한 한 가지 시도로 긍정적 정서를 적극 활용한다.

Folkman과 Moskowitz는 긍정적 정서와 관계있는 세 종류의 대처를 확인했다. 첫째, 보호자는 **긍정적 재평가**를 사용하였다. 즉, 스트레스 상황을 긍정적 관점에서 보는 방법(즉, 컵에 물이 반밖에 없다가 아니라 반이나 있다고 보는 것)을 사용하였다. 에이즈 환자를 돌보는 상황에서, 그러한 재평가는 보호자들이 자신들의 '사랑하는' 자질을 알아차리게 하고, 그들의 노력이 아픈 파트너의 존엄을 어떻게 보호하는지를 알아차리게 한다. 둘째, 보호자는 문제해결 중심의 대처, 즉 정보를 수집하고, 의사결정을 하고, 계획을 세우고, 갈등을 해결하고, 자원을 획득하는 노력을 하였다. 문제해결 중심의 대처는 현실적 목적을 설정하고, 성취 가능한 과제에 초점을 맞추는 것을 요구하였다(예: 파트너의 질병을 낫게 하는 것보다 간병하는 과제를 수행하는 것). 문제해결 중심의 대처는 숙달감을 향상시켜 무력감과 절망감을 방지한다. 물론 효율적 대처는 스트레스와 우울을 일으키는 문제를 줄이는 데 매우 중요하다. 셋째, 보호자들은 일상적인 사건에 긍정적 의미를 부여하였다. 흥미롭게도, 연구에 참가한 모든 보호자는 자신들을 좋게 느끼게 하고, 하루를 견디는 데 유익한 의미 있는 일을 이야기했다. 예를 들어, 특별한 식사를 준비하는 것, 친구들과 어울리는 것, 아름다운 꽃을 보는 것, 혹은 칭찬을 받는 것 등이 포함된다.

결국, 사건의 의미가 우울한 기분에 중요한 역할을 하듯, 긍정적 대처에도 중요한 역할을 한다. Folkman과 Moskowitz는 연구에 참가한 사람들이 처치가 필요한 우울한 사람은 아니었음을 강조했다. 그리고 그들은 스트레스가 되는 상황에서 보호자가 불러일으키는 긍정적 정서는 처치가 필요한 우울을 경험하는 것을 예방하는 데 유익하다고 믿었다. 나는 긍정적 정서를 불러일으키는 노력이 우울의 회복에 촉진제가 되며, 차도가 있다가 악화되거나 재발하는 것을 예방하는 데 도움이 된다고 믿는다. 예를 들어, 일부 우울한 사람은 매일 감사하다고 느끼는 일들을 기록하는 것만으로 효과를 본다.

긍정적 정서에 주의 집중하기

당신은 긍정적 정서를 경험하는 능력을 회복하고자 할 때, 빠르게 회복되지 않는다는 것을 알게 될 것이다. 당신이 즐거움을 경험하기 시작할 때, 그것을 확실하게 느끼지 못할 수 있다. 당신은 완전한 흥분 또는 재미나는 즐거움보다 단발성의 흥미, 열중, 몰두를 느낄 것이다. 나는 즐거움의 귀환, 즉 회복의 조짐일 수 있는 그런 미묘한 감정에 주의를 기울이는 것이 중요하다고 생각한다.

심리학자 Paul Ekman은 대단한 저서 『emotions revealed』(2003)[422]에서, 정

서에 주의 집중할 것을 제안했다. 당신이 우울할 때, 긍정적 정서를 잘 가꾸기 위해 정서에 주의 집중하는 것보다 더 중요한 것은 없다. 당신은 흥미나 약간의 즐거움의 기미가 보이는 순간을 알아차리기 위해 노력할 수 있다. 그 순간은 계속 지속되지 않으며, 당신은 다시 우울해질 것이다. 그러나 나는 약간의 긍정적 정서의 기미가 있으면 그것에 관심을 기울이는 것이 유익하다고 믿는다. 다시 말해, 긍정적 정서를 알아차리고, 더 오랜 시간 동안 느끼고, 그것이 더욱 커지게 하라.[50] 나는 여러 번 상실을 경험한 뒤에 우울이 심해서 입원한 한 남자와 상담한 적이 있다. 그와 여러 회기 동안 상담하던 중 어느 한 회기에서 그는 몇몇 다른 내담자와 보드게임을 하게 된 이야기를 하였다. 이야기하는 동안 그는 활기를 찾고, 눈에 생기가 돌았다. 그는 이 사건이 자신이 좋아지고 있다는 신호라고 알아차리지 못했다. 내가 이런 변화에 주의를 기울이게 했을 때, 그는 그 일이 중요하다는 것을 인식했다. 그런 뒤 그는 예상대로 고무되었다.

요약하면, 단지 즐거운 활동[51]을 하는 것뿐 아니라 긍정적 정서를 가꾸고 높이기 위해, 긍정적 정서가 생길 때 주의 집중하는 것을 학습하는 것이 중요하다. 당신은 즐거움을 느끼는 매 순간을 항우울제를 한 번 복용한 것으로 간주할 수 있다. 이 순간을 음미하라. 더욱이 당신이 경험할 수 있는 즐거움, 흥미, 열정, 흥분, 기쁨, 사랑, 자긍심, 자비, 만족 등과 같은 아주 다양한 긍정적 정서에 주의 집중하는 것은 유익하다. 나는 이 정서를 나의 저서 『트라우마 치유하기(Coping With Trauma)』에서 자세히 설명했다. 여기서는 간단히 요약하여 이야기 한다.

다양한 긍정적 정서

갈증, 배고픔, 성 등의 신체적 욕구 및 식욕의 충족과 관련된 쾌락 정서부터 먼저 이야기해 보자. 우리가 생명을 유지하는 활동을 하면, 쾌락을 경험하도록 진화 과정이 우리를 설계한 것은 놀랍지 않다. 우리는 또한 예상되는 쾌락과 성취된 쾌락을 구별할 수 있다. 예를 들어, 맛있는 음식을 먹을 거란 즐거운 기대와 실제 음식을 먹는 즐거움을 구별할 수 있다. 물론 예상되는 쾌락과 성취된 쾌락은 대개 서로 혼합되어 있다. 맛있는 식사에서 처음으로 먹는 음식에서 얻은 쾌락은 이후로 그 음식을 먹는 것에 대한 예상된 쾌락을 높인다. 애석하게도, 우울은 음식 섭취의 만족감뿐 아니라 기대에 찬 홍분마저 약화한다. 음식도 성관계도 매력 또는 즐거움으로 다가오지 않는다.

게다가, 우리는 성적 쾌락과 관능적 쾌락을 구별할 수 있다.[163] 유아기에 시작되는 관능적 쾌락은 신체를 접촉하고, 안고, 쓰다듬고, 진정시키는 것에서 기인한다. 관능적 쾌락은 성적 흥분을 자극할 수 있다. 그러나 관능적 쾌락은 그 자체로 만족이 되기도 한다. 관능적 쾌락은 또한 미적 쾌락으로 확장될 수 있는데, 예를 들어 우리가 자연, 예술, 음악을 접촉할 때 강력하게 쾌락을 느끼는 반응으로 나타난다.

우리가 긍정적 정서를 흥분과 기쁨같이 매우 각성된 상태로 종종 생각하더라도, 우리는 또한 쾌락의 연속선상의 다른 쪽에 주의를 기울이는 게 좋다. 많은 용어가 만족의 여러 가지 면을 포착한다. 예를 들어, 부정적 정서 빛띠의 반대쪽 극에 위치하는 평온, 평화, 이완, 진정, 고요, 조용함 등에 주의를 기울이는 게 좋다. 만족은 종종 쾌락의 각성에 수반된다. 예를 들어, 성적 절정감 뒤에 오는 진정, 활동적 활동 뒤에 오는 즐거운 피곤함 등이다. 안정 애착의 안식처 또한 깊은 만족, 즉 모든 것이 괜찮다는 편안한 느낌을 촉진한다.[7]

우울로 무엇이 침체되는가? 간단히 말하면 추구체계(seeking system)의 정서적 연료인 흥미와 흥분이 침체된다. 우울한 것은 세상에 참여하는 대신 멀어지는 것이다. 참여는 적절한 정도의 흥미와 더 강렬한 흥분을 수반한다. 나는 우울에서 회복한다는 조짐으로 긍정적 정서의 희미한 기미에 주의를 집중하는 것이 중요하다고 말했었다. 당신은 단순히 어떤 것에 흥미가 단순히 생긴다는 것이 별 의미가 없다고 생각할 수도 있다. 반대로, 당신이 대화, 신문기사, 또는 멋진 풍경에 흥미를 느끼는 모습을 알아차리는 것은 추구체계가 활기를 찾고 있다는 표시이다. 즉, 우울한 기분이 개선되고 있다는 신호이다. 그런 다음 열정과 흥분이 뒤따를 것이다.

노력으로 결실을 일군 심리학자 Mihaly Csikszentmihalyi는 인간의 절정 경험을 포착하기 위해 **몰입**이란 용어를 사용했다.[553] 몰입의 전형으로 볼 수 있는 활동은 높은 수준의 흥미와 흥분을 수반한다. 그 활동은 완전히 몰두하게 한다. 예를 들어, 등산, 항해, 스키 타기, 경주하기 등이 있다. 몰입의 공식은 간단하다. 다시 말해, 당신은 도전과 기술 사이에서 균형을 잡아야 한다. 즉, 몰입하는 것은 줄타기 곡예에 비유할 수 있다. 만약 도전 수준이 너무 낮으면, 당신은 지루할 것이다. 만약 당신의 기술이 너무 모자라면, 당신은 불안할 것이며, 혹은 매우 곤란해 할 것이다. 그래서 몰입은 높은 수준의 기술을 요구하지 않고, 단지 적절한 수준의 도전 수준을 필요로 한다.

빠른 속도로 몰입해야 할 필요는 없다. 도전 과제의 수준이 중요하다. 몰입하게 만드는 더욱 정적인 활동은 글쓰기, 생생한 대화 또는 모든 종류의 효율적인 문제해결 등을 포함한다. 일상의 삶에서 이루어지는 매일매일의 활동에 몰입하는 것처럼, 독서하기와 명상하기도 몰입을 포함한다. 아마 매우 놀랍게도, Csikszentmihalyi는 당신이 여가보다 일에서 몰입할 가능성이 더 크며, 특히 도전적 과제가 많은 직업을 갖고 있을 때 더 잘 몰입한다는 것을 발견하였다. 놀랄 필요도 없이 텔레비전 시청하기는 몰입의 정도가 낮은 활동으로 여겨진다.

물론, 몰입이 어떤 형태를 취하든, 우울할 때 몰입하는 것은 쉽지 않다. 활동하는 것은 흥미와 흥분뿐 아니라 상당한 집중을 요구한다. 당신은 조용한 활동에 더 잘 몰입할 수 있고, 점진적으로 더욱 적극적인 활동을 추구하는 방식으로 노력하면 된다. 몰입의 항우울 효과는 아주 분명하다. Csikszentmihalyi는 수월하게 깊은 몰입에 빠지는 것은 걱정과 좌절을 차단한다고 언급하였다.

안녕

우울에서 회복하려면 잘 자고, 잘 먹고, 주도적으로 살고, 즐겁게 지내는 것이 좋다고 내가 딱 잘라 말했다면, 나는 당신이 이 책을 바로 던져버렸을 것이라고 가정한다. 역설을 수용하고 실행하는 것은 쉽지 않다. 반면에, 이 장에서 말한 모든 대처 전략과 이후의 다른 장에서 말하는 전략은 당신이 우울하지 않을 때는 쉽게 할 수 있는 것이다.

이런 지적은 당신의 생각처럼 터무니없는 것은 아니다. 왜냐하면 당신이 우울에서 회복하면, 안녕의 상태에 계속 머무는 확률을 최대한 높이는 예방으로 이 전략을 사용할 수 있기 때문이다. 그때 당신은 자고, 먹고, 운동하고, 즐길 수 있다. 그러나 당신은 이런 능력이 저절로 실행될 것으로 생각하면 안 된다. 당신은 건강의 이러한 측면에 특별히 주의를 기울이고 최선을 다해야 한다. 당신이 제대로 못하고 있다면, 특히 당신이 며칠간 계속 잠드는 데 어려움을 겪으면, 역설을 다시 겪는 우울로 빠져들기 전에 균형을 잡기 위해 집중적인 노력을 해야 할 것이다.

제5부

우울의 역설에 대처하기

• 제12장 •
유연한 사고

• 제13장 •
지지하는 관계

• 제14장 •
통합 처치

• 제15장 •
희망

Coping With Depression

모든 소리가 고요해진 가운데 문득 새 한 마리 지저귀는
소리를 들으면 많고 많은 그윽한 정취가 일어나고,
모든 초목이 시들어 버린 뒤에 문득 나뭇가지 하나에
빼어난 꽃을 보면 끝없는 삶의 기운이 촉발한다.

출처: 홍자성 (2017). 채근담. (김원중 역). 서울: 휴머니스트, p. 418.

제12장 유연한 사고

"그대의 감정을 신뢰하라." 그러나 감정은 궁극적인 것도, 근원적인 것도 아니다. 감정의 배후에는 판단과 평가가 있고 …… 감정에 바탕을 둔 영감은 판단의—더군다나 흔히 잘못된 판단의!—자손이다. 그리고 어쨌든 이 판단은 그대 자신의 것이 아니다. 자기의 감정을 신뢰하는 것은 우리 내부에 있는 신, 즉 우리 이성과 경험에 따르는 것보다 더 자기의 조부와 조모, 더 나아가서 그들의 조부모를 따르는 것을 의미한다[52](Nietzsche, 2012, p. 518).

이성과 정서는 서로 얽혀 있는데, 그렇게 연결된 것은 아주 종종 유익하다. 우리는 감정과 사고에 의해 순식간에 움직이며 특정한 방향으로 인도된다. 우리는 감정과 사고의 혼합물인 직관에 매우 의지한다. 종종 알아차리지 못하고, 직감(gut feelings)이 제공하는 정보에 의지하며, 특히 대인관계에서 그렇다.[423] 현대 철학자 Martha Nussbaum은[263] 어머니가 세상을 떠났다는 소식을 들었을 때 겪은 정서적인 앎(emotional knowing)의 경험을 가슴 아프게 기술했다. "이 소식을 듣고 나는 손톱이 갑자기 위장을 찌르는 느낌을 받았다."(p. 19) 그녀는 다음과 같이 더 자세하게 말하였다.

> 내 어머니는 돌아가셨다. 매우 가치 있고, 내 삶의 중심에 있던 한 사람이 이제 이 세상에 없다는 것에 나는 충격받았다. 그런 상황은 외부 세상에 있는 손톱 하나가 내 속으로 들어오는 느낌이었고, 삶이 갑자기 큰 역경에 부딪혔고, 역

경의 큰 구덩이에서 울 수밖에 없는 느낌이었다. 또한 나는 영원히 나와 만날 수 없는 엄마의 너무나 사랑스럽고 멋진 얼굴을 보았다(p. 39).

정서와 이성은 상황에 대한 당신의 즉각적인 평가 속에 뒤얽혀 있고, 그 평가는 완전히 진행된 정서를 안내한다. 아주 짧은 순간에 자동차가 접근해 오면 당신은 그 상황을 위험하다고 평가하고 두려움을 느낀다. 당신은 그 상황을 철저히 생각하기보다 아주 빠르게 반응해서 브레이크를 밟고 두려움을 느낀다. 다행히 당신은 평가할 뿐만 아니라, 재평가도 한다. 당신은 충돌을 피하고 안도한다. 그런 뒤 상대 운전자가 부주의했다고 생각하면 화가 난다. 아주 종종 정서 유발 상황에 대한 반응으로, 당신은 평가, 정서, 감정이 거의 한꺼번에 쏟아지는 경험을 한다. 절친 또는 파트너의 배신으로 기대가 무너진 상황을 알게 되었을 때 당신에게 전개될 모든 생각과 감정을 생각해 보라.

우울할 때 감정과 생각은 철저히 서로 얽혀 있다. 그것은 닭이 먼저이냐 계란이 먼저이냐의 문제이다. 즉, 우울과 부정적 사고는 서로 연동되어 있어, 순서상 어느 쪽이 먼저인지 알기 어렵다. 우울한 기분이 부정적 사고를 일으키는가? 그렇다. 부정적 사고가 우울한 기분을 유발하는가? 그렇다. 이 과정은 상황에 대한 거의 의식적인 평가로 시작한 다음, 우울한 기분과 부정적 사고가 감정-사고로 묶여 한 다발이 된다. 사건 자체는 우울하게 만들지 않는다. 사건의 의미가 우리를 우울하게 한다.

정신의학자 Aaron Beck은[102] 사고와 감정이 우울한 경험에서 전개될 때 그 둘을 분리하는 매우 중요한 공헌을 했다. Beck과[102] 동료들은[236] 우울을 자세히 설명하고, 그에 따른 처치 방법을 개발했다. 중요한 것은, Beck이 우울한 기분을 부채질하는 사고 과정을 정확히 찾아냈다는 것이다. 그는 이 사고 과정을 되돌리는 인지치료를 개발했다.

인지치료의 개발은 우울 경험에서 사고 과정이 하는 역할을 밝히는 많은 연구가 이루어지게 했다. 이 연구 결과에 바탕한 지식은 우울한 사람에게 매우 유용하다. 즉, 생각이 우울을 악화시키는 과정을 알게 되면, 당신은 그런 생각을 수정하는 작업으로 우울한 기분을 변화시키는 데 영향력을 발휘할 수 있다. 물론,

쉬운 일은 아니다. 왜냐하면 당신은 우울하기 때문이다. 이것이 또 하나의 역설(Catch-22)이다.

나는 이 장에서 부정적 생각, 반추하기, 기억장애가 우울에 어떻게 영향을 미치는지를 기술한다. 그리고 당신이 이 세 가지를 알아차려서 차단하는 데 도움이 되는 인지치료 기법을 요약하여 소개한다. 우울 삽화에서 회복하는 것이 이후에 또 겪을지 모르는 우울 삽화에 대한 당신의 인지적 취약성까지 회복시키는 것은 아니다. 그래서 당신은 재발 예방에 유익한 인지적 접근을 알면 도움을 얻을 것이다. 나는 인지치료가 당신이 자신과 관계 맺는 방식을 개선하는 한 수단이 될 수 있음을 언급하며 이 장의 결론을 내릴 것이다.

부정적 생각

심리치료 과정에서 Beck은 우울한 내담자가 경험하는 정서적 불편감에 앞서 '희미하게 인식되고, 순식간에 스쳐가는 부정적 생각'이 지나가는 현상을 눈치챘다. 예를 들면, '나는 어떤 일도 제대로 할 수 없어!'와 같은 생각이 지나가는 것을 알아차렸다. Beck은 이런 종류의 생각이 의식의 주변부에 흐르고 있는 현상을 관찰하였다. 그리고 그런 생각은 종종 반사반응처럼 빠르게 마음속에 떠올랐다가 휙 하고 스쳐가서 알아차리기 쉽지 않다. 그 생각은 우울한 주제였다. 즉, 박탈, 질병, 패배와 같은 주제를 내포하고 있었다. Beck은 그 생각을 **자동적인 부정적 사고**라고 불렀다.[236, 424] 인지치료를 개발하면서 Beck은 그 생각이 의식의 중심에 오게끔 내담자들이 그런 생각에 주의를 기울이게 했다. 그는 생각과 감정이 관계가 있다는 것을 내담자가 알아차리게 하고, '생각을 다시 생각해보는' 위치에 서도록 도와서 생각에 영향력을 발휘하게 했다. 우울하게 하는 생각 패턴을 평가하는 과정에서, Beck은 **부정적 인지의 변화**(negative cognitive shift)를 확인했다.

부정적 인지의 변화

Beck은 우울과 결부되어 발생하는 많은 사고에 놀라움을 금치 못했다. 즉, 우울하지 않은 사람은 긍정적이고 낙관적인 사고 편향을 보이는 반면[425], 우울한 사람은 긍정적 생각은 걸러내고, 부정적 생각은 과장하는 경향이 있었다. 예를 들어, 과제 실행에 성공하고 칭찬을 받은 우울한 내담자는 "잘 몰라서 저렇게들 말하는 거지! 운이 좋았던 건데. 다음번엔 결코 지금처럼 하지 못할 거야!"와 같이 생각한다.

더욱 구체적으로 Beck은 우울한 내담자가 **인지적 삼제**, 즉 자기, 세상, 장래를 부정적으로 보는 생각을 많이 하는 현상을 발견했다.[236, 426] 스트레스 사건들은 당신이 **자신**을 부정적 관점에서 보게끔 부추긴다. 자기비평이 커지면, 당신은 부적절하고, 결점이 있고, 불우하다고 느낀다. 우울은 당신의 **세상**, 특히 관계에 대한 관점도 암울하게 채색한다. 우울한 당신은 다른 사람이 당신을 비난하고 과도한 요구를 한다고 지각한다.[427] 마지막으로, 우울한 당신은 장래에 역경, 좌절, 궁핍함이 계속 생길 것으로 전망한다. 짧게 논의하겠지만, 당신의 장래에 대한 지각에서 특히 중요한 것은 당신이 절망하는 현상이다.

우울할 때 부정적 생각을 알아차리면, 당신은 "일이 **정말로** 좋지 않은데!"와 같이 단언적 생각을 하고 있는 자신을 발견할 수 있다. Beck은 '스트레스'라는 현실을 부인하지 않는다. 그러나 그는 우울을 부추기는 스트레스 환경에 대한 생각 속의 **비현실적 측면**에 집중했다. 예를 들어, 그는 나쁜 상황을 더욱 나쁘게 보게 만드는 여러 가지 **인지적 왜곡**을 관찰했다.[236, 426] 인지적 왜곡의 흔한 예는 **과잉일반화**(예: 데이트 신청에 거절당한 당신이 일평생 혼자 살아야 한다고 결론을 내리는 것), **흑백사고**(예: 당신이 하는 모든 일에 성공해야 하고 그렇지 못하면 자신을 완전한 패배자로 생각하는 것), **독심술**(예: 증거가 없는데 어떤 사람이 당신이 한 일을 비평하고 있다고 믿는 것), **정서적 추론**(예: 정신화하기의 실패, 예를 들면 당신이 부적절하다고 느끼는 것과 실제로 부적절한 것을 혼동하는 것) 등이 있다. 이런 왜곡은 모두 우울한 감정을 부추긴다. 인지적 왜곡을 평가해서 수정하면 우울을 누그러뜨릴 수 있다. 요약하면, 실제로 일어난 심각한 문제로 당신이 낙담하더라도, 당신이 사고하는 방식에 따라 우울 감정이 악화되거나 완화된다는 것을 학습할 수 있다.

절망

우리는 무력한 느낌을 불안과 연관 짓고, 절망의 느낌을 우울과 연결시킨다. 우리는 이 책 전체에서 불안이 대개 우울에 동반한다는 것을 살펴보았다. 당신은 무력감과 절망감을 느낄 수 있고, 무력한 느낌이 변화할 수 없다고 확신할 수 있다.

당신이 절망스럽다고 느끼는 것과 당신의 환경이 정말로 절망스러운 상황인지를 구별하는 것이 중요하다. 많은 인지치료자는 절망스러운 느낌이 성격적인 **설명 양식**과 관계가 있다는 것을 연구해 왔다. 설명 양식은 당신이 겪고 있는 스트레스 사건의 원인을 설명하는 방식을 뜻한다.[428, 429] 당신이 겪고 있는 역경을 **안정성**(stable) 요인과 **전반적**(global) 요인과 관련지어 설명할 때 절망감이 가장 크다. 예를 들어, 당신이 "상황은 결코 변하지 않아!"라고 말하는 것은 스트레스의 원인을 안정성 요인으로 설명한 것이다. "나의 모든 삶은 망했어!"라고 말하는 것은 스트레스의 원인을 전반적 요인으로 설명한 것이다.[272, 430] 당신이 "이 상황은 지나갈 거야!"처럼 상황을 일시적 현상으로 간주하면 희망을 느낄 것이다. 당신이 "이 일은 운명일지 모르지만, 다른 일은 여전히 괜찮아!"처럼 한 상황을 특수 상황으로 해석하면 희망을 느낄 것이다. 부정적 사건을 외적 요인에 반대되는 **내적 요인**에 바탕을 두고 설명하는 것도 절망감을 느끼게 한다. 내적 요인에 초점을 두는 것은 부정적 사건이 당신의 근본적 결점으로, 즉 변화할 수 없는 결점, 무가치함, 사랑스럽지 못함으로 인해 생겼다고 설명하는 것이다. 외적 요인에 초점을 두는 것은 자기비난을 일으키지 않으며, 오히려 사건이 당신의 통제 밖에 있는 외부 요인 때문이라고 간주하게 한다.

다시 말하면, 당신이 스트레스 사건에 부여하는 의미, 당신이 사건의 발생을 설명하는 방식, 사건의 결과에 대한 당신의 관점이 절망감(예: 덫에 갇힌 듯함, 패배한 기분, 지속적인 무력감)을 느낄지 아닐지를 결정한다. 절망감은 우울하게 한다. 더군다나 당신의 성격적인 설명 양식이 (부정적 사건을 안정적 · 전반적 · 내적 요인에 귀인해서) 절망의 느낌을 야기하면, 당신은 우울의 재발에 더욱 취약해진다. 인지치료는 이런 문제를 일으키는 사고 패턴을 평가하고 수정해서 희망을 증진한다.

아동기 학대

당신은 왜 우울을 부추기는 설명 양식을 개발하는 것일까? 부정적 생각을 하게 만드는 발달 경로는 여러 가지이다. 그러나 나는 우리가 사고의 과장과 왜곡을 중요하게 여기는 만큼 혹독한 현실들도 염두에 두어야 한다고 강조하고 싶다.

우리가 이 책의 앞부분에서 보았듯이(제6장 '아동기 역경'), 아동기 외상은 우울을 일으키는 중요한 위험 요인이다. 이에 상응되게, 아동기의 좋지 못한 환경, 즉 가정 불화, 학대, 방임은 성인기까지 지속되는 부정적 인지 양식을 발달하게 한다.[431] 가장 직접적인 것은 심리적 학대이다.[211] 즉, 당신이 아이였을 때, 굴욕감을 느끼고, 잔인하게 혹평당한 일은 부정적 자기 이미지를 발달시킨다.[144] 예를 들어, "나는 나쁘고, 가치가 없고, 아무 소용이 없다." 등의 자기 이미지를 발달시킨다. 절망감은 계속되는 무력감을 예상하게 한다는 것을 명심하라. 외상의 반복은 학습된 무력감에 이르게 할 수 있다.[41] 이런 학습은 아동의 경험에서 저절로 생길 수 있다. 예를 들어, 고통스러운 일이 끊임없이 일어났고, 아동은 그 일로 비난받고, 그 일들의 발생을 막는 데 무력했다. 이런 방식으로 학대는 무력감을 악화시키는 모든 사고방식을 조장한다. 그래서 현재 성인이 된 개인이 계속되는 스트레스 사건을 아동기와 유사한 방식으로 해석하는 경향을 갖는 것은 놀랍지 않다. 이런 아동기 설명 양식의 뿌리를 알아차리고, 당신이 지금은 더 이상 무력하지 않다는 것을 인식하는 것이 우울에 대처하는 데 중요할 수 있다.

반추하기 대 문제 해결하기

많은 우울한 사람은 반추를 한다. 즉, 우울하게 만드는 생각을 곱씹고, 그 과정에서 우울의 수렁으로 더 깊이 빠져든다. 나의 동료이자 심리학자인 John Hart는 반추하기를 이렇게 설명한다. 즉, 당신은 답할 수 없는 질문을 자신에게 하거나 그 질문을 아무리 생각해도 답이 매번 똑같다면 반추하고 있는 것이다. 당신이 반추하는 경향이 있다면, 다음의 말을 생각해 보라. 당신이 구덩이에 갇혔을 때, 첫 번째로 할 일은 구덩이를 더 깊이 파는 것을 멈추는 것이다!

반추하기

심리학자 Susan Nolen-Hoeksema와[147] 동료들은 우울한 반추를 철저하게 연구했다. 연구 결과는 상담 실제에 명백한 의미를 제공한다. 모든 사람이 우울할 때 반추하는 것은 아니다. 어떤 사람은 주의를 다른 곳으로 돌리는 활동을 한다. 그러나 많은 사람은 우울한 기분을 반추하는 반응 패턴을 보인다. 다시 말해, 우울의 증상, 원인, 결과에 주의를 집중한다. 내가 말해 왔던 것처럼, 이것들에 주의를 기울이는 것은 자연스러운 반응이다. 그러나 동일한 생각을 계속 반복하는 것은, 즉 틀에 박힌 방식으로 계속 맴도는 것은 좋은 것보다 해로운 게 더 많다.

반추의 예로는 당신이 정말 피곤하다고 느끼면서 잠들지 못할까 봐 걱정하고, 우울이 대인관계에 미칠 영향을 생각하고, 당신에게 뭔가 잘못되었다고 계속 생각하는 것이다.[432] 물론, 그런 생각은 자연스럽고, 어느 정도는 대처 과정에서 나타나기 마련이다. 그러나 반추에서 벗어날 능력이 없을 때는 문제를 일으킨다. 대개 반추는 우울한 생각과 불안한 걱정이 뒤섞이게 한다. 놀랄 것도 없이 불안과 우울 증상 모두를 겪고 있는 사람은 반추하는 경향이 특히 강하다. 반추는 우울과 불안 모두를 악화시킨다.[433] 과장해서 표현하면 반추는 '인지적 쓰레기를 재생하는' 것에 비유될 수 있다.

Nolen-Hoeksema와 동료들은 반추와 관계된 몇 가지 문제를 관찰하였다.

- 반추하는 것은 우울 증상을 악화시키고, 오래 지속되게 하며, 우울 삽화가 재발할 위험을 높인다.[147, 433]
- 반추하는 사람은 반추의 결과로 자신의 문제에 통찰을 얻었다는 경험을 하고, 이는 또다시 반추하는 동기로 작용한다. 역설적으로, 반추는 자기를 이해했다는 느낌을 생성하는 한편 비관주의를 증가시키고, 이는 반추하는 사람이 "더 슬프지만 더 현명해졌다."고 느끼게 만든다(p. 346).[432]
- 반추하는 사람이 마음을 자유롭게 하는 어떤 일을 하면 기분이 호전된다는 것을 깨달을 때조차, 반추는 그 사람이 기분을 호전시키는 주의 전환 활동을 하려는 의지를 방해한다.[432]
- 반추는 효율적인 문제해결을 방해한다. 예를 들어, 반추하는 사람은 대인관계 문제 상황에서 효율적인 문제해결책을 많이 만들지 못하며, 그것을 실행할 의지도 부족하다.[434, 435]
- 반추는 상실을 겪은 뒤에 사회적 지지를 추구하게 한다. 반추하는 사람은 사회적 지지를 받을 때 그 지지에서 이득을 얻는다. 그러나 반추하는 사람은 다른 사람이 지지를 제공하지 않는다고 느끼는 것 같다. 실제로, 그들은 관계에서 점점 지지를 제공받지 못하는 한편, 마찰과 비평이 더 많다고 지각한다. 아마도 그들은 다른 사람이 자신들의 반추로 지쳐 간다고 믿는다. 악순환은 계속될 수 있다. 즉, 사회적 거부를 반추하는 것은 불편감의 불꽃에 기름을 붙는 꼴이다.

요약하면, 반추에 빠지면 당신은 통찰을 얻고 있으며, 나아지고 있다는 환상을 가질 수 있다. 나는 그런 환상을 깨고자 앞의 연구 결과를 제시했다. 반추는 대처와 문제해결을 방해한다. 최고의 전략은 다음과 같다. 당신 밖의 어떤 것으로 주의를 돌려 집중하라. 그렇게 하면 기분은 호전되고, 주의 집중 능력이 좋아진다. 요약하면, 휴식하라는 것이다.[434] 이런 전략은 노력을 요구한다. 왜냐하면 우울과 관계된 뇌 활동 패턴이 변해야 하기 때문이다(제9장 '뇌와 신체' 참고). 그러나 반추에서 벗어나면 당신은 효율적인 문제해결을 할 더 좋은 위치에 서게 된다. 당신은 이 과정에서 두 가지 이유로 타인의 도움이 필요할 수 있다. 첫째,

반추에서 주의를 다른 곳으로 전환하기 위해서, 둘째, 더욱 객관적으로 생각해서 문제해결을 하기 위해서 타인의 도움이 필요할 수 있다. 그러나 명심할 것은 이런 상호작용에서 반추가 다른 사람을 지치게 할 수 있다는 것이다. 그러지 않으려면 구덩이에 빠져서 계속 흙을 파내는 것을 멈추는 게 좋다.

문제해결하기

이 책 전체에서 나는 우울과 스트레스가 관계가 있다고 강조했다. 그리고 스트레스의 대부분은 대인관계 갈등과 관계되어 있다. 나는 우울에서 회복한 후에 그 상태를 잘 유지하는 것이 효율적인 스트레스 대처와 스트레스 감소를 가능하게 한다고 강조했다(제7장 '스트레스 사건' 참고). 간단하고 효율적인 우울 대처법은 내담자가 불편감을 느끼는 문제를 찾아 해결하게 돕는 것이다.[437] 문제해결 치료는 주체성의 증진을 목표로 하는데, 첫 단계는 정신화하기를 발휘하는 것이다. 즉, 불편한 정서에 이름을 붙이는 것을 학습한 다음, 문제가 존재한다는 식별 신호로 불편한 정서의 이름을 사용하는 것이다.

나는 우울 기분을 느끼게 하는 사고의 특징 중 하나가 전반적인(global) 표현이라고 말했다. 예를 들어, "아무도[53)] 나에게 관심 없어!"처럼 생각하는 것이다. 반면에 문제해결 접근은 전반적인 것을 세부적인 것으로 구분한다. 문제해결 접근은 "아무도 나에게 관심 없어!"와 같은 전반적인 생각을 7단계의 세부사항으로 나누어 정의한다.[438] 1) 실현 가능한 문제를 찾아 객관적인 용어로 기술하고 정의하기, 2) 행동적인 용어로 성취 가능한 목적 설정하기, 3) 브레인스토밍으로 대안적인 해결책 만들기, 4) 각 해결책의 장점과 단점 평가하기, 5) 목적을 가장 잘 달성할 해결책 선택하기, 6) 적절한 과제를 실행해서 해결책 수행하기, 7) 결과를 평가하고 필요하면 문제해결 전략을 수정하기.

당신은 간단한 문제(예: 특별한 허드레 가사일 미루기)를 해결해 보는 것으로 시작해서, 더욱 복잡한 문제(예: 파트너에게 무시당했다는 느낌)를 해결하는 쪽으로 발전시켜 가면 좋다. 간단한 문제에 성공하면 자신감이 올라간다. 치료는 무력감과 절망감에 반하는 **문제해결 태도**를 촉진한다. 문제해결은 자기효능감의 개발에 중요하다(제3장 '주체와 자유행동의 범위' 참고). 그 과정에서 당신은 '나는 이 일에서 뭔가 할 수 있다.'는 것을 학습한다. 이런 문제해결 정신은 이 장에서 설명한 인지치료와 제13장('지지하는 관계')에서 설명할 대인관계 심리치료에 배여 있다.

기억하기

우리는 앞에서 우울이 최근의 사건, 진행 중인 사건 그리고 장래의 사건에 대한 부정적 생각을 부추긴다는 것을 알았다. 더군다나 당신이 우울할 때 부정적 기억 또한 마음에 떠오른다. 예를 들어, 당신은 과거에 겪은 상실, 실패, 대인관계 문제를 더 많이 생각할 수 있다.[427] 게다가 당신은 우울할 때 긍정적 정서를 잘 경험하지 못하는 것처럼, 긍정적 정서와 관계된 사건은 기억하기 어렵다는 것을 알게 된다.

스트레스 사건과 연관된 우울한 기억은 의도하지 않고 바라지 않았는데 기억나는 경향이 있다. 이는 외상후 스트레스 장애에서 의도치 않은 기억이 떠오르는 것과 비슷하다.[439] 더군다나 외상후 스트레스 장애를 겪는 사람처럼 우울한 사람은 스트레스 사건을 기억하고 생각하는 것을 피하고자 하며, 그러기 위해 상당한 노력을 한다. 슬프게도, 의도하지 않았는데 떠오르는 기억은 부정적 생각을 부채질한다. 예를 들어, 당황스럽거나 실패한 일이 기억나면 무가치감이 강해질 수 있다. 게다가, 의도하지 않았는데 떠오르는 기억은 주의 집중과 문제해결을 방해하며, 더 나아가 자신감을 약화한다.

고통스러운 삶의 사건을 기억하는 경향은 많은 우울한 사람에게 너무 친근한 현상이다. 심리학자 Mark Willams는[440] 더욱 미묘한 문제를 확인하였다. 그것은 **과잉일반화 기억**이다. 우울한 사람은 사건들을 전반적(global)이고 추상적인 방식으로 기억하는 경향이 짙다. 예를 들어, '나는 고등학교 재학 시절에 파티에 초청받은 적이 결코 없다.'처럼 기억한다. 그들은 특별한 사건의 세부사항을 자세하게 잘 기억하지 못한다. 그들은 '나는 절친과 사이가 나빠진 시기에 생일 파티에 갔다가 집에 가라는 말을 들었다.'와 같은 식으로 표현할 뿐이다.

연구 결과들은 과잉일반화 기억의 문제점 몇 가지를 확인하였다.

- 당신을 포함한 어떤 장면을 상상하는 것을 뜻하는 '생생한 기억'은 강한 감정과 연관되어 있다.[441] 그래서 어떤 사건들을 세세하게 기억하기보다 과잉일반화해서 기억하는 것은 고통스러운 감정을 진정시키는 방어적 기능을 할 수 있다. 외상을 겪은 사람들 또한 과잉일반화해서 기억하는 경향이 있다.[442] 그러나 이런 기억 양식은 당신을 우울에서 보호하지 못한다. 반대로, 과잉일반화 방식으로 기억하는 것은 우울 삽화의 취약성으로 강하게 작용한다.[443] 더군다나 유쾌한 기억을 상세하게 회상하기 어려운 것 또한 긍정적인 정서에 접근하는 것을 방해한다.
- 과잉일반화 기억은 반추하기와 제휴한다. 둘은 모두 추상적인 생각을 숙고하는 것을 뜻한다.[444] 반추하기처럼 과잉일반화 수준의 기억에 갇히는 것은 당신이 실제로 문제를 해결하는 것을 방해한다.[445] 과거를 거울삼아 장래에 대처하려면 당신은 구체적인 것을 기억하는 것이 좋다. 특별한 상황에서 효과가 있었던 것과 없었던 것을 기억할 필요가 있다.[446]
- 과잉일반화의 방식으로 기억하는 경향은 우울 성향을 가진 사람의 특성이다. 다시 말해, 과잉일반화 경향은 우울 삽화를 경험할 때만 나타나는 게 아니며 평소에도 나타난다.[447] 당신이 과잉일반화의 사고방식을 전혀 변경할 수 없는 것도 아니다. 우울한 사람이 몇 분 동안 자신에 대한 추상적인 생각을 반추하기보다 다른 곳으로 주의를 돌리면, 구체적이고 생생한 기억을 더 잘 회상하게 된다.[444] 구체적인 외부 현실에 주의를 집중하는 것은 마음을 자유롭게 한다. 이것은 문제해결의 출발점이다.

인지치료

Beck과 동료들은[236] 우울을 개선하기 위한 접근법인 인지행동치료를 개발했다. 인지행동치료는 부정적 사고를 다룰 뿐 아니라 기분을 개선하는 행동 변화를 촉진한다. 나는 제11장('건강')에서 활동과 쾌락을 논의했고, 이 장은 인지적 측면에 초점을 맞춘다. 그러나 나는 인지행동치료가 당신이 행동을 취하도록 격려해서 주체성을 촉진하고, 행동과 사고 패턴을 변화시킨다는 것을 강조하고 싶다. 인지행동치료는 당신이 기분을 변화시키기 위해 무슨 조치를 해야 할지를 알려 주고, 실제로 조치할 수 있는 수단을 제공한다.

인지치료의 핵심 전제는 2,000년 전으로 거슬러 올라간다. 로마의 스토아학파 철학자인 Epictetus는[448] "사람들을 혼란하게 하는 것은 사건이 아니라 그 사건에 대한 그들의 판단이다."라고 선언했다(p. 213). 스토아학파는 우리가 외부 사건을 통제할 수 없더라도, 그 사건을 생각하는 방식을 통제할 수 있고, 그 결과로 정서 반응을 조절할 수 있다고 믿었다. 우리가 정서적 불편감을 겪는 것은 사건의 과정이 아닌 우리의 신념과 가치에 달려 있다는 말이다. 우리가 신념과 가치를 변화시키면 평온한 정서를 성취할 수 있다는 주장이다. 로마의 황제 Marcus Aurelius는[449] "나는 필요할 때 내 생각을 조절할 수 있다. 그러므로 내가 고통을 겪겠는가? 내 마음 밖에 존재하는 것은 존재 그 자체일 뿐 그 이상의 의미가 없다. 당신의 경험과 두 발이 단단히 버티고 있다는 것을 받아들여라."라고 했다(p. 85).

스토아학파의 사상은 대단한 지혜이고 위로를 제공한다. 그러나 나는 우리가 정신 상태를 완전하게 조절할 수 있다는 스토아학파의 믿음은 지나치다고 생각한다. Epictetus의[450] 다음과 같은 강한 주장을 생각해 보라. "예를 들어, 당신이 자녀, 남편, 아내를 포옹할 때, 영원한 생명체가 아니란 것을 기억하라. 그러면 당신은 그들 중 한 명이 죽더라도 평온함을 유지할 수 있을지 모른다."(p. 7) 우리가 정서적 애착의 형성을 가로막는 극단적 신념뿐 아니라 불필요한 정서적 고통을 유발하는 가치와 신념을 재고하면 유익할 수 있다. 만약 모든 사람이 당신과 함께하면서 항상 즐거워야 하고, 그렇지 않다면 당신이 문제라고 믿으면 당신은 틀림없이 불행할 것이다. 게다가 당신이 정서를 통제할 수 있는 정도는 한계가 있을 것이다. 나는 당신의 판단과 정서를 통제할 수 있다고 확신하기보다 그것들에 영향력을 발휘하고자 노력하는 것이 더 좋다고 믿는다. 당신은 외부 사건을 완전히 통제할 수 없어도, 외부 사건에 영향력을 발휘하고자 노력하며 살 수 있고, 우울하지 않을 때는 특히 그렇다.

우리는 사건이 발생한 후에, 꽤 자주 정서에 영향력을 행사할 수 있는 입장에 선다. 스토아학파는 우리의 '판단'에 주의 집중했다. 현대의 심리학자들은 우리의 정서 반응에 영향을 미치는 '인지적 평가'에 주의 집중한다.[451] 게다가 우리의 사고와 정서는 매우 뒤얽혀 있고, 우리의 즉각적인 평가는 반사반응만큼 매우 빠르게 이뤄진다. 앞에서 Nussbaum이 어머니의 사망 소식을 듣고 보였던 반응처럼 말이다. 그 소식은 그녀의 위를 손톱으로 찌르는 것 같은 느낌을 주었다. 우리는 그런 즉각적인 평가에 영향을 끼칠 수단을 갖고 있지 않다. 그러나 그런 즉각적인 평가를 '재평가'해서 새로운 반응을 창조할 여지를 갖고 있다. 이런 재평가 과정은 정서 반응의 전개 과정에 영향을 미친다. 이 지점이 바로 인지치료가 개입하는 곳이다.

인지치료는 40여 년간 연구되고 개선되었다. 하지만 나는 여기서 인지치료의 간단한 요지밖에 제공하지 못한다. 다행히 인지치료는 상담자와 내담자의 각광을 받았고, 이로 인해 일반 대중을 겨냥한 많은 책이 출판되었다. 정신의학자인 David Burns의 『필링 굿(Feeling Good)』(1980)은 이 분야의 고전이다.[452]

1. 인지치료의 첫 시작은 불편한 정서와 연관된 자동적인 부정적 사고를 찾는 것이다. 순식간에 나타났다 사라지는 그런 생각은 정서적인 재평가를 하는 데 가담하지 않는다. 그런 생각을 완전히 알아차리는 것은 사고와 감정 사이에 관계가 있다는 것을 강조하고, 새로운 생각을 시작하는 데 도움이 된다. 상담에서 자동적인 부정적 사고를 찾는 기법을 학습한 내담자는 알아차림과 변화를 촉진하기 위해 자동적인 부정적 사고를 매일 기록하라는 지시를 받는다.
2. 자동적인 부정적 사고를 알아차리면, 다음 단계는 그 사고의 정확성을 평가하는 것이다. 인지치료는 의문을 제기받지 않은 생각이 기분을 지배하도록 놔두기보다 자동적인 부정적 사고를 찾아 의문을 제기하는 것을 핵심으로 한다. 내담자는 과학자처럼 사고하도록 훈련받는다. 즉, 자동적인 부정적

사고를 지지하는 증거가 충분한지 부족한지를 살핀다.

3. 자동적인 부정적 사고를 알아차리고, 의문을 제기하는 방법을 배운 내담자는 더욱 합리적인 대안을 개발하는 것을 학습한다. 과학자가 하듯이, 내담자는 대안적인 설명을 생각하도록 격려받는다. 시험을 잘못 치른 당신은 자동적으로 '나는 멍청해.'라고 생각할 수 있다. 다시 생각하면, 당신은 그런 생각에 반하는 증거가 많다는 것을 깨닫고, 대안적인 설명으로 '나는 준비를 제대로 못했을 뿐이야.'처럼 생각할 수 있다. 이런 식으로 당신은 자신을 전반적으로 부정하는 생각에서 문제해결(예: 공부할 수 있는 적절한 계획을 짜기)을 가능케 하는 더 세련된 생각으로 옮겨간다. 목적은 부정적 생각을 금지하는 것이 아니라 유용한 비평적 사고를 하는 것이다.[54] 다양한 인지적 왜곡, 즉 흑백사고, 파국화 사고 등을 알아차리는 것은 재평가를 촉진할 수 있다. '일일 사고 기록지'는 이 과정을 구조화하였다. 1) 당신은 불편한 정서를 일으킨 상황을 찾아 기록한다. 2) 당신은 불편한 정서와 관계된 자동적인 부정적 사고를 찾아 기록한다. 3) 당신이 느낀 특정 정서를 찾아 기록한다. 4) 당신은 자동적인 부정적 사고의 합리성, 그 사고를 지지하는 증거, 가능한 대안적 설명을 검토하고 기록한다. 5) 그런 뒤, 당신은 그 자동적인 부정적 사고를 재평가한 다음, 그것을 이제 얼마나 강하게 믿는지 표시하고, 감정에서 그에 상응하는 변화가 발생하는지 점검한다.
4. 다양한 상황, 정서와 관계된 여러 가지 자동적 사고를 찾은 후에, 내담자와 상담자는 우울과 관계된 핵심 부정적 신념과 재발하는 주제를 정확하게 겨냥한다. 종종 자동적 사고를 탐색하는 것은 빙산의 일각('나는 정말로 그 인터뷰를 엉망으로 만들었어!')에서 더욱 무의식적인 심층('나는 아버지가 내게 말했던 것처럼 제구실을 못 할 거야.')에 도달한다. 우리가 반복해서 살펴보았듯이, 핵심 주제는 의존(자신을 원하고 사랑하는 사람이 없다고 느끼는 것)과 자기비평(실패자로 느끼는 것)을 중심으로 전개된다.[159] 인지치료의 주요 의제는 심리치료 관계에서 이 핵심 신념을 수정하는 것이다.

당신은 인지치료를 긍정적 사고의 힘과 동일한 것으로 여기면 안 된다. Beck

과 동료들은[236] 이 점에 대해 단호하다.

> '긍정적 생각'이 갖는 분명한 문제는 그 생각이 반드시 타당하거나 적절한 것은 아니란 것이다. 한 사람은 비현실적인 긍정적 생각으로 자신을 기만할 수 있다. 그러나 그는 궁극적으로 환상에서 벗어나게 된다. …… 긍정적 생각은 그 사람이 그 생각이 사실이라고 확신할 때만 긍정적 감정을 야기할 수 있다. 인지치료는 현실적인 사고의 힘이라고 불릴 수 있다(p. 299).

명백하게, 극한 스트레스 사건의 후유증으로 우울한 사람은 현실적인 부정적 사고를 많이 갖고 있을 것이다. 부정적 결과는 넘쳐날 수 있으며, 그리고 우리 모두는 스트레스의 경험에 영향을 끼칠 수 있는 단점과 약점을 소유하고 있다. 인지치료는 비이성적 사고가 나쁜 상황을 현실보다 더 나빠 보이게 만드는, 즉 우울의 화염을 부채질하는 역할을 한다고 본다. 우울이 아주 현실적인 삶의 문제와 관계있다는 것을 충분히 인식한 인지치료는 다른 심리치료처럼 적극적 문제해결 작업을 심리치료 과정에 포함한다. 물론, 문제해결은 당신이 이성적으로 생각하고, 반추의 수렁에 빠져 있지 않을 때, 즉 전반적인 우울한 생각으로 시간을 낭비하지 않을 때 더욱 자연스럽게 진행될 것이다.

인지적 취약성

부정적 사고가 우울한 상태를 수반한다는 증거가 많다. 개인이 우울에서 회복한 뒤에, 부정적 사고는 더 이상 나타나지 않을 수 있다. 또는 적어도 우울할 당시보다 훨씬 감소할 수 있다. 게다가, 인지적으로 취약한 사람의 부정적 사고는 배경에 잠재하다 스트레스 사건이나 슬픈 기분이 들면 쉽게 활성화된다.[275] 이와 상응되게, 처치의 성공으로 우울이 개선되면 부정적 사고는 사라지기보다 비활성화된다.[453] 사실, 부정적 사고는 수면 속으로 들어갔다가 일들이 좋지 않을 때 다시 고개를 내밀 수 있다.

우울한 감정, 즉 불쾌감을 경험하거나 기분이 무거운 것과 주요 우울을 구별하는 것은 중요하다. 예를 들어, 당신의 인지적 취약성, 즉 일이 잘못되었을 때 가라앉는 경향성은 당신을 우울 기분에서 우울장애로 전환시킬 수 있다. 특히, 주요 우울 삽화의 진단은 증상이 2주간 지속되는 것을 주요한 기준 중의 하나로 삼고 있다.[8] 이 기간은 인지적 취약성이 하는 역할을 반영한 것이다. 즉, 시간이 경과하면서 계속 반추하는 경향은 우울 기분에서 우울장애로 가는 소용돌이를 창조할 수 있다.[275]

다음의 목록은 연구자들이 인지적 취약성에 대해 알게 된 것이다.

- 우울의 인지적 취약성은 아동기 후기에 생성될 수 있다.[272]
- 부정적 사고 경향성은 청소년과[454] 성인[431] 모두가 우울 삽화를 겪을 위험을 높인다.
- 주요 우울 삽화의 기간 동안 부정적 사고 패턴은 삽화에서 회복하는 것을 방해한다.[455, 456]
- 우울 삽화를 경험하는 것은 지속되고 있는 인지적 취약성, 반추 경향과 관계있다.[457]
- 인지적 취약성은 우울을 겪은 개인의 우울의 재발 위험을 높인다.[235] 특히, 부정적 사고가 반추 경향과 연합될 때 더욱 그렇다.[431]
- 우울은 인지적 취약성의 유와 무, 즉 흑백 현상이 아니다. 그것은 인지적 취약성의 높낮이, 즉 수준의 문제이다.[458] 스트레스는 인지적으로 취약한 사람이 부정적 사고와 반추를 경험하게 한다. 그래서 당신이 인지적으로 취약하면, 낮은 수준의 스트레스라도 우울을 겪게 할 수 있다.[272]

이 연구 결과들은 정신이 번쩍 들게 한다. 다시 말해, 부정적 사고와 반추 경향은 우울 삽화에 걸릴 위험을 높이고, 삽화의 기간을 늘리고, 더 많은 삽화를 겪는 데 취약하게 만든다. 운 좋게도, Beck과 동료들은 우울에서 회복하는 데 도움이 되는 인지치료를 개발하고, 계속 개선해 왔다. 최근의 연구에 따르면 인지치료는 더욱 발전해서 재발 예방을 위해 인지적 취약성을 감소시키는 노력을 하고 있다.

재발 예방

인지치료가 주요 우울 삽화에서 회복하는 데 유익하다는 증거는 많다.[459] 우울의 가장 큰 골칫거리는 그것이 재발하고, 악화된다는 것이다. 특히 이전에 여러 번 우울 삽화를 경험한 사람은 더욱 그럴 가능성이 높다.[66] 우리가 막 살펴본 대로, 우울에서 회복해도 그 흔적으로 인지적 취약성이 잔존할 수 있다. 다시 말해, 스트레스 사건 또는 슬픈 감정에 대한 반응으로 부정적 사고가 재현되어 우울의 소용돌이로 다시 빠져들 수 있다. 인지치료는 보호 효과를 가질까?

우울의 소용돌이를 정지시키기

몇몇 연구는 인지치료가 재발 예방에 도움이 된다는 결과를 제시했다.[460] 어떻게 그럴 수 있는가? 회복 환자를 대상으로 한, 한 실험 연구의 사례를 들어 보자.[461] 한 집단의 환자는 항우울제 처방을 받고 우울에서 회복했고, 다른 집단의 환자는 인지치료를 받고 우울에서 회복했다. 연구자들은 실험 처치로 모든 참가자가 슬픈 음악을 듣게 하고, 슬펐던 삶의 시기를 회상하게 해서 슬픈 기분을 유발했다. 또한 모든 참가자는 슬픈 감정 유발 절차의 전과 후에 부정적 사고를 평가하는 질문지에 응답했다. 두 집단의 환자는 기분 유발 실험 이전에는 부정적 사고의 정도가 다르지 않았다. 두 집단 간의 차이는 기분 유발 실험을 받고 난 뒤의 반응에서 나타났다. 항우울제 처방 후 회복 집단은 인지치료 처치 후 회복 집단보다 더 높은 부정적 사고를 보였다. 명백하게 인지치료 기법을 학습한 환자는 부정적 사고를 하지 않으면서 슬픈 감정을 느낄 수 있었다. 더군다나 추후 조사는 실험 처치 동안 발생한 슬픈 기분에 부정적 사고로 반응한 환자가 이후 30개월 내에 우울의 재발 가능성이 높았다는 것을 보여 주었다. 요약하면, 이 실험은 항우울제 처방을 받은 환자의 잠재된 인지적 취약성의 모습을 드러내게 한 것이다.

이처럼, 인지치료의 보호 효과와 관련된 연구 결과는 당신이 슬픈 기분에서 완전한 우울의 소용돌이로 빠지는 것을 차단하는 법을 학습할 수 있다고 제안한다는 측면에서 교훈적이다. 우울의 처치에 대한 최신 연구를 검토한 결과는 몇 가지 주의 사항을 제안한다.[17] 첫째, 우울의 급성 단계에서 인지치료는 약물 처치보다 더 나은 몇 가지의 보호 효과를 갖는다. 단, 이런 상대적 효과는 급성 단계가 지나고 약물 처치가 중단되었을 때 나타난다. 둘째, 다른 형태의 심리치료와 비교해서, 인지치료만 그런 독특한 효과를 갖는지가 확실치 않다. 셋째, 인지치료도 다른 심리치료도 재발을 완전히 예방하지 못한다. 대신에 처치는 회복기간을 길게 하고 재발 위험을 낮춘다. 처치 형태와 관계없이, 돌봄을 계속 받는 것이 재발을 막는 가장 좋은 보호 장치이다.

우울을 위한 알아차림–기반 인지치료

인지치료의 보호 효과를 알아차린 상담자들은 회복력을 높이는 특별 기법을 개발했다. 심리학자 John Teasdale과 동료들은[460, 462] 스트레스–감소 연구를 차용하여 우울의 재발 예방을 위한 새 접근법인 알아차림(mindfulness-based)–기반 인지치료를 개발했다. 재발의 심리 과정에 관한 지식에 기초한 이 접근법은 역설(catch–22)을 따른다는 점에서 호소력이 있다. 즉, 이 개입은 내담자가 우울에서 회복한 뒤에 사용된다는 측면에서 역설적이다. 회복한 사람은 회복 시점에서 정신 기능이 호전된 상태이므로 인지적 기법을 가장 잘 학습할 위치에 있다. 이 시기에 회복한 사람은 우울의 재발을 예방하겠다는 의도를 갖고 스트레스 상황에서 나타나는 인지적 취약성을 매우 감소시키는 인지적 기술을 개발할 수 있다.

Teasdale과 동료들은 기존의 인지치료에 알아차림 명상을 통합해 인지치료를 강화했다. 알아차림 명상은 현재 순간의 알아차림 능력을 계발하는 고대의 수련법이다. 알아차림은 당신의 생각, 감정과 같은 마음 상태, 또는 꽃과 같은 대상, 걷기 혹은 접시 닦기 같은 활동처럼 당신을 둘러싼 환경에 주의 집중하는 것이다. 알아차림의 본질은 "의식이 현재 순간을 의식하게 하는 것"이다(p. 11).[463] 알아차림 연습은 장래가 촉망되는 우울의 처치법이다. 이 처치가 스트레스–감소 프로그램으로 꽤 성공했기 때문이다.[464, 465] 알아차림은 언뜻 봐도 인지적 취약성에 매우 매력적 처치 방법이다. 왜냐하면 알아차림이 정신적 유연성과 개방성을 높이기 때문이다. 정신적 유연성과 개방성은 우울한 반추와 같은 '정신적 도돌이표'에 고착되지 않게 하는 해독제이다.

알아차림-기반 인지치료는 기존의 인지치료와 약간 차이가 있다. 즉, 알아차림-기반 인지치료는 사고 내용의 변화를 목적으로 하지 않는다. 이는 우울한 사고와 싸워 이기려는, 즉 우울한 사고의 오류를 찾아 분명하게 반박하는 접근과 상반된다. 대신에 알아차림은 당신의 사고, 감정, 신체 감각을 대하는 다른 태도, 다시 말해 그것들과 관계하는 다른 방식을 개발하는 것을 목적으로 한다.[460] 특히, 당신은 "여러 가지 생각과 감정이 지금 생겨났다는 것을 '인정하고', 그것들을 자연스럽게 알아차려서, '해결하려는 욕구'보다 더욱 '환영하는' 자세를 취하도록 격려된다."(p. 55).[55] 우울한 사고와 감정을 환영하고 인정하는 태도는 괴로운 경험을 회피하지 않게 하며, 그런 태도는 "어려움에 '개방적'이 되고, 모든 경험을 자연스럽게 받아들이는 태도를 격려한다."(p. 58).

알아차림 연습 참가자들은 생각과 감정을 관찰하고, 그것을 붙잡고 싸우고 도돌이표처럼 반복하는 반추 사고를 하기보다 흘러가게 두는 핵심 기술들을 배웠다. 알아차림 연습은 이런 과정에 기여하는 바가 큰데, 왜냐하면 명상하는 동안 당신은 생각이 멈추지 않고 끊임없이 변한다는 것을 알아차리기 때문이다. 대개 당신이 심각하게 우울하지 않고, 반추 사고에 빠져 있지 않을 때, 우울한 사고, 감정, 감각은 끝없는 의식의 흐름 속을 떠다니다 그냥 지나간다. 알아차림은 집착의 해독제가 되는 정신 상태를 변화시키는 경험을 적극적으로 개발시킨다. 알아차림은 경험의 세부사항에 주의를 기울이게 하는 방식으로, 과잉일반화 사고 경향도 감소시킨다.[445] 게다가 우리가 잘 알아차리지 못하는 유쾌한 정신 상태에 주의 집중하는 능력도 향상시킨다. 물론, 알아차리는 것이 쉽지 않다. 습관적 사고 패턴이 우리 내부에 깊이 뿌리내리고 있기 때문이다. 스트레스 연구자인 Jon Kabat-Zinn은[446] 알아차림 명상에 대해 "몇 년간 시도해 보고 어떤 일이 생기는지를 지켜보라."(p. 104)고 말했다.

상담자들은 알아차림-인지치료를 8주간의 집단 프로그램으로 개발했다. 이 처치는 우울에서 사고가 차지하는 역할을 교육하고, 알아차림 명상을 훈련한다.[460] 다른 모든 기술처럼 연습하는 것이 중요하다. 참가자는 치료받는 내내 일상생활에서 명상을 한다. 처치는 우울의 극심한 고통에 있지 않을 때, 당신이 가장 쉽게 명상 기술을 연습해서 학습할 수 있다는 사실을 존중한다. 명상 기술을 학습한 당신은 상황이 힘들 때 그것을 사용할 수 있다. 그때 당신은 인지적 취약성을 인지적 회복력으로 바꿀 수 있다. 연구 결과는 희망적이다. 알아차림-기반 인지치료는 세 번 이상 우울 삽화를 경험한 내담자의 재발 또는 악화의 위험 정도를 5년 이상 동안 상당한 정도로 낮췄다.[467] 이 접근의 전망이 밝아도, 다른 접근보다 우수하다고 선언하기에는 연구 결과가 부족하다. 분명한 것은 효과가 증명된 처치 방법으로 계속 자신을 돌보는 것이 최고의 보호법이란 것이다.[17] 특히, 인지치료와 알아차림-기반 인지치료는 당신의 재발 취약성에 스스로 영향을 미칠 수 있다는 것을 보여 주는 방법이란 점에서 교훈적이다. 그리고 건강과 관련된 중요 원리가 우울의 처치에도 적용된다는 것을 명심하라. 즉, 당신이 운동해서 몸무게를 감량했는데, 운동을 그만두면 어떻게 될까?

정신화하기

인지치료는 당신 자신과 관련된 정신화하기 능력을 촉진한다. 다시 말해, 당신은 자신의 생각과 감정을 더 잘 알아차릴 수 있게 된다. 인지치료는 또한 타인에 관계된 정신화하기 능력을 촉진한다. 즉, 타인이 무슨 생각을 하는지에 대한 자동적인 부정적 가정을 하게 하는 대신, 당신은 더욱 열린 마음으로, 많은 탐구심을 갖고, 실험적 접근을 취하며, 대안적 생각을 하고, 그 생각을 검증한다. 이 과정을 행동으로 실천하는 당신은 거리를 두는 것 같은 친구에 대해 최악의 생각을 하기보다 그에게 물어볼 것이다. 그런 뒤 당신은 친구가 당신을 괴롭히려 한 것이 아니라, 엄마의 건강 걱정으로 잔뜩 힘들어하고 있다는 것을 알게 될 수도 있다.

알아차림-기반 인지치료는 우울은 하나의 정신 상태란[460] 사실에 당신이 주의를 기울이게 해서 정신화하기 능력을 높인다. 당신은 '생각은 사실이 아니라 오히려 정신에서 일어난 사건'이란 점을 인식하도록 격려받는다. 결국에 당신은 '내가 나 자신을 매우 가치 없다고 간주하는 정신 상태'에 있다는 것을 알아차리

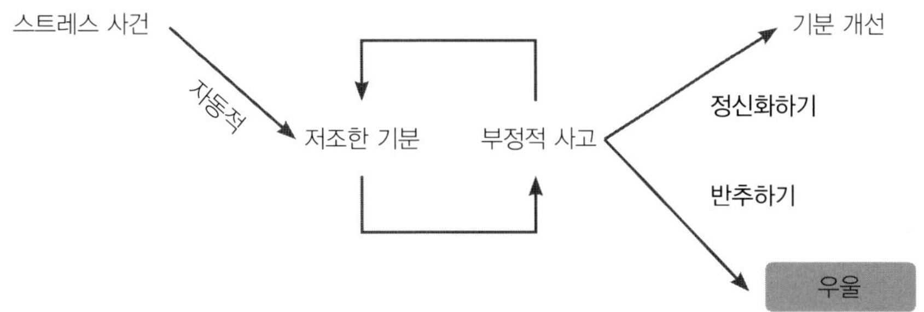

[그림 12-1] 정신화하기로 인지적 회복력 개선

는 법을 배울 수 있다(p. 31).[462] 당신이 반추하고 있다는 것을 알아차릴 때, 당신은 '내가 마음속 사고의 찌꺼기를 재생시키고 있군!' 하고 생각하면서, 생각이 너무 심각해지는 것을 차단할 수 있다. 당신은 우울한 기분이 드는 것은 당신이 부적절하다는 신호가 아니라, 조절을 필요로 하는 보통의 정신 상태라고 생각하는 것을 배우게 된다. 그런 방식으로 당신은 우울 삽화의 소용돌이에 빠지지 않고 좋은 기분을 회복할 수 있다([그림 12-1] 참고).

당신 자신과의 관계: 다시 한번 더 생각해 보기

나는 8장('마음의 스트레스')에서 당신이 자신과 관계하는 것이 중요하다고 말했다. 당신은 인지치료와 알아차림 연습을 사고 패턴을 바꾸기 위한 수단이며 자신과 맺은 관계를 개선하기 위한 방법으로 생각할 수 있다. 당신은 염세적 사고로 자신을 낙담시킬 수 있다. 당신은 자신을 억압하고, 계속 비난하고, 경멸할 수 있다. 당신은 잔인한 자기비난으로 자신을 괴롭힐 수 있다. 만약 당신을 낙담시키고, 비평하고, 괴롭히는 누군가와 친하게 지내면, 당신은 우울할 수 있다. 당신이 자신과 맺은 관계보다 그런 부정적 영향을 끼치는 더 친밀하고 더 폭넓은 관계는 없다. 요약하면, 당신은 자신과 우울을 촉발하는 관계를 맺을 수 있다. 이런 자기와의 관계는 당신이 타인과 맺었던 우울한 관계를 모델로 삼기 때문에 종종 생긴다.

물론 이론상으로, 당신은 자신에게 또한 억압이 아닌 격려, 지지, 자유의 느낌을 제공할 수 있다. 나는 알아차림-기반 인지치료에서 사용된 언어가 안정 애착 관계를 암시한다는 것을 알고 있다. 감정을 환영하고, 받아들이는 온화한(gentle) 태도는 정서적으로 잘 조율하는 부모가 불편감을 경험하는 아동에게 제공하는 것이다. 선(zen)의 거장인 틱낫한은[468] 다음처럼 인지치료와 안정 애착 관계 사이에 상관이 있음을 분명히 말했다.

> 당신은 감정과 함께 머무는 것으로 당신의 감정을 가라앉힌다. 이는 어머니가 울고 있는 아기를 온화하게 안아 주는 것과 마찬가지이다. 온화함을 느낀 아기는 진정하고 우는 것을 멈출 것이다. 어머니는 당신의 의식의 심층에서 나오는 알아차림과 같은 존재이다. 아기를 안아 주는 어머니는 아기와 하나가 된다. 어머니가 다른 것을 생각하면, 아기는 진정되지 않을 것이다. 어머니는 다른 것을 미뤄 놓고 아기를 안아 준다. 그러므로 당신의 감정을 피하지 마라. '나는 중요하지 않다. 나는 하나의 감정일 뿐이다.'라고 말하지 마라. 다가가서 감정과 하나가 되라(p. 54).

종합하면, 우리는 안정 애착이 정신화하기 능력을 증진시키고[157], 당신 자신과 맺은 안정 애착 관계가 사고와 감정을 알아차리는 태도에 필수적이란 것을 안다. 우리는 인지적 취약성과 우울의 악순환에서 벗어나 호순환(benign circle)으로 나아가기를 바란다. 즉, 인지치료는 당신이 자신과 맺은 관계를 개선할 수 있고, 그 관계의 개선은 인지적 회복력을 더욱 높일 것이다.

제13장

지지하는 관계

많은 사람은 친구와 사랑하는 사람을 돕고 싶은 강한 바람을 갖고 있다. 그들의 돕고 싶어 하는 바람을 좌절시키는 것은 그들에게 공평무사한 일이 아니다. 당신에게 관심 있는 타인은 당신이 그들의 지지를 회피할 때 거부당했다고 느낄 수 있다. 그들은 더 큰 무기력감과 죄책감을 느낄 수 있다. 많은 사람이 돌보고, 돕고자 하는 성향이 있다는 사실을 생각하면 당신은 대인관계에서 생기는 어려움에 대처하기 위해 반드시 노력해야 한다. (본문 중에서)

지지하는 관계, 즉 정서적 위로, 실질적 도움, 동료애를 제공하는 타인과의 관계는 의심할 것 없이 신체 및 정신 건강이 좋아지는 데 유익하다.[124, 469] 잠재적으로 지지하는 관계의 범위는 상당한데, 여기에는 친구, 가족, 치료자, 비공식적인 사회적 접촉 등이 포함된다.[470] 아직까지 친밀하고 속마음을 털어놓는 친밀한 관계의 지지를 대체할 수 있는 것은 없다.[93, 471]

지지하는 관계가 여러 가지 이득을 제공하지만, 무엇보다도 지지하는 관계, 특히 애착 관계는 항우울제나 마찬가지이다. 반대로 애착관계에서 겪는 갈등과 사회적 고립은 우리를 우울하게 만든다. 여기서 역설은 두 가지 형태를 취한다. 첫째, 스트레스가 되는 관계가 우울을 촉발하는 데 아주 중요한 역할을 한다. 둘째, 우울은 종종 또 다른 갈등을 촉발해 기존의 관계 스트레스를 악화시킨다.

이 장은 우울과 관계있는 문제성 대인관계 행동과 그 행동이 대인관계에 미치는 영향을 이야기하는 것으로 시작한다. 그런 다음, 부부 관계를 한 가지 모델로 사용해서 우울이 애착관계에 미치는 영향에 초점을 맞춘다. 그다음으로는 우울과 관계된 문제가 어떻게 재발의 취약성을 촉발하는지를 논의한다. 그리고 대인간 및 정신역동 심리치료를 검토하는데, 이 둘은 관계 문제를 다루는 치료법이다. 이 장의 결론 부분에서는 돌보미가 우울한 사람을 지지하려다 만나게 되는 딜레마를 이야기하고, 이런 맥락에서 부부 및 가족 치료가 할 수 있는 역할을 언급한다.

대인관계 행동

역설을 반복해서 말하면, 우울에서 회복하기 위해서는 지지하는 관계가 필요하며, 우울은 잠정적으로 이 지지하는 관계에 부정적 영향을 끼친다. 이런 함정을 염두에 두면, 그런 현상을 피하는 데 유익하고, 당신이 필요한 지지를 제공할 사람에게서 고립되는 것을 예방한다.

당신은 우울하지 않을 때, 타인과 활기차게 교제하는 것을 당연하게 여긴다. 당신은 우울할 때, 사람들과 교제하는 데 너무 많은 에너지와 노력이 든다고 생각한다. 더군다나 내가 이 책 전체에서 거듭 말하듯, 우울은 당신이 쾌락과 즐거움을 만끽할 능력을 낮춘다. 대개 타인을 만나 교제하는 것은 즐거움을 느끼는 좋은 원천이다. 당신은 우울할 때 그런 동기를 느끼지 못한다. 우울한 사람은 타인과 상호작용하고자 노력할 때조차, 상호작용이 별 보상이 안 된다고, 즉 별로 친밀하지 않고, 별로 즐겁지 않다고 생각한다.[472] 마지막으로, 대인관계에서 상호작용을 하면서 정신화하기를 하는 것은 우리가 하는 여러 가지 일 중에 가장 복잡한 일이다. 그래서 당신이 우울할 때 마음으로 타인의 마음을 헤아리는 일을 하는 것은 매우 어렵다.

비음성언어 및 대화 행동

심리학자들은 우울한 사람이 낯선 사람부터 결혼 파트너까지 다양한 다른 사람과 상호작용하는 대인 간 행동을 꼼꼼히 조사했다.[473, 474] 이 결과들 중 어떤 것도 당신에게 놀라운 게 없을 것 같다. 우울은 당신의 얼굴 표정에서 나타난다. 다시 말해, 당신은 활기가 많지 않고, 안면 근육은 움직이지 않으며, 이마는 많이 찡그리고, 눈은 가늘게 뜨거나 감고 있으며, 입술은 포개고 있을 것이다. 또한 우울은 당신의 목소리 톤으로도 표현되는데, 목소리가 별로 크지 않으며, 높낮이가 다양하지 않고 단조로울 것이다. 종합하면, 당신의 목소리는 슬프고 긴장된 속성을 갖고 있다. 우울은 당신의 말로도 표현이 되는데, 말수는 적고 더 천천히 말할 것이다. 당신은 또한 더 자주 말하기를 머뭇거리며, 더 오랫동안 말을 멈춘다. 당신이 대화하는 동안 상호작용도 줄어든다. 다시 말해, 당신은 머리를 떨구고, 고개는 덜 끄덕이며, 시선 접촉을 별로 하지 않는다. 또한 자주 웃지 않고, 제스처를 많이 취하지 않는다.

우울은 당신의 대화 내용, 즉 당신이 말하는 것에도 중요한 영향을 끼친다. 당신의 대화방식은 주고받는 방식에서 벗어나는 경향이 있다. 당신은 자신의 이야기에 몰두하는 한편, 상대방이 말하려는 것에 관심이 없다. 당신은 정서적 불편감에 관해 이야기하고, 너무 많이 드러내는 경향을 보이며, 종종 너무 부적절하게, 타인이 별 관심이 없는 당신의 어려움을 이야기할 것이다. 당신은 부정적인 것, 특히 자신의 흠과 실수를 말하는 데 초점을 맞춘다. 이로 인해, 반어적으로 당신은 비평받을 수 있는데, 이를 **부정적 피드백 추구**[475]라고 부른다. 비록 그런 비평이 고통스러워도, 그것은 자기타당화(self-validation)를 제공한다. '일관된 자기지각을 유지하려는 욕구'가 당신의 부정적 신념과 갈등하는 '긍정적 피드백을 수용하려는 욕구'를 넘어설 수 있다.[476] 그래서 당신은 비평적인 사람과 더 많은 시간을 보내고, 그들로부터 비평을 적극적으로 끌어내거나, 당신의 수중에 들어오는 비평이 무엇이든 선택적으로 그런 비평에 주의를 기울일 수 있다.

우울한 행동의 본질을 고려하면, 여러 가지 다른 감정과 마찬가지로 우울이 전염될 수 있다는 사실은 놀랍지 않다.[170] 서로 상호작용하는 과정에서 우울하지 않은 사람의 행동은 우울한 사람의 행동과 조화를 이루게 된다. 제6장('아동기 역경')에서 이런 조화 과정은 우울한 엄마와 상호작용하는 유아에게서 관찰된다고 기술했듯이, 이른 시기부터 발생한다. 우울하지 않은 사람이 우울한 사람과 상호작용하는 것은 어려운데, 왜냐하면 그 관계가 보상이 될 정도로 즐겁지 않기 때문이다. 그 관계는 사회적 기대에서 벗어난다.[477] 우리는 서로 간에 상호작용할 때, 서로 주고받는 관계와 반응을 기대한다. 대개 활기 있고, 살아 있는 듯하고, 반응을 주고받는 관계는 타인과 상호작용하는 것을 즐거운 보상으로 느끼게 한다. 우울한 사람과 상호작용하는 것은 그들의 낮은 활력, 주고받는 반응의 부족 때문에 별로 즐겁지 않다. 더군다나 우울한 사람의 고통에 찬 자기개방과 타인에 대한 관심의 부족은 부담으로 느껴지고, 혼란감을 초래할 수 있다.

위로 추구하기

우리는 방금 반응, 활력, 주고받는 대화의 부족이 어떻게 대인관계 상호작용에 어려움을 만드는지 알아보았다. 이런 어려움은 여러 가지 부정성(negativity)으로 악화될 수 있다. 반면에, 우울과 관계된 이외의 부가적인 대인관계 역동(dynamic)은 마지막 희망이 될 수 있다. 그것은 다름 아닌 반복해서 '위로를 추구하는 한편 위로를 거부하는 것'이다.[475, 478] 위로받고 싶은 것은 자연스럽고 건강한 것이다. 우리 모두는 위로받고 싶어 한다. 하지만 당신이 우울할 때 위로는 당신의 부정적 관점을 진정시키지 못할 수 있다. 이는 일면 당신의 반추 성향 때문이다. 반추는 당신의 자기의심(self-doubt)과 위로의 욕구를 계속 부추길 수 있다. 계속되는 위로 추구는 도움을 주려는 사람을 나가떨어지게 한다. 도움을 주려는 사람이 당신을 사랑하고, 당신 곁에 계속 머물고 싶어 하고, 당신이 적절하게 일을 해 나가고, 그들이 여전히 당신이 좋다고 생각해도, 당신이 끊임없이 위로를 요청하면, 그들은 부담감, 좌절감, 무기력감을 느낀다. 우리는 우울한 사람의 대인관계 행동이 관계에 긴장을 만든다는 것을 보아 왔다. 우울과 끊임없는 위로 추구가 동반되면 타인들에게 심각한 문제를 일으킨다.[479] 최악의 경우에, 당신은 악순환에 사로잡힌다.[478] 다시 말해, 타인이 위로를 제공하지만 그들의 노력은 실패하고, 위로는 점점 진실하지 못하고 분노와 뒤섞여 제공된다. 그 결과로 당신은 무시와 거부를 당했다고 느낀다. 정확히 그렇게 느낄 경우, 그것은 단지 우울과 불안을 악화시키고, 위로받고 싶은 당신의 욕구를 강화할 뿐이다.

대처하기

앞서 기술했듯이, 우울한 상태는 관계에 여러 가지 문제를 일으킨다. 예를 들어, 당신은 타인이 당신을 비난하고, 거부하고, 당신과 거리를 둔다고 지각하게 될 수 있다. 만약 그렇다면, 당신이 그런 지각을 순전히 인지적 왜곡이라고 생각하는 것은 잘못된 것이다.[473] 그렇기는 하지만, 당신의 지각에 일부 왜곡이 있을 수 있다. 연구 결과는 우울한 사람은 우울하지 않은 사람에 비해 대인관계 행동과 관련해서 자기를 더 많이 비난하는 경향이 있다는 것을 보여 준다.[477]

게다가, 나는 지금까지 동전의 부정적 측면을 살폈을 뿐이다. 우울은 또한 돌봄과 연민(compassion)을 끌어낸다. 사실, 타인들은 당신의 우울한 행동에 좌절할 수 있다. 또한 자신이 제공한 도움에 당신이 관심을 보이지 않는 것에 더 크게 좌절할 수 있다. 많은 사람은 친구와 사랑하는 사람을 돕고 싶은 강한 바람을 갖고 있다. 그들의 돕고 싶어 하는 바람을 좌절시키는 것은 그들에게 공평무사한 일이 아니다. 당신에게 관심 있는 타인은 당신이 그들의 지지를 회피할 때 거부당했다고 느낄 수 있다. 그들은 더 큰 무기력감과 죄책감을 느낄 수 있다. 많은 사람이 돌보고, 돕고자 하는 성향이 있다는 사실을 생각하면, 당신은 대인관계에서 생기는 어려움에 대처하기 위해 반드시 노력해야 한다.

하지만 역설(catch-22)은, 당신이 우울하기 때문에 지지의 손길에 손을 내미는 게 쉽지 않다는 것이다. 그래서 당신은 손을 내밀려면 평소의 성격을 거슬러야 할 것이다. 몇 가지 제안을 하면 다음과 같다.

- 첫째, 대인관계에서 생기는 어려움에 대처하기 위해, 당신은 자신의 행동과 그 행동이 타인에게 어떤 영향을 미치는지를 알아차려야 한다. 다시 말해, 정신화하기, 즉 마음으로 타인의 마음을 계속 헤아려야 한다. 예를 들어, 당신은 더욱 활기차고, 반응을 잘하고, 타인을 알고 싶어 하는 마음을 갖기 위해 가외(加外)의 노력을 발휘해야 한다. 무엇보다, 당신은 부정적 피드백을 추구하는 성향, 특히 위로받고 싶은 욕구를 잘 알아차려야 한다. 물론, 위로를 추구하는 것이 잘못된 것은 아니다. 하지만 동일한 문제를 반추하며, 동

일한 사람에게 계속 위로를 추구하는 것은 문제가 된다. 이런 행동을 반복하면, 사실 당신은 상대방의 노력을 거부하고 있는 것이라고 볼 수 있다.

- 당신의 우울에 관련된 관계 문제를 인정하고 다른 사람, 예를 들어 친구와 이야기 나누는 것은 도움이 된다.[473] 우울한 사람은 자신의 행동에 대한 솔직한 피드백에 긍정적으로 반응할 수 있다.[480] 당신이 신뢰하는 사람들의 솔직한 피드백을 요청해서 당신의 알아차림을 높일 수 있다.
- 당신을 지지할 사람의 수를 늘리는 것도 이득이 된다. 다시 말해, 관계를 맺고 있는 소수의 사람이 점점 더 많은 부담을 느끼게 만드는 대신에 더 많은 사람을 대상으로 당신의 욕구를 충족하는 것이 좋다. 많은 사람은 당신을 돕기 위해 적극적으로 무언가 조치해야 한다고 느낀다. 그때 역설을 존중하지 않고, 그들은 도움이 안 되는 조언을 한다. 이때 당신은 그들이 어떤 것을 해야 할 필요가 없으며, 단지 경청하고 함께 있는 것으로 유익하다는 의사를 전달해서 그들의 부담감과 죄책감을 덜어 줄 수 있다. 당신은 또한 적극적으로 대처하고 있으며, 다른 지지 자원을 갖고 있다고 말해서 타인의 부담감 또는 무기력감을 덜어 줄 수 있다.
- 당신은 우울할 때 특별히 발랄하거나 긍정적인 사람과 함께 있는 것이 매우 어렵다고 느낄 수 있다. 그런 사람과 상호작용하는 것은 높은 수준의 에너지를 필요로 할 것이다. 그 사람은 당신이 겪고 있는 우울에 어떻게 반응해야 하는지 잘 모르겠다고 느낄 수 있다. 비교적 우울 인내도가 높은 사람과 함께하는 것이 가장 편할 것이다. 그들은 당신이 기분이 좋아지게 하려는 시도를 덜할 것 같다. 이런 이유로 우울과 씨름하고 있는 사람으로 구성된 자조 집단이 매우 가치가 있다.
- 마지막으로, 당신이 우울할 때 너무 많은 활력을 요구하지 않는 억제된 활동에 집중하는 것이 가장 좋다. 모든 사람이 극도로 좋은 시간을 보내는 것처럼 보이는 활기찬 파티에 간다면, 더욱 더 소외된 것처럼 느낄 수 있다. 대신에, 영화, 콘서트, 연극을 보러 가는 게 더 나을 수 있다. 그런 활동은 너무 많은 상호작용이나 대화를 하는 것을 요구하지 않는다.

애착관계에서의 갈등

내가 말해 온 여러 가지 대인관계 문제는 다양한 관계에 해당이 되며, 비교적 일상적인 사회적 관계에도 해당된다. 이런 여러 가지 대인관계 문제는 친밀한 관계, 특히 애착관계에서 더욱 심각하게 나타난다. 그 문제는 당신이 누군가와 함께 살고 있을 때, 예를 들면 부부 관계에서 더욱 분명하게 나타난다. 가까운 관계에서 어려움이 더욱 심한 이유 중 하나는 우울한 사람이 점진적으로 여러 다른 관계를 멀리하고, 점점 더 소수의 관계에 의지하기 때문이다. 우울한 사람이 의지하고 있는 이 소수의 사람—때때로 배우자 혹은 파트너가 유일함—은 매우 큰 부담을 떠안게 된다.[478]

여기서 우리는 거듭해서 닭과 달걀의 수수께끼에 직면한다. 다시 말해, 관계 문제와 우울은 서로 얽혀 있고, 종종 악순환한다. 그래서 어느 것이 우선인지 알기 어렵다. 앞에서 말했던 것처럼, 많은 우울한 사람은 아동기 이후로 애착관계에서 여러 가지 문제를 겪었고, 이 문제는 이후의 대인관계에까지 영향을 미칠 수 있다. 게다가, 과거에 여러 가지 대인관계 문제와 우울을 겪은 사람은 마찬가지로 어려움에 빠져 있는 파트너를 선택하는 경향이 있다. 예를 들어, 우울에 취약한 여성들은 더 일찍 더 급히 결혼한다.[475] 그들은 물질남용과 대인관계 문제의 어려움을 가진 남성과 결혼하는 경향이 있다.[473] 그래서 문제 있는 관계에서 겪는 스트레스가 우울을 촉발할 수 있다. 우울한 사람의 행동은 기존의 긴장된 관계를 악화시킬 수 있다.

제8장('마음의 스트레스')에서 말했듯이, 화와 분노를 동반한 문제들은 우울이 시작되고 유지되는 데 의미 있는 기여를 한다. 또다시 악순환이 일어나는 것이다.[480] 다시 말해, 우울한 사람은 분노를 억압했다가 격분해서 터뜨리는 방식으로 화를 내는 상태를 오락가락한다. 화를 표현한 뒤에 죄책감과 화 때문에 파트너가 떠날 것이란 두려움을 느끼면 화를 더욱 꾹꾹 눌러 참는다. 우울한 사람이 화를 억누를 뿐 아니라 더 많은 비평을 피하고자 파트너의 비평과 요구에 순응할 때 분개(resentment)가 쌓인다. 더욱 심해지는 우울 행동은 또한 때때로 잠깐

동안 파트너의 비평을 억제한다. 파트너는 상대방을 우울하게 만든 것에 죄책감을 느낀다. 그래서 그들은 우울한 사람이 더 나빠지는 것을 피하기 위해 좌절되고 화가 나도 억압한다.[482]

시간이 지나면서, 두 파트너의 화는 계속 쌓이게 된다. 화난 상호작용을 하고 나면 우울해져서 관계에서 거리를 두는 행동을 한다. 더군다나 종종 두 파트너 모두 우울해지는 현상이 생긴다.[483] 그런 악순환은 악순환으로 거듭된다. 서로 거리를 두는 패턴은 계속되고, 점점 감정 교류는 소원해지고 서로를 향한 분노는 증가한다.

이에 대한 역설이 있다. 우울의 유일하고 가장 중요한 완화제는 가깝고 이야기를 터놓는 관계이다. 한편 우울을 지속되게 하는 유일하고 가장 힘 있는 요인은 지속되는 나쁜 관계이다. 나쁜 관계란 갈등과 거리감이 쌓인 관계이다. 흔히, 문제 많은 부부 관계를 유지하고 있는 우울한 사람은 끔찍한 딜레마에 직면한다. 다시 말해, 결혼 생활을 유지할 것인가, 아니면 끝낼 것인가 하는 결정은 힘든 스트레스를 견디는 것과 소중한 것을 잃는 것 중에서 선택해야 하는 갈등에 빠지게 한다. 스트레스와 소중한 것을 상실하는 것은 각각 우울을 유발한다. 반어적으로, 이런 딜레마가 학대 또는 폭력을 가하는 관계와 관련되어 있으면 특히 곤혹스럽다. 그런 관계 자체가 공포로 느껴지고 우울하게 할 뿐 아니라, 정서적 유대 관계를 깨는 것도 매우 어려운 일이기 때문이다.[95, 144]

부부 관계에 머무를지 떠나야 할지를 결정해야 하는 딜레마에 유익한 일반적 처방전은 없다. 개인의 상황에 따른 해결책이 있을 뿐이다. 때로는 이별의 상실을 겪더라도 계속되는 나쁜 관계에 종지부를 찍는 것이 우울에서 회복하는 가장 편한 길이 될 수 있다.[473] 그러나 대안이 있기도 한데, 이는 이 장의 마지막 부분에서 말할 것이다. 여기서 우선 요점만 말하면, 문제 있는 관계가 한몫해서 우울이 계속될 때, 부부 상담이 특히 도움이 될 수 있다.[17] 물론 이런 대안은 파트너 모두가 협력할 의지가 있을 때만 작용한다.

대인 간 취약성

관계 갈등이 우울을 촉발하고, 유지하는 것처럼, 우울 삽화에서 회복한 후 계속되는 갈등은 우울 삽화를 재발 또는 악화되게 한다. 제12장('유연한 사고')에서, 계속되는 인지적 취약성이 재발 위험을 증가시킨다고 기술했다. 여기서는 대인 간 취약성에 초점을 맞춘다.

앞서 말했듯이, 우울은 재발하는 심리장애이다. 삽화의 재발을 여러 번 경험한 사람은 더 많은 삽화를 경험할 위험이 높아진다.[484] 인지적 취약성처럼 대인 간 취약성도 이런 위험에 기여한다. 우리는 문제 있는 관계가 우울에 어떻게 기여하는지 이미 알고 있다. 급성의 우울 상태에서 회복해도, 관계 문제가 계속 발생하면 우울은 재발될 수 있다.[239, 485] 나는 앞 장에서 스트레스가 어떻게 우울한 감정을 촉발하고, 우울한 감정이 반추를 촉발해 우울장애에 다시 빠지게 만들 수 있는지를 말했다. 동일한 과정이 대인관계에서도 발생한다. 즉, 우울한 감정을 경험하고 표현하는 것은 우울장애가 다시 고조되게 하는 관계 갈등을 촉발할 수 있다.

거듭 강조하면 2개의 서로 얽힌 문제, 즉 거리두기(isolation)와 갈등(conflict)이 재발 위험을 높인다. 관계에서 느껴지는 거리감은 주요한 스트레스 사건이다. 한 연구는 남녀 모두 결혼한 배우자에게 속 이야기를 털어놓지 못하면 우울할 위험이 25배 더 증가한다는 결과를 보여 주었다.[242] 결혼 갈등과 유사하게, 우울한 배우자에게 비난의 말을 하는 것은 우울이 회복한 뒤에 우울이 재발할 확률을 극적으로 높인다.[486] 우울의 증상 행동(예: 침대에 누워 있기)을 비난하는 것은 큰 문제가 되지 않는다. 그러나 **그 사람**을 비난하는 것은 문제가 된다. 예를 들어, 정신과 면담을 하는 동안, 배우자는 우울한 환자가 항상 이기적이고, 엉망이고, 변덕이 심하고, 혹은 이해시키는 것이 불가능하다고 말할 수 있다. 실제로, 한 연구는 "당신의 배우자는 당신을 얼마만큼 비난합니까?"라는 질문에 답한 수치와 우울의 재발 사이에 강한 상관이 있다는 결과를 보여 주었다.[487]

이런 결과는 비난 자체가 재발을 촉발한다는 것을 보여 주기보다, 그런 비난이 관계에 매우 문제가 있음을 나타내는 증거임을 제안한다. 그래서 관계 문제를 다루는 것이 회복 상태를 잘 유지하는 데 중요하다. 이에 대한 역설이 있다. 우울과 관계 갈등을 경험한 것은 대인관계와 갈등을 적극적으로 다뤄서 해결하는 것을 요청한다. 하지만 우울은 문제해결 기술의 실행을 방해하며, 관계 문제를 쉽사리 해결하지 못하는 것은 우울의 위험을 높인다.[488] 따라서 당신이 이런 곤경 속에 있다면, 당신은 도움을 필요로 한다.

대인관계 심리치료

General Klerman, Myrna Weissman과 동료들은[489, 490] 이 장에서 논의된 종류의 대인관계 문제, 즉 우울을 촉발하고, 유지하고, 재발의 취약성을 높이는 대인관계 문제를 특별히 다루기 위한 대인관계 심리치료를 개발했다. 이 심리치료는 우울을 위한 잘 연구된 효과 있는 처치이다.

대인관계 심리치료는 "내담자가 어려움을 겪고 있는 대인관계에서 생각하고, 느끼고, 행동하는 방식을 변화시키기 위해 고안되었다."(p. 15).[489] 인지치료처럼 대인관계 심리치료는 내담자의 주체성을 높인다. 상담자는 대인관계 문제해결과 관련된 도움을 제공해서, 내담자가 문제해결 과정에 적극적 역할을 할 것이란 기대를 갖고 현재와 다른 대안 행동을 하는 과정을 돕는다. 다시 말해, "현실의 삶을 변화시키기 위해, 그리고 우울의 증상을 감소시키기 위해, 내담자는 상담 회기와 회기 사이에 삶에 어떤 조치를 해야 할 것이다."(p. 53).[490]

적극적인 문제해결을 강조하는 것은, 대인관계 심리치료가 통상 12~16주의 회기로 구성되는, 즉 시간제한이 있는 처치법으로 개발되었다는 사실과 관계있다. 대인관계 심리치료는 또한 목표 또는 초점이 분명해서 네 가지 대인관계 문제 영역, 즉 슬픔(grief), 역할 논쟁, 역할 전환, 관계를 유지하는 것의 어려움 중에서 1~2개에 집중한다.

슬픔

Freud와[267] Bowlby[198] 그리고 많은 다른 사람이 인식했던 것처럼, 사랑하는 사람의 죽음은 흔히 우울을 야기하는 촉발원이다. 대인관계 심리치료는 문제가 되는 두 가지의 슬픔 반응에 주목한다. **지연된 슬픔**(delayed grieving)은 우울을 야기하는 것으로 인식되지 않을 수도 있다. 예를 들어, 몇 년 전에 남편이 세상을 떠난 한 여인은 가족이 살던 집을 떠나게 되는 시점이 되어서야 우울해질 수 있다. 그녀는 지연된 슬픔이 자신의 의기소침함을 유발했다는 것을 알아차리지 못할 수 있다. **왜곡된 슬픔**(distorted grieving)은 불편감이 상실과 관련이 있음을 잘 알아차리지 못하는 현상을 뜻한다. 예를 들어, 미망인이 자신의 모든 주의 집중을 상실로 생긴 정서 반응이 아닌 스트레스로 생긴 신체 증상에 쏟는 것은 왜곡된 슬픔에 해당이 된다. 또 다른 형태의 왜곡된 슬픔은 '끝없이 계속되는 슬픔'이다. 이는 다른 활동에 대한 관심을 배제하고 상실에만 계속 몰두하는 것으로 나타난다(예: 세상을 떠난 사람의 사진을 보며 몇 시간씩 시간을 보내거나, 그 사람의 물건이 있는 방에 있기). 대인관계 심리치료는 슬퍼하는 내담자가 상실의 의미를 인식하고, 상실과 관련된 모든 범위의 정서, 예를 들어 억압된 양가감정, 분노, 죄책감 등을 표현하도록 돕는다. 이 과정은 궁극에 가서는 슬퍼하던 사람이 새로운 지지 관계를 만들고 흥미로운 활동을 하는 것을 가능하게 한다.

역할 논쟁

역할 논쟁은 중요한 관계, 즉 대부분의 부부 관계에서 서로 간에 충족되지 않는 기대를 뜻한다. 예를 들어, 아내는 남편이 자신과 자녀와 더 많이 감정을 나누며 가사분담도 더 많이 할 것을 기대하는 반면에, 남편은 가족의 부양을 책임지고 있기 때문에 자신이 일로 바쁠 때 그녀가 스스로 충족하며 생활하기를 바랄 때, 우울에 빠지게 된다. 이런 역할 논쟁은 다양한 이유로 우울을 촉발할 수 있다. 즉, 그 논쟁은 자존감에 해를 끼치고, 무기력감과 덫에 걸린 것 같은 느낌을 야기해 분노와 소원한 느낌(emotional distance)을 일으킬 수 있다. 대인관계 심리치료는 내담자가 그런 논쟁을 찾아서, 가능한 행동 과정을 선택하고, 욕구와 바람을 분명하게 표현하는 방식으로 의사소통을 하도록 돕는다. 변화는 협상하고, 갈등을 해결하고, 서로의 기대를 재조정하는 것을 포함한다.

역할 전환

정상적으로 진행되는 생애 주기에서 역할 전환이 일어나는 시기가 있다. 예를 들면, 집을 떠나 독립하고, 결혼하고, 자녀를 출산하고, 자녀가 집에서 독립하고, 은퇴하는 시기 등이 해당된다. 이외에도 직장에서 승진하고, 별거하고, 이혼하고, 경제사정이 어려워지고, 지위를 상실하고, 이사하고, 자신 또는 가족의 질병으로 인한 변화가 발생하는 시기가 있다. 대인관계 심리치료는 참가자가 생애 주기에서 일어나는 변화에 관련된 감정을 표현하고, 낡은 역할을 포기하고, 새로운 기술을 습득하고, 새로운 애착 관계와 사회 지지원을 개발하는 것을 돕는다.

관계를 유지하는 것의 어려움

관계를 발달시키고 유지하는 것에 관련된 어려움은 관계에서 소원함과 지속되는 외로움의 감정을 증가시켜 우울을 촉발할 수 있다. 대인관계 심리치료는 내담자가 대인관계 문제, 예를 들어 아동기에 어려움을 겪었던 가족, 또래와 연관된 관계 문제에 뿌리를 둔 문제를 검토하도록 도와 소원함을 극복하게 돕는다. 종종, 내담자가 상담자와 관계를 맺으면서 겪는 어려움은 다른 관계에서 겪는 어려움을 보여 주는 전형으로 간주할 수 있다. 예를 들면, 걱정거리, 좌절을 느끼는 일을 표현하는 방식은 이외의 다른 관계에서도 그럴 수 있다. 상담자는 내담자가 새로운 관계를 맺도록 격려하는 한편, 그 과정에서 생기는 문제를 찾아 해결하는 것을 도울 수 있다.

인지치료처럼, 대인관계 심리치료의 효과는 많은 실험 연구의 지지를 받았다.[190, 490] 비록 전형적으로 3~4개월 정도로 시행되는 개입이지만, 우울이 재발된 사람의 경우에는 회기의 횟수를 더 길게 할 수 있다. 예를 들어, 6개월 동안 매주 상담을 하거나, 3년 동안 매달 상담을 하는 것은 재발 예방에 효과가 있었다. 게다가, 더 많은 치료가 필요한 만성적 문제를 경험하는 내담자는 장기 처치, 예를 들어 정신역동치료에 의뢰할 수 있다.

정신역동 심리치료

정신역동 심리치료는 내면의 갈등에 초점을 맞춘다. 내면의 갈등 중 일부는 무의식적이다.[491] 내면의 갈등과 대인관계 갈등은 철저하게 서로 얽혀 있다. 내면의 갈등은 대개 대인관계에서 기인하며, 가장 흔히 아동기 애착관계에 기원이 있다. 그리고 내면의 갈등은 또한 대인관계 갈등을 일으킨다. 예를 들어, 우리가 제5장('애착')에서 보았듯이, 아동기에 부모의 비난을 계속 받는 것은 수그러들지 않는 자기비난과 완벽주의를 촉발할 수 있다. 완벽주의로 인해 당신은 타인이 부모와 마찬가지로 당신에게 요구하고, 비난한다고 믿게 될 수 있다. 그리고 결국에 당신은 그들에게 화를 내게 될 수 있다. 동시에 당신은 또한 타인에게 요구하고, 비난해서, 그들을 화나게 만들어, 결국에 관계에 갈등을 만드는 데 동참할 수 있다. 이런 갈등은 당신을 우울하게 만들어서, 내면의 스트레스와 대인관계 스트레스 모두 누적되게 한다. 정신역동 심리치료는 그런 갈등을 드러나게 해서 스트레스와 우울을 줄이는 것을 목적으로 한다.

갈등을 다룸으로써, 정신역동 심리치료는 우울에서 회복하고, 재발과 악화의 취약성을 줄이고자 한다. 정신역동 심리치료는 특히 만성적 성격 문제가 우울을 지속시키고, 당신의 능력이 인지치료 또는 약물 처치 같은 다른 치료에서 효과를 보는 것을 제한할 때 특히 도움이 된다. 만약 당신이 매우 완벽주의가 강해서, 자신과 치료자를 비난한다면, 처치를 방해하는 문제를 개선할 관계를 발달시키는 데 상당한 시간이 걸릴 수 있다.[159]

모든 개인이 정신역동 심리치료에 적합한 것은 아니다.[419] 이 접근은 당신이 성찰할 수 있고, 우울의 심리적 기원을 탐색하고 이해하려는 동기가 있고, 그런 탐색을 위해 안전기지의 역할을 할 치료자와 신뢰로운 관계를 발달시키면 최상으로 작동할 수 있다. 당신은 또한 정신역동 심리치료를 받으려면 장기 심리치료를 가능케 하는 비교적 안정된 삶의 상황에 있어야 한다. 인지치료, 대인관계 심리치료처럼 정신역동 심리치료는 주체성을 높인다.[492] 다시 말해, 당신의 무의식적 갈등을 의식되게 하는 것으로, 당신은 더 많은 자기 성찰을 할 수 있다. 당신은 습관적인 방식으로 반응하기보다, 더욱 유연하게 반응하고, 잘 알아차린 뒤에 선택할 수 있다. 정신역동 심리치료가 관심을 갖는 두 가지의 무의식적 과정 또는 무의식적 습관은 전이와 저항이다.

전이와 저항

인지치료와 대인관계 심리치료가 우울의 아동기 기원을 종종 탐색하더라도, 이러한 발달 과정의 기여 요인은 정신역동 심리치료의 주된 초점이다. 아동기 경험에 뿌리를 둔 갈등은 내담자-상담자 관계에서 전이의 형태로 나타난다. 다시 말해, 당신은 관계를 맺었던 과거의 사람, 전형적으로 당신의 부모의 모습을 상담자의 성격 특성으로 투사할 수 있다. 즉, 당신은 삶의 초기의 관계 패턴을 심리치료에서 재연한다. 예를 들어, 당신은 심리치료자가 비현실적으로 비난이 심하고, 요구가 많으며, 금지를 잘하고, 차갑고, 혹은 냉담하다고 지각할 수 있다. 이와 연계되어 당신은 조심하고, 말을 잘 안 하고, 또는 아마도 적대시하거나 도전할 수 있다. 치료 과정에서 그런 반응을 검토하는 것은 당신이 정신화하는 것을 가능케 한다. 즉, 당신의 지각이 지금의 현실보다 과거의 경험에 기초한다는 것을 알게 한다. 정신화하기가 가능해지면 당신은 심리치료자를 더욱 정확하게 지각하고, 그와 더욱 협력적으로 관계하게 된다.

물론, 정신역동 심리치료의 요점은 당신의 심리치료자와 좋은 관계를 형성하는 것이 아니다. 오히려, 그 관계에서 확인된 갈등과 문제에서 배울 것을 배워서, 다른 관계에서 점점 더 안정적인 안전한 애착 관계를 맺는 것이다. 이런 방식으로 정신역동 심리치료는 변화를 위한 실험실이 된다.[491] 당신은 인식하지 못하는 그 무엇에 영향을 끼칠 수 없다. 당신의 아동기 관계, 심리치료자와의 관계, 현재 애착관계 사이에서 연결되어 있는 것을 탐색하면서, 당신은 무의식의

패턴을 인식할 수 있다.[493] 의식하는 것은 선택의 폭을 넓힌다. 다시 말해, 문제가 있는 관계 패턴을 인식하면 당신은 그 패턴을 변화시킬 수 있는 입장에 서게 된다.

정신역동 심리치료는 또한 무의식적 저항, 즉 양가감정과 두려움 속에서 변화를 가로막는 방해물을 검토한다. 전이와 저항은 종종 협력한다. 예를 들어, 당신은 치료자의 혹독한 판단들이 두려워서(전이) 고통스러운 감정을 탐색하고 표현하는 것을 차단하는(저항) 방식으로 전이와 저항이 협력하게 한다.

핵심 주제

정신의학자 Fredric Busch와 동료들은 우울을 호전시키기 위한 정신역동 심리치료에서 흔히 다루는 다섯 가지 핵심 주제를 분명히 했다. 그 다섯 가지는 1) 자기애의 취약성, 2) 갈등이 있는 분노, 3) 너무 진지한 초자아, 4) 이상화와 평가절하, 5) 고통스러운 감정의 방어이다.[494] 이 다섯 가지는 서로 얽혀 있다.

- **자기애적 취약성**(narcissistic vulnerability)은 자존감에 상처 입는 것에 예민한 민감성을 뜻한다. 그런 상처는 상실, 거부, 혹은 실패에서 기원한다. 정신역동 심리치료는 당신의 취약성의 기원과 더불어 내담자-치료자 관계 그리고 다른 관계에서 나타나는 증상을 다룬다. 이 치료는 또한 당신이 상처를 방어하거나 보상하려는 시도, 예를 들어 1) 완벽주의를 추구하거나, 2) 타인을 지배하는 위치에 밀어넣고 그들의 인정을 추구한 다음 그들의 통제에 화를 내는 생산적이지 못한 방식을 다루는 데 집중한다.
- **갈등이 있는 분노**(conflicted anger)는 자기애적 상처에 대한 흔한 반응이다. 그런 분노는 질투로 인해, 예를 들어, 당신이 타인이 더 유능하고, 강하고, 독립적인 사람이라고 지각할 때 생길 수 있다. 갈등은 당신이 분노를 표현하면 예상되는 위험에 뿌리를 두고 있다. 예를 들어, 분노를 표현하거나 느끼는 것이 지지와 돌봄의 미약한 원천을 무너뜨릴까 봐 무서울 수 있다. 당신은 또한 화의 방향을 내면으로 돌려 자기를 비난하는 형태로 자신에게 화

를 낼 수 있다. 당신 자신을 공격하는 것은 우울을 일으키고, 당신을 악순환에 빠뜨린다. 다시 말해, 당신은 자기를 비난해서 낮은 자존감을 악화시키고, 이는 다시 당신의 자기애적 취약성을 부추긴다.

- 정신분석이론에서, 자아는 자기(self) 또는 '나(I)'이다. **초자아**는 사실상 자아를 넘어선다. 그것은 당신의 양심이고, 당신의 이상과 가치를 포함한다. Blatt이[159] 자기비평적 우울이라고 정의했던 것은 또한 '초자아 우울'이라고 불릴 수 있다. 처벌적인 초자아는 종종 아동기 관계에서 내면화되어, 화의 방향이 내면으로 향하게 하는 완벽한 본보기(epitome)이며, 이와 관련해 발생하는 자기억압(self-oppression)은 심각하게 우울을 부추긴다. 혹독한 초자아의 특징은 죄책, 수치의 감정이며, 이 감정들은 또한 낮은 자존감을 부추긴다.
- **이상화**와 **평가절하**는 자기애적 취약성과 낮은 자존감을 보상하기 위한 방법이다. 당신은 자존감을 높이기 위한 시도로 타인을 이상화하는 방식으로 관계를 맺을 수 있고, 이때 당신은 후광(reflected glory)을 누릴 수 있다. 그러나 타인을 이상화해도, 그들이 당신의 비현실적 기대에 부응하지 못할 때 당신은 종국에 실망할 수 있다. 더욱이 이상화는 질투를 촉발할 수 있고, 이는 다시 당신의 부적절감과 열등감을 높일 수 있다. 이렇게 되면 이상화하던 태도가 돌변한다. 다시 말해, 당신이 실망하거나 질투를 참을 수 없을 때, 당신은 이상화했던 사람을 가치절하하면서 의기양양할 수 있다. 이런 책략은 당신을 화나고, 우울하고, 혼자라고 느끼게 만든다.
- 고통스러운 감정을 향한 **방어기제들**은 당신이 감정 어린 상처들에 사로잡히게 해서, 계속 스트레스와 긴장을 불러일으킨다. 두려움, 분노, 수치, 죄책은 방어의 형태로 나타날 수 있다. 방어기제는 방어하고자 하는 감정처럼 무의식 상태에서 작동한다. 다시 말해, 당신은 사로잡혀 있는 내면의 감정 어린 상처를 잘 알아차리지 못한다. 이 책 전체에서 말하듯이, 갈등이 있는 분노(conflicted anger)는 우울을 촉발하는 데 중요한 역할을 한다. 당신은 억압과 부인의 방어기제를 사용해서 분노를 알아차리는 것을 방해할 수 있다. 당신은 분노를 타인에게 투사하고, 대신에 타인이 당신에게 화가 나 있다고

믿을 수 있다. 또는 분노를 수동적 공격의 방식, 예를 들어 일을 미루고, 의사 진행을 방해하고, 타인이 바라는 것을 보류하는 방식을 사용해 간접적으로 표현할 수 있다. 정신역동 심리치료는 당신이 고통스러운 감정을 탐색하고 표현할 안전한 분위기를 제공한다. 그렇게 하는 것은 당신을 감정에서 해방시키고, 이것은 변화를 위한 출발점이 된다.

정신역동 심리치료는 널리 실행되고 있다. 그러나 정신역동 심리치료의 효과를 알아본 연구는 인지치료와 대인관계 심리치료만큼 많지 않다.[17] 논리적으로 말하자면, 정신역동 심리치료가 장기치료로 실행되는 것이 연구를 하는 데 가장 큰 걸림돌로 작용하기 때문이다. 그래서 실행된 대부분의 정신역동 심리치료의 실험 연구는 단기치료에 집중되어 있다. 우리가 기뻐할 만큼 많은 연구가 되지 않았어도, 타당한 연구 설계를 바탕으로 이뤄진 소수의 연구는 정신역동 심리치료가 인지치료, 대인관계 심리치료처럼 잘 연구된 개입 방법만큼 효과가 있다는 결과를 보여 주었다.[495]

돌보미의 줄타기 곡예

당신의 대인관계가 갈등으로 가득 차 있고, 당신이 감정에 상처받는 것에 아주 취약하면, 당신이 우울할 때 지지를 추구하는 것은 지뢰밭이 될 수 있다. 당신이 갈등을 해결하기 위해 공을 들이는 것 이외에, 지지받고 싶은 타인의 관점을 이해하면 지뢰밭의 지뢰가 터지는 것을 막을 수 있다. 그렇게 하려면 당신은 정신화하기를 해야 한다. 즉, 마음으로 타인의 마음을 헤아릴 필요가 있다. 인정하건대, 당신이 우울할 때 정신화하기 능력을 발휘하는 것은 쉽지 않다.

우울한 사람과 가까운 관계로 지내는 것은 하나의 긴장 상태가 될 수 있다. 한 연구는 내담자의 우울 수준과 배우자의 우울 수준 사이에 유의미한 정적 상관관계를 발견했다.[483] 또 다른 연구는 우울한 내담자와 함께 사는 사람의 40%는 전문가의 도움이 필요한 증상 수준을 보인다는 결과를 발견했다.[496] 이처럼 돌보

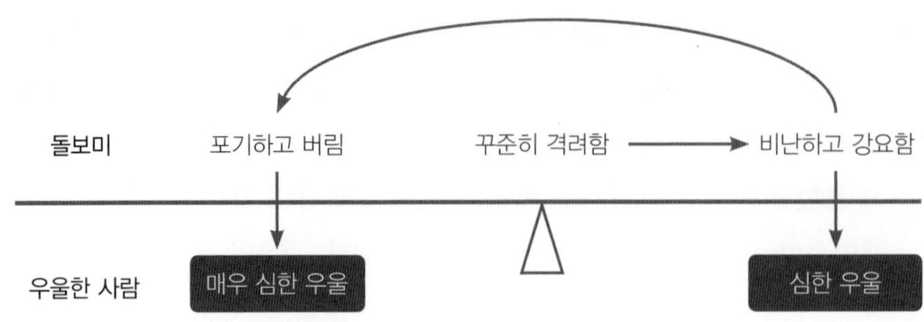

[그림 13-1] 돌보미의 줄타기 곡예

출처: Reprinted from Allen J: "Depression," in Coping with Trauma: Hope Through Understanding. Washingon, DC, American Psychiatric Publishing, 2005, p. 170. Used with permission. Copyright 2005 American Psychiatric Publishing.

미는 사랑하는 우울한 사람을 지지하는 과정에서 어려움에 직면할 때 상당히 긴장된 감정 상태에 있다. 그들은 줄타기 곡예의 줄 위를 걷고 있는 것처럼 느낄 수 있다([그림 13-1] 참고).

줄타기 곡예

우울한 사람에게 도움을 주고자 하는 사람이 유지해야 할 섬세한 균형점이 있다. 나는 돌보미가 우울한 사람을 돌보다가 이쪽 혹은 저쪽으로 나가떨어지기 쉽다는 의미에서, 우울한 사람을 돌보는 것을 줄타기 줄 위에서 곡예를 하는 것에 비유한다.[95]

줄타기 줄 위에서 곡예를 하면서 머무르는 것은 변함없는 격려를 제공하는 것과 유사하다. 지지를 제공하는 것은 반드시 어떤 조치를 하는 것을 필요로 하지 않으며, 아예 어떤 것도 **바로잡으려고 하지 않는** 것이다. 격려는 오히려 수용하는 태도, 그리고 우울한 사람이 적어도 완전히 혼자라고 느끼지 않게 함께 있어 주는 의지를 요구한다.

돌보미의 지지가 효과가 없다면, 아마도 그들은 두 가지 방식으로 잘못했을 수 있다. 나는 이 두 가지 자연스러운 성향은 다름 아닌, 1) 너무 열심히 밀어붙이는 것과 2) 비난하는 것("만약 당신이 침대에서 몸을 일으키면, 당신은…….")이라 생각한다. 비난 또한 실패하고, 그 뒤에 실제로 일이 더욱 나빠지면 돌보미는 포기하고 손을 떼는 경향이 있다. 이것은 우울한 사람이 비난받고 버림받았다는 느낌을 번갈아가며 느끼게 만든다. 이 두 느낌은 우울을 더욱 부추긴다. 이 장 앞부분에서 이야기했듯이, 우울한 사람은 갈등과 소원함을 번갈아 왔다 갔다 하며, 돌보미 또한 마찬가지다. 각자는 함께 시도하고, 좌절하고, 결국에 소원해진다.

너무나 종종 돌보미는 당신이 우울에서 벗어날 수 있는 어떤 조치를 해야 한다고 느낀다. 그들은 그렇게 하는 것을 강하게 바란다. 왜냐하면 당신의 우울은 그들을 우울하고, 불편하고, 좌절하게 만들기 때문이다. 만약 당신이 자살 시도를 하면, 당신을 잘 돌보던 사람들은 완전 좌절할 수 있다. 어떤 경우에 돌보미의 노력에도 불구하고, 당신이 빠르게 회복할 수 없을 때, 그들은 좌절, 죄책, 무기력, 부적절함을 느낀다. 역설적으로, 그들은 당신을 더 많이 돌볼수록 더 많이 좌절하고 불안하게 될 수 있다.

우울할 때 당신에게 필요한 것이 많다. 하지만 당신이 돌보미를 잘 코치해야, 유익한 것과 유익하지 않은 것을 돌보미가 알아차리게 할 수 있다. 당신이 이런 코칭을 하는 것은 쉽지 않을 것이다. 더불어 돌보미가 당신의 코칭을 받아들이는 것도 쉽지 않을 것이다. 그럼에도 돌보미는 강화를 필요로 한다. 돌보미는 당신에게 도움이 된다는 말을 들을수록 좋고, 당신에게 유익한 일을 하고 있다는 것을 알수록 좋다. 다음의 진술은 Andrew Solomon의 조언이다.

> 당신은 우울한 마음 상태에 있는 타인을 알고 있을 때 무엇을 할 수 있을까? (때때로 당신이 우울한 사람의 주의를 환기시킬 수 있더라도) 당신의 사랑으로 우울한 사람이 불행에서 빠져나오게 할 수 없다. 때때로 당신은 우울한 사람이 살고 있는 장소에서 누군가와 만나기로 일정을 짤 수 있다. 타인의 마음의 어둠 속에서 그냥 가만히 앉아 기다리는 것은 즐겁지만은 않으며, 거의 최악은 외부에서 우울한 사람의 마음의 쇠약함을 지켜봐야 한다는 것이다. 당신은 한발 뒤에서 조바심치거나 또는 조금씩 점진적으로 다가갈 수 있다. 때때로 가까워지는 방식은 조용히 있거나 거리를 두는 것이다. 어떻게 할지 결정하는 것은 외부에 있는 당신에게 달린 것이 아니다. 당신에게 달린 것은 우울한 사람이 바라는

> 것이 무엇인지를 잘 식별하는 것이다. …… 그래서 많은 사람은 우울한 친구와 친척을 위해 무엇을 해야 하는지 내게 물어본다. 내 대답은 실제로 단순하다. 다시 말해, 우울한 사람의 고립 상태를 둔화시켜라. 몇 잔의 차를 마시거나, 오래 같이 이야기하거나, 방에서 가까이 앉아 있거나, 별말 없이 또는 환경에 적절한 방식으로 함께 머무는 것이다. 단지 그렇게만 하는 것이다. 그리고 의지를 잃지 말고 그렇게 하라는 것이다(pp. 436-437).

부부 및 가족 치료

때때로 우울에서 회복하는 것은 문제 있는 상호작용을 문제없는 상태로 되돌릴 수 있지만, 항상 그렇지는 않다. 관계는 재협상을 필요로 할 수 있다. 관계를 맺는 두 사람은 각자 상호작용의 패턴을 변화시킬 필요가 있다. 그렇지 않으면 우울로 빠져드는 하강 곡선이 손쉽게 재개될 수 있다. 종종 좋지 않은 관계를 유지하는 것은 그 관계를 끝내면 직면할 상실보다 우울에 더 큰 영향을 끼친다. 한 가지 대안인 부부치료는 두 배우자가 기꺼이 변화를 위해 함께 동참할 의지가 있을 때 관계 문제를 회복하는 것을 도울 수 있다.

부부치료는 우울을 개선하기 위한 대인관계 심리치료를 부부관계로 논리적으로 확장한 것이다. 대인관계 심리치료와 함께 실시되는 부부치료는 부부관계에서 발생하는 논쟁에 초점을 두고 개발되었다.[490] 이 치료는 제한된 수의 중요한 문제를 다루는 데 집중하고, 결혼의 계약 사항을 재협상하도록 촉진한다. 두 배우자는 갈등을 일으키는 상호작용이 무엇인지 알아보고, 감정 표현 방법뿐 아니라 건설적인 협상 방법을 배운다. 초기의 연구는 부부치료가 우울한 배우자의 여러 가지 증상을 해결하는 데 대인관계 개인 심리치료만큼 효과가 있다는 결과를 제시하였다. 놀랄 것도 없이 개인 심리치료와 비교해서 부부치료는 부부 기능에 더 많은 개선이 이루어지게 했다.

부부치료가 개인 심리치료만큼 세분화되지 않았지만, 대인관계 심리치료 이외에 다수의 접근이 계속 개발되었다.[482, 497] 자연스럽게 두 배우자가 관계에서 발생하는 문제가 우울에 부정적 영향을 미친다는 데 동의할 때, 부부치료는 결혼 문제가 내담자의 우울의 원인과 결과 또는 둘 모두에 관계있을 때 특히 유익하다. 두 파트너는 변화하겠다는 의지가 있어야 한다. 부부치료에 참여하겠다는 동의 자체가 새 출발이란 희망을 고조시켜 항우울 효과를 낼 수 있다. 결혼에서 발생하는 여러 가지 논쟁을 해결하는 것을 넘어, 긍정적 상호작용을 시작하는 것은 우울을 완화한다. 예를 들어, 두 배우자는 함께 즐거운 시간을 보내고, 긍정적인 방식으로 상대방의 이야기를 경청하고, 각자의 속마음을 털어놓고, 서로의 자존감을 지지하고, 유익한 도움과 조력을 제공하는 식으로 지지할 수 있다.[482]

물론, 우울에 부정적 영향을 미치는 가족 갈등에 부부 관계의 말다툼만 포함되는 것은 아니다. 자녀와 관계된 여러 가지 문제가 중요한 역할을 할 수도 있다. 우울의 뿌리가 부모-자녀 간의 여러 가지 문제에 있을 수 있고, 이들 문제가 우울과 관련된 문제를 악화시킬 수 있다. 제6장('아동기 역경')에서 이야기했듯이, 연구는 어머니의 우울이 유아가 우울을 겪을 위험을 높인다고 제안한다. 유사하게 부모의 우울은 청소년의 문제 행동과 관계가 있다. 아동 발달의 어떤 단계에서든, 양육의 어려움을 겪는 우울한 사람은, 예를 들어, 특별히 양육 문제를 겨냥한 부모 훈련 및 가족치료가 제공하는 도움에서 이득을 볼 수 있다.[497]

이 장에서 분명히 하고 싶은 것은, 우울은 종종 우울한 개인의 문제만이 아니라는 것이다. 우울은 종종 오래된 관계 문제의 증상이다. 한 가정에서 한 명 또는 그 이상의 가족이 우울하다면, 그것은 관계 문제가 전체 가족 모두에게 서로 얽혀 있다는 것을 뜻한다. 따라서 우울을 극복하기 위해서는 다른 사람도 처치 과정에 적극 참여하는 것이 필요할 수 있다. 때로는 가족 모두가 참여하는 것이 좋을 것이다. 당신의 우울을 잘 파악하기 위해 한 가지 중요한 사항은 여러 가지 스트레스 사건의 원천이 어디인지뿐 아니라 변화를 일으켜야 할 가장 큰 지점이 어디인지를 확인하는 것이다. 당신이 변화의 과정에서 함께할 동맹은 많을수록 더 좋다. 우울을 개선하기 위한 처치의 통로가 너무 많다는 사실은 은총이자 저주이다. 아주 다양한 도움이 존재하지만, 잘 분별해서 어떤 종류의 도움을 받을 것인지 선택하기란 쉽지 않다. 이런 문제는 우리가 다음 장에서 다루는 '통합 처치'에 관심을 갖게 한다.

제14장

통합 처치

당신이 약을 먹든, 심리치료를 받든, 혹은 둘 모두를 하든, 약간 호전되자마자 멈추면 안 된다는 조건을 수용하는 것이 좋다. 예를 들어, 당신이 약을 먹기 싫어서 심리치료를 받고 있는데 그 효과가 좋지 못하면, 약물 처치로 바꾸거나 약물 처치를 겸해야지 처치를 멈추면 안 된다. 주체성이 승리를 가져올 것이다. 즉, 당신은 적극적으로 실험을 하면서 최선을 다할 수 있다. 궁극에 중요한 것은 '무엇이 당신에게 효과가 있는가?' 하는 질문에 답을 찾는 것이다. 그러려면 여러 가지 선택 가능한 처치를 시도하는 것이 정답이다. (본문 중에서)

앞의 3개 장에서 알아보았듯이, 우울에서 회복하려면 당신은 다방면으로 노력해야 한다. 예를 들어, 잘 자고, 적절하게 식사하고, 충분히 움직이고, 즐거운 경험을 만들고, 유연하게 사고하고, 지지하는 관계를 만들어야 한다. 이미 말했듯이, 상담자들은 각 영역에서 당신에게 유익한 특별한 치료 방법, 즉 행동치료, 인지치료, 대인관계 심리치료, 정신역동 심리치료, 부부치료 등을 개발했다. 이 장에서 말하듯이 약물 처치 또한 이런 노력에 상당한 도움이 된다.

이론상으로 당신이 심각하거나 만성적인 우울을 겪고 있을 때 선택할 수 있는 처치 방법은 아주 많다. 하지만 당신은 여러 가지 요인이 그러한 처치를 선택하는 것을 방해할 수 있다. 즉, 당신의 살고 있는 지역에서 받을 수 있는 처치의 종류, 경제사정, 한 번에 받을 수 있는 처치의 수 등이 선택에 영향을 미칠 수 있다. 이 장은 당신이 회복을 추구해서 잘 살아가는 데 도움이 될 처치를 선택할 때 유념해야 할 사항을 다룬다.

먼저, 약물 처치를 이야기한 다음 약물 처치와 심리치료의 효과를 비교한 연구를 요약하겠다. 나는 약물 처치와 심리치료를 조합하는 것의 장점을 다룬 연구 결과와 여러 가지 심리치료를 비교한 연구 결과를 제시할 것이다. 또한 우울의 처치에서 입원이 차지하는 역할을 이야기한다. 그리고 여러 가지 형태의 처치와 생활양식의 변화를 통합하기 위한 몇 가지 생각을 말하면서 결론을 맺는다.

약물 처치

약물 처치는 수십 년 동안 우울의 처치에 중요한 역할을 해 왔고, 우울의 신경생물학 연구의 발전에 발맞춰 더욱 세련되게 발전할 것이다. 약물 처치는 우울의 생물학적 측면을, 심리치료는 심리적 측면을 다루는 데 적합한 전략으로 보면 적절하다. 하지만 여기에 오해의 소지가 있다. 왜냐하면 마음과 신체는 통합되어 있기 때문이다. 당신의 기분을 개선하기 위한 어떤 개입도, 즉 약물 처치든 심리치료든 그것은 마음과 신체 모두에 영향을 미친다.[498] 그래서 당신의 기분을 개선하기 위한 약물 처치는 신체 건강, 사고, 대인관계를 개선할 수 있다. 이런 효과는 심리치료의 경우도 마찬가지다. 하지만 약물 처치와 심리치료에서 우울에 대한 효과가 중첩된다고 말하는 것은 두 가지가 동일하다는 의미는 아니다. 당신은 둘의 차이 또한 이해할 필요가 있다.

이 장의 목적은 우울의 처치에서 약물치료가 차지하는 역할을 생각해 보게 하는 것이며, 약물치료 여부를 결정하기 위한 지침을 제공하기 위한 것은 아니다. 하물며 당신이 어떤 특별한 약물치료를 받아야 할지 안내하는 것은 더욱 아니다. 당신은 주치의나 정신의학자와 협력해서 약물치료 여부를 결정해야 하며, 그 결정에 도움이 되는 정보를 아는 것은 당신이 약물치료에 잘 협력하는 계기를 제공할 수 있다. 소비자의 이해를 돕는 많은 출판물이 약물치료 정보를 자세히 제공하고 있다.[69, 499, 500] 운 좋게도 이 분야는 빠르게 발전하며 새 출판물을 계속 쏟아내고 있다. 불행히도 인터넷 또한 우울 관련 정보를 풍부하게 제공하나 대개 좋은 정보는 아니며, 영리를 목적으로 운영되고 있고, 전문성 없는 개입 방법을 조장하고 있다.[501] 여기서 나는 도움을 제공하는 많은 경로와 당신이 약물치료를 활용하는 도중에 만날 수 있는 몇 가지 어려움을 미리 알려 주고 싶다.

항우울제

대개 항우울제의 복용은 스트레스 반응의 조절에 관여하는 여러 뇌 체계에 영향을 미치며, 모노아민 신경전달물질인 노르에피네프린, 세로토닌, 도파민의 기능(제9장 '뇌와 신체' 참고)을 높인다. 항우울제 약물치료의 작용기제는 약물마다 다르다. 이 모든 약물이 동등한 정도의 효과를 보이지만,[498] 각 약물에 개인이 반응하는 정도는 동일하지 않다. 즉, 당신은 A 약물보다 B 약물에서 더 큰 효과를 볼 수 있다. 각 약물의 생리적 작용 메커니즘의 차이는 개인이 약물에 나타내는 반응 차이와 각 약물의 효과에서 보이는 독특한 특징을 설명한다. 메커니즘의 차이는 또한 부작용의 성격과 정도에 영향을 미치고, 부작용과 총체적 항우울 효과를 개선하기 위한 노력은 새 약물을 개발하기 위한 자극제가 된다. 많이 사용되는 약물은 수십 가지이며, 이외에 일부 약물은 실험적 성격의 항우울 치료제로 사용되며, 다른 약물은 보조용으로 사용된다. 나는 여기서 항우울제가 작용하는 범위를 보여 주기 위해 작용 메커니즘의 몇 가지 차이를 보여 줄 것이다.

가장 일찍 사용된 항우울제 약물은 모노아민 산화효소 억제제(monoamine oxidase inhibitors: MAOIs)[56)]와 삼환계 항우울제(tricyclic antidepressants: TACs)이며, 이 약물들은 1950년대에 개발되었다. 나릴(Nardil)과 파네이트(Parnate)와 같은 모노아민 산화효소 억제제는 모노아민(노르에피네프린, 세로토닌, 도파민)을 분해하는 효소의 작용을 억제하고, 이는 뉴런 사이의 시냅스에 존재하는 신경전달물질의 수준을 높인다. 모노아민 산화효소 억제제는 중요한 부작용이 있고, 까다롭게 음식 섭취를 제한하기 때문에, 다른 항우울제가 효과가 없다고 판명될 때 주로 사용된다. 모노아민 산화효소 억제제와 마찬가지로 삼환계 항우울제, 예를 들어, 엘라빌(Elavil)과 토프라닐(Tofranil)은 시냅스의 신경전달물질의 양을 높이다. 그러나 삼환계 항우울제가 작용하는 메커니즘은 모노아민 산화효소 억제제와 다르다. 삼환계 항우울제는 신경전달물질 수송체의 작용을 차단하는 재흡수 억제제이다. 신경전달물질 수송체의 작용을 차단하지 않으면 신경전달물질은 시냅스의 틈에서 신경전달물질을 분비하는 뉴런 속으로 다시 전송되어 흡수된다.

가장 흔하게 처방되는 항우울제는 선택적 세로토닌 재흡수 억제제(selective serotonine reuptake inhibitors: SSRIS)로, 프로작(Prozac), 졸로프트(Zoloft), 팍실(Paxil), 셀렉사(Celexa), 렉사프로(Lexapro) 등이 있다. 분류명이 암시하듯이, 선택적 세로토닌 재흡수 억제제는 세로토닌의 재흡수를 선택적으로 차단한다. 웰부트린(Wellbutrin)과 같은 일부 항우울제는 노르에피네프린, 도파민의 재흡수를 억제한다. 이펙사(Effexor)와 심발타(Cymbalta)와 같은 다른 항우울제는 세로토닌과 노르에피네프린의 재흡수를 차단한다. 이외에 최근에 개발된 항우울제는 더욱 직접적으로 여러 가지 신경전달물질과 관계된 많은 신경수용체(neronal receptors)를 차단하거나 자극하는 기능을 한다.

지금 이야기한 작용 메커니즘은 약물의 즉각적 효과만을 설명할 뿐이다. 예를 들어, 선택적 세로토닌 재흡수 억제제는 첫 번째 투약을 한 뒤 몇 시간 내에 시냅스 속의 세로토닌 수준을 높이지만 치료 반응은 1~2주 동안 나타나지 않고, 몇 주 뒤에 충분한 효과가 나타난다. 치료적 이득은 이 약이 매우 복잡한 여러 가지 분자 화학 반응에 미친 효과에 달려 있고, 신경생물학자들은 이런 분자 화학 반응에 미친 효과를 최근 들어 어느 정도 헤아리고 있는 실정이다.[311, 350] 예를 들어, 사용할 수 있는 세로토닌의 수가 많아지는 것은 뉴런의 유전자 표현(the expression of genes)에서 변화를 야기하고, 이는 다시 신경전달물질에 반응할 수용체의 수를 높아지게 한다. 그래서 장기간에 걸쳐, 뉴런들은 약물치료와 관계된 자극으로 발생한 변화에 적응해서 반응 패턴을 완전히 바꾼다. 이에 상응되게, 항우울제는 처음에는 세로토닌과 노르에피네프린 둘 모두 또는 둘 중 하나를 변화시키는 것을 목표로 했어도, 분자 화학 반응과 치료적 이득은 뉴런의 적응으로 생긴 변화와 연합된 여러 가지 뇌 활동 패턴 변화의 영향을 받는다. 제9장('뇌와 신체')에서 말했듯이, 현재 진행되고 있는 뇌신경 영상 촬영 연구는 우울이 뇌 활동 패턴을 어떻게 바꾸는지, 약물치료와 심리치료가 뇌기능 패턴을 정상으로 복귀시키는 데 어떻게 도움이 되는지를 밝히고 있다.

제한사항과 다른 복잡한 문제들

많은 연구는 여러 가지 항우울제의 효과를 보여 주었다. 그러나 많은 내담자가 잘 알고 있는 것처럼, 항우울제의 효과는 여러 가지 한계를 갖고 있다. 이미 언급했듯이, 다른 약물치료(예: 자극제와 항불안 약물치료)와 다르게, 항우울제는 치료 효과가 발생하기 전에 시간이 지나면서 여러 가지 복잡한 효과가 전개된다.[350, 498, 502] 당신은 1~2주 지나면서 어떤 효과를 알아차릴 수도 있다. 대개 눈에 띄는 임상적 개선이 나타나는 데 2~3주의 시간이 걸린다. 그러나 더 오랜 시간이 필요할 수도 있다. 다시 말해, 치료 효과가 생기려면 4~8주간의 노력을 해야 하며, 특히 당신이 오랫동안 우울했다면 최상의 효과는 12주 정도 또는 몇 달이 지나야 나타난다.

치료 효과가 나타나는 데 상당한 시간이 걸려도, 부작용은 더욱 빨리 나타난다. 했던 말을 다시 하면, 부작용의 질은 약물치료의 유형에 따라 달라진다. 어쩌면 생길 수 있는 부작용은 사람마다 다르고, 흔히 한때 나타난다. 최근에 개발된 항우울제에서 나타나는 부작용은 메스꺼움, 진정작용, 초조함, 불면증, 성기능 이상 등을 포함한다. 일부 부작용은 오래가지 않고, 반면, 다른 부작용은 오래간다. 부작용은 복용량의 조절로 어느 정도 관리가 된다. 부작용을 견디기 어려울 때, 약물을 바꾸거나, 대체할 다른 형태의 치료, 예를 들어 심리치료 등을 받는 것이 좋다.

미디어에서 널리 방송된 내용은 항우울제가, 특히 주요 우울증을 겪고 있는 아동과 청소년의 자살 가능성(예: 자살 사고와 행동)을 높이는 역설 현상을 염려한다. 잘 설계된 연구는 이런 염려를 다루기 시작했다.[503] 이런 역설 효과를 설명하는 한 가지 대안은 항우울제 치료에서 나타나는 전형적 반응 패턴이다. 즉, 낮은 자존감, 무가치감, 죄책, 자살 사고 같은 증상의 개선은 서서히 나타나는 반면, 활력 수준의 개선은 빠르게 생기는 현상이 그 예이다.[504] 오랫동안 우울하다가 활력이 증가하는 처치의 초반부에 사람들은 자살 사고가 생기면 행동으로 옮길 확률이 높아진다. 그러나 우리는 이 문제에 균형 잡힌 시각으로 접근하는 게 좋다. 예를 들어, 자살 시도를 한 많은 사람은 항우울제를 복용해야 할 때조차 복용하지 않았다.[504] 더군다나, 약물을 복용하고 자살 시도 위험의 증가를 경험한 내담자의 비율은 그다지 높지 않았다. 다시 말해, 미국 식약청(FDA)의 추정에 따르면, 위약 처치 집단의 자살 시도율은 2%인 데 비해 항우울제 약물 집단은 4% 정도로 위험이 증가한다.[505] 그리고 식약청이 검토한 2개의 연구 모두에서 발생한 자살 시도와 실제의 사망은 관계가 없었다. 그럴지라도, 매우 심각한 부작용의 위험이 약간이라도 높아지는 것은 염려할 일이다. 왜냐하면 모든 항우울제가 우울한 아동과 청소년에게 치료 효과가 있는 것은 아닌 것으로 나타났기 때문이다.[506]

요약하면, 잠시라도 높아지는 자살 상태의 위험은 아동과 청소년에게 사용되는 프로작(Prozac)처럼 분명한 효과를 보이는 항우울제의 치료적 이득과 비교되어야 한다. 효과 있는 약물치료는 처치가 계속되면서 자살 사고와 자살 행동의 위험을 줄어들게 한다.[503] 한 가지 교훈은 항우울제가 필요한 아동과 청소년에게 약물을 박탈할 것이 아니라, 효과가 증명된 약물만을 사용하고, 약물에 대한 그들의 반응을 살펴야 하며, 특히 처치의 초기 단계에서 그렇게 하는 게 좋다. 더군다나, 처방 권한이 있는 내과 의사는 가족의 우울 경험을 포함해 양극성 장애의 증상에 귀를 기울여야 한다. 왜냐하면 일부 어린 내담자가 경험하는 불안의 증가는 항우울제 복용으로 촉발되는 조증 혹은 혼재성 삽화를 번갈아 보이는 증상과 관계가 있기 때문이다(제10장 '우울과 관련된 장애' 참고). 종합하면, 약물 처치의 위험과 이득을 저울질하면서, 개인 심리치료와 가족치료라는 선택사항을 고려할 여지가 있다.

항우울제 약물치료의 이득이 연구 결과로 잘 증명되었어도, 많은 내담자는 제한된 치료 반응을 보일 뿐이다. 약물치료 연구에서 유의한 치료 반응은 증상이 50% 정도 감소되는 것으로(예: 우울 평정 척도로 측정되었을 때) 정의된다. 이러한 치료 반응이 상당한 이득이나, 심각한 우울로 처치받기 시작한 내담자는 치료 반응을 보이면서도 증상을 계속 경험한다. 증상이 계속되는 것은 여러 가지 이유로 의미 있는 문제가 된다. 다시 말해, 50% 정도 증상이 감소되었어도, 당신은 여전히 기분이 좋다고 느끼지 못한다. 당신의 관계와 직무능력은 여전히 손상되어 있다. 그리고 이런 증상의 지속은 당신이 더욱 악화된 우울을 경험하는 데 취약해지게 만든다. 흔히, 내담자는 어느 정도 호전되면 제한된 약간의 이득에 만족하고, 약물복용을 멈춘다. 그러나 방금 살펴본 여러 가지 이유로 당신은 충분히 회복할 때까지 처치를 지속하는 것이 가장 좋다.

내가 이 책 전체에서 말하듯이, 충분히 회복하는 것은 쉬운 일이 아니다. 대개 약물치료에는 두 가지 제한 사항이 있다. 첫째, 내담자의 (1/3이 위약에 반응하며) 2/3는 항우울제 치료에 반응한다.[498] 둘째, 30~50%만 충분한 차도를 보인다. 나머지는 약간의 반응을 경험한다.[502] 명백히, 삶의 질과 우울의 재발 취약성 모두를 고려하면 충분한 차도가 처치의 목적이 되어야 한다. 그러나 제한된 수의 내담자만 충분한 차도를 경험한다. 그리고 충분한 차도를 경험한 뒤에 악화되는 사람을 고려하면, 소수의 내담자만 단일의 급성 처치로 회복할 뿐이다.[502] 그럼에도 힘내기 바란다. 당신은 복잡한 처치가 필요한가? 많은 다른 사람도 당신과 같은 처지에 놓여 있다. 만약 당신이 이제 처치받기 시작했다면, 처치를 한 번 이상 받아야 할 가능성이 있다는 것을 염두에 두자.[507]

희망이 없는 것은 아니다. 시간이 걸리고 당신의 인내가 필요해도, 회복 가능성을 높이는 여러 가지 전략이 있다.[189, 502] 첫 번째 전략은 최적화이다. 즉, 최적화된 항우울제 복용량을 찾는 데 4~8주가 소요되나, 당신이 장기간 우울했다면 복용량은 더 많고, 더 많은 시간이 든다(예: 10~12주). 두 번째 전략은 보조약물을 첨가하는 것(augmentation)이다. 예를 들어, 리튬, 갑상선 보조약품, 도파민 수준을 높이는 자극제, 항불안 물질 같은 비항우울 약물을 첨가하는 것이다. 더불어 약물의 종류를 바꿀 수도 있다(예: 선택적 세로토닌 재흡수 억제제와 Wellbutrin을 서로 바꾸는 것이다). 마지막으로, 항우울제를 복합하는 방법도 있다(예: 선택적 세로토닌 재흡수 억제제와 Wellbutrin을 함께 처방하는 것이다). 더욱이 새 약물이 계속 개발되고 있다. 그래서 신약 정보를 제공받으면서, 미래에 더욱 효과가 좋은 처치를 찾을 거란 희망을 가질 필요가 있다. 나중에 이야기할 텐데, 약물 처치와 함께 심리치료를 받는 것, 또는 그 반대로 하는 것은 대개 좋은 전략이다.

제10장('우울과 관련된 장애들')에서 이야기했듯이, 심각한 우울을 경험하는 많은 내담자는 다른 심리장애로도 씨름을 한다. 이렇게 여러 가지 장애를 동시에 경험하는 것은 약물의 복합처방을 요청할 수 있다. 예를 들어, 양극성 장애

가 있는 주요 우울 내담자는 항우울제만 투약하면 조증 삽화를[508] 일으킬 수 있다. 따라서 처치는 안정제[예: 리튬 또는 데파코트(Depakote)], 항경련제[예: 라믹탈(Lamictal)], 또는 비전형의 항정신 약물[예: 세로켈(Seroquel)]을 추가할 필요가 있다. 정신증적 우울은 흔히 항우울제와 항정신 약물의 복합처방으로 처치된다.[502] 전기충격요법(Electroconvulsive therapy: ECT) 또한 매우 효과가 있다.[509]

당신의 우울 증상의 특성과 다른 심리장애의 공존이 약물치료의 선택에 영향을 끼치는바, 당신은 처치의 첫 단계에서 신중한 진단평가를 받아야 한다. 또한 약물의 선택은 당신의 질병, 복용 중인 기타 약물에 따른 영향도 받는다. 이런 고려사항은 약물치료를 일반 내과의와 정신과 의사 중 누구에게 받을지를 결정할 것을 요구한다.[507] 당신이 정신과 의사의 진료를 받는 것이 더욱 좋다는 신호는 진단의 복잡성, 심각성의 정도, 재발 여부, 만성적 증상, 자살 상태, 양극성 장애의 경험 여부, 첫 처치 시도의 효과가 낮은 반응, 약물의 복합처방, 전기충격요법의 필요성 등이다.

개별 약물 처치의 연구 결과가 우리에게 유익한 정보를 많이 제공했지만, 복합 약물 처치에 관한 연구 결과는 많지 않다. 다시 말해, 약물과 여러 가지 증상 프로파일 사이의 관계, 약물의 조합, 약물을 서로 바꾸어 쓰는 것, 이런 과정을 어떤 순서로 해야 가장 좋은지를 알아본 연구는 많지 않다. 최근의 연구 결과를 바탕으로 대강 몇 가지의 임상 지침이 제안되었다.[510] 즉, 처치의 순서와 돌봄의 방식이 더욱 구체화되었다. 이 특별한 전략은 신중히 고안된 단계별 절차로, 시행 과정에서 내담자에게 맞춰 조정된다. 이 처치 순서는 처치 실제를 표준화할 목적으로 개발되었다. 그들은 기존의 처치보다 효과가 더 좋았다.[511, 512] 앞에서 제시한 간단한 검토에서 추론할 수 있듯이, 여러 가지 복합 항우울제가 급증하고 있고, 그런 추세가 계속되더라도, 복합 항우울제가 가진 단점을 고려한 가장 효과 좋은 사용법을 보여 주는 연구 결과는 좀 더 기다려야 나올 것이다. 최고의 약물 또는 복합 항우울제를 찾으려면 꽤 많은 실험을 해야 하므로 상당한 시간이 걸릴 것이다. 내담자와 정신과 의사는 간단한 검사로 최선의 선택을 할 수 있기를 바랄 것이다. 그러한 검사의 필요성은 다년간 계속 요청되었다. 우리는 현재 뇌기능 영상 촬영 연구가 도움이 될 것으로 기대하고 있다. 이 책의 집필을 시작할 당시에, 뇌영상 촬영 연구자들은 주요 우울과 관계된 뇌 활동의 여러 가지 패턴을 관찰하기 시작했다. 우울의 신경생물학적 하위유형(subtypes)을 찾는 것은 약물치료와 심리치료의 선택에도 도움이 될 것이다.[331] 우리는 아직 하위유형을 찾지 못했으나, 머잖아 그렇게 될 것이다.

지속과 유지

급성단계(acute-phase)의 처치는 우울 증상이 별로 없는 시점에서 시작해서 심각한 수준에 이른 뒤 완전한 차도(의미 있는 증상에서 벗어나기)가 생기는 시점까지의 기간을 포함한다. 2~6개월로 정의되는, 차도가 있는 안정된 기간을 거친 뒤에 우리는 회복을 이야기할 수 있다. 우리는 약물치료의 효과를 보는 초기뿐 아니라 차도가 있은 후에도 재발 위험이 높다는 것을 안다. 그래서 내담자는 급성단계의 처치를 받은 뒤에 지속 처치(continuation treatment)를 받아야 좋으며, 대개 6~9개월이 소요되는 이 시기에 약물치료로 본 효과들이 다져진다.[350]

불행히도, 항우울제 처치는 치료되게 하는 것이 아니다. 당신이 회복한 뒤에 우울은 재발할 위험이 있다. 즉, 새로운 우울 삽화를 경험할 수 있다. 그래서 많은 내담자는 치료 지속 단계 뒤에 유지 약물치료(maintenance medication)를 받는다. 대개 차도가 생기게 한 약물을 지속 및 유지단계 동안 동일한 양으로 복용하면 된다. 차도의 유지를 위한 약물치료는 우울의 재발 위험이 높다는 것을 고려하면 매우 중요하다. 재발에 관련된 요인은 가족의 우울 경험 여부, 초기 발생 연령, 이전의 우울 삽화, 만성적 스트레스 사건, 치료 후에 여전히 잔존하고 있는 우울 증상이다.[30, 350, 507] 불행히도, 유지 처치의 적정 기간을 알아본 연구는 별로 없다. 3년 동안 항우울제 치료를 유지하고, 우울이 재발한 내담자를 세심히 살핀 한 연구는 약물을 중단하고 2년이 지난 뒤에 재발 수준이 높다는 결과를 발견했다.[513] 결국 만성적 재발성 우울을 경험한 일부 사람은 십 년 혹은 그 이상 동안 약물 복용을 유지할 필요가 있다.[507] 만약 약물을 줄이거나 중단하면, 당신은 의사와 긴밀하게 협조하며 당신의 상태를 신중히 점검해야 하고, 특히 첫 몇 개월 동안 그렇게 하는 게 좋다.

당연히, 당신은 오랫동안 약물을 복용하는 것을 좋아하지 않을 것이다. Andrew Solomon이 좋아졌다고 느꼈을 때, 그가 여전히 약물을 복용하는 이유를 묻는 사람에게 보인 반응을 살펴보자.[114]

> 나는 괜찮기 때문에 내가 괜찮아 보이는 것이며, 어느 정도는 약물 복용 덕분에 내가 괜찮아졌다고 매번 대응한다. 그러면 사람들은 "그래서 당신은 이 약물을 얼마 동안 계속 복용해야 한다고 생각하나요?"라고 묻는다. 내가 무기한 약물을 복용해야 할 것 같다고 말하면, 자살 시도, 긴장증(catatonia), 다년간의 직장 상실, 체중 감소와 같은 소식을 듣고 침착하게 동정하는 마음을 보여온 사람들은 놀라며 나를 쳐다본다. 그리고 그들은 "그러나 그렇게 약에 의존하는 것은 정말 좋은 게 아닙니다."라고 말한다. "확실히 지금 당신은 약물을 조금씩 줄일 수 있을 정도로 충분히 강해요!"라고 말한다. 만약 당신이 그들에게 약물을 계속 복용하는 것이 자동차의 기화기(carburetor) 또는 노트르담의 버팀벽이 계속 기능하게 만드는 것과 유사하다고 말하면 그들은 웃을 것이다. "그렇다면 당신은 정말로 소량의 약물을 계속 복용해야 하는 건가요?"라고 그들은 다시 질문한다. 그러면 당신은 그 정도의 약물은 복용해야 신경체계를 흥분시켜 정상으로 작동하게 만들기 때문에 적절한 것이며, 적게 복용하면 자동차의 기화기의 절반을 제거하는 것과 마찬가지라고 설명할 수 있다(pp. 79-80).

약물치료의 유지 단계에 있는 내담자는 주요 우울 삽화에 가까운 증상의 일부를 다시 경험하는 경우가 흔한데, 이 과정은 재발(roughening)이라 불린다.[502] 종종 이 재발(rougnening) 과정은 처치의 변화 없이 해결되나, 이런 재발 조짐은 당신의 건강 회복 노력을 강화하고, 약물치료를 재평가하고, 기존의 처치 외에 다른 심리치료의 도움을 고려할 것을 요청한다. 불행히도, 항우울제로 시행되는 유지 처치는 재발을 항상 예방하지는 못한다. 내담자의 약 1/3은 계속 처치를 받아도 새로운 삽화를 경험한다.[514] 명백히, 재발하는 이유는 여러 가지가 있지만, 특히 중요한 것은 또 다른 심각한 스트레스 사건을 겪는 것이다. 상담자들은 약물치료는 시간이 지나면 그 효과가 사라진다고 주장해 왔는데, 이는 획득된 내성(earned tolerance)으로 불리는 현상이 발생할 것을 예상하게 한다. 급성단계 동안 처치에 충분한 반응을 보이지 않는 것에 대처하기 위한 전략과 유사하게, 획득된 내성을 해결하기 위한 선택사항은 다른 약물을 추가해 항우울제를 증강하거나 약물을 바꾸는 방법 등이 있다. 약물치료에 심리치료를 추가하는 것도 괜찮은데 특히 당신이 새로운 스트레스 사건으로 씨름하고 있을 때 그렇다.

주체성

이 책 전체에서, 나는 우울에서 회복하는 데 주체성이 중요하다고 강조했다. 당신은 약물치료를 받는 것이 주체성을 잃는 것을 뜻한다고 생각할 수 있다. 또 단지 약물을 복용할 뿐이라고 생각할 수 있다. 앞서 한 말이 증명하듯, 우울을 이기기 위해 약물복용을 잘하고 유지하는 대부분의 내담자는 상당한 주체성을 발휘한다. 그리고 당신이 우울의 극심한 고통 속에 있을 때 이 주체성을 발휘하는 것은 매우 힘들 수 있다.

당신이 주체성을 발휘해야 일들을 생각해 보자. 우선, 당신은 의사(physician)를 만나야 한다. 의사를 만나면, 당신은 우울의 증상, 증상이 시작된 과정, 현재의 삶의 상황을 분명하게 말해야 한다. 당신은 우울 증상을 일으키는 질병에 걸리지 않았다는 것을 확신하기 위해 진단 검사를 받아야 한다. 그런 뒤 당신은 선택 가능한 약물의 종류와 복용 여부를 의사와 협력해서 결정해야 한다. 약물을 복용한 뒤에 당신은 부작용과 증상의 개선 정도를 주의 깊게 살펴야 한다. 당신이 약물에 충분히 좋은 반응을 보이지 않으면, 복용량, 약물의 종류, 복합처방을 재고하는 한편 부작용 및 증상을 점검해야 한다. 이 전체 과정이 복잡해지면, 당신은 전문가를 만나야 한다(예: 내과의, 가정의학의에게 진료받고 있다면, 정신과의를 만나기). 당신이 심리치료를 받지 않았다면, 그것을 고려해 볼 필요가 있다. 그리고 차도가 생긴 뒤 일정 기간 동안 약물복용을 계속하고, 차도 효과를 유지하기 위해 약물을 계속 써야 한다. 이 과정 내내 당신은 처치를 조절하기 위해 기분 상태를 살필 필요가 있다.

결국, 약물복용은 단순한 일이 아니다. 당신이 약물복용을 제대로 이해하려면 최선을 다해야 한다. 당신은 약물치료의 비용과 이득을 곰곰이 숙고해야 한다. 무엇보다, 많은 다른 사람처럼 약물복용만으로 우울에서 회복하는 데 충분하지 않다고 믿는다면, 당신은 종종 계속되는 우울한 기분에 당면해서, 인내, 끈기, 참을성을 갖춰야 한다. 당신이 회복 과정에 있을 때 정신과 의사와 좋은 관계를 유지하는 것이 다른 무엇보다 유익하다.

다른 신체 개입

항우울제는 우울에 처방되는 첫 번째 신체 처치이다. 하지만 약물복용이 매번 충분한 효과를 발휘하지는 못한다. 약물복용의 효과가 좋지 않을 때 사용 가능한 다른 대안이 있다. 효과가 있다고 가장 많이 증명된 처치는 ECT이다. 새 약물이 계속 개발되고 있듯, 연구자들은 다른 종류의 신체 처치를 개발하고 있다. 나는 여기서 두 가지를 소개한다. 하나는 머리뼈를 경유하는 전기 자극(transcranial magnetic stimulation)이고, 다른 하나는 미주신경 자극(vagus nerve stimulation)이다.

전기충격 요법

짧게라도 『뻐꾸기 둥지 위로 날아간 새』를 읽은 사람은 이야기 속의 ECT를 계속 연상한다. ECT는 처벌, 고문, 고작해야 야만적 처치로 보일 수 있다. 그러나 현대 의학은 ECT가 신중하게 처방되면 안전하고, 주요 우울장애에 가장 효과가 좋고, 가장 빠른 이득을 보는 처치로 간주한다.[189, 509, 515] ECT는 지난 반세기 동안 처치하고 연구한 보람을 누렸다. 지난 10년간은 처치의 시행이 개량되어 매우 발전했다. 당신이나 가족이 전기충격 요법을 받을 계획이고, 잘 이해한 상태에서 하고자 한다면 유익한 정보가 많이 있다.[516]

ECT는 마취제와 근이완제를 처치한 뒤에 전기로 유도되는 발작(seizure)을 일으킨다. 내담자의 조건에 따라, ECT는 입원 및 외래 진료의 형태로 시행된다.

처치는 2~4주 동안 매주 3회 정도 시행되고, 개인의 반응에 따라 더 적게 또는 더 많이 시행된다. 다양한 범위의 전기 용량과 전극 위치를 변화시킨 연구가 이루어졌다. 더욱 강한 항우울 효과를 보이며, 좌뇌와 우뇌 모두에 처치되는 양측 ECT와 우뇌에만 처치되는 단측 ECT를 구별하는 것이 가장 중요하다. 기억의 손상을 최소로 하면서, 항우울 효과를 가장 크게 하기 위해 상당한 고용량의 단측 ECT도 사용된다.[517] ECT는 안전하고 효과가 있지만, 우울을 개선하기 위한 첫 번째 개입으로는 거의 사용되지 않는다. 그럼에도 예외 상황들이 있다. 다시 말해, 내담자가 매우 심각하거나 자살 성향을 보일 때, 빠른 효과가 필요할 때, 다른 처치가 더 위험할 때, 내담자가 과거에 ECT로 큰 효과를 봤거나 ECT를 가장 선호할 때이다. 거의 대부분 ECT는 많은 약물치료가 실패한 뒤에 사용된다. 불행히도, 항우울제로 효과를 보지 못하면 이는 ECT의 효과를 볼 가능성도 낮다는 징조이다. 그럼에도 약물치료의 효과를 보지 못한 많은 내담자는 ECT에 좋은 반응을 보이기도 한다. 약물치료처럼 ECT는 우울이 치료되게 하지는 않는다. 차도가 있고 난 뒤에 재발, 악화될 수 있다. 따라서 처치를 계속하고 유지하는 것이 필요하다. 이때 흔히 사용되는 처치는 항우울 약물치료이다. 어떤 내담자는 또한 ECT를 계속하고 유지하는 동안 효과를 본다.

항우울제 치료처럼, ECT의 시행 전에 신중한 의학 및 정신과 평가를 먼저 받는 게 좋다. 신체 질환(예: 심혈관 질환)이 없을 때, ECT는 부작용이 적은 안전한 처치가 된다.[509] 내담자는 ECT 발작이 있은 뒤 한 시간 동안 혼란을 흔히 경험할 수 있다. 상당한 수의 내담자는 기억과 관련된 두 가지 문제를 경험한다. 역행성 건망증(retrograde amnesia)은 처치 전의 정보를 잃는 현상을 뜻하고, 주로 ECT 이전 수개월 동안의 정보를 잃는다. 각각의 ECT 발작 간의 시간 간격과 상관없이, 역행성 건망증은 처치 뒤 몇 주 또는 몇 달 동안 서서히 약해진다. 일부 내담자가 역행성 건망증을 경험하며, ECT 과정 뒤에 새 정보를 받아들이는 데 어려움을 겪는다. 이런 형태의 건망증 또한 ECT 시행 후 몇 주 내에 서서히 약화된다.

그러나 때때로 내담자는 ECT로 인해 더욱 다양하고 오래 지속되는 기억의 문제들을 겪는다. 그래서 정신 기능에 부작용이 있는지 계속 탐색해야 한다. 물론, 어떤 역효과는 처치 효과보다 더 크고, 우울이 호전되지 않는 역효과가 나타나기도 한다. 더욱이 우울은 집중 및 기억 문제와 관계있기 때문에, ECT는 또한 효과 있는 다른 처치처럼 일반 기억 기능을 개선하는 효과를 보이기도 한다.

반복되는 경두개 전기 자극

반복되는 경두개 전기 자극(rTMS)은 전기 유도 발작 없이, 뇌에 전류를 유도하는 손바닥 크기의 전자석을 사용한다.[502, 515] 전류의 빈도에 따라 rTMS는 자극을 받은 뇌 영역의 뉴런의 흥분 정도를 높이거나 줄인다. rTMS는 상당히 새로운 개입 방법으로 항우울 약물치료나 ECT로 효과를 보지 못한 내담자에게 유망한 처치이다.[518] 그리고 rTMS는 약물치료의 효과를 높이기 위해 사용된다. 임상가들과 연구자들은 여러 가지 결과를 내놓을 수 있는 다양한 범위의 rTMS를 탐색하고 있다. 현재 rTMS는 여전히 실험 중에 있는 처치에 속한다.

미주신경 자극

미주신경 자극(Vagus Nerve Stimulation: VNS)은 건전지로 작동하는 자극기를 수술로 가슴에 삽입하는 방법이다. 이 자극기는 미주신경에 부착되는 심들을 갖고 있다. 미주신경은 자율신경계뿐 아니라 대뇌 피질과 피질하부에 널리 연결되어 있다. VNS는 처음에는 항경련제로 사용되었지만 기분 고양 효과가 발견되었다. 그래서 현재 VNS는 다른 처치로 효과를 보지 못하는 심각하고 고질적인 우울에 효과가 있는지 탐색되고 있다. 현재 일부 내담자에게 효과가 있다는 약간의 증거가 확보되었다.

약물치료와 심리치료

당신은 우울의 처치 방법을 생각할 때, 선택의 상황에 놓인다. 우리는 많은 연구 결과를 바탕으로 약물치료, 심리치료, 두 가지를 혼용하는 치료가 모두 효과가 있다는 것을 안다. 무엇을 택해도 된다. 불행히도 우리는 "어떤 처치가 나에게 가장 좋을까?"라는 질문에는 분명하게 답할 수 없다. Anthony Roth, Peter Fonagy와 같은 심리학자에 따르면, 가장 중요한 질문은 '어떤 처치가 효과가 있는가?'가 아니라 '어떤 처치가 누구에게 효과가 있는가?'이다.

약물치료 대 심리치료

우리가 사용할 수 있는 심리치료와 약물치료가 각각 한 가지뿐이면, 연구자들은 지금쯤 둘 중 하나가 더욱 효과가 좋다는 것을 밝혔을 것이다. 그러나 우리는 아주 종류가 많은 심리치료와 약물치료 그리고 둘을 혼용한 많은 처치를 사용하고 있다. 심리치료와 약물치료를 혼용한 방법에 대한 약간의 연구가 이루어졌다. 최근의 연구들은 두 처치의 효과가 대등하다고 보고한다. 그러나 우리는 더욱 세밀하게 생각해 볼 필요가 있다.

우울협동연구 프로그램을 진행한 미국 정신건강국(National Institutional of Mental Health: NIMH)은 약물치료와 심리치료의 효과를 매우 분명하게 비교한 실험을 했다. 세 연구소에서 외래 환자들은 네 가지 처치 집단, 즉 1) 약물치료(TCA Tofranil), 2) 위약, 3) 대인 간 심리치료, 4) 인지치료 중 하나에 무선 할당되었다. 약물치료와 위약 집단은 숙련된 정신과 의사가 진행하고, 매주 20~30분간 지지치료의 맥락에서 시행되었다. 대인 간 심리치료와 인지치료는 매주 50분간 진행되는 회기로 시행되었다. 모든 집단의 처치 기간은 약 16주였다.

이 특별한 연구의 복잡한 결과는 쉽게 요약되지 않는다.[519-521] 대강 이야기하면, 약물치료의 효과가 가장 컸고, 위약의 효과가 가장 작았다. 두 가지 심리치료의 효과는 중간 정도였고, 둘 간의 차이는 크지 않았다. 약물치료는 다른 처치보다 빠르게 증상을 개선시켰다. 그러나 내담자의 우울의 심각성이 네 가지 처치의 효과가 달라지게 하는 중요한 요인이었다. 우울이 가장 덜 심각한 내담자에게, 네 가지 처치는 동등한 정도의 효과를 보였다. 여기에는 정신과 의사가 매주 접촉해서 지지를 제공하는 위약 집단도 포함되었다. 우울이 더욱 심각한 내담자(우울이 심각하고 일상 기능이 손상된 내담자)는 약물치료가 심리치료, 위약보다 더 큰 효과를 보였다.

그러나 당황스럽게도, 18개월 뒤의 추수연구는 내담자 중 24%만이 회복해서 잘 유지한다는 결과를 보였고, 장기 효과는 처치 방법 간에 차이가 없었다.[522] 단지 소수의 내담자만 초기 16주가 지난 뒤에 처치를 계속 유지했고, 연구자들은[522] "16주간의 특별 처치는 대부분의 주요 우울장애를 겪는 외래 내담자가 완전히 회복하고, 차도를 유지하는 데 충분치 않다."고 결론 내렸다(p. 786).

그러나 이런 설명은 완전하지 않다. 나머지 연구 결과를 자세히 살펴보면 증상 개선을 넘어서 다른 형태로 삶의 적응에 유익한 요인을 개선한 것으로 확인되었다.[523, 524] 일부 형태의 심리치료에 참여한 내담자는 대인관계가 나아지고, 자기를 비평하는 사고를 조절하고, 주체성을 많이 느끼고, 사고 및 대인관계와 우울 사이의 관계를 잘 이해하게 되었다고 보고했다. 더욱이 내담자-치료자 관계의 질이 적응 능력을 높이는 데 일조했다. 내담자는 치료자의 수용을 내면화하면서, 자기를 잘 수용하는 효과를 보았다.

NIMH의 연구가 당신을 안내할 유일한 지침이고, 당신이 심각한 우울 상태에 있다면, 증상을 개선하는 데 두 가지 이유로 약물치료가 심리치료보다 더 좋을 수 있다. 1) 약물치료가 효과가 더 크다. 2) 약물치료가 효과를 더 빠르게 나타낸다. 이런 결론은 외래 환자의 치료에서 나타나는 최근의 동향과 일치한다. 즉, 선택적 세로토닌 재흡수 억제제의 출현과 함께, 약물치료를 받은 내담자의 비율이 1987년에서 1997년까지 10년 사이에 급격히 증가했다(37%에서 74%로). 반면에 심리치료를 받은 비율은 약간 감소했다(71%에서 60%로).[525] 계속되는 연구는 어느 쪽이 최선인지 결론 내리지 못하고 있다. 신중히 이뤄진 몇몇 연구는 경미하거나 보통의 우울을 겪고 있는 내담자에게 약물치료와 심리치료가 비슷한 효과를 나타낸다는 결과를 제시했다.[526] 연구 결과를 종합적으로 검토한 또 다른 연구는 심리치료가 심각한 우울에서조차 약물치료만큼 효과가 있다는 결론을 내렸다.[527]

결국, 적절한 선택해야 하는 사람이 좌절을 느낄 정도로, 최근의 연구는 약물치료와 심리치료 중 어느 쪽이 더 좋다고 내담자에게 분명히 권장해도 될 정도로 명확한 결과를 제시하지 못했다. 그러나 나를 포함한 대부분의 상담자는 보통의 우울 또는 심각한 우울에는 항우울제 치료를 선호한다. 대규모 연구 참가자를 대상으로 한 연구 결과는 없다. 상담 실제에서는 여러 가지 개인 요인이 고려되어야 하며, 더 많은 개인 요인을 고려하는 더욱 세련된 지침이 개발되고 있다.[528] 더군다나 상담자의 판단과 당신의 선호가 지침보다 우선시될 것이다. 지침에서 위로받을 만한 게 없다. 당신은 스스로 선택할 수 있다. 더욱이, 당신이 몇 가지 이유로(예: 약물치료를 배제하는 신체 질환 상태) 약물치료를 받을 수 없다면, 심리치료가 대안이다. 게다가, 당신의 우울이 심각하지 않다면, 당신이 선호하는 것부터 시작하면 된다. 당신이 시작한 처치가 충분하지 않다고 생각되면, 다른 처치로 바꾸거나 둘을 혼용하여 사용할 수 있다.[17]

약물치료와 심리치료 혼용하기

묻고 싶은 질문은 많으나 한 가지는 분명하다. 즉, 우울을 치유하기 위한 약물치료와 이외의 처치는 효과가 있다. 양쪽 모두 효과가 있다면, 둘을 혼용하는 것이 더 좋을 수 있다. 놀랍게도, 연구자들은 둘을 혼용하는 것이 하나만 사용하는 것보다 더 낫다는 결과를 쉽게 제시하지 못했다.[17, 528] 한 중요한 연구는 심각한 만성 우울(즉, 주요 우울과 일정 수준의 우울 증상을 2년간 계속 지속하고 있는 상태)을 겪고 있는 성인에게 혼용 처치가 유익하다는 자신감 넘치는 증거를 제시했다. 이 12주간의 연구는 항우울제인(현재는 잘 사용하지 않는) 세르존(Serzone)의 효과를 심리치료의 한 유형인 인지행동분석체계와 비교하였다. 후자는 만성 우울의 처치로 개발된 인지치료의 한 형태이다.[530] 특히 이 인지치료는 주체성과 대인 간 문제해결을 개선하기 위해 고안되었다. 내담자는 사고와 행동을 변화시키면 우울감이 줄어든다는 것을 배운다. 비교 연구는 약물치료와 인지치료의 효과는 동등하고, 둘을 혼용하면 효과가 더 크다는 결과를 제시했다. 즉, 처치를 완수한 사람 중에 약물치료 집단은 55%가, 인지치료 집단은 52%가, 혼용치료 집단은 85%가 효과를 봤다. 특히, 내담자는 인지치료보다 약물치료에서 빠른 효과를 봤다. 혼용치료를 받은 사람은 약 두 배 더 높은 비율(42%)로, 약물치료만(22%) 또는 인지치료만(24%) 받은 사람보다 완전한 증상 차도를 보였다. 일부만 완전한 차도를 본다는 사실이 실망스럽지만, 이 처치는 만성 우울로 고통받는 내담자를 대상으로 한 단기 처치였음을 명심하라.

약물치료가 아동에게 유익한지를 알아본 연구는 성인 연구보다 뒤늦게 나오고 있다. 주요 우울장애를 겪고 있는 청소년의 처치에서 인지행동치료와 선택적 세로토닌 재흡수 억제제인 프로작(Prozac)의 효과를 비교한 한 중요한 연구는 언급할 만한 가치가 있다.[503] 그 결과는 분명하다. 약물치료가 위약보다 효과가 컸고, 인지행동치료와 약물치료를 혼용하면 더욱 효과가 컸다. 특히, 인지행동치료는 다방면, 즉 교육 및 가족 참여 회기, 사고 패턴 및 기분과 대인관계를 개선하기 위한 행동전략 등을 포함한다.

상담 안내지침은 심각한 재발성 우울을 겪는 성인에게 약물치료와 심리치료의 혼용처치를 권장한다.[510] 그러나 현재 의사가 아닌 치료자가 심리치료를 하는 경우가 증가하고 있고, 그런 경우에 두 쪽은 서로 협력하는 게 좋다.

실험 연구들이 혼용처치를 사용하는 방법이 좋다는 결과를 항상 제시하지는 않더라도, 혼용을 권장할 설득력 있는 몇 가지 이유가 있다.[17, 532] 첫째, 혼용처치는, 예를 들어 만성 우울의 경우에 효과가 크다. 둘째, 혼용처치는 효과를 볼 확률을 높인다. 당신이 이쪽 또는 저쪽에서 반응을 보일 확률을 생각하면, 얻을 이득을 최고로 높이기 위해 혼용처치로 시작할 수 있다. 셋째, 혼용처치는 효과가 나타나는 범위를 넓힌다. 예를 들어, 약물치료는 심각한 우울의 증상에 가장 빠른 효과를 보이는 한편, 심리치료는 관계 문제, 스트레스 대처 능력에 추가의 도움을 제공한다. 심리치료는 당신이 갈등을 해결하고, 스트레스를 관리하고, 재발 가능성을 낮추거나 회복 기간을 지속시키는 데 도움이 되는 정도에 따라 약물치료의 치료 반응을 안정시키는 데 도움이 된다.

일련의 연구들은 심리치료가 약물치료의 효과를 높이는 역할을 한다는 결과를 보여 주었다. 한 연구는 항우울제에 반응을 보인 두 집단의 내담자를 비교하였다. 한 집단은 표준처치를 계속 받았다. 다른 집단은 약물치료에 충분하게 반응하지 않는 증상들에 초점을 맞춘 10회기의 인지행동치료를 실시했다.[533-535] 이 인지행동치료는 새로운 삽화를 촉발하는 데 기여하는 불안과 과민함(irritability)을 개선하고, 장기 스트레스를 줄이고, 행복감을 향상시키는 생활양식을 증가시키기 위해 개발되었다. 6년간의 추수 기간 동안, 인지행동치료에 참여했던 내담자는 우울의 잔여 증상이 줄어들었고, 재발과 악화의 가능성은 낮아졌다.

심리치료 간의 비교

연구자들은 수십 년 동안 여러 가지 심리치료를 비교했다. 연구들은 여러 가지 심리치료의 효과가 대략 동일하다는 결과를 제시했다.[536, 537] 그래서 우울에 사용되는 심리치료도 동일한 효과를 보인다는 사실이 놀랍지 않다.[17] 인지치료와 대인 간 심리치료와 같은 일부 치료는 다른 치료보다 훨씬 더 견고한 연구 결과를 갖고 있다. 이 책에서 논의해 온, 특히 우울의 처치에 사용되는 구조화된 여러 가지 치료는 대개 대등한 효과를 보였다. 더욱이, 많은 치료 접근은 집단치료와 개인치료로 시행될 수 있다.

심리치료의 상표명

심리치료 간의 비슷한 효과를 보여 준 많은 연구는 우리가 심리치료의 상표명, 예를 들어 행동치료, 인지치료, 대인 간 치료, 정신역동치료와 같은 명칭을 얼마나 진지하게 받아들여야 할지 의구심을 갖게 한다. 이런 명칭을 액면 그대로 받아들이는 대신, 심리치료 연구자는 명칭과 관계없이, 어떤 치료자와 내담자가 심리치료에서 효과를 보는지를 조사하기 시작했다. 게다가, 연구자들은 다면의[55)] 상표명을 가진 치료법의 어떤 요소가 효과를 설명하는지 조사하고 있다.

- 심리치료 상표명의 효과를 보여 주는 한 연구는 인지치료가 불편한 감정을 조절하기 위해 지적 · 합리적 전략을 사용하는 것과 더불어 격려와 안심시키기를 활발하게 사용한다는 것을 발견하였다. 이와 대조되게, 정신역동치료는 불편한 감정을 의식하고 그것을 표현하게 하며, 현재의 문제와 이전 삶의 경험 사이의 관계를 알아보게 하고, 내담자-상담자 관계를 변화의 매

개체로 사용하고 있었다.[538]

- 유사하게, 또 다른 연구는 대인 간 치료자가 관계 문제에 더 많이 초점 맞추고, 탐색하고, 내담자의 감정에 더욱 민감하다는 결과를 제시했다. 반면에, 인지치료자는 상호작용에 더 많은 통제를 하고, 조언을 더욱 분명하게 하였다. 그러나 치료 성과를 결정하는 치료 과정의 특징은 인지치료와 대인 간 치료 간의 차이와 관련이 없었고, 오히려 내담자가 치료를 어떻게 경험했는지와 관련이 있었다. 즉, 대인 간 치료와 인지치료 모두에서, 내담자가 치료자의 긍정적 관점과 친밀감과 함께 신뢰, 치료 효과, 위로의 느낌을 경험하면 이득이 가장 컸다. 결국, 심리치료의 상표명과 관계없이 내담자의 긍정적 애착이 차이를 만들었다.[539]
- 다른 연구에서, 인지행동치료와 대인 간 치료를 대표하는 전문가들은 이상적인 심리치료 과정의 특징이 무엇인지 답해 주라는 요청을 받았다. 아이로니하게도, 상담 실제에서 두 형태의 치료 모두는 인지치료 전문가의 이상적 전형을 매우 고수하였다. 그리고 두 치료가 인지치료의 이상적 전형을 고수하는 것은 더 나은 효과와 관련이 있었다.[540]
- 혼용처치에서 어떤 요소가 효과를 설명하는지 항상 분명치 않았다. 한 연구는 인지행동치료의 행동적 요소만을 단독으로 처치하는 것도 행동적 개입 및 인지적 개입을 혼용하는 처치만큼 효과가 있다는 결과를 제시했다.[541] 행동적 개입은 꽤 정교한데, 그것은 사회적 기술을 향상시켜 즐거움, 숙달감을 불러일으키는 활동에 참여하게 촉진하는 체계적 노력을 포함한다. 흥미롭게도, 행동적 개입은 인지적 왜곡에 특히 초점을 두는 개입이 부정적 사고를 변화시키는 것만큼 효과가 좋았다. 당신의 기분이 개선될 때, 당신의 사고는 또한 이성적이 된다.

우리는 치료가 효과를 보기 위해서 상담자와 내담자가 무엇을 하고, 하지 말아야 할지를 안내하는 대략의 지침을 앞의 연구에서 추론할 수 있다. 실제로, 많은 치료자는 절충주의 관점을 취한다. 이는 여러 심리치료 학파의 처치 방법을 적절할 때 빌려다 사용하는 것에 기반한다. 예를 들어, Beck과 동료들은 인지행동치료를 개발했을 때, 행동, 사고, 관계에 초점을 맞췄다. 특히 만성 우울을 처치하는 데 초점을 두는 인지치료는 더욱더 절충적 접근을 한다.[530] 그것은 대인관계를 강조하고, 외상 경험을 고려하고, 내담자−상담자 관계를 다룬다. 여기에 어쩌면 잡아야 할 균형이 있다. 즉, 절충을 많이 하는 상담자는 여러 가지 처치를 당신의 특별한 문제에 맞춰 유연하게 조절해서 사용할 수 있다. 하지만 치료가 이것 했다 저것 했다 하는 것보다 일관성 있게 초점을 유지하는 것도 유익하다. 특별한 초점을 두어서 효과를 보는 것은 주체가 되었다는 느낌을 강화하고, 상담시간에 다룰 의제를 분명히 하는 것은 시간상 제한이 있는 치료를 실행하는 데 매우 중요하다.

공통요인

서로 다른 심리치료가 유사한 효과를 보이는 결과는 그 모두가 어떤 공통요인을 공유하고 있다는 해석을 가능하게 한다. 치료자가 내담자에게 나타내는 공감과 긍정적 존중이 모든 심리치료에서 중요한 역할을 한다.[542] 이는 인지치료처럼 매우 초점 있는 문제해결 지향의 치료의 경우에도 예외가 아니다.[543] 마찬가지로, 치료동맹, 즉 내담자와 상담자 사이의 견고한 관계가[544] 심리치료의 성과가 나타나는 데 중요한 역할을 한다. 예를 들어, 만성 우울을 위한 약물치료와 인지치료를 비교한 연구에서, 처치 초기에 형성된 좋은 치료 관계는, 처치 유형과 관계없이 우울의 증상 개선을 예측하였다.[529]

나는 또한 여러 가지 심리치료가 주체성을 증진시키고, 적극적으로 행동과 사고, 관계 패턴을 변화시킬 뿐 아니라 내면에서 갈등하는 감정을 해결하기 위한 노력을 한다고 제안했다. 더욱이 주체성은 치료동맹에 중요하며, 우리는 치료동맹을 내담자의 건설적 변화를 위해 노력하는 과정에서 치료자와 적극 협력하는 것으로 간주한다.[545]

어떤 심리치료가 최고인지를 판단하는 것은 우리가 약물치료에서 했던 것과 유사하다. 연구 결과는 개인의 성과를 평균해서 비교했을 뿐이다. 한 집단이 다른 집단보다 성과가 더 좋아도, 각 집단에 속한 개인 간에 많은 차이가 여전히 존재한다. 그래서 당신은 (심리치료 상표명에 근거해서) 자신에게 잘 맞는 치료를 찾을 필요가 있으며, 또한 치료자와 당신이 잘 맞는지도 살펴야 한다. 두 사람 간의 상호작용에서 발생하는 화학 반응은 효과 있게 작동하는 관계를 발달시키는 데 중요한 역할을 할 것이다.

심리치료 유지하기

우울을 처치하는 데 약물치료에 가치를 두더라도, 나는 심리치료가 특별한 이득이 된다고 강조한다. 다시 말해, 당신은 심리치료 동안 회복하는 데 도움이 되고, 회복된 상태를 잘 유지하게 하는 데 유익한 많은 것을 배울 수 있다. 그러나 나는 심리치료의 장점을 과장하고 싶지 않다. 언급했던 것처럼, 약물치료 또는 심리치료를 받은 많은 내담자는 시간제한이 있는 처치를 받고 효과를 본 후에 재발을 경험한다. 우울의 처치에 관한 많은 연구를 꼼꼼히 검토한 결과를 바탕으로 Roth와 Fonagy가 내린 다음의 평가는 정신이 번쩍 들게 한다.

> 구조화된 치료(와 약물치료)에서 나타난 결과는 꽤 일관성이 있다. 경험에 근거한 단순한 규칙은 사례의 약 50%에서, 치료 후에 증상이 경감한 것이다. 그러나 1년간의 추수 기간 뒤에, 회복한 사람의 약 절반이 재발을 경험한다. 이에 바탕을 두면, **단기치료**를 받은 내담자의 약 1/4만이 회복 상태를 잘 유지한다(p. 133; 강조는 이 책의 저자가 첨가함)

결국 우리는 여러 형태의 치료를 시도하고, 차도의 정도를 높이기 위해 치료법을 혼용하고, 재발과 악화의 위험을 최대한 줄이고, 회복 상태를 유지할 수 있는 처치를 받는 것을 고려해 보는 게 좋다. 회복 상태를 유지하기 위한 처치는 반드시 그렇지는 않지만, 당신을 재발에서 보호할 수 있다. 회복 상태를 유지하기 위한 심리치료도 동일한 효과를 보일까?

불행히도, 회복 상태의 유지와 관련된 장기 심리치료 연구는 약물치료 연구만큼 많지 않다. 언급할 가치가 있는 한 연구는, 여러 번 우울 삽화를 경험한 내담자에게 3년 과정으로 제공된 회복 상태 유지 처치가 재발 가능성을 상당히 줄인다는 결과를 제시했다.[546] 항우울제 약물치료(TCA Tofranil)가 가장 효과가 좋았다. 하지만 약물치료 없이 매월 정기적으로 받는 대인 간 심리치료 회기도 위약보다 재발 예방 효과가 컸다. 연구를 실행해서 더 알아보아야 할 질문은 심리치료 회기를 많이 받을수록 재발이 줄어드는가 하는 문제이다.

약물치료와 심리치료를 혼용한 연구를 살펴보며 말했던 것처럼, 여러 연구는 인지행동치료를 회복 상태를 유지하기 위한 처치로 사용했고, 또한 약물치료가 증상의 완전한 차도를 끌어내지 못할 때 차도를 높이기 위한 개입으로 인지행동치료가 사용되었다. 그 연구들은 대개 인지행동치료를 추가하는 것이 재발의 위험을 줄인다는 결과를 보고했다.[17] 그러나 우리는 회복 상태를 유지하기 위한 장기처치와 관련된 정보를 거의 수중에 갖고 있지 않다. 어떤 특별한 심리치료 상표명이 회복 상태의 유지를 위한 처치로서 다른 치료보다 더욱 효과가 좋은지 지침을 제공하는 연구 결과도 거의 없다. 약물치료 연구에서 도출된 결과를 일반화하면, 우리는 회복하게 해 준 치료가 무엇이든 간에 계속처치와 유지처치에 유익하다고 생각할 수 있다. 그러나 새로운 종류의 문제가 심리치료 접근에서 변화를 요청할 수도 있다.

입원

내담자와 상담자는 작가 William Styron의 입원 경험에 주의를 기울일 필요가 있다.[2] 몇 달 동안 우울로 빠져드는 소용돌이를 겪은 뒤에, Styron은 자살할 거란 생각이 들었고, 정신의학의 도움을 받았다. 그는 일주일에 2회 심리치료를 받으며, 항우울제를 복용했다. 하지만 그는 "약물치료도 심리치료도 우울이 심해지는 것을 막지 못했다."고 말했다(pp. 54-55). 그는 악화되었다.

> 무기력해질 정도로 아침나절의 상태는 점점 악화되었다. 그런 뒤 나는 (수면제를 먹고) 억지로 잠을 잤다. 그럼에도 오후에 상태는 더욱 악화되었다. 오후

> 3시가 되면, 나는 유독한 안개처럼 내 마음에 밀려들고 나를 침대로 몰아붙이는 공포를 느꼈다. 나는 여섯 시간씩이나 인사불성의 상태에서 천장만 바라보고 누워 있었다. 그리고 신비스럽게도 이 고난이 어느 정도 가벼워져서 끼니를 때우기 위해서라도 약간의 음식을 먹을 수 있게 되기를 기다렸다. 그런 뒤 한두 시간의 잠을 다시 잤다. **이런 지경에서 왜 나는 입원을 하지 않았던가**(pp. 58-59, 강조는 이 책의 저자가 첨가함)?

Styron은 처치를 시작할 당시에 자살 사고를 말했고, 꺼내기 쉽지 않았음에도 입원하겠다는 이야기를 꺼냈다. Styron은 입원 처치에서 도움을 받은 한 친구를 알고 있었다. 슬프게도, Styron의 의사가 입원을 못 하게 했는데, 의사는 입원을 하면 낙인찍힌다고 말하며 그를 말렸다. Styron은 자살을 위한 구체적 준비를 시작한 뒤에 입원을 했다. 그는 "나는 몇 주 전에 입원했어야 한다고 확신한다."고 말했다(p. 68). 그는 입원을 "평화롭고 온화한 나머지 공부 시간에 비유하며, 입원의 유일한 의무는 회복하기 위해 노력하는 것"이고, "진정한 치유자는 호젓함과 시간"이라고 썼다(p. 69).

나는 우울에서 회복하는 행동을 주도하는 주체성이 중요하다고 하였다. Styron처럼, 당신은 주체성이 바닥났다는 핵심을 알아차릴 수 있다. 그는 때로 환각을 느꼈고, 실제로 마비되었다. 당신은 그런 상태에서 스스로 빠져나올 수 없다는 핵심을 알고 있을 것이다. 당신은 빠져나오기 위해 도움이 필요할 수 있다. 입원은 그런 도움을 제공한다. 입원은 또한 자살할 가능성이 높을 때 안전함을 제공한다. Styron은 입원해서, 우울한 사람의 흐릿한 뇌에서조차 곧 명백해진 새로운 사실, 즉 그가 자신의 "가슴을 찌르려고 시도했던 스테이크 칼이 구부려지는 플라스틱이란 것을 알게 된 뒤에 그런 충동이 사라지는 세상으로 옮겨간 것의 안전함"을 담담하게 언급했다(p. 69).

오늘날 의료 분야의 관리 의료(managed care) 풍토에서 입원 처치의 기간은 매우 짧고, 내담자가 급성 위기를 헤쳐 나가는 데 도움이 되게 며칠간 입원하는 정도이다. Styron은 7주 정도 입원했고, 이는 메닝거 클리닉과 같은 전문 입원 프로그램이 있는 소수의 병원에서 이용할 수 있는 서비스이다. Styron이 말했듯이, 그런 입원 처치는 안전함과 안식을 제공한다. 내담자는 계획되어 있는 일상에 참여하며 활동량을 늘리고 무기력에 대처한다. 내 생각에 가장 중요한 것은 입원 프로그램은 한참 심각한 우울에 빠져 있는 사람이 경험하는 심한 소외감과 고립감을 중화한다는 것이다. 입원한 당신은 혼자가 아니란 것을 인식한다. 다른 사람은 당신이 겪고 있는 일을 이해하고 위로한다. 입원이 주는 안식은 당신이 스트레스 상황을 찬찬히 살핀 다음 새 출발을 하게 한다. 약물치료를 받는 것이 복잡하지만, 입원은 신중하게 약물 효과를 지켜보면서 적절한 처치를 가능하게 한다. 전문 입원 프로그램은 입원 기간을 늘리는 기회를 제공하고, 내담자에게 우울에 관한 철저한 교육을 제공하고, 장기간 동안 자기돌봄을 높이는 처치를 선택하여 받는 것을 가능하게 한다.

Stryon의 경험이 보여 준 것처럼, 심각한 우울은 심리치료의 효과를 보는 것을 방해할 수 있다. Styron은 해당되지 않지만, 흔히 약물치료는 심리치료가 보장하기 어려운 충분한 효과를 낼 수 있다. 때때로, 입원은 심리치료를 받는 것을 용이하게 한다.

Geoff는 우울해서 거의 침대에 누워 있었고, 입원해서조차 그랬다. 그는 너무 우울해서 목욕하고, 면도하고, 옷을 갈아입거나 먹는 것도 제대로 못 했다. 말도 많이 하지 않았고, 너무 과민했다. 운 좋게도 날씨가 괜찮았다. 나는 Geoff에게 우리의 상담 회기를 실외에서 하면 어떻겠냐고 물어봤다. 몇 주 동안 우리는 햇볕을 쬐며 약간 이야기를 나눴다. 나는 심리치료가 그에게 충분히 좋은 효과를 나타내지 못해도, 햇볕은 효과를 낼 것으로 생각했다. 즉, 동반자와 함께 하는 햇볕 치료 말이다. 서서히 입원과 약물치료가 효과를 나타내면서 우리가 아주 생산성 있는 심리치료 과정을 쉽게 진행할 정도로까지 그의 우울은 개선되었다. 그는 자신을 위한 모든 처치에 잘 반응했고, 배웠던 모든 것을 사용하여 외래 진료로 회복 과정을 계속 진행하였다.

회복과 건강

당신이 적절하게 우울에 대처하고 있다면, 주체성을 발휘하여 우울과 선택가능한 처치사항을 학습하고 있을 것이다. 대부분의 우울한 사람이 그런 것처럼, 당신이 적절한 처치 과정을 완수하고도 충분히 회복하지 못했거나, 계속되는 증상의 재발과 악화로 씨름하고 있다면, 현명하게 우울에 접근할 필요가 있다. 새로 개발된 처치를 잘 챙겨서 알아보고, 최고의 돌봄을 받기 위해 정보를 활용할 필요가 있다. 당신이 직면한 과제는 두 가지이다. 1) 충분하게 회복하기, 2) 회복상태를 잘 유지하기이다.

충분하게 회복하기

당신은 증상에 약간 차도가 생긴 것에 머물지 말고 벗어나기 위해 최선을 다해야 한다. 우울 증상에서 벗어나면, 당신은 대인관계와 해야 할 일을 다시 잘 할 수 있게 된다. 당신이 우울 증상에서 벗어나는 것은 신체 건강을 좋아지게 하고, 종국에는 삶의 질을 향상시킨다. 결국에 우울 증상에서 완전하게 회복하는 것이 재발 예방을 위한 최선책이 될 것이다. 그러나 모든 연구에서 나타난 결과처럼, 완전하게 회복하기는 쉽지 않다.[30] 우울한 사람 중 일부만 적절한 처치를 받는데, 그들 중 대부분은 처치를 조기 종결한다. 많은 환자는 약간 좋아지면 약물치료를 그만두는데, 우울은 그때 재발한다. 우울하고 낙담한 그들은 처치를 더 이상 받지 않는다.

인생의 많은 일이 그러하듯, 우울을 극복하기 위한 열쇠는 끈기이다. 당신이 우울할 때 끈기를 유지하는 것은 많은 것을 요구할 것이다. 가장 효과가 좋은 약물을 찾는 것이 쉽지 않기 때문에 적절한 처치를 받는 사람이 그리 많지 않다는 사실은 놀랍지 않다. 당신이 심리치료를 원한다면, 여러 가지 심리치료 중에서 적절한 것을 선택해야 한다. 예를 들면, 개인치료, 집단치료, 부부치료 등이 선택 가능한 사항이다. 나는 어떤 심리치료가 더 좋다고 생각하지 않는다. 중요한 것은 당신이 치료자와 상담이 순조롭게 진행되는 관계를 맺고 있다고 느끼고, 치료가 당신의 문제를 잘 다루고 있다고 믿는 것이다. 나는 이 책의 마지막 부분의 여러 개의 장을, 당신이 치료에서 초점을 어디에 둘지를 분명히 하는 데 도움을 주기 위해 우울과 관계된 여러 가지 문제를 강조할 의도로 집필했다.

치료에서 가장 좋은 초점을 찾아내는 일은 일정 기간 동안 탐색을 필요로 하는 당신과 치료자 간의 공동 노력을 필요로 한다. 그리고 당신의 치료자는 명확한 문제를 찾고, 치료 과정을 이끌어 가는 과정에서 당신에게 의지할 것이다. 나는 매우 우울한 남성을 상담한 적이 있다. 그는 자신이 겪은 역경을 간단하게 말한 뒤, "나의 심리를 치료해 주세요!"라고 말했다. 내가 그렇게 할 수 있을까? 그렇지 않다. 당신이 치료자와 호흡이 척척 맞는다면, 심리치료는 다른 일이 진행되듯이 진행된다. 다시 말해, 당신이 우울에서 빠져나올 수 있느냐 없느냐는 당신이 심리치료에 적극적으로 뛰어드는 정도에 따라 좌우된다. 치료를 활용하기 위한 열쇠는 간단하나 쉽지 않다. 즉, 마음을 열고 솔직해지는 것이다.

다시 말해, 당신이 지식으로 무장하고, 새로운 실험을 시도하고, 우울에서 회복하기 위한 일들을 총명하게 해 나가면 잘 해낼 것이라고 나는 생각한다. 당신이 선택한 심리치료가 무엇이든, 그리고 약물치료가 심리치료보다 더 빠른 효과를 나타내더라도, 당신은 심리치료 과정에서 적절한 시도를 할 필요가 있다. 당신이 받는 처치가 어느 쪽이든, 적절한 시도란 몇 주간 처치에 참여하는 것이다. 그리고 당신은 '적절한' 정도가 어느 정도인지를 치료자에게 물어볼 필요가 있다. 당신은 균형을 유지할 필요가 있다. 한편으로, 당신은 처치가 효과를 나타낼 적절한 시간을 제공하면서, 계속되는 증상과 투쟁해야 한다. 다른 한편으로, 받고 있는 처치가 도움이 되지 않고, 다른 것이 효과가 클 가능성이 있다면, 당신은 증상과 오랫동안 투쟁하기를 원치 않을 것이다. 당신은 처치를 지속하는 것과 변화를 주는 것 사이에서 균형을 잡기 위해 씨름할 필요가 있다. 당신이 약을 먹든, 심리치료를 받든, 혹은 둘 모두를 하든 약간 호전되자마자 멈추면 안 된다는 조건을 수용하는 것이 좋다. 예를 들어, 당신이 약을 먹기 싫어서 심리치료를 받고 있는데, 그 효과가 좋지 못하면 약물 처치로 바꾸거나 약물 처치를 겸해야지 처치를 멈추면 안 된다. 주체성이 승리를 가져올 것이다. 즉, 당신은 적극적으로

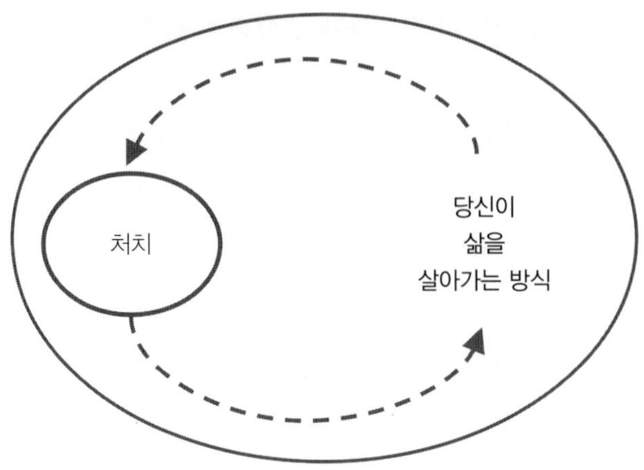

[그림 14-1] 가장 중요한 것

실험을 하면서 최선을 다할 수 있다. 궁극에 중요한 것은 '무엇이 당신에게 효과가 있는가?' 하는 질문에 답을 찾는 것이다. 그러려면 여러 가지 선택 가능한 처치를 시도하는 것이 정답이다.

당신이 받는 처치가 무엇이든 그 처치만으로 회복하는 데 충분하지 않다. 회복한다는 것은 약을 먹고 심리치료를 받는 그 이상을 뜻한다. 나는 당신이 건강을 개선하기 위해 노력하는 것이 매우 중요하다고 강조한다. 즉, 당신은 할 수 있는 한 적극적이어야 하고, 식사에 신경을 쓰고, 정상적 수면을 하고, 꾸준한 일상을 유지해야 한다. 또한 지지가 되는 사회적 관계를 강화하고 따뜻한 사람을 만나는 것이 중요한다. 반면, 당신이 우울에서 회복할 확률을 떨어뜨리는 최고의 방법은 알코올과 물질을 남용하는 것이다. 그래서 가장 중요한 것은 물질남용을 삼가고, 받을 수 있는 도움은 그것이 무엇이든 받는 게 좋다. [그림 14-1]이 보여주듯이, 당신이 삶을 사는 방식이 당신이 우울과 치르는 전투에 매우 중요한 역할을 한다. 처치받는 것은 당신이 삶을 살아가는 여러 가지 방식 중 한 가지일 뿐이다. 그리고 이상적으로, 처치는 우울에서 많이 벗어나서 당신의 삶을 살아가는 데 도움이 된다.

회복상태를 잘 유지하기

당신은 우울에서 회복하기 위해 충분히 열심히 노력해야 할 것이다. 그러나 당신이 회복했을 때 그 노력을 그만두면 안 된다. 나는 주요 문제로 우울에 초점을 두고 이야기해 왔지만, 우울은 대개 다른 문제에 대한 반응으로 나타난다. 다른 문제를 해결하는 것은 회복 상태를 지속시키고, 잘 유지하는 데 중요하다. 어쨌거나 우울에서 회복하는 것이 첫 번째로 내디뎌야 할 발걸음이다. 우울에서 회복하는 것은 당신에게 활력을 주고, 우울을 유발하거나 지속시키는 문제에 대처할 정신적 자원을 제공한다. 그래서 회복은 당신이 더욱 효율성 있는 문제해결 양식으로 돌아오게 하는 데 도움이 될 수 있다.

더욱이 우울에서 회복하는 것은 당신의 처치가 끝났음을 뜻하지 않는다. 당신은 증상이 약해졌을 때조차, 처치를 계속 유지하는 것이 좋다. 특히, 당신이 재발한 우울 삽화를 겪었거나 만성 우울을 겪었다면, 유지처치를 고려해야 한다. 유지처치는 장기간 약물 처치와 심리치료를 받는 것을 뜻한다. 주요 우울 삽화가 재발한다는 사실에 낙담할 수 있으나, 당신은 한 명의 개인이지 통계치 자체는 아니다. 많은 우울한 사람이 적절한 처치를 받지 않는다는 것을 염두에 두자. 주체성은 여기서 다시 중요하다. 즉, 당신은 재발 위험을 완전히 통제하지는 못해도, 계속처치와 유지처치 등으로 그것에 영향력을 발휘할 수 있다.

연구 결과에 근거해서 처치의 효과와 한계에 대한 나의 해석을 제시하면 다음과 같다. 단기처치를 받는 것, 예를 들어 16주간의 처치를 받는 것은 지속적인 효과를 유지하지 못할 것 같다. 당신의 건강, 사고 패턴, 관계에서 지속된 변화를 일으키려면 더 긴 처치를 받는 게 좋다. 당신이 이뤄 낸 변화들을 강화하고, 증상이 다시 나타났을 때 회복하기 위한 도움을 최소한 정기적으로 받을 필요가 있다. Andrew Solomon이 재발 예방을 위해 제시한 분명한 조언은 다음과 같다. "빠르게 조치를 취하라. 즉, 당신의 이야기를 들을 준비가 된 지음(知音)의 의사를 만나라. 당신 자신의 패턴을 현실에 가깝게 분명히 파악하라. 잠을 자고 식사를 하는 것이 싫어도 그 일들을 규칙적으로 하라. 스트레스에서 즉시 벗어나라. 운동하라. 사랑하라."(p. 86)

내가 이 책의 여러 곳에서 역설을 너무 많이 강조해서, 당신은 그것을 읽는 데 질렸을 수 있다. 당신이 비교적 잘 기능할 때, 역설은 당신을 쫓아다니지 않을 것이다. 그러면 당신이 잘 지내는 데 필요한 것, 예를 들어 활력 있고, 긍정적인 경험을 하고, 잘 먹고, 잘 자고, 일상을 유지하고, 신체 건강을 돌보기 위해 할 필요가 있는 것을 쉽게 할 수 있다. 당신은 이성적으로 유연하게, 창의성 있게 사고할 수 있을 것이다. 그러면 당신은 안정 애착 관계를 발달시키고 유지하는 최고의 위치에 서게 될 것이다.

나는 우울을 겪는다는 것은 당신이 타인의 도움이 필요할 때 도움을 받으면서 지속적으로 자신을 돌보는 것을 요구한다고 생각한다. 더 나쁜 것은 없다. 회복하기 위해 벅찬 과제와 씨름한 당신은 자신을 돌보는 더 나은 입장에 서게 된다. 당신이 처치를 필요로 할 때, 늦지 않게 빨리 추구하라. 그러면 당신은 역설의 수렁에 빠지지 않게 된다. 요약하면, 희망은 있다. 마지막 장은 그 희망을 다룬다.

제15장

희망

당신은 희망을 찾는 일을 혼자서 시작하지 못할 수 있다. 그러나 타인의 격려가 당신이 그렇게 하도록 고무할 수 있다. 당신은 여러 가지 대안을 상상하지 못할 수 있다. 또는 잠시라도 기분 좋게 느꼈다는 사실을 기억조차 못할 수 있다. 그러나 다른 사람이 당신이 그렇게 하는 것을 도울 수 있다.

때때로 당신은 희망을 차용(borrowed hope)할 필요가 있다. 다시 말해, 다른 사람이 당신에게 안전감을 줄 거란 희망에 의지할 필요가 있다. (본문 중에서)

나는 당신이 우울에서 회복하고자 노력할 때 희망을 유지하는 것이 가장 중요하다고 생각한다. 하지만 희망과 관련된 역설(catch−22)은, 우울이 최악일 때 그것이 절망을 야기한다는 것이다. 나는 희망을 생각하는 것은 분명히 도움이 된다고 믿는다. 이 장에서는 희망을 정의하고, 우울이 어떻게 희망을 무너뜨리는지를 기술한다. 이 장의 주요 목표는 희망을 주는 그 무엇을 당신이 생각해 내게 자극하는 것이다.

나는 역설이 우울의 회복을 어렵게 하지만 회복이 불가능하지는 않다는 말을 계속 반복해 왔다. 작가 William Styron의 처방은 다음과 같다. "질병에서 회복한 남성과 여성 그리고 그들의 수는 셀 수 없이 많다. 이 말이 갖는 장점은 무엇인가? 증언해 보라. 즉, 정복 가능하다는 것이다."(p. 84)

희망을 이해하기

나의 멘토인 심리학자 Paul Pruyser의[547] 말처럼, 우리는 희망을 낙관주의와 소망적 사고와 구별함으로써 희망을 잘 정의할 수 있다. 희망, 소망적 사고, 낙관주의 모두는 미래를 내다보는 것이다. 그것은 긍정적 사건과 결과를 기대하는 것이다. 희망과 비교하면 소망하는 것은 쉬운 것이다. 즉, 당신은 별 노력을 들이지 않고 모든 것을 소망할 수 있다. 낙관주의는 그렇게 쉽지 않으며, 우울할 때는 특히 그렇다. 나는 우울과 낙관주의는 양립할 수 없다고 생각한다. 그러나 희망과 우울은 그렇지 않다. 나는 낙관주의의 중요성을 깎아내리고 싶지는 않다. 낙관주의가 신체 및 정서의 건강에 여러 가지 이득을 준다는 것은 잘 입증되어 있다.[548] 그러나 낙관주의는 너무나 속 편한 개념이어서, 심각하게 우울한 사람들의 마음에는 와닿지 않는다.

소망 및 낙관주의와 다르게, Pruyser는[547] 희망을 심각한 걱정거리와 관계있는, 즉 비극을 느낄 때의 반응으로 간주했다.

> "희망을 품기 위해 …… 한 사람은 삶이 비극적이란 느낌, 현실에 대한 왜곡되지 않은 관점, 자연 또는 우주의 힘의 작동을 향한 어느 정도의 겸손함, 공동체는 아닐지라도 타인과 공통점을 가졌다는 약간의 느낌, 충동적이고 비현실적인 소망을 삼갈 수 있는 약간의 능력을 갖추고 있어야 한다." (p. 465)

내가 상담했던 매우 우울한 내담자들은 이와 같은 의미의 희망을 필요로 한다. 그들은 끔찍하게 학대를 겪었고, 결혼 생활이 위협받고 있거나 이혼으로 끝났고, 그들의 경력은 위험에 처해 있고, 완전히 고립되었다고 느꼈다. 또는 그들은 몇 달, 몇 년, 몇십 년간 우울과 싸워 왔다. 일부 내담자는 이 모두를 동시에 당면하였다. 아니 더 많은 것을 당면하였다. 이런 맥락에서, 자신감에 찬 낙관적 자세는 심리적 의미를 갖지 못한다. 그러나 희망은 필요하다.

희망은 비극적 환경과 관계되어 있기 때문에 항상 두려움과 의구심을 동반한다. 두려움과 의구심이 없으면, 다시는 희망을 필요로 하지 않을 것이다. 희망은 안정적이지 않다. 즉, 당신은 희망과 의구심 사이를, 희망과 절망 사이를 번갈아 오갈 수 있다. 당신은 분투하고, 좌절을 겪고, 포기한 뒤, 기운을 되찾고, 희망을 다시 불러일으키고, 더욱 분투한다. 당신이 희망을 유지하는 정도에 비례해, 희망은 분투를 유지하며, 그것을 지속하는 것이 회복의 열쇠이다.

현실주의

당신은 현실적인 것 또는 비현실적인 것을 소망할 수 있다. 희망은 훨씬 더 큰 도전을 요구한다. 다시 말해, 희망은 현실에 당면하는 것을 요구한다. 종양학자이자 혈액학자인 Jerome Groopman는[549] 희망의 이런 측면을 정확하게 말했다.

> 우리의 대부분은 희망을 낙관주의와 혼동한다. 낙관주의는 "일이 좋은 결과에 이를 것이다."라는 믿음이 지배적인 태도이다. 하지만 희망은 낙관주의와 다르다. 희망은 "긍정적으로 생각하라."라는 말이나 과도한 장밋빛 예언을 듣는 것에서 생기지 않는다. 낙관주의와 다르게 희망은 순수한 현실에 뿌리를 둔다. 희망을 분명히 하는 한결같은 정의는 없어도, 나는 내담자가 나에게 가르쳤던 것을 잘 반영하는 정의를 하나 발견했다. 희망은 우리가 마음의 눈으로 더 나은 장래를 볼 때 경험하는 좋은 느낌(elevating feeling)이다. 희망은 가고자 하는 길에 의미심장한 장애물과 심각한 위험이 존재할 것임을 인정한다. 진정한 희망은 망상이 발들일 여지를 주지 않는다(p. xiv).

다른 심각한 신체 질환처럼 우울은 현실적 태도를 갖고 맞서야 한다. 우울의 모든 증상에 역설이 존재하고 있음을 인정하는 편이 더 좋다. 우리는 우울과 관계있는 기능 손상의 수준을 보여 주는 사려 깊은 연구 결과, 처치를 받고 효과를 보더라도 우울 증상을 계속 경험할 가능성, 재발과 악화의 가능성을 받아들여야 한다. 우리는 여러 가지 처치와, 이 처치를 조합한 통합 처치를 받고자 노력해야 하며, 처치를 계속 받아야 할 필요성과 함께 여러 처치의 효과에 한계가 있다는 현실 또한 수용하는 편이 좋다. 이 책의 핵심은 당신이 우울의 심각성을 진지하게 받아들이고, 가능한 한 지혜롭고 효율적으로 대처하게 돕는 것이다.

당신은 희망이 필요하다. 왜냐하면, 병에서 회복하고 잘 지내고자 분투할 때, 당신은 때때로 우울 증상들과 투쟁하는 데 상당한 시간을 보내야 하기 때문이다. 당신은 우울을 다스리고 그것에 맞서기 위해 매우 심각한 우울을 갖고 살아가는 방법을 찾아야 한다. 작가 Andrew Solomon은[114] 다음과 같은 고상한 충고로 우울의 한가운데에서 희망을 유지할 수 있는 정신을 표현하였다.

> 우울할 때 기억해야 할 가장 중요한 것은 바로 이것이다. 즉, 당신은 시간을 되돌리지 못한다. 당신이 겪은 몇 년간의 불행에 대한 보상은 삶의 끝자락에 닿아도 주어지지 않는다. 우울이 잡아먹은 시간은 영원히 지나간 것이다. 당신이 우울을 경험할 때 째깍거리며 지나가는 시간은 당신이 다시 경험하게 될 시간이 아니다. 아무리 나쁜 상태에 있더라도, 당신은 생명을 지킬 수 있는 모든 것을 해야 한다. 당신이 할 수 있는 것이 숨 쉬는 일뿐이어도, 우울이 끝날 때까지 견뎌라. 그리고 당신이 할 수 있는 한 충분하게 기다림의 시간을 활용하라. 그것이 우울한 사람에게 내가 할 수 있는 충고의 큰 그림이다. 시간에 의지하고, 당신의 생명이 사라지기를 바라지 마라. 당신이 폭발할 것 같다고 느끼는 시간조차, 당신의 삶의 시간이다. 그리고 당신은 그 시간을 결코 또다시 얻지 못할 것이다(p. 430).

주체성과 방책

희망은 정서와 이성의 결합을 요구한다. Karl Menninger는[550] 희망을 '성공 가능성이 있는 행위 계획(이성)에 동기를 제공하는 것(정서)'으로 깔끔히 정의했다. 심리학자 Rick Snyder와 동료들은[554] 유사하게 희망의 두 가지 요소에 초점을 맞췄다. 다시 말해, 주체성(동기)과 방책(행위 계획)이다. 나는 이 책 전체에서 주체성을 강조했다. 주체성이 희망의 필수요소여도 그것만으로 충분치 않다. 당신은 또한 방책, 즉 방향 설정, 나아갈 길, 희망하는 구체적인 어떤 것이 필요하다.

나는 우울과 외상을 위한 교육 집단을 이끌 때, 매번 희망에 관한 토론 활동을 한다. 나는 희망이 정확하게 정의되지 않는다는 것을 알고 있다. 한 집단에서, 내가 방책(행위 계획), 즉 방향 설정이 중요하다는 사례를 제시하자 한 내담자가 나에게 항변하였다. 즉, 그녀는 때때로 **맹목적 신념**(blind faith)에 의지했다고 항변했다. 나는 뾰족한 답변을 하지 못했다. 이후에, 철학자 John Dewey의[97] 글에서 다음의 문장을 우연히 발견했다. 그는 그녀의 말에 동의하고 있었다.

> 이성이 장래에 행복과 성취가 찾아올 거란 확신을 주기 때문이 아니라 인간은 살아 있는 생물이기 때문에 계속 살아간다. 인간은 움직이면 활기로 가득 찬다. 도처에서 사람들은 무너지고, 많은 사람은 약해지고, 철수하며, 이 시점 저 시점에서 피난처를 찾는다. 그러나 인간은 여전히 동물적인 지독한 용기(dumb pluck)를 갖고 있다. 인내, 희망, 호기심, 열정, 행동에 대한 사랑을 갖고 있다. 이 특성은 인간의 구조에 내장되어 있는 것이지 생각에 의한 것이 아니다(pp. 199-200, 강조는 이 책의 저자가 첨가함).

지독한 용기. 나는 이 말을 사랑한다. 나는 이 말을 발견한 뒤에 내가 상담한 많은 우울한 내담자 중 한 사람에게 이것을 주었다. 그는 거의 모든 것을 잃었고 방향 설정을 하지 못했다. 그 또한 지독한 용기라는 아이디어를 이해하였다. 때때로 당신은 단지 한 번에 한 걸음씩 나아간다. 어떤 사람은 자살을 생각하고, 시도하고, 또는 자살할 만큼 희망이 없다. 그렇다. 그러나 많은 사람은 희망이 없음에도 계속 살아간다. 때때로 나는 내담자에게 "당신을 계속 살아가게 만드는 것은 무엇인가요?"라고 물어본다. 그들은 "생존 본능 아닐까요?"라고 답한다. 즉, 약간의 주체성은 엿보여도 방책(행위 계획)은 보이지 않는다. 지독한 용기. 때때로 우리는 방책을 찾을 수 있을 때까지 지독한 용기에 의지해야 한다.

상상

절충점이 있다. 제대로 된 희망은 방향 설정, 즉 방책(행위 계획)를 갖출 것을 요구한다. 맹목적 신념은 말 그대로 미숙한 것이다. 강하게 환언하면, 희망은 상상력을 필요로 한다. 여러 가지 일은 달라질 수 있다. 현대 철학자 Colin McGinn은 상상력을 다음처럼 말했다.

> 상상(력)은 마음이 대안적 행동 과정을 제시하는 것이다. 즉, 가능한 여러 가지 장래의 윤곽을 제시하는 것이다. 이런 상상에는 낭만파가 선호했던 어떤 매력이 있다. 즉, 상상(력)은 인간 자유의 최고의 장소이다. 다시 말해, 우리에게 여러 가지 대안을 제공해서 우리의 외현적 행동을 자유롭게 만드는 것은 상상(력)이다. 상상(력)은 그 자체로 자유로운 행동의 한 가지 예이다. 왜냐하면 우리는 상상(력)을 모든 종류의 놀라운 정신적 산물(문학, 음악, 과학, 철학 등)을 자발적으로 창조하기 위해 사용한다. 확실히, 상상(력)은 걸릴 것 없고 제한을 받지 않는 최고의 인간 능력이며, 아주 나는 듯이 지나가고, 솜털처럼 가뿐한 능력이다.

희망에 필요한 '나는 듯이 지나가고, 솜털처럼 가뿐한 풍부한 상상력'과 '우울의 나태함과 중압감'은 극명하게 대조를 이룬다. 당신이 우울에서 회복할 때, 상상 능력이 회복되며, 장래에 더 나은 영향을 미치기 위해 당신은 할 수 있는 무언가의 윤곽을 그리기 시작한다. 즉, 손에 잡히는 여러 가지 개선을 실행하는 실제적 조치를 조금씩 행해 나갈 수 있다. 때때로 그러한 방책(행위 계획)은 분명하지 않다. 나와 상담한 한 우울한 남성은 완전히 덫에 걸린 것처럼 느꼈고, 처치 도중에 나는 그에게 현재의 상황을 시각적 이미지로 그려 볼 것을 요청했다. 그는 덫에서 빠져나와 걷고 있지만 눈에 보이는 모든 것은 안개라고 말했다. 그는 처치를 계속 받았고, 우울은 개선되었으며, 안개는 걷히기 시작했다.

집단 토론에서 나는 여러 내담자에게 희망을 주는 것이 무엇인지를 물었다. 한번은, 우울의 극심한 고통으로 괴로워하고 있는 한 젊은 여성이 상상력 넘치게 "나는 예상치 못한 것을 생각해 낼 수 있어요."라고 답했다. 그녀는 상상 불가능한 것을 상상할 수 있었다. 아마도 Pruyser가[547] 그녀의 말을 들었다면 미소를 지었을 것이다. 그는 다음처럼 말했다.

희망하는 사람은 특별한 의미에서 미래 지향적이다. 즉, 현실을 아직 전개되지 않은 과정으로 보고, 종국에는 조정이 가능한 과정을 본다. 이것은 분명히 기다림을 평화롭게 만들 수 있고, 그러한 침착함의 상태는 대개 강력한 소망에 동반되는 차분하지 못함과 참을성 없음(impatience)과 극명히 대조를 이룬다. 현실을 조정이 가능한 것으로 보면, 현실은 또한 변통할 수 있는 것, 아마도 새로움을 창출하는 것으로 보일 것 같다.

우울이 희망을 무너뜨리는 방식

우울은 희망의 양 기둥, 즉 주체성과 방책을 무너뜨릴 수 있다. 주체는 행동을 주도한다. 행동을 주도하는 것은 에너지, 즉 활력이 필요하다. 우울은 기력을 떨어뜨리고, 활력과 동기를 차츰 무너뜨린다. 당신은 너무 우울해서 움직이는 것조차 어려울 수 있다. 당신은 능동자재하기보다 무력하고 수동적 상태에 있을 수 있다.

우울은 또한 여러 가지 방책을 찾는 당신의 능력을 무너뜨린다. 여러 가지 방책을 떠올리는 것은 상상력과 창의력을 요구한다. 희망을 갖기 위해 당신은 문제를 해결하고, 대안이 되는 여러 가지 행동을 생각하고, 그 결과를 예상하는 일을 해야 한다. 우리는 신경생물학 및 심리학의 관점 모두에서 우울이 유연한 사고를 방해한다는 것을 알았다. 당신은 우울할 때, 부정적 측면에 주목해서 제자리를 맴도는 경향이 있다.

Groopman은[549] 여러 암 환자와 상담을 한 뒤 희망과 절망은 신체에 기초한다고 믿게 되었다. 암이 전이할 때, 많은 생명유지 기관체계에 영향을 미쳐, 호흡, 순환, 소화와 관련된 생명유지 기능을 무너뜨린다. 그는 신체 기능이 제대로 발휘되지 못하는 상태를 뇌가 절망감으로 해석한다고 추론했다. 우울은 또한 나빠진 신체 건강이 지속되는 상태로 유지되기도 한다. 만약 Groopman이 옳다면 우울의 생리 상태 또한 절망의 경험에 영향을 미칠 것이다. Groopman의 단언을 따르면, “신체 건강을 회복하는 것 또한 희망을 회복시킨다.”는 것에서도 희망을 찾을 수 있다.

심각한 우울을 겪고 있는 많은 내담자는 오랜 시간 동안 절망을 경험한다. 그들은 혼자 힘으로 절망, 즉 우울 상태에서 벗어나지 못한다. 그들은 도움이 필요하다. 예를 들어, 약물 처치와 같은 신체적 도움은 당신에게 활력을 불어넣고, 정신 기능을 향상시켜 희망의 회복이 시작되게 할 수 있다. 지지를 제공하는 관계 또한 희망을 회복시킨다. 당신은 희망을 찾는 일을 혼자서 시작하지 못할 수 있다. 그러나 타인의 격려가 당신이 그렇게 하도록 고무할 수 있다. 당신은 여러 가지 대안을 상상하지 못할 수 있다. 또는 잠시라도 기분 좋게 느꼈다는 사실을 기억조차 못할 수 있다. 그러나 다른 사람이 당신이 그렇게 하는 것을 도울 수 있다.

때때로 당신은 **희망을 차용**(borrowed hope)할 필요가 있다. 다시 말해, 다른 사람이 당신에게 안전감을 줄 거란 희망에 의지할 필요가 있다. 나는 때때로 내담자가 여러 가지 측면에서 의지할 수 있는 희망을 제공한다. 다시 말해, 나는 자살 충동을 느끼는 체념과 절망에서 살아 있는 것에 감사함을 느낄 정도로 반등하는 것이 가능하다는 것을 안다. 나는 내담자가 그렇게 하는 것을 봤다. 나는 또한 처치의 초반에는 맹목적 신념에 의지한다. 나는 내담자를 위한 어떤 방책을 찾을 수 없지만, 다른 한편으로 예기치 못한 방책을 찾을 수도 있다는 것을 안다. 실제로 그럴 것이라 기대한다. 방책은 주체성이 회복될 때 그 모습을 드러낸다.

희망의 발판들

나는 우울의 심각한 현실을 알고, 희망의 발판을 제공하고자 이 책을 썼다. 당신이 겪고 있는 장애의 어려움을 설명하지 못하는 것은 이상한 일이 아니다. 우울에서 회복하고, 회복 상태를 유지하기 어려운 것은 우울의 내재된 특징이다. 제2장('진퇴양난의 상황')에서 말했던 것처럼 우울은 당신의 능력을 극도로 무너뜨리고, 세계에서 네 번째로 흔한 장애이다.[51] 우울이 한 사람의 능력에 엄청난 손상을 입히는 장애가 되는 여러 가지 주요한 이유 중 하나는 우울한 사람이 적절한 처치를 받는 데 실패하기 때문이다. 이런 실패가 발생하는 것은 건강관리

체계의 한계 때문이다. 그리고 우울장애의 특징 때문에 그런 실패가 발생하기도 한다. 즉, 우울은 우울한 사람의 활력을 박탈하고 희망을 무너뜨려 처치받는 것을 방해한다.

지식

역설을 이야기하며, 나는 우울에서 회복하는 것이 꽤 어렵다는 것을 강조했다. 그러면서도 나는 당신이 여러 가지 조치를 취하는 데 도움이 되는 많은 처치 개입뿐 아니라, 회복을 위해 할 수 있는 많은 것 또한 이야기했다. 지식은 힘이다. 우리는 풍부한 지식이 있다. 우리는 암흑 속에 있지 않다. 물론, 우리는 항상 더 잘 알기를 바란다. 그리고 우리는 그렇게 된다. 기념비적인 노력, 지능, 창의성 모두가 임신기부터 노령기까지의 우울의 발달을 이해하게 했고, 여러 가지 처치법을 만들고 연구하게 했다. 분자생물학부터 뇌 영상 촬영까지, 뇌 연구의 전망은 아주 밝다. 그러나 신경생물학자 또한 Freud가 1세기 전에 관찰했던 것을 강조한다. 즉, 초기 애착관계의 경험이 질병에 대한 취약성과 회복에 중요한 영향을 미친다는 것이다. 다행히, 우리가 지금 알고 있듯, 우리는 두 갈래 길을 갖고 있다. 즉, 생물학적 처치는 뇌뿐 아니라 마음에 영향을 미친다. 그리고 여러 가지 심리치료는 마음뿐 아니라 뇌에 영향을 미친다.

우리 사회가 더 많은 연구와 효과 있는 처치를 지지할수록, 우리는 더 빠른 속도로 많은 것을 알아 갈 것이다. 더욱 효과 있는 여러 가지 처치법을 희망하는 것은 무리가 아니며, 당신이 자신을 돌보고자 할 때 많은 정보를 아는 것은 반드시 필요하다. 포기하지 마라. 생각조차 못 했던 것을 상상하라.

외부에서 오는 자비

희망에 관한 여러 관점 중에서, 내가 가장 설득력 있다고 생각하는 것은 Pryuser의[547] 결론이다. 즉, 그는 "희망은 세상 어딘가에 자신에게 조금이라도 자비로운 성향을 보이는 배려심 있는 사람이 있을 것이란 믿음에 바탕한다."고 하였다(p. 467.

강조는 원래대로임). Pryuser는 믿기 힘들 정도로 개방적인 방식으로 희망의 핵심을 포착했다. 많은 우울한 사람은 신 또는 다른 힘 있는 존재와 영적인 접촉을 하면서 희망을 유지한다. 우울의 극심한 고통 속에 있는 많은 사람은 신을 향한 자신의 믿음이 흔들린다는 것 또한 안다. 믿음의 상실은 죄책감을 일으켜 우울을 악화시킬 수 있다. 그런 경우에 사려 깊은 종교적 영적 상담은 매우 가치 있다. 어떤 사람은 종교적이지 않더라도 자연과 영적인 접촉을 하는 데서 이득을 본다. 희망을 토론하는 동안, 한 내담자는 Pryuser의 정의를 들은 뒤에, 자신은 태양과 비에서 자비를 발견했는데, 둘 모두가 자양분을 공급한다고 말했다. 자연의 한 부분인 그녀는 자연에게 자양분을 공급받은 것이다.

희망은 깊은 종교적 의미를 갖고 있다. 그것은 (믿음과 자비와 함께) 종교적 덕목 중 하나이다. 그것은 마땅히 하나의 덕목으로 간주된다. 즉, 그것은 어렵고, 희귀하고, 소중한 것이다. 흥미롭게도, 정신분석가인 Erik Erikson은[552] 희망을 기본 신뢰와 관계된 덕목으로 보았다. 기본 신뢰는 그의 심리사회적 발달 단계의 첫 단계이다. Erikson의 관점은 Pruyser의 관점과 딱 들어맞는다. 즉, 두 사람은 모두 희망을 안정 애착의 모델에 입각하여 말한 것이다. Pruyser는[547] 희망이란 유아가 어머니에게 의지하는 능력에서 발달한다고 생각했다. "궁극에 유아는 희망하게 된다. 즉, 엄마가 유아 자신에게 줄 수 있는 것을 줄 것이며, 자비로운 성향을 보일 거란 확고한 신념을 갖고, 불가피한 약간의 기다림을 평화롭게 수용하는 능력을 획득한다."(p. 467)

우리는 이 책 전체에서 문제 있는 애착관계가 우울의 취약성으로 작용하고, 안정 애착 관계는 회복의 주춧돌이라는 것을 살펴보았다. 애착과 희망은 삶의 초기부터 서로 간에 영향을 미친다. 희망을 갖기 위해 노력했던 Stryron은[2] 사랑하는 아내 Rose가 곁에 있는 축복을 받았다. 그는 10월에 고향인 코네티컷에 갔지만 "저물어 가는 저녁 석양은 친숙한 가을의 어여쁨으로 다가오지 않았고 …… 나를 숨막히게 하는 우울에 빠져들게 했다."고 말했다. 그는 계속해서 말을 이었다. "육체적으로 나는 혼자가 아니었다. 언제나처럼 Rose는 내 곁에 있었고, 나의 불평 섞인 이야기를 지칠 줄 모르는 인내심으로 경청하였다. 그러나 나는 거대하고 괴로운 고독을 느꼈다."(pp. 45-46) (그는 이후에 우울의 기원이 삶의 초기의 슬픔이라고 보았다. 그의 어머니는 그가 13세였을 때 세상을 떠났다.) 그의 Rose에 대한 애착은 어렵지 않았다. "유모, 엄마, 위로의 말을 건네는 사람, 성직자, 무엇보다 비밀을 말할 수 있는 절친으로 끝없는 인내를 보여 준 그녀를 한 순간도 시야에서 벗어나게 할 수 없었다. 아내는 내 존재의 중심에 있는 반석 같은 조언자였다."(p. 57) Stryon이[2] 명백히 말했듯이, 틀림없이 애착은 생명을 구할 수 있다.

> 반복해서 격려하고, 그런 격려를 충분히 끈덕지게 하면, 격려하는 사람이 헌신적이고 열정적이면, 위험에 빠진 사람은 거의 언제나 생명을 구할 수 있다. …… 고통받는 사람에게 생명이 가치가 있다고 설득하는 것은 거의 종교적 헌신에 가까울 정도로 친구, 사랑하는 사람, 가족, 존경하는 사람 쪽에서 해야 한다. 우울증을 겪는 사람에게 생명의 가치는 너무나 자주 그들의 무가치함과 갈등을 일으키지만, 그런 헌신은 무수히 많은 자살을 방지할 수 있다(p. 76).

내부에서 오는 자비

Styron은 확실히 옳다. 다시 말해, 당신은 극도로 무가치하다고 느낄 때, 당신의 가치에 대한 타인의 믿음에 기댈 필요가 있다. 하지만 당신 스스로 자신의 가치를 찾는 것이 희망에 중요하다. 희망을 세상 어딘가에서 당신을 향해 오는 자비로운 성향으로 보는 Pruyser의 관점은, 마찬가지로 당신이 자신을 향해 갖는 자비로운 성향을 희망으로 볼 것이다.

제8장('마음의 스트레스')에서 말했던 것처럼, 당신이 자신과 맺는 관계는 강력한 희망의 원천이다. 당신이 자신과 유대를 맺는 것은 당신에게 힘과 활력을 제공한다. 당신이 자신과 안정 애착 관계를 맺는 것을 상상해 보라. 다시 말해, 당신이 자비롭고 연민하는 정신으로 자신의 정서를 조율하고, 마음으로 마음을 읽는 것을 상상해 보라.

> Marylin은 어머니에게 잔인할 정도로 학대받았고, 태어난 것을 증오했다. 그녀는 너무나 고통스럽게도 10대 초반에 이웃에게 성폭력을 당했는데, 어머

니는 이 일로 그녀를 책망하고 때렸다. 성인이 되어서, 많은 성취를 이루고 성공했으며, 특히 사랑스러운 아이들을 잘 양육했는데도 그녀는 극도의 무가치감을 느꼈다. 아동기에 그녀는 사랑하는 할머니가 있었는데, 이게 그녀의 한 가지 장점이 되었다. Marylin은 가까운 지인의 사망을 회상할 때 사랑의 감정이 깊은 슬픔과 뒤섞였지만, 할머니 이야기를 할 때는 활짝 웃었다. 그녀가 할머니 이야기를 하는 동안, 할머니의 가장 좋은 장점을 많이 물려받았다는 것이 자명해졌다. 예를 들어, 그녀는 관대하고 자비로웠다. 나는 그녀가 할머니의 마음을 물려받았다고 말했다. 그런 뒤 그녀는 할머니와 때때로 깊은 영적 교감을 느꼈던 일을 회상했다. 입원 처치를 받는 몇 주간 그녀는 강한 자기가치감을 발달시켰다. 이전에는 그런 자신감을 가져 본 적이 없다. 강한 자기가치를 갖는 데 여러 요인이 영향을 미쳤다. 그러나 나는 그녀가 할머니를 동일시하고 할머니의 정신에 교감한 것이 내면의 자신을 대하는 자비로운 성향을 찾게 했다고 믿는다.

개인의 창의성

희망은 개인의 문제이다. 나는 몇 가지 개념을 대강 제시했지만 처방을 제공하지 않았다. 나는 당신이 희망을 품도록 격려하고자 희망을 논의하고 그것과 씨름했다. 우리가 우울 교육 집단에서 생각하는 모든 주제 중에서 희망이 가장 흥미롭다. 나는 집단 참가자에게 현재 희망을 품게 하는 토대가 무엇인지 말하게 격려한다. 그들에게 희망을 주는 어떤 토대가 있지만, 모두가 그렇지는 않다. 이야기 과정에서 나는 그 토대를 예측하는 것은 어렵고, 참가자마다 그 토대가 독특하다는 것을 알았다. 때때로 "희망의 발판이 무엇인가요?"라는 질문에 참가자 각각이 보이는 반응은 매우 다르고 창의적이다. 〈표 15-1〉은 간단해 보이지만 어려운 그 질문에 참가자들이 답한 대답을 열거한 것이다. 당신에게 희망을 주는 것은 무엇인가? 이 예를 살펴보면 희망은 세상과 관계하는 방식이란 것을 보여 준다. 그것은 적극적인 과정이다. 제주왕나비, 햇빛 한 조각, 또는 가냘픈 노란 장미를 보고 희망을 찾는 것은 세상과 창의적인 접촉을 할 것을 요구한다. 희망은 지각방식, 즉 바라보는 방식이다. 채소가게 점원의 미소를 알아차리고, 그 미소를 희망의 신호로 여기는 것은 적극적인 과정이다. 희망하기는 당신이 행하는 어떤 것이다.

당신의 희망의 발판은 무엇인가? 할 수 있다면, 희망을 주는 특별한 경험을 생각하라. 희망에는 두려움과 의구심이 스며 있다는 것 또한 명심하라. 희망은 조용하게 머무르지 않는다. 당신의 희망의 발판은 당신을 하나에서 또 다른 것으로 옮겨가게 한다. 그래서 당신은 희망하는 것이 두려울 수도 있다. 즉, 당신은 희망을 갖더라도 종국에 실망하고 환멸하게 될까 봐 두려울 수 있다. 희망하는 것은 용기를 내는 것이다. 희망하는 것은 주체성을 요구하는 덕목이다. 희망하는 것은 쉽게 얻어지지 않으며, 그것은 당신이 자신의 방식으로 열심히 노력할 것을 요구한다.

아마도 가장 확실한 희망의 발판은 당신의 고통스러운 경험에서 궁극에는 좋은 어떤 것이 생길 것이라고 생각하는 것이다. Solomon은[114] 희망에 대한 우리의 이러한 방식의 논의에 적절한 결말을 제공했다.

> 음미되지 않은 삶은 우울에 도움이 되지 않는다. 아마도 내가 한 가장 위대한 고백은, 다시 말해 우울이 압도적인 것이 아니라, 우울로 고통받는 사람이 우울 때문에 굴복한다는 것이다. 나는 이 기초적인 사실이 우울로 고생하는 사람에게 자양분을 제공하고, 그 고통을 목격하는 사람에게 인내심과 사랑을 불어넣기를 희망한다. …… 특별한 종류의 역경에는 위대한 가치가 내포되어 있다. 그 누구도 "어려움을 겪는 것은 즐겁지 않다."와 같은 경험을 배우기로 선택하지 않을 것이다. 나는 편안한 삶을 열망하고, 편안한 삶을 추구하는 과정에서 상당한 타협을 할 것이며, 실제로 그렇게 해 왔다. 그러나 나는 삶에서 겪은 많은 일이 "어려움을 겪는 것은 즐겁지 않다."는 것을 알게 해 주며, 그 어려움 속에서 발견할 가치가 많다는 것을 알게 되었다. 적어도 어려움이 최고로 격심한 것이 아닐 때 그럴 수 있다는 것을 알게 되었다(pp. 438-439).

용어 설명

계절성 정동 장애(SAD) 기분 삽화가 그해의 계절들과 일관성 있게 결부되어 있을 때 내려지는 진단. 대개 가을 또는 겨울에 시작하고, 봄에 차도가 있다.

긍정적 정서성 낮은 쪽의 우울에서 높은 쪽의 흥분과 즐거움에까지 걸쳐 있는 일련의 정서 스펙트럼 상태

기분부전 주요 우울보다 심각성이 낮으나 더욱 오래 지속되는 우울장애(즉, 적어도 2년간 지속)

기질 발달에 제한을 가하고, 삶의 초기에 생긴 생물학적 기반의 성격 특성(예: 불안 성향)

노르에피네프린 아드레날린의 한 형태로 교감신경체계 각성과 투쟁 또는 회피 반응에 관여하는 신경전달물질

뇌 파생 신경영양 요인(BDNF) 뉴런의 성장과 건강을 촉진하는 화학물질

대인 간 외상 다른 사람의 고의와 부주의로 타격을 입은 외상(예: 성폭력 또는 음주운전으로 인한 사고)

도파민 정신의 초롱초롱함과 보상에 관여하는 신경전달물질

몰입 도전거리와 기술이 적절하게 균형을 이루는 활동에 몰두해서 강하게 즐길 수 있는 경험

민감화 스트레스 자극에 대한 정서적 반응성이 높아지는 현상. 극단적이고, 반복되고, 통제할 수 없는 스트레스 상황에서 기인한다.

반응 처치를 시작한 후에 차도에 미치지 못하나 개선되는 상태로, 증상의 약 50%가 줄어드는 것이라고 연구자들은 정의한다.

반추 문제해결에 진전 없이 우울한 관심사들을 계속 생각하는 것. 이는 증상들을 악화시킨다.

부정적 정서성 낮은 쪽의 평온한 만족에서 높은 쪽의 두려움과 공포에까지 걸쳐 있는

일련의 정서 스펙트럼 상태

불안정 애착 애착 인물에 대한 자신감의 부족. 양가 애착과 회피 애착의 형태로 나타난다.

비자발적 순종 전략 압도되거나 억압당하는 것에 직면해서, 위험한 직면을 피하기 위한 적응적 목적을 갖고 비자발적으로 순종하는 것. 그러나 우울 상태를 유발한다.

산후 우울 출산 후 몇 주 내에 시작하는 주요 우울 삽화

세로토닌 스트레스 반응을 조절하고, 충동 통제력을 높이는 데 중요한 역할을 하는 신경전달물질. SSRIs가 직접 겨냥하는 목표물

스토아학파 고대 그리스와 로마의 철학 운동. 통제할 수 없는 사건들에 대한 정서적 반응들을 제거할 것을 주장했다.

스트레스 누적 대처능력을 무너뜨리는 스트레스의 축적. 종종 우울 삽화로 나타난다.

스트레스 생성 스트레스를 증가시키는 관계 패턴을 만들거나 행동을 하는 의도치 않은 과정

신경증 불편감과 불안 경향을 특징으로 하며, 약간은 기질적인 성격 특성

악순환 하나가 다른 하나를 악화시키는 상호작용을 하는 두 가지 요인들(예: 우울은 알코올 남용을 부추기고, 알코올 남용은 다시 우울을 악화시킨다)

악화 치료에 반응 또는 차도가 있은 뒤에 증상들이 나빠지는 것. 회복에 앞서 발생한다.

안식처 애착 인물과 접촉해서 제공받는 안정감(feeling of security)

안심 추구하기 대인관계 마찰을 일으키고, 우울에서 흔한 대인 간 행동 형태

안전기지 '자율성'과 자신의 마음과 타인의 마음을 탐색하는 것을 포함하는 '탐색'의 바탕. 안정 애착관계가 안전기지를 제공한다.

안정 애착 적절한 애착 패턴. 특징은 애착 인물의 가용성과 정서적 반응성에 자신감이 있다는 것이다.

애착 친밀한 관계에서 발달하는 정서적 유대. 전형은 유아-엄마 간의 유대이다.

애착 외상 애착 관계에서 입은 외상. 종종 신뢰하는 관계를 맺고 유지하는 것을 방해한다.

양가 애착 불안정 애착의 패턴. 특징은 지나친 의존과 적개심의 조합이다.

양극성 장애 이전의 조울증 장애. 특징은 조증 삽화와 주요 우울 삽화를 번갈아서 나타내는 것이다.

역설(catch-22) 성공을 가로막는 골칫거리 또는 딜레마. 우울의 경우에, 한 사람이 우울에서 회복하기 위해 해야만 하는 모든 일들(예: 잘 자는 것)이 우울의 증상(예: 불

면)으로 인해 어렵게 된다는 생각

외상 극단적인 스트레스 사건들에 노출된 것으로 인한 지속적인 부정적 효과들

외향성 긍정적 정서성과 사교성을 특징으로 하는 성격 특성

우울 인내 우울장애에 굴복하지 않고 우울한 감정을 알아차리고 이해할 수 있는 적응 능력

유지처치 재발을 예방하기 위한 목적으로 장애의 삽화에서 회복한 뒤에 약물처치 또는 심리치료를 지속하는 처치

의도적 자해 견딜 수 없는 정서 상태에서 벗어나는 것을 1차 목표로 하는 자해(예: 칼로 베기 또는 약물 과다복용). 자살 의도를 기반으로 하지는 않는다.

의존적 우울 지나친 의존에서 기인하는 우울. 거부, 버림, 상실로 인해 촉발된다.

이중 우울증 기분부전 장애의 절정에서 주요 우울 삽화가 발생하는 것

자기비평적 우울 실패의 느낌과 결부되어 혹독한 자기비평에서 기인하는 우울

자기사랑 강점, 활력, 희망을 촉진하는 자기 자신과 정서적 유대를 맺는 능력

자기의지 분리와 재결합 사이의 간격을 매울 수 있는 능력(예: 자신을 돌봐 주던 사람과 가졌던 편안함을 주는 기억으로 자기를 진정시키거나 마음을 유지하는 것)

자기효능감 외부 환경(예: 다른 사람) 또는 내부 경험(예: 정서)에 영향을 미칠 수 있다는 느낌

작업동맹 신뢰와 수용의 느낌에 기반하고, 합의한 목표에 대해 적극적 협력을 겸비한 내담자–상담자 간의 관계

장애 단순한 의지력 있는 행동으로 회복할 수 없는 상태. 이 상태는 많은 사회적 및 직업적 책무에서 적법한 변명을 할 수 있게 하는 사회적 역할을 하는 한편, 장애에 걸린 사람이 처치를 추구해서 협력해야 하는 상황에 처하게 한다.

재발 회복 기간이 있은 뒤에 새로운 장애 삽화가 발생하는 것

전두엽 피질 대뇌 피질의 전두 영역의 대부분을 차지하는 부분. 숙고하기, 계획하기, 우선순위 정하기 등의 집행 기능을 실행한다.

정신증 현실과 접촉을 상실한 장애. 환각(예: 목소리를 듣는 것), 망상(예: 당신이 박해당하고 있다고 믿으나 현실은 그렇지 않은 상태), 또는 심각하게 와해된 사고

정신화하기 자신과 타인의 정신 상태를 이해하는 것. 예를 들어, 감정들에 관해 생각하는 것. 대인관계에서 각자가 상대방의 마음을 마음으로 읽는 경험

조증 활동이 많아지고 기분은 고양되며, 판단력은 흐려져서 역기능적인 결과를 가져오는 행동을 하게 하는 상태

주체성 자신을 위해 조치를 취할 수 있는 능력. 자유, 선택, 책임의 의미를 포함한다.

지속처치 지속 가능한 회복을 보장하기 위해 반응 또는 차도의 시점을 지나서도 약물처치 또는 심리치료를 유지하는 것

코르티솔 정상적 수준의 스트레스 반응은 조절하고, 과잉된 수준의 스트레스 반응은 조절하지 못하는 주요 스트레스 호르몬

편도체 뇌의 측두엽의 아래쪽에 있는 구조. 위협이 되는 자극을 빠르게 등록해서 두려움 반응을 구성한다.

평가 상황이 정서적 의미를 갖는지에 관한 다소 의식적인 판단

학습된 무기력 반복되어 통제할 수 없는 스트레스에 대한 반응. 무기력을 학습하는 것으로 스트레스를 피할 수 없으면, 그 스트레스를 피할 방법을 학습하는 것의 실패로 나타난다.

해마 뇌의 측두엽의 아래쪽의 구조. 복잡한 사건들을 일관성 있는 기억체계로 부호화하고, 그 기억들이 장기적인 자서전적 기억들로 전환하는 것을 촉진하는 데 중요한 역할을 한다.

회복 장애 삽화가 있은 뒤에 차도를 유지하는 것. 2개월에서 6개월 사이의 기간으로 다양하게 정의된다.

회복력 역경에 효율적으로 대처할 수 있는 능력. 안정 애착과 정신화하기 능력으로 향상된다.

회피 애착 불안정 애착의 패턴. 다른 사람에게 의존하는 것을 피하고, 혼자서 모든 것에 대처한다.

PTSD 외상후 스트레스 장애. 잠재적 외상 사건들에 노출된 뒤에 발달할 수 있는 정신증적 장애. 그 증상에는 외상적 사건을 재경험하는 것(예: 플래쉬백 또는 악몽의 형태로), 과잉 각성, 회피 그리고 망연자실한 정서적 반응 상태를 포함한다.

SSRIs 선택적 세로토닌 재흡수 억제제. 항우울제로 널리 사용된다(예: 프로작, 졸로프트).

미주*

1) 출처: 신형철 (2018). 슬픔을 공부하는 슬픔. 서울: 한겨레출판. p. 27.

2) 이 책은 번역서가 있다. Styron, W. (2002). 보이는 어둠: 우울증에 대한 회고 (Darkness Visible). (임옥희 역). 서울: 문학동네 (원전은 1990에 출판)."

3) Styron은 "침울함이 슬금슬금 다가왔으며 일종의 공포와 소외감과 무엇보다도 숨 막히는 불안이 엄습했다."라고 자신의 우울과 불안의 동반 상태를 표현했다(Styron, 2002, p. 16.).

4) 긴장을 이완하는 여러 활동의 이완하는 속성은 불안에 도움이 되고, 활동에 참여하는 것은 우울에 도움이 된다. 링컨의 우울증이란 책에서 Joshua Wolf Shenk는 위대한 대통령이었던 링컨이 우울증에 대처한 방책에 대해 다음과 같이 말했다. "우울증이 20대 중반에 나타나 30대에 더 깊이 뿌리내리자 링컨은 유머에 도움을 청했다. …… 유머는 링컨에게 마음의 비바람을 막아 내는 보호책이었다. 긴장을 이완시켜 주고 위로와 즐거움을 주었다. 그는 이런 메모를 남기기도 했다. '좋은 이야기는 나에게 상당한 효과를 준다. 한 잔의 위스키가 카우보이를 위로해 주는 것처럼 그것은 내게 새로운 힘을 준다. …… 영혼과 유체의 소화를 위해 아주 좋다. …… 그것은 내 무드와 우울함의 배출구이다.' 유머는 또한 링컨에게 남들과 관계 맺는 길을 마련해 주었다." 출처: Shenk, J. W. (2009). 링컨의 우울증: 역사를 바꾼 유머와 우울(Lincoln's melancholy). (이종인 역). 서울: 문예출판사 (원전은 2005에 출판). p. 204.

5) 니체는 하루의 끝에 반성하는 것을 멈추라고 조언한다. "일을 끝내고 차분하게 반성한다. 하루를 마치고 그 하루를 돌아보며 반성하다 보면, 자기 자신과 타인의 잘못을

---

* 인용문의 구체적인 출처는 첫 인용 시에만 제시하고 이후는 저자명, 출판연도와 페이지만 제시함. 직접 인용한 경우는 " "로 표시하였음.

깨닫고 결국에는 우울해지고 만다. 자신의 한심함에 분노를 느끼고 타인에 대한 원망이 생기기도 한다. 그것은 대개 불쾌하고 어두운 결과로 치닫는다. 이렇게 되는 까닭은 당신이 지쳐 있기 때문이다. 피로에 젖어 지쳐 있을 때 냉정히 반성하기란 결코 불가능하기에 그 반성은 필연적으로 우울이라는 덫에 걸려들 수밖에 없다. 지쳤을 때는 반성하는 것도, 되돌아보는 것도, 일기를 쓰는 것도 하지 말아야 한다. 활기차게 활동하거나 무엇인가에 흠뻑 빠져 힘을 쏟고 있을 때, 즐기고 있을 때는 어느 누구도 반성하거나 되돌아보지 않는다. 그렇기에 스스로가 한심하게 여겨지고 사람에 대한 증오심이 느껴질 때는 자신이 지쳐 있다는 신호라 여기고 그저 충분한 휴식을 취하라. 그것이 스스로를 위한 최선의 배려다." 출처: 自取春彦(2010). 초역 니체의 말(秒訳ニーチェの言葉). (박재현 역). 서울: 삼호미디어 (원전은 2010에 출판), p. 23.

6) 어떤 노력이든 그 노력(산책, 유머, 대인관계, 입원, 약물처치, 심리치료, 여행, 하루의 계획 세우기)을 꾸준히 하면 우울한 사람에게 도움이 될 수 있다. 작은 노력을 꾸준히 하면 생길 수 있는 효과를 불교의 한 경전은 다음처럼 장인의 노력에 비유하고 있다. "장인(匠人)이 도끼자루를 꾸준히 잡으면, 조금씩 점점 닳아 손가락 자국이 난다. 그러나 장인은 그것을 깨닫지 못한다. 이와 같이 열심히 노력하여 닦고 익히면, 오늘은 얼마쯤 번뇌가 없어지고 내일은 얼마쯤 번뇌가 없어진다고 스스로 알지 못하지만, 마침내 번뇌가 없어질 것이다." 출처: 이진역 엮음. 한국인이 가장 좋아하는 경전 구절. 서울: 불광출판사.

7) Styron은 우울로 적절한 처치를 받지 않은 자신의 경험에 대해 "여러 가지 이유로, 나의 정신이 녹아내리고 있다는 현실을 인정하지 않고 나름대로 대처해 보려 했기 때문에, 그전 몇 주일 동안 정신과의 도움을 받지 않았었다. 그러다 보니 병은 더 심각해졌다. 하지만 현실을 무한정 외면할 수 없다는 사실도 알고 있었다."라고 표현하였다(Styron, 2002, p. 17.).

8) 주체(主體): 사물의 작용이나 어떤 행동의 주가 되는 것

9) 주체성(主體性): 인간이 어떤 일을 실천할 때 나타내는 자유롭고 자주적인 성질

10) 능동자재하다: 능동적이고 거리낌 없이 마음대로이다.

11) 링컨의 우울증이란 책을 쓴 Shenk는 다음처럼 쓰고 있다. "1840년대와 1850년대 초반에 링컨 생활의 핵심적 사항은 그가 정치와 법률 분야에서 열심히 일했다는 것이다. 중증 우울증의 주된 특징은 거의 얼어붙은 것 같은 무력이지만, 만성 우울증을 가

진 사람들은 일을 잘할 뿐만 아니라 자신의 직업에 많은 정성을 기울인다. 우울증에 관한 저서를 여러 권 펴낸 심리학자 해곱 S. 아스키칼은 자신의 저서에 '만성 우울증 환자들은 남을 위해 희생해야 하는 직업에 열정을 바침으로써 개인적 만족을 얻는 경향이 있다'고 적었다. 많은 만성 우울증 환자가 그들의 일 '외의' 모든 분야에서 공허함을 느낀다고 말한다. 아스키칼은 두 가지 요소가 이런 '단일 카테고리의 존재'를 만들어 냈다고 진단한다. 우울증 환자들은 사회적 활동을 끊어 버리기 때문에 결국 일만 남게 되거나 일이 보상적 대응이 된다. 그들은 자신의 그런 자산을 지속적으로 발전시키고 보호하는 것이다. 이 두 가지 요소가 링컨에게 그대로 적용된다. 별것 아니지만 그의 사회적 네트워크는 대체로 일을 중심으로 빛을 발했다." (Shenk, 2009, p. 204).

12) 니체는 다음처럼 말했다. "마음이 불쾌해지는 가장 큰 이유 중 하나는 자신이 이룬 것, 자신이 창조한 것이 사람들에게 별다른 도움이 되지 않는다고 느끼기 때문이다. 자신이 별 도움이 되지 않는 존재가 되었다 여겨 언짢아하는 노인이 있는가 하면, 빛나는 청춘의 한가운데에 있으면서 사회 속에서 생산적 존재가 되지 않는다는 생각에 우울해 하는 젊은이도 있다. 이러한 사실로 비추어 볼 때, 늘 기분 좋은 인생을 살아가기 위한 한 가지 요령은 타인을 돕거나 누군가의 힘이 되어 주는 것이라 할 수 있다. 그것으로 존재의 의미를 실감하고, 순수한 기쁨을 누리게 된다." (自取春彦, 2010, p. 36).

13) 가난이 우울할 위험을 높이지만 이를 고정관념화하지는 말기를 바란다. Beck과 Alford는 우울의 역설을 흥미롭게 말한 바 있다. "우울은 어느 날 역설의 관점에서 이해될 수도 있다. 즉, 우울한 사람의 자신에 대한 이미지와 여러 가지 객관적 사실 간에 극명한 대조가 있다. 부유한 여성은 자녀를 양육할 금융자산이 충분하지 않다고 신음한다. 널리 호평을 받고 있는 영화배우는 자신이 못생겼다는 믿음으로 성형수술을 해 달라고 간청한다. 한 저명한 물리학자는 자신을 '멍청하다'고 비난한다." 출처: Beck, A. T., & Alford, B. A. (2009). *Depression: Causes and treatment*. Pennsylvania: University of Pennsylvania Press. p. 3.

14) 분리란 유아가 엄마에게서 잠시 동안 신체적으로 떨어지는 것이다. 낮 시간 동안 어린이 집에 맡겨지는 것에서부터 죽음에 이르기까지 다양한 상황들이 있다.

15) 정신화하기라는 용어가 낯설 것이다. 이것은 '① 마음으로 마음을 생각하는 것, ② 자기와 타인들의 정신 상태에 주의를 기울이는 것, ③ 오해를 이해하는 것, ④ 당신 자신을 다른 사람의 입장에서(from the outside), 그리고 타인들을 당신의 입장에

서(from the inside) 헤아려 보는 것, ⑤ 행동과 결부된 마음의 상태(mental quality)를 인식, 해석, 추론하는 것(giving a mental quality to) 또는 마음의 작용을 숙련하는 것(cultivating mentally)'을 뜻한다. 출처: Allen, J. G., Fonagy, P., Bateman, A. W, (2008). Mentali zing in dinical practice. Arlington, VA: American Psychiatric Publishing. p. 3. "③ 오해를 이해하는 것"과 관련하여 인지행동이론가들은 탁월한 업적을 이뤘다. 우울할 때 자기 또는 자기의 가치에 관한 오해(misunderstandings)가 깊숙이 관련되어 있다. Burns(1999, p. 58)는 "우울할 때 당신은 명료하게 생각하는 능력의 일부를 상실한다. 당신은 일어나는 일들을 적절한 관점에서 생각하는 데 어려움을 겪는다. 부정적 사건들의 중요성이 부각되고 당신의 전체 현실을 지배한다. 당신은 일어나고 있는 것이 왜곡되었다는 것을 말할 수 없다. 모든 것은 당신에게 진짜 현실로 보인다. 당신이 우울하고 비참하다고 느낄수록, 당신의 사고는 점점 더 왜곡된다. 그리고 역으로 마음의 왜곡(mental distortion)이 없으면 당신은 낮은 자기가치감이나 우울을 경험할 수 없다!"고 하였다. 이러한 가정을 바탕으로 인지행동치료는 자기에 대한 오해를 이해하고 바로잡는 방법으로 오류가 있는 자동적 사고를 찾고, 평가하는 방법을 개발하였다. 이는 다름 아닌 정신화하기의 일면이다. (Burns, 1999, p. 58) "당신이 무가치감을 느낄 때 찾아야 할 가장 흔한 마음의 왜곡은 흑백사고(all-or-nothing thinking)이다. 당신이 그러한 양극의 범주로만 삶을 볼 때, 당신이 한 일을 당신은 대단하거나 끔찍한 것으로 믿게 될 것이며, 그 밖의 다른 것은 아무것도 존재하지 않을 것이다."라고 말했다. 출처: Burns, D. D.(1999). *Feeling good: The new mood therapy*. New York: HarperCollins. p. 58. Burns에게 상담받은 한 영업사원은 그에게, "매월 영업목표의 95%나 그 이상을 달성하는 것은 수용할 수 있어요. 94%나 그 아래는 완전한 실패나 마찬가지예요."라고 말했다고 한다. 오해를 이해하는 것이란 "완전한 실패"라는 생각을 버리고 "이번 달은 95%에 가까운 94%를 달성했다."로 바꾸는 것이다. 그렇지 않는 한 그 생각은 견디기 버거운 불안이나 잦은 우울감을 초래할 것이다.

16) 안정 애착이 되기 위한 주춧돌 역할을 하는 사람은 안전기지 또는 안식처의 기능을 제공해야 한다. 누가 이런 사람이 될 수 있는가와 관련하여, 오카다 다카시, 즉 岡田尊司(2017)는 "안전기지는 애착을 안정시키는 열쇠여서, 불안정한 애착을 회복시키는 과정에서 중요한 역할을 한다. …… 쉽게 감정에 휘둘리는 사람은 이런 역할을 맡기 어

렵다. 아이가 폭언을 한다고 곧바로 화를 내거나 문제삼는 사람은 안전기지에 어울리지 않는다. 누군가의 안전기지가 되려면 폭언이나 거친 행동에도 흔들리지 않는 냉정함과, 감춰진 속마음을 적절히 읽고 반응할 수 있는 능력이 필요하다. 이런 능력을 일컬어 '마음 읽기에 탁월하다' '성찰 능력이 뛰어나다'고 한다. 애착이 안정된 사람일수록 이런 능력이 우수해서 좋은 안전기지가 될 수 있다." 출처: 岡田尊司 (2017). 나를 돌보는 게 서툰 어른을 위한 애착수업 (愛着アプローチ: 医学モデルを超える新しい回復法). (이정환 역). 경기: 푸른숲 (원전은 2016에 출판). p. 16.

17) Nietzsche, F. W. (2016). 니체와 걷다. (시라토리 하루히코 엮음, 이신철 역). 서울: 케미스토리, p. 8.

18) 자기가치감은 DSM의 우울의 ① 양극성 장애, ② 주요 우울장애의 진단기준 모두와 관계가 있다. 전자의 진단기준은 '자존감의 증가 또는 과대감'을, 후자의 진단기준은 '거의 매일 무가치감 또는 과도하거나 부적절한 죄책감(망상적일 수도 있는)을 느낌(단순히 병이 있다는 데 대한 자책이나 죄책감이 아님)'을 포함하고 있다. 이는 자기가치감이 과잉한 상태, 과소한 상태 모두 문제가 된다는 것을 보여 준다.

19) 우울하면 첫 번째로 이해해야 할 것이 '우울의 심각성'이다. 1장의 마지막 부분에서 저자가 우울의 심각성을 이미 강조했지만 Styron의 뒤늦은 깨달음을 한번 들어보는 것은 우울의 심각성을 이해하는 것이 매우 중요하다는 것을 보여 줄 것이다. 즉, 그는 "여러 가지 이유로, 나의 정신이 녹아내리고 있다는 현실을 인정하지 않고 나름대로 대처해 보려 했기 때문에 …… 정신과의 도움을 받지 않았다. 그러다 보니 병은 더 심각해졌다. 하지만 현실을 무한정 외면할 수 없다는 사실도 알고 있었다. …… 우울증과 관련하여 닥치는 대로 읽은 문헌들은 적절한 항우울제만 발견된다면 거의 모든 증상은 정상화 …… 될 수 있다고 확신하고 있었다. …… 의사가 기적적인 처방으로 내 질병이란 쭉정이를 날려보내 주었으면 했다. 그 순간을 지금도 선명하게 기억한다. 어떻게 그처럼 순진한 희망을 가질 수 있었는지, 어쩌면 그토록 무지하게 내 앞에 펼쳐진 위험과 고통을 의식하지 못했는지."라고 썼다(Styron, 2002, pp. 17-18).

20) 현존하던 사망하였던 애착 인물이 비평하는 모습에 대한 예상, 상상, 기대 등

21) detachment를 attachment의 반의어로 보면 탈애착, 탈착으로 옮길 수도 있다.

22) 잘못된 사고는 여러 가지 방식으로 우울을 일으킨다. 여기에는 마음의 왜곡(metal distortion), 반추하기, 귀인의 오류 등 여러 가지가 있다. 12장에서 저자가 이런

것들을 다루지만, 당신이 우울 증상을 겪고 있는 사람, 특히 여성이라면 "Nolen-Hoeksema, S. (2013). 생각이 너무 많은 여자(Women who think too much: How to break free of overthinking and reclaim your life). (나선숙 역). 서울: 지식너머 (원전은 2003년에 출판)."을 읽어 보면 '너무 많은 생각', 즉 반추하기에서 벗어나는 데 도움을 받을 수 있다.

23) 스트레스와 행복은 양립 불가능한 개념으로 보일 수 있지만 반드시 그렇지 않다는 말이다. 노자도 일찍이 이런 관점을 제시한 바 있다.그는 "휘면 온전할 수 있고, 굽으면 곧아질 수 있고, 움푹 파이면 채워지게 되고, 헐리면 새로워지고, 적으면 얻게 되고 … 겨루지 않기에 세상이 그와 더불어 겨루지 못합니다."라고 말했다. (출처: 오강남 역 (2015). 도덕경. 서울: 현암사. p. 110) 이에 대해 오강남은 "'휘어짐과 온전함' '굽어짐과 곧아짐' 등이 양립 불가능한 반대 개념이 아니라 …… 상호불가결의 상관개념이라는 더욱 근본적인 사실이 아닌가 생각된다. 예를 들어, 자벌레를 보라. 굽어져야 곧아지고, 곧아져야 굽어진다. 곧아지려면 굽어져야 하고, 굽어지려면 곧아져야 한다. …… 굽어짐이 없으면 곧아짐이 없고, 곧아짐이 없으면 굽어짐이 없다. 굽어짐과 곧아짐은 서로 떼어 생각할 수 없는 관계에 있다. 이처럼 파임과 메워짐, 헐어짐과 새로워짐, 적음과 얻음, 많음과 곤혹 등등은 모두 반대되는 별개의 개념이 아니라 우주의 생성의 변화 과정에서 …… 서로 붙어서 돌아가는 하나의 변증법적 진행일 따름이다."라고 해석을 붙였다(오강남 역, 2015, pp. 110-112).

24) 원어는 internal stress이다. internal은 내부, 내면 등으로 옮길 수 있으나 여기서는 '마음'으로 옮겼다.

25) 저자는 이 책 전체에서 '타인과 접촉하라'고 강조한다. 저자는 심지어 '고립은 우울제나 마찬가지이고, 타인과 어울리는 것은 항우울제'라고 한다. 이런 관점에 대해 신경과학자이며, 우울증 전문가이고, 우울증에 깊이 빠져 본 적 있는 (Korb, 2015)는 그저 사람들 속에 있기만 해도 우울의 하강나선을 상승나선으로 전환하는 데 도움이 된다고 말했다. 그는 "인간은 사회적인 종(種)이다. 우리는 함께 생존하도록 진화해 왔고, 우리의 뇌는 다른 사람들과 상호작용하고 서로 연결되어 있다고 느낄 때 가장 건강하다."라고 말한다. 그래서 그는 우울에 대해 "뇌과학이 주는 매우 중요한 원리 중 하나는 아무리 혼자 있고 싶더라도 우울증을 치료할 희망은 종종 다른 사람들에게 있다는 것이다."라고 말했다. 그리고 그는 "사회적 상호작용은 수많은 뇌 회로와 신경전달

물질계의 활동에 변화를 가져온다. 대화와 신체 접촉이, 심지어 그저 사람들 속에 있는 것이 스트레스, 통증, 불안, 우울 증상들을 줄이고 차분함과 행복감을 높여 준다." 라고(p. 256) 말했다. 그는 사람들과 어울리는 것이 다시 행복해지는 데 도움이 되는 여러 가지 이유 중 한 가지는 사랑의 호르몬이라고 불리는 옥시토신의 기능과 관련이 있다고 본다. 옥시토신은 "누군가가 우리에게 신뢰를 표현할 때, 때로는 대화 중에 상대를 향한 신뢰감과 애착이 깊어질 때 분비된다. 또한 옥시토신은 스트레스와 두려움, 통증을 완화한다. …… 옥시토신과 전두-변연계 회로의 이상은 유대감을 떨어뜨림으로써 (우울의) 하강나선을 만들 수 있다. 다행히 다른 사람들의 존재가 옥시토신계와 전두-변연계 회로를 개선해 우울증에서 벗어나도록 도와준다." 그래서 그는 가장 단순하게는 "사람들과 함께 있어라. (우울의) 하강나선은 혼자 있을 때 작동할 가능성이 크다. 기분이 점점 처진다고 느껴지면 도서관이나 커피숍처럼 사람들이 있는 곳을 찾아가라. 사람들과 대화할 필요까지는 없다. 그저 물리적으로 같은 공간에 있는 것만으로도 도움이 된다."라고 조언한다. 저자가 사회적 접촉 또는 접인(接人)을 강조하는 이유 중의 하나는 건설적인 접촉이 우울과 관련된 이상적 뇌 활동을 정상적으로 돌려놓을 것이라 믿기 때문일 것이다. 출처: Korb, A.(2015). 우울할 땐 뇌과학 [The upward spiral].(정지인 역). 서울: 푸른숲.

26) 분개의 사전적 의미는 '몹시 분하게 여김'이고, 분노의 사전적 의미는 '분개하여 몹시 성을 냄. 또는 그렇게 내는 성'이다.

27) 출처: 김수현 (2018). 나는 나로 살기로 했다. 서울: 마음의 숲. pp. 30-31.

28) 기분이 나빠지면 세상과 자신의 부정적인 면을 더욱 잘 포착하게 되는 현상을 기분일치주의 편향(mood congruent bias)라고 한다. 이런 편향이 생기는 것은 기분이 나쁘면 뇌의 편도체의 반응성이 높아지기 때문이다. Korb(2018)에 의하면 기분일치주의 편향은 우울증이 있는 사람에게 훨씬 더 심각하고, 그들은 부정적 사건과 감정에 더 주의를 기울이고, 세상에서 슬픔을 더욱 많이 감지하는 경향이 있다. 그는 이런 상태를 좋은 뉴스를 별로 내보내지 않는 저녁 뉴스를 하루 종일 보고 있는 것과 마찬가지라고 하였다. 그렇다고 심하게 절망할 필요는 없다. Korb(2018)에 의하면 기분일치주의 편향은 우울의 상승나선을 가속화하는 데도 도움을 주기 때문이다. 다시 말해, 우리가 무언가 긍정적인 것을 감지하거나 기분이 조금이라도 나아지면 긍정적 방향으로도 편향이 이루어질 수 있다. 따라서 우울한 것에서 당장 100%로 벗어날 수 없더

라도 기분이 나아지게 하는 조그만 일을 계속 시도해 보는 것이 중요하다.

29) 사람들은 누군가의 행동(예: 짜증을 내거나, 퉁명한 목소리로 말하는 것)이 자신을 거부하는 것이라고 여길 때 자기를 비평하거나 부정적인 원인을 찾는 경향이 있다, 예를 들어, '내가 보잘 것 없어서. 그 사람이 나에게 관심이 없어서, 그 사람이 나를 싫어해서 ……' 등등과 같이 생각할 수 있다. 이러한 자기비평이나 부정적 해석은 다시 우울한 기분을 유발한다. 따라서 인지치료, 합리적 정서적 행동 치료와 같은 상담 접근은 다른 가능성이나 대안적 생각을 찾아보도록 하고 이는 우울한 기분을 개선하는 데 도움이 된다. Korb(2018)에 의하면, 뇌과학적으로는 "다른 가능성을 생각해 내면 내측 전전두 피질이 활성화되어 변연계의 감정 조절을 개선해 기분이 나아질 수 있다." (p. 258).

30) 전전두엽 피질은 "뇌의 가장 앞부분에 있다고 해서 붙은 이름이다. 계획회로와 의사결정회로의 중심을 차지하고 있어 뇌의 CEO로 간주된다. 이곳은 충동과 동기를 통제하는 역할도 한다."(Korb, 2018, p.38).

31) 기차 따위의 차체(車體)를 받치며 바퀴에 연결되어 있는 철로 만든 테이다.

32) 이 책은 『스트레스(stress)』라는 제목으로 사이언스 북스 출판사에서 번역하여 출간되었다.

33) 암페타민 성분을 기초로 하는 마약을 통칭한다. 암페타민류는 매우 강력한 중추신경의 흥분작용을 하여 각성과 흥분을 일으키는 합성화합물질이다. 암페타민은 원래 마황(ephedra)의 활성성분인 에페드린(ephedrine)의 추출 과정에서 발견되었다. 암페타민은 활동성을 증가시키고 기분을 좋게 만드는 기능이 있어, 1887년 값싼 천식 치료제로 처음 합성된 이래 비만증, 우울증, 파킨슨병 등의 치료에 사용되었다. 하지만 이후에 긍정적인 효과들이 오래가지 않는다는 것이 발견되었고, 남용하면 의존성과 내성, 우울증 등 금단증상이 발생한다는 것이 보고되었다. 1970년대까지만 해도 암페타민 약물은 시중에서 쉽게 구할 수 있었다. 치료 목적 외에 살 빼기, 밤샘 공부, 장거리를 운전하는 트럭 운전사의 졸음 방지를 위해 사용되었다. 이때 의약 연구자들은 암페타민이 헤로인을 대체할 수 있고, 중독성은 없다고 믿었다. 하지만 암페타민과 헤로인을 섞어서 주사하는 스피드(speed)가 유행하면서 남용자가 급속히 증가하였다. 또한 암페타민류의 내성과 심리적 의존성에 대한 연구 결과가 보고되었다. 이에 1970년대에는 암페타민류 약물에 대한 규제가 가해지기 시작하였다. 약물의 인체

내에서의 작용에 따라 분류를 할 때, 마약류는 억제제에 속하지만 암페타민류는 흥분제에 속한다. 암페타민은 천연 추출물이 아니라 화학적으로 합성된 화합물로서, 주로 정제형, 앰플형, 캡슐형, 액제형 등으로 제조된다. 화학적 구조에 따라 디암페타민(D amphetamine), 엘암페타민(L amphetamine), 메스암페타민(methamphetamine)의 세 종류로 나뉜다. 암페타민은 인체 내에서 활동성을 증가시키기 때문에 일시적으로 잠이 오지 않는 맑은 정신 상태를 유지시켜 주고, 배고픔과 피곤함도 잊게 해 준다. 하지만 시간이 지날수록 심박수를 증가시켜 가슴이 두근거리고, 혈압이 높아지고, 호흡이 빨라지고, 동공이 확대되고, 입이 마르고, 두통을 일으킨다. 또한 많은 양을 투여하면 위험할 정도로 맥박과 혈압이 증가하기도 한다. 이러한 암페타민류의 각성 효과 때문에 '기력제(pep pills)' '잠 깨는 약(wake-ups)' '눈꺼풀 받침대(eye openers)' '부조종사(co-pilots)' '트럭 운전수(truck drivers)' '베니(bennies)'라고도 부른다. 이는 모두 암페타민을 복용했을 때 나타나는 현상으로, 약효가 떨어지면 급격한 피로감과 우울함을 느끼게 되어 이에 따른 내성과 의존성도 단기간에 생긴다. 또한 지속적인 과다복용을 하면 간질환, 발기부전, 우울증도 생길 수 있다. 출처: 김춘경, 이수연, 이윤주, 정종진, 최웅용 (2016). 상담학 사전. 서울: 학지사.

34) 다시 말해, 항우울제 복용으로 세로토닌이 재흡수되지 않고, 시냅스에 머물러 그 수치가 올라가도, 우울이 개선되는 것은 시간이 지나 나타나므로 높아진 수치 자체가 우울 개선 효과를 나타낸 것으로 볼 수 없다는 뜻이다.

35) 이해를 돕기 위해 앞부분에서 생략된 진술들을 제시하면 다음과 같다. "심각한 상태의 우울증은 광기일 수 있다. 광기는 상궤에서 벗어난 생화학 작용에서 기인한다. 광기가 뇌의 신경전달물질에 변화가 생겨 발생한다는 이론은 상당히 확실한 것으로 자리를 잡았다(많은 정신과 의사들의 강력한 반대를 물리친 후, 불과 얼마 전에). 원인이 알려지지 않은 신경계 스트레스로 인해 노르에피네프린과 세로토닌과 같은 화학물질은 고갈되며 코르디솔 같은 호르몬의 분비는 증대된다는 것이다." (Styron, 2002, p. 57)

36) 『정신질환 진단 및 통계편람』에서는 '아형'으로 번역된다.

37) 우울과 뇌 활동의 관계를 더 알고 싶으면, Korb(2018)에서 흥미로운 내용과 다양하고, 유익한 팁들을 얻을 수 있다.

38) 즉, "좌반구는 세부사항들을 분석하고 계열을 만들어 조직화하는 반면에, 우반구는

큰 그림을 이해한다. 좌반구는 일상적인 일들을 처리한다. 우반구는 새로운 일들의 해결을 위해 노력한다. 그런 이유로 좌반구는 언어의 전문영역이고, 우반구는 정서의 전문영역이다."

39) 강조는 역자가 첨가했다.

40) 정서 양식들에 대해 더 알고 싶은 독자는 "Davidson, R. J. & Begley, S. (2012). 너무 다른 사람들: 인간의 차이를 만드는 정서 유형의 6가지 차원[The emotional life of your brain: how its unique patterns affect the way you think, feel, and live and how you can change them]. (곽윤정 역). 서울: 시공사 (원전은 2012년에 출판)."을 읽어 보면 좋다.

41) 하지만, 우울한 상황에서 전전두 피질의 기능 저하와 결부된 판단력의 손상으로, 오히려 갈등을 일으킬 수 있는 타인이나 지지적이지 못한 사람과 만나는 것은 우울을 더 악화시킬 수 있다. 그래서 접촉할 인물을 신중하게 택하는 게 좋다. 예를 들어, 당신을 지지했던 애착 인물들, 친구들, 또는 전문가로서 당신과 관계할 수 있는 상담사, 정신건강 전문의, 명상으로 당신의 내면에서 당신을 자비롭게 대하는 자기와 접촉하는 것이 유익할 수 있다.

42) MBSR을 실천하면 반추에서 벗어나 외부로 주의를 돌리는 데 도움이 된다. 예를 들어, MBSR에 참여를 대기하고 있는 암환자들과 8주간 MBSR에 참여한 암환자들이 재발하고, 주로 자기에 대한 과거 지향의 생각을 하는 반추의 정도를 비교한 결과 후자의 반추 정도가 전자에 비해 낮아졌다.출처: Cambell, T. S., Labelle, L. E., Bacon, S. L., Faris, P., & Carlson, L. E. (2012). Impact of mindfulness-based stress reduction(MBSR) on attention, rumination and resting blood pressure in women with cancer: A waitlist-controlled study. *Journal of Behavioral Medicine, 35,* pp. 262-271.

43) Corb(2013, p. 224)는 음악을 적극 활용하도록 권장하고 있다. 즉, 그는 '음악을 활용하라. …… 음악에는 해마, 전방 대상피질, 측좌핵을 포함해 변연계의 대부분이 참여한다. 음악을 즐기고 음악에서 동기를 부여받는 것, 음악이 감정을 조절하는 데 도움은 주는 것도 모두 그 때문이다. 또 음악은 마음을 진정시키고 혈압을 낮추고 스트레스를 줄인다. 그러니 라디오에서 나오는 노래를 따라 부르거나 좋아하는 노래로 재생목록을 만들어 보자. 더 좋은 것은 춤을 추러 가는 것이다. 춤에는 음악과 운동, 사교

가 한데 녹아 있어 상승곡선으로 가는 추진력을 제대로 강하게 얻을 수 있다."라고 하였다. 음악은 우울을 유발하는 데 관계된 변연계의 주의를 음악 그 자체로 전환해 주는 것 같다.

44) 심리상담, 약물상담, 운동, 감사일기, 바이오피드백(예: 웃음, 미소, 곧고 반듯한 자세 유지하기, 근육 이완), 명상, 산책, 햇볕 쬐기 등 무엇이든 지금 할 수 있는 것을 해 보라는 것이다.

45) 예를 들어, 단 3시간의 수면으로도 충분하다고 느끼는 것도 수면욕구가 감소한 상태일 수 있다.

46) 저자는 양극성 장애와 양극성 우울을 동일한 의미로 사용하지 않고 있다는 데 유의하라.

47) 이 책은『자살의 이해』라는 제목으로 번역서가 나와 있다.

48) 법정(2019) 스님은 위빠사나(vipassana) 즉, '보다(관[觀])' 혹은 '관조하다'의 뜻을 소개하면서, "마음을(생각을) 지켜본다. 이대로 지켜보기만 하고 판단하지 마라. 감정이 일어날 때 지켜보면 감정을 그대로 사로잡지 못한다."라고 소개하고 있다(p.109). 또한 "관찰을 계속하면 지켜보는 힘이 늘어난다."고 하였다(p.114). 출처: 법정(2019). 간다, 봐라. 서울: 김영사. Corb(2018)는 불안이나 걱정이 생겼을 때 단순하게 그 사실을 알아차리는 것이 뇌의 변연계의 불안조차 진정시킬 수 있다는 실험 결과를 소개했다. 그에 의하면, "감정을 언어로 옮기기라는 주제의 한 fMRI 연구에서 참가자들에게 감정적인 표정이 담긴 얼굴 사진을 보여 주는 실험을 진행했다. 예상대로 각 참가자의 편도체가 사진 속 감정에 반응해 활성화됐다. 그러나 그 감정에 이름을 붙여 보라고 하자 복외측 전전두 피질이 활성화되고 감정적인 편도체의 반응성은 감소했다."(p. 76). 이 결과와 관련해 Corb는 우리가 감정 상태를 인지하면 전전두 피질이 활성화되고 그러면 전전두 피질이 편도체를 진정시켜 원래의 감정이 야기하는 효과를 떨어뜨린다고 하였다.

49) 웃음을 선사할 수도 있는 문장을 몇 개 옮겨 본다. "선생에게 야단맞았다고 해서 자신의 가치가 떨어졌다고 생각하지 마라. 또한 칭찬받았다고 해서 자신의 가치가 올라갔다며 우쭐하지도 마라. 학은 날고 있어도, 자고 있어도 학이다. 돼지는 울어도 짖어도 돼지이다." 출처: 夏目漱石(2019. 나쓰메 소세키: 인생의 이야기. (박성민 편역). 서울: 현암사. p. 13. "사람을 보라. 금시계를 보지 마라. 옷을 보지 마라. 도둑

은 우리보다 더 멋진 옷을 입는 사람이다."(p. 14) "바보는 백 명이 모여도 바보이다. 자기편이 많다고 해서 자신에게 지혜가 있다고 생각하는 것은 착각이다. 소는 소를 데려오고, 말은 말을 데려온다. 자기편이 많다는 것은 때로는 자신이 바보임을 증명하는 것이다. 그보다 더 보기에 딱한 것은 없다."(pp. 15-16)

50) 니체도 유사한 말을 했다. "더 기뻐하라. 사소한 일이라도 한껏 기뻐하라. 기뻐하면 기분이 좋아질 뿐 아니라, 몸의 면역력도 강화된다. 부끄러워하지 말고 참지 말고 삼가지 말고 마음껏 기뻐하라. 웃어라. 싱글벙글 웃어라. 마음이 이끄는 대로 어린아이처럼 기뻐하라. 기뻐하면 온갖 잡념을 잊을 수 있다. 타인에 대한 혐오와 증오도 옅어진다. 주위 사람들도 덩달아 즐거워할 만큼 기뻐하라. 기뻐하라. 이 인생을 기뻐하라. 즐겁게 살아가라."(自取春彦, 2010, p. 47)

51) 거창한 활동만이 즐거운 활동이라고 생각하지 마라. 법정(2019) 스님은 기묘년 초하루 수류산방에서 장수다인(長壽茶人)께 보내는 글에서 "그 산중에서 / 무슨 재미로 / 사느냐고 / 개울물 / 길어다 / 차 달여 마시는 / 재미로 사네"라고 했다. 스님은 "한 잔의 차가 우리 앞에 오기까지는 수많은 사람의 숨은 공이 들어 있다. 차를 따서 만들어 보내준 사람의 공, 그릇을 빚어 만들어 준 사람의 공, 다포를 만들어 준 사람의 공, 차수저며 도구를 만들어 준 사람의 공 그리고 물과 불 … 이것저것 헤아리면 자연과 수많은 사람의 은혜가 한 잔의 차 속에 배어 있다. 한 잔의 차 속에 우주가 녹아 있다. 그러니 차를 마실 때는 이런 은혜를 생각하며 고마운 마음으로 마셔야 한다."라고 했다(pp. 152-153). 스님은 진정으로 차 마시기를 즐기고, 음미하며, 재미를 느끼고, 차 마시기에 공헌한 사람들에게 감사하고, 그 의미를 이웃과 우주로까지 확장하고 있다.

52) Nietzsche, F. W. (2012). 아침놀. 차라투스트라는 이렇게 말했다. (곽복록 역). 서울: 동서문화사. pp. 493-764.

53) 강조는 역자가 표기했다. '아무도'란 단어는 특정인이 아닌 모든 사람을 지칭하는 전반적(global)인 특징을 갖고 있다.

54) 부정적 사고를 전혀 하지 않는 것은 가능하지 않을 것이다. 그럼에도 대안은 있다. 인지치료의 제안처럼 유용한 비평적 사고를 하는 것이다. 이와 유사하게 Thomass(2010)는 "우리를 불쾌하게 만드는 것을 부정하느라고 꾸물거리는 것보다 우리를 기쁘게 해 주는 것을 추구하고 찬미하는 편이 더 낫다. 결과적으로 부정하는 가장 좋은 방법은 다른 것을 긍정하는 것이다."라고 제안했다. 이는 니체의 제안에 근

거한 것인데 그가 인용한 니체의 말을 재인용하면 다음과 같다. “행동함으로써 하지 않는다. ‘이것 하지 마라’ ‘단념하라’ ‘자신을 극복하라’ 이렇게 말하는 모든 도덕은 내게 근본적으로 반감을 불러일으킨다. 반대로 어떤 일을 하도록 나를 자극하는 도덕, 그것을 되풀이해서 하게 만드는 도덕, 아침에는 그것을 행하고 저녁에는 그것에 대해 꿈꾸게 하는 도덕, 그것을 잘 하는 것 말고는 다른 것은 생각하지 않게 만드는 도덕, 또한 오직 나만이 그것을 할 수 있다고 생각하게 만드는 도덕에 끌린다. …… ‘우리가 행하는 것이 우리가 하지 않는 것을 결정한다.’ 이것이 내가 좋아하는 것, 나의 원칙이다.” 이러한 니체의 관점에 바탕하면 인지치료는 다음처럼 요약될 수 있다. “우리가 유용한 비평적 사고를 하는 것이 부정적 사고를 하지 않는 것을 결정한다. 그리고 역기능적인 부정적 정서를 느끼지 않는 것을 결정한다.” 출처: Thomass, B.(2013). 우울할 땐 니체(S'affirmer avec Nietzsche). (김부용 역). 서울: 자음과 모음 (원전은 2010년에 출판.)

55) 이런 태도는 불교 정신에 입각하고 있다. 죄업보응경(罪業報應經)은 “물은 흘러 언제까지 차 있지 않고 / 타오르다 머잖아 꺼지는 불꽃 / 보게나, 해는 뜨되 금시에 지며 / 보름달은 어느덧 이지러짐을 / 세도가 하늘 뻗는 사람에게도 / 무상(無常)의 바람은 한결같아라.”라고 말하고 있다. 출처: 한용운 편찬 (2016). 불교대전: 대장경의 진수, 이원섭 역주, 서울: 현암사. p. 332.

56) “MAOIs는 예전만큼 자주 사용되지 않는다. 이것은 내담자가 MAOIs를 치즈와 같은 음식들과 함께 복용하면 혈압을 높이는 위험이 뒤따르기 때문이다. MAOIs는 또한 어떤 물질들과 함께 복용하면 독성 반응을 일으킬 수 있다. 이러한 위험들 때문에, 더 새롭고 더 안전한 항우울제가 개발되었다. …… 그럼에도 불구하고, 다른 항우울제에 반응을 보이지 않는 일부 우울한 내담자에게 MAOIs는 매우 유익할 수 있다. 내담자가 의사가 몇 가지 준수사항을 잘 지키면 MAOIs 안전하게 사용될 수 있다.”(Burns, 1999, p. 444).

참고문헌

1. Heller J: *Catch-22*. New York, Simon and Schuster, 1955.
2. Styron W: *Darkness Visible*. New York, Random House, 1990.
3. McDermott JJ: *The Writings of William James: A Comprehensive Edition*. Chicago, IL, University of Chicago Press, 1977.
4. Watson D: *Mood and Temperament*. New York, Guilford, 2000.
5. Kendler KS, Kuhn J, Prescott CA: "The Interrelationship of Neuroticism, Sex, and Stressful Life Events in the Prediction of Episodes of Major Depression." *American Journal of Psychiatry* 161:631-636, 2004.
6. Meehl PE: "Hedonic Capacity: Some Conjectures." *Bulletin of the Menninger Clinic* 39:295-307, 1975.
7. Panksepp J: *Affective Neuroscience: The Foundations of Human and Animal Emotions*. New York, Oxford University Press, 1998.
8. American Psychiatric Association: *Diagnostic and Statistical Manual of Mental Disorders*, 4th Edition, Text Revision. Washington, DC, American Psychiatric Association, 2000.
9. Hankin BL, Fraley RC, Lahey BB, et al.: "Is Depression Best Viewed as a Continuum or Discrete Category? A Taxometric Analysis of Childhood and Adolescent Depression in a Population-Based Sample." *Journal of Abnorma Psychology* 114:96-110, 2005.
10. Ruscio J, Ruscio AM: "Informing the Continuity Controversy: A Taxometric Analysis of Depression." *Journal of Abnormal Psychology* 109:473-487, 2000.
11. Judd LL, Akiskal HS, Maser JD, et al.: "Major Depressive Disorder: A Prospective Study of Residual Subthreshold Depressive Symptoms as Predictor of Rapid Relapse." *Journal of Affective Disorders* 50:97-108, 1998.
12. Nierenberg AA, Wright EC: "Evolution of Remission as the New Standard in the Treatment of Depression." *Journal of Clinical Psychiatry* 60 (suppl):7-11, 1999.

13. Wells KB, Sturm R, Sherbourne CD, et al.: *Caring for Depression*. Cambridge, MA, Harvard University Press, 1996.

14. Angst J: "Minor and Recurrent Brief Depression," in *Dysthymia and the Spectrum of Chronic Depressions*. Edited by Akiskal HS, Cassano GB. New York, Guilford, 1997, pp. 183–190.

15. Akiskal HS, Cassano GB: *Dysthymia and the Spectrum of Chronic Depressions*. New York, Guilford, 1997.

16. Keller MB, Lavori PW: "Double Depression, Major Depression, and Dysthymia: Distinct Entities or Different Phases of a Single Disorder?" *Psychopharmacology Bulletin* 20:399–402, 1984.

17. Roth A, Fonagy P: *What Works for Whom? A Critical Review of Psychotherapy Research*, 2nd Edition. New York, Guilford, 2005.

18. Haykal RF, Akiskal HS: "The Long-Term Outcome of Dysthymia in Private Practice: Clinical Features, Temperament, and the Art of Management." *Journal of Clinical Psychiatry* 60:508–518, 1999.

19. Keller MB, Shapiro RW: "'Double Depression': Superimposition of Acute Depressive Episodes on Chronic Depressive Disorders." *American Journal of Psychiatry* 139:438–442, 1982.

20. Klein DN, Taylor EB, Harding K, et al.: "Double Depression and Episodic Major Depression: Demographic, Clinical, Familial, Personality, and Socioenvironmental Characteristics and Short-Term Outcome." *American Journal of Psychiatry* 145:1226–1231, 1988.

21. Keller MB, Hirschfeld RM, Hanks DL: "Double Depression: A Distinctive Subtype of Unipolar Depression." *Journal of Affective Disorders* 45:65–73, 1997.

22. Ryder AG, Bagby RM, Dion KL: "Chronic, Low-Grade Depression in a Nonclinical Sample: Depressive Personality or Dysthymia?" *Journal of Personality Disorders* 15:84–93, 2001.

23. McDermut W, Zimmerman M, Chelminski I: "The Construct Validity of Depressiv Personality Disorder." *Journal of Abnormal Psychology* 112:49–60, 2003.

24. Phillips KA, Gunderson JG, Triebwasser J, et al.: "Reliability and Validity of Depressive Personality Disorder." *American Journal of Psychiatry* 155:1044–1048, 1998.

25. Rosenthal NE, Sack DA, Gillin JC, et al.: "Seasonal Affective Disorder." *Archives of*

General Psychiatry 41:72-80, 1984.

26. Magnusson A, Boivin D: "Seasonal Affective Disorder: An Overview." *Chronobiology International* 20:189-207, 2003.
27. Oren DA, Rosenthal NE: "Light Therapy," in *Treatments of Psychiatric Disorders,* Volume 2, 3rd Edition. Edited by Gabbard GO. Washington, DC, American Psychiatric Publishing, 2001, pp. 1295-1306.
28. Frank E, Prien RF, Jarrett RB, et al.: "Conceptualization and Rationale for Consensus Definitions of Terms in Major Depressive Disorder: Remission, Recovery, Relapse, and Recurrence." *Archives of General Psychiatry* 48:851-885, 1991.
29. Riso LP, Thase ME, Howland RH, et al.: "A Prospective Test of Criteria for Response, Remission, Relapse, Recovery, and Recurrence in Depressed Patients Treated With Cognitive Behavior Therapy." *Journal of Affective Disorders* 43:131-142, 1997.
30. Keller MB: "Past, Present, and Future Directions for Defining Optimal Treatment Outcome of Depression: Remission and Beyond." *Journal of the American Medical Association* 289:3152-3160, 2003.
31. Kim-Cohen J, Caspi A, Moffitt TE, et al.: "Prior Juvenile Diagnoses in Adults With Mental Disorder." *Archives of General Psychiatry* 60:709-717, 2003.
32. Lewis L, Kelly KA, Allen JG: *Restoring Hope and Trust: An Illustrated Guide to Mastering Trauma*. Baltimore, MD, Sidran Press, 2004.
33. Darwin C: *The Expression of Emotion in Man and Animals* (1872). Chicago, IL, University of Chicago Press, 1965.
34. Cannon WB: *Bodily Changes in Pain, Hunger, Fear and Rage: An Account of Recent Researches Into the Function of Emotional Excitement*. Boston, MA, Charles T. Branford, 1953.
35. Schmale AH: "Depression as Affect, Character Style, and Symptom Formation," in *Psychoanalysis and Contemporary Science: An Annual of Integrative Interdisciplinary Studies,* Volume 1. Edited by Holt RR, Peterfeund E. New York, Macmillan, 1972, pp. 327-351.
36. Price J, Sloman L, Gardner R, et al.: "The Social Competition Hypothesis of Depression." *British Journal of Psychiatry* 164:309-315, 1994.
37. Dubovsky SL: *Mind-Body Deceptions: The Psychosomatics of Everyday Life*. New York, W.W. Norton, 1997.

38. Klinger E: "Loss of Interest," in *Symptoms of Depression*. Edited by Costello CG. New York, Wiley, 1993, pp. 43-62.

39. Neese RM: "Is Depression an Adaptation?" *Archives of General Psychiatry* 57:14-20, 2000.

40. Gilbert P: *Depression: The Evolution of Powerlessness*. New York, Guilford, 1992.

41. Seligman MEP: Helplessness: *On Depression, Development and Death*. San Francisco, CA, W.H. Freeman, 1975.

42. Zetzel ER: "Depression and the Incapacity to Bear It," in *Drives, Affects, Behavior,* Volume 2. Edited by Schur M. New York, International Universities Press, 1965, pp. 243-274.

43. Martin P: *The Zen Path Through Depression*. New York, HarperCollins, 1999.

44. Michels R: "Treatment of Depression in the New Health Care Scene," in *Treatment of Depression: Bridging the 21st Century*. Edited by Weissman MM. Washington, DC, American Psychiatric Press, 2001, pp. 47-54.

45. Hammen C: *Depression*. East Sussex, UK, Psychology Press, 1997.

46. Blazer D, Kessler RC, McGonagle KA, et al.: "The Prevalence and Distribution of Major Depression in a National Community Sample: The National Comorbidity Survey." *American Journal of Psychiatry* 151:979-986, 1994.

47. Hammen C, Rudolph KD: "Childhood Depression," in *Child Psychopathology*. Edited by Mash EJ, Barkley RA. New York, Guilford, 1996, pp. 153-195.

48. Friedman RA: "Social and Occupational Adjustment in Chronic Depression," in *Diagnosis and Treatment of Chronic Depression*. Edited by Kocsis JH, Klein DN. New York, Guilford, 1995, pp. 89-102.

49. Judd LL, Akiskal HS, Zeller PJ, et al.: "Psychosocial Disability in the Long-Term Course of Unipolar Major Depressive Disorder." *Archives of General Psychiatry* 57:375-380, 2000.

50. Hirschfeld RM, Montgomery SA, Keller MB, et al.: "Social Functioning in Depression: A Review." *Journal of Clinical Psychiatry* 61:268-275, 2000.

51. Murray CJL, Lopez AD: "Executive Summary," in *The Global Burden of Disease: A Comprehensive Assessment of Mortality and Disability From Diseases, Injuries, and Risk Factors in 1990 and Projected to 2020*. Geneva, Switzerland, World Health Organization, and Boston, MA, Harvard School of Public Health, 1996, pp. 1-43.

52. Ustun TB: "The Worldwide Burden of Depression in the 21st Century," in *Treatment of Depression: Bridging the 21st Century*. Edited by Weissman MM. Washington, DC, American Psychiatric Press, 2001, pp. 35-45.

53. Kraepelin E: *Manic-Depressive Insanity and Paranoia*. Translated by Barclay RM. Edinburgh, Scotland, Livingstone, 1921.

54. Angst J: "The Course of Affective Disorders." *Psychopathology* 19:47-52, 1986.

55. Mueller TI, Leon AC: "Recovery, Chronicity, and Level of Psychopathology in Major Depression." *Psychiatric Clinics of North America* 19:85-102, 1996.

56. Oldehinkel AJ, Ormel J, Neeleman J: "Predictors of Time to Remission From Depression in Primary Care Patients: Do Some People Benefit More From Positive Life Change Than Others?" *Journal of Abnormal Psychology* 109:299-307, 2000.

57. Wilkinson P, Hawton K, Andrew B, et al.: "Does the Duration of Illness Before Treatment Affect the Time Taken to Recover on Treatment in Severely Depressed Women?" *Journal of Affective Disorders* 41:89-92, 1996.

58. Keller MB, Lavori PW, Mueller TI, et al.: "Time to Recovery, Chronicity, and Levels of Psychopathology in Major Depression." *Archives of General Psychiatry* 49:809-816, 1992.

59. Solomon DA, Keller MB, Leon AC, et al.: "Recovery From Major Depression: A 10-Year Prospective Follow-Up Across Multiple Episodes." *Archives of General Psychiatry* 54:1001-1006, 1997.

60. Keller MB: "The Long-Term Treatment of Depression." *Journal of Clinical Psychiatry* 60 (suppl):41-45, 1999.

61. O'Leary D, Costello F, Gormley N, et al.: "Remission Onset and Relapse in Depression: An 18-Month Prospective Study of Course for 100 First Admission Patients." *Journal of Affective Disorders* 159:159-171, 2000.

62. Sargeant JK, Bruce MI, Florio LP, et al.: "Factors Associated With 1-Year Outcome of Major Depression in the Community." *Archives of General Psychiatry* 47:519-526, 1990.

63. Cronkite RC, Moos RH, Twohey J, et al.: "Life Circumstances and Personal Resources as Predictors of the Ten-Year Course of Depression." *American Journal of Community Psychology* 26:255-280, 1998.

64. Keller MB: "Depression: Considerations for Treatment of a Recurrent and Chronic Disorder." *Journal of Psychopharmacology* 10 (suppl):41-44, 1996.

65. Judd LL, Akiskal HS, Maser JD, et al. "A Prospective 12-Year Study of Subsyndromal and Syndromal Depressive Symptoms in Unipolar Major Depressive Disorders." *Archives of General Psychiatry* 1998, 55:694-700.

66. Solomon DA, Keller MB, Leon AC, et al.: "Multiple Recurrences of Major Depressive Disorder." *American Journal of Psychiatry* 157:229-233, 2000.

67. Daley SE, Hammen C, Rao U: "Predictors of First Onset and Recurrence of Major Depression in Young Women During the 5 Years Following High School Graduation." *Journal of Abnormal Psychology* 109:525-533, 2000.

68. Judd LL, Paulus MP, Schettler PJ, et al.: "Does Incomplete Recovery From First Lifetime Major Depressive Episode Herald a Chronic Course of Illness?" *American Journal of Psychiatry* 157:1501-1504, 2000.

69. American Psychiatric Association: *Major Depressive Disorder: A Patient and Family Guide*. Washington, DC, American Psychiatric Association, 2000.

70. Belsher G, Costello CG: "Relapse After Recovery From Unipolar Depression: A Critical Review." *Psychological Bulletin* 104:84-96, 1988.

71. Melfi CA, Chawla AJ, Croghan TW, et al.: "The Effects of Adherence to Antidepressant Treatment Guidelines on Relapse and Recurrence of Depression." *Archives of General Psychiatry* 55:1128-1132, 1998.

72. Ilardi SS, Craighead WE, Evans DD: "Modeling Relapse in Unipolar Depression: The Effects of Dysfunctional Cognitions and Personality Disorders." *Journal of Consulting and Clinical Psychology* 65:381-391, 1997.

73. Suominen KH, Isometsa ET, Hernriksson MM, et al.: "Inadequate Treatment for Depression Both Before and After Attempted Suicide." *American Journal of Psychiatry* 155:1778-1780, 1998.

74. Hirschfeld RM, Keller MB, Panico S, et al.: "The National Depressive and Manic-Depressive Association Consensus Statement on the Undertreatment of Depression." *Journal of the American Medical Association* 277:333-340, 1997.

75. Laukkala T, Isometsa ET, Hamalainen J, et al.: "Antidepressant Treatment of Depression in the Finnish General Population." *American Journal of Psychiatry* 158:2077-2079, 2001.

76. Meyers BS, Sirey JA, Bruce MI, et al.: "Predictors of Early Recovery From Major Depression Among Persons Admitted to Community-Based Clinics." *Archives of*

General Psychiatry 59:729-735, 2002.

77. Wells KB, Sturm R: "Informing the Policy Process: From Efficacy to Effectiveness Data on Pharmacotherapy." *Journal of Consulting and Clinical Psychology* 64:638-645, 1996.
78. Young AS, Klap R, Sherbourne CD, et al.: "The Quality of Care for Depressive and Anxiety Disorders in the United States." *Archives of General Psychiatry* 58:55-61, 2001.
79. Dawson R, Lavori PW, Coryell W, et al.: "Course of Treatment Received by Depressed Patients." *Journal of Psychiatric Research* 33:233-242, 1999.
80. Mueller TI, Leon AC, Keller MB, et al.: "Recurrence After Recovery From Major Depressive Disorder During 15 Years of Observational Follow-Up." *American Journal of Psychiatry* 156:1000-1006, 1999.
81. Katon WJ, Rutter CM, Ludman EJ, et al.: "A Randomized Trial of Relapse Prevention of Depression in Primary Care." *Archives of General Psychiatry* 58:241-247, 2001.
82. Lin EHB, Simon GE, Katon WJ, et al.: "Can Enhanced Acute-Phase Treatment of Depression Improve Long-Term Outcomes? A Report of Randomized Trials in Primary Care." *American Journal of Psychiatry* 156:643-645, 1999.
83. Simon GE, Manning WG, Katzelnick DJ, et al.: "Cost-Effectiveness of Systematic Depression Treatment for High Utilizers of General Medical Care." *Archives of General Psychiatry* 58:181-187, 2001.
84. Blacker D: "Maintenance Treatment of Major Depression: A Review of the Literature." *Harvard Review of Psychiatry* 4:1-9, 1996.
85. Weissman MM: *Treatment of Depression: Bridging the 21st Century*. Washington, DC, American Psychiatric Press, 2001.
86. Dennett DC: *Elbow Room: The Varieties of Free Will Worth Wanting*. Cambridge, MA, MIT Press, 1984.
87. O'Connor T: "Agent Causation," in *Agents, Causes, and Events: Essays on Indeterminism and Free Will*. Edited by O'Connor T. New York, Oxford University Press, 1995, pp. 173-200.
88. Kauffman S: *Investigations*. New York, Oxford University Press, 2000.
89. Stern DN: *The Interpersonal World of the Infant: A View From Psychoanalysis and Developmental Psychology*. New York, Basic Books, 1985.
90. Scanlon TM: *What We Owe to Each Other*. Cambridge, MA, Harvard University Press, 1998.

91. Bandura A: "Social Cognitive Theory: An Agentic Perspective." *Annual Review of Psychology* 52:1-26, 2001.

92. Bandura A, Pastorelli C, Barbaranelli C, et al.: "Self-Efficacy Pathways to Childhood Depression." *Journal of Personality and Social Psychology* 76:258-269, 1999.

93. Brown GW, Harris TO: *Social Origins of Depression: A Study of Psychiatric Disorder in Women*. New York, Free Press, 1978.

94. Ayer AJ: "Freedom and Necessity," in *Free Will*. Edited by Watson G. New York, Oxford University Press, 1982, pp. 15-23.

95. Allen JG: *Coping With Trauma: Hope Through Understanding*, 2nd Edition. Washington, DC, American Psychiatric Publishing, 2005.

96. de Botton A: *Status Anxiety*. New York, Random House, 2004.

97. Dewey J: *Human Nature and Conduct*. Carbondale, IL, Southern Illinois University Press, 1988.

98. Scarr S: "Developmental Theories for the 1990s: Development and Individual Differences." *Child Development* 63:1-19, 1992.

99. Buss AH: "Selection, Evocation, and Manipulation." *Journal of Personality and Social Psychology* 53:1214-1221, 1987.

100. Hammen C: "Stress and Depression." *Annual Review of Clinical Psychology* 1:293-319, 2005.

101. Rhodes R: *How to Write: Advice and Reflections*. New York, William Morrow, 1995.

102. Beck AT: "Beyond Belief: A Theory of Modes, Personality, and Psychopathology," in *Frontiers of Cognitive Therapy*. Edited by Salkovskis PM. New York, Guilford, 1996, pp. 1-25.

103. McKenchnie JL: *Webster's New Universal Unabridged Dictionary*. New York, Simon and Schuster, 1979.

104. Szasz TS: *The Myth of Mental Illness: Foundations of a Theory of Personal Conduct*, Revised Edition. New York, Harper and Row, 1974.

105. Allen JG, Munich RL, Rogan A: *Agency in Illness and Recovery*. Houston, TX, The Menninger Clinic, 2004.

106. Parsons T: "Illness and the Role of the Physician: A Sociological Perspective." *American Journal of Orthopsychiatry* 21:452-460, 1951.

107. Munich RL: "Efforts to Preserve the Mind in Contemporary Hospital Treatment."

Bulletin of the Menninger Clinic 76:167–186, 2003.

108. MacIntyre A: *Dependent Rational Animals: Why Human Beings Need the Virtues*. Chicago, IL, Open Court, 1999.
109. Halleck SL: "Dissociative Phenomena and the Question of Responsibility." *International Journal of Clinical and Experimental Hypnosis* 38:298–314, 1990.
110. Dennett DC: *Freedom Evolves*. New York, Penguin, 2003.
111. Nagel T: *The Last Word*. New York, Oxford University Press, 1997.
112. Menninger KA: *Whatever Became of Sin?* New York, Hawthorn Books, 1973.
113. Brown L: *The New Shorter Oxford English Dictionary*. Oxford, UK, Clarendon Press, 1993.
114. Solomon A: *The Noonday Demon: An Atlas of Depression*. New York, Simon and Schuster, 2001.
115. Seminowicz DA, Mayberg HS, McIntosh AR, et al.: "Limbic–Frontal Circuitry in Major Depression: A Path Modeling Metanalysis." *NeuroImage* 22:409–418, 2004.
116. Goldberg E: *The Executive Brain: Frontal Lobes and the Civilized Mind*. New York, Oxford University Press, 2001.
117. Wallace J, Schneider T, McGuffin P: "Genetics of Depression," in *Handbook of Depression*. Edited by Gotlib IH, Hammen C. New York, Guilford, 2002, pp. 169–191.
118. Pliszka SR: *Neuroscience for the Mental Health Clinician*. New York, Guilford, 2003.
119. Morange M: *The Misunderstood Gene*. Translated by Cobb M. Cambridge, MA, Harvard University Press, 2001.
120. Keller EF: *The Century of the Gene*. Cambridge, MA, Harvard University Press, 2000.
121. Kendler KS, Kessler RC, Walters EE, et al.: "Stressful Life Events, Genetic Liability, and Onset of an Episode of Major Depression in Women." *American Journal of Psychiatry* 152:833–842, 1995.
122. Caspi A, Sugden K, Moffitt TE, et al.: "Influence of Life Stress on Depression: Moderation by a Polymorphism on the *5-HTT* Gene." *Science* 301:386–389, 2003.
123. Kendler KS, Neale M, Kessler R, et al.: "A Twin Study of Recent Life Events and Difficulties." *Archives of General Psychiatry* 50:789–796, 1993.
124. Kendler KS: "Social Support: A Genetic–Epidemiological Analysis." *American Journal of Psychiatry* 154:1398–1404, 1997.
125. Glover V, O'Connor TG: "Effects of Antenatal Stress and Anxiety: Implications for

Developmental Psychiatry." *British Journal of Psychiatry* 180:389-391, 2002.

126. Field T: "Prenatal Effects of Maternal Depression," in *Children of Depressed Parents: Mechanisms of Risk and Implications for Treatment*. Edited by Goodman SH, Gotlib IH. Washington, DC, American Psychological Association, 2002, pp. 59-88.
127. Field T, Diego M, Hernandez-Reif M, et al.: "Right Frontal EEG and Pregnancy/Neonatal Outcomes." *Psychiatry* 65:35-47, 2002.
128. Goodman SH: "Depression and Early Adverse Experiences," in *Handbook of Depression*. Edited by Gotlib IH, Hammen C. New York, Guilford, 2002, pp. 245-267.
129. O'Connor TG, Heron J, Golding J, et al.: "Maternal Antenatal Anxiety and Children's Behavioural/Emotional Problems at 4 Years." *British Journal of Psychiatry* 180:502-508, 2002.
130. Buss AH: "Personality: Primate Heritage and Human Distinctiveness," in *Personality Structure in the Life Course: Essays on Personology in the Murray Tradition*. Edited by Zucker RA, Rabin AI, Aronoff J. New York, Springer, 1992, pp. 57-100.
131. Kagan J: "Behavioral Inhibition as a Temperamental Category," in *Handbook of Affective Sciences*. Edited by Davidson RJ, Scherer KR, Goldsmith HH. New York, Oxford University Press, 2003, pp. 320-331.
132. Kendler KS, Kessler RC, Neale MC, et al.: "The Prediction of Major Depression in Women: Toward an Integrated Etiologic Model." *American Journal of Psychiatry* 150:1139-1148, 1993.
133. Akiskal HS: "Overview of Chronic Depressions and Their Clinical Management," in *Dysthymia and the Spectrum of Chronic Depressions*. Edited by Akiskal HS, Cassano GB. New York, Guilford, 1997, pp. 1-34.
134. Akiskal HS: "Temperamental Foundation of Affective Disorders," in *Interpersonal Factors in the Origin and Course of Affective Disorders*. Edited by Mundt C, Goldstein MJ, Hahlweg K, et al. London, England, Gaskell, 1996, pp. 3-30.
135. Watson D, Clark LA: "Extraversion and Its Positive Emotional Core," in *Handbook of Personality Psychology*. Edited by Hogan R, Johnson JA, Briggs S. San Diego, CA, Academic Press, 1997, pp. 767-793.
136. James W: *The Varieties of Religious Experience*. New York, Modern Library, 1994.
137. Blackburn S: *Being Good: A Short Introduction to Ethics*. New York, Oxford University Press, 2001.

138. Peterson C: "The Future of Optimism." *American Psychologist* 55:44-55, 2000.

139. Nolen-Hoeksema S: "Gender Differences in Depression," in *Handbook of Depression*. Edited by Gotlib IH, Hammen C. New York, Guilford, 2002, pp. 492-509.

140. Harter S: *The Construction of the Self: A Developmental Perspective*. New York, Guilford, 1999.

141. Allgood-Merten B, Lewinsohn PM, Hops H: "Sex Differences and Adolescent Depression." *Journal of Abnormal Psychology* 99:55-63, 1990.

142. Stice E, Hayward C, Cameron RP, et al.: "Body-Image and Eating Disturbances Predict Onset of Depression Among Female Adolescents: A Longitudinal Study." *Journal of Abnormal Psychology* 109:438-444, 2000.

143. Kendler KS, Thornton LM, Prescott CA: "Gender Differences in the Rates of Exposure to Stressful Life Events and Sensitivity to Their Depressogenic Effects." *American Journal of Psychiatry* 158:587-593, 2001.

144. Allen JG: *Traumatic Relationships and Serious Mental Disorders*. Chichester, UK, Wiley, 2001.

145. Welner A, Marten S, Wochnick E, et al.: "Psychiatric Disorders Among Professional Women." *Archives of General Psychiatry* 36:169-173, 1979.

146. Belle D: "Poverty and Women's Health." *American Psychologist* 45:385-389, 1990.

147. Nolen-Hoeksema S: "Responses to Depression and Their Effects on the Duration of Depressive Episodes." *Journal of Abnormal Psychology* 100:569-582, 1991.

148. Freud S: *Civilization and Its Discontents* (1929). Translated by Strachey J. New York, Norton, 1961.

149. Bowlby J: *Attachment and Loss*, Volume I: *Attachment,* 2nd Edition. New York, Basic Books, 1982.

150. Ainsworth MDS, Blehar MC, Waters E, et al.: *Patterns of Attachment: A Psychological Study of the Strange Situation*. Hillsdale, NJ, Erlbaum, 1978.

151. Bowlby J: *A Secure Base: Parent-Child Attachment and Healthy Human Development*. New York, Basic Books, 1988.

152. Grossmann KE, Grossmann K, Zimmermann P: "A Wider View of Attachment and Exploration: Stability and Change During the Years of Immaturity," in *Handbook of Attachment: Theory, Research, and Clinical Applications*. Edited by Cassidy J, Shaver PR. New York, Guilford, 1999, pp. 760-786.

153. Hofer MA: "The Emerging Neurobiology of Attachment and Separation: How Parents Shape Their Infant's Brain and Behavior," in *September 11: Trauma and Human Bonds*. Edited by Coates SW, Rosenthal JL, Schechter DS. New York, Guilford, 2003, pp. 191-209.

154. Schore AN: "Effects of a Secure Attachment Relationship on Right Brain Development, Affect Regulation, and Infant Mental Health." *Infant Mental Health Journal* 22:7-66, 2001.

155. Field T, Reite M: "The Psychobiology of Attachment and Separation: A Summary," in *The Psychobiology of Attachment and Separation*. Edited by Reite M, Field T. New York, Academic Press, 1985, pp. 455-479.

156. Fonagy P: "Thinking About Thinking: Some Clinical and Theoretical Considerations in the Treatment of a Borderline Patient." *International Journal of Psycho-Analysis* 72:639-656, 1991.

157. Fonagy P, Gergely G, Jurist EL, et al.: *Affect Regulation, Mentalization, and the Development of the Self*. New York, Other Press, 2002.

158. Fox NA, Card JA: "Psychophysiological Measures in the Study of Attachment," in *Handbook of Attachment: Theory, Research, and Clinical Applications*. Edited by Cassidy J, Shaver PR. New York, Guilford, 1999, pp. 226-245.

159. Blatt SJ: *Experiences of Depression: Theoretical, Clinical, and Research Perspectives*. Washington, DC, American Psychological Association, 2004.

160. Thompson RA: "Early Attachment and Later Development," in *Handbook of Attachment: Theory, Research, and Clinical Applications*. Edited by Cassidy J, Shaver PR. New York, Guilford, 1999, pp. 265-286.

161. Belsky J: "Interactional and Contextual Determinants of Attachment Security," in *Handbook of Attachment: Theory, Research, and Clinical Applications*. Edited by Cassidy J, Shaver PR. New York, Guilford, 1999, pp. 249-264.

162. Ainsworth MDS: "Attachments Beyond Infancy." *American Psychologist* 44:709-716, 1989.

163. Lichtenberg JD: *Psychoanalysis and Motivation*. Hillsdale, NJ, Analytic Press, 1989.

164. Melson GF: "Studying Children's Attachment to Their Pets: A Conceptual and Methodological Review." *Anthrozoos* 4:91-99, 1988.

165. MacLean PD: *The Triune Brain in Evolution: Role in Paleocerebral Functions*. New

York, Plenum, 1990.

166. Howes C: "Attachment Relationships in the Context of Multiple Caregivers," in *Handbook of Attachment: Theory, Research, and Clinical Applications*. Edited by Cassidy J, Shaver PR. New York, Guilford, 1999, pp. 671-687.

167. Allen JG, Huntoon J, Fultz J, et al.: "A Model for Brief Assessment of Attachment and Its Application to Women in Inpatient Treatment for Trauma-Related Psychiatric Disorders." *Journal of Personality Assessment* 76:420-446, 2001.

168. Blatt SJ, Blass RB: "Relatedness and Self-Definition: Two Primary Dimensions in Personality Development, Psychopathology, and Psychotherapy," in *Interface of Psychoanalysis and Psychology*. Edited by Barron JW, Eagle MN, Wolitzky DL. Washington, DC, American Psychological Association, 1992, pp. 399-428.

169. Schafer R: *Aspects of Internalization*. New York, International Universities Press, 1968.

170. Hatfield E, Cacioppo JT, Rapson RL: *Emotional Contagion*. Paris, France, Cambridge University Press, 1994.

171. Preston SD, de Waal FBM: "Empathy: Its Ultimate and Proximate Bases." *Behavioral and Brain Sciences* 25:1-72, 2002.

172. O'Hara MW: "The Nature of Postpartum Depressive Disorders," in *Postpartum Depression and Child Development*. Edited by Murray L, Cooper PJ. New York, Guilford, 1997, pp. 3-31.

173. Cramer B: "Psychodynamic Perspectives on the Treatment of Postpartum Depression," in *Postpartum Depression and Child Development*. Edited by Murray L, Cooper PJ. New York, Guilford, 1997, pp. 237-261.

174. Teti DM, Gelfand DM: "Maternal Cognitions as Mediators of Child Outcomes in the Context of Postpartum Depression," in *Postpartum Depression and Child Development*. Edited by Murray L, Cooper PJ. New York, Guilford, 1997, pp. 136-164.

175. Gergely G, Watson JS: "Early Social-Emotional Development: Contingency Perception and the Social Biofeedback Model," in *Early Social Cognition: Understanding Others in the First Months of Life*. Edited by Rochat P. Hillsdale, NJ, Erlbaum, 1999, pp. 101-137.

176. Tronick EZ, Weinberg MK: "Depressed Mothers and Infants: Failure to Form Dyadic States of Consciousness," in *Postpartum Depression and Child Development*. Edited

by Murray L, Cooper PJ. New York, Guilford, 1997, pp. 54-81.

177. Stern DN: *The Present Moment in Psychotherapy and Everyday Life*. New York, Norton, 2004.

178. Field T: "Infants of Depressed Mothers." *Infant Behavior and Development* 18:1-13, 1995.

179. Ashman SB, Dawson G: "Maternal Depression, Infant Psychobiological Development, and Risk for Depression," in *Children of Depressed Parents: Mechanisms of Risk and Implications for Treatment*. Edited by Goodman SH, Gotlib IH. Washington, DC, American Psychological Association, 2002, pp. 37-58.

180. Papousek H, Papousek M: "Fragile Aspects of Early Social Integration," in *Postpartum Depression and Child Development*. Edited by Murray L, Cooper PJ. New York, Guilford, 1997, pp. 35-53.

181. Lyons-Ruth K, Lyubchik A, Wolfe R, et al.: "Parental Depression and Child Attachment: Hostile and Helpless Profiles of Parent and Child Behavior Among Families at Risk," in *Children of Depressed Parents: Mechanisms of Risk and Implications for Treatment*. Edited by Goodman SH, Gotlib IH. Washington, DC, American Psychological Association, 2002, pp. 89-120.

182. Dawson G, Frey K, Self J, et al.: "Frontal Brain Electrical Activity in Infants of Depressed and Nondepressed Mothers: Relation to Variations in Infant Behavior." *Development and Psychopathology* 11:589-605, 1999.

183. Campbell SB, Cohn JF: "The Timing and Chronicity of Postpartum Depression: Implications for Infant Development," in *Postpartum Depression and Child Development*. Edited by Murray L, Cooper PJ. New York, Guilford, 1997, pp. 165-197.

184. Hay DF: "Postpartum Depression and Cognitive Development," in *Postpartum Depression and Child Development*. Edited by Murray L, Cooper PJ. New York, Guilford, 1997, pp. 85-110.

185. Murray L, Cooper PJ: "The Role of Infant and Maternal Factors in Postpartum Depression, Mother-Infant Interactions, and Infant Outcomes," in *Postpartum Depression and Child Development*. Edited by Murray L, Cooper PJ. New York, Guilford, 1997, pp. 111-135.

186. Hossain Z, Field T, Gonzalez J, et al.: "Infants of 'Depressed' Mothers Interact Better

With Their Nondepressed Fathers." *Infant Mental Health Journal* 15:348-357, 1994.

187. Pelaez-Nogueras M, Field T, Cigales M, et al.: "Infants of Depressed Mothers Show Less 'Depressed' Behavior With Their Nursery Teachers." *Infant Mental Health Journal* 15:358-367, 1994.

188. Gladstone TRG, Beardslee WR: "Treatment, Intervention, and Prevention With Children of Depressed Parents: A Developmental Perspective," in *Children of Depressed Parents: Mechanisms of Risk and Implications for Treatment*. Edited by Goodman SH, Gotlib IH. Washington, DC, American Psychological Association, 2002, pp. 277-305.

189. Gitlin MJ: "Pharmacological Treatment of Depression," in *Handbook of Depression*. Edited by Gotlib IH, Hammen C. New York, Guilford, 2002, pp. 360-382.

190. Weissman MM, Markowitz JC: "Interpersonal Psychotherapy for Depression," in *Handbook of Depression*. Edited by Gotlib IH, Hammen C. New York, Guilford, 2002, pp. 404-421.

191. Cooper PJ, Murray L: "The Impact of Psychological Treatments of Postpartum Depression on Maternal Mood and Infant Development, 1: Impact on Maternal Mood," in *Postpartum Depression and Child Development*. Edited by Murray L, Cooper PJ. New York, Guilford, 1997, pp. 201-220.

192. Field T: "The Treatment of Depressed Mothers and Their Infants," in *Postpartum Depression and Child Development*. Edited by Murray L, Cooper PJ. New York, Guilford, 1997, pp. 221-236.

193. Cooper PJ, Murray L, Wilson A, et al.: "Controlled Trial of the Short-and Long-Term Effect of Psychological Treatment of Postpartum Depression." *British Journal of Psychiatry* 182:412-419, 2003.

194. Murray L, Cooper PJ, Wilson A, et al.: "Controlled Trial of the Short-and Long-Term Effect of Psychological Treatment of Postpartum Depression, 2: Impact on the Mother-Child Relationship and Child Outcome." *British Journal of Psychiatry* 182:420-427, 2003.

195. Goodman SH, Gotlib IH: *Children of Depressed Parents: Mechanisms of Risk and Implications for Treatment*. Washington, DC, American Psychological Association, 2002.

196. Radke-Yarrow M, Klimes-Dougan B: "Parental Depression and Offspring Disorders: A Developmental Perspective," in *Children of Depressed Parents: Mechanisms of Risk*

and Implications for Treatment. Edited by Goodman SH, Gotlib IH. Washington, DC, American Psychological Association, 2002, pp. 155-173.

197. Hammen C: "Context of Stress in Families of Children With Depressed Parents," in *Children of Depressed Parents: Mechanisms of Risk and Implications for Treatment*. Edited by Goodman SH, Gotlib IH. Washington, DC, American Psychological Association, 2002, pp. 175-199.
198. Bowlby J: *Attachment and Loss*, Volume III: *Loss, Sadness and Depression*. New York, Basic Books, 1980.
199. Bowlby J: *Attachment and Loss*, Volume II: *Separation*. New York, Basic Books, 1973.
200. Bifulco A, Harris T, Brown GW: "Mourning or Early Inadequate Care? Reexamining the Relationship of Maternal Loss in Childhood With Adult Depression and Anxiety." *Development and Psychopathology* 4:433-439, 1992.
201. Cicchetti D, Toth SL: "A Developmental Psychopathology Perspective on Child Abuse and Neglect." *Journal of the American Academy of Child and Adolescent Psychiatry* 34:541-565, 1995.
202. Walker LE: *The Battered Woman*. New York, Harper and Row, 1979.
203. Goldstein MZ: "Elder Maltreatment and Posttraumatic Stress Disorder," in *Aging and Posttraumatic Stress Disorder*. Edited by Ruskin PE, Talbott JA. Washington, DC, American Psychiatric Press, 1996, pp. 127-135.
204. Fonagy P, Target M: "Attachment and Reflective Function: Their Role in Self-Organization." *Development and Psychopathology* 9:679-700, 1997.
205. Bifulco A, Brown GW, Harris TO: "Childhood Experience of Care and Abuse(CECA): A Retrospective Interview Measure." *Journal of Child Psychology and Psychiatry* 35:1419-1435, 1994.
206. Stein HB, Allen D, Allen JG, et al.: *Supplementary Manual for Scoring Bifulco's Childhood Experiences of Care and Abuse Interview (M-CECA), Version 2.0 (Technical Report No. 00-0024)*. Topeka, KS, The Menninger Clinic, Research Department, 2000.
207. Bifulco A, Moran P: *Wednesday's Child: Research Into Women's Experience of Neglect and Abuse in Childhood and Adult Depression*. London, England, Routledge, 1998.
208. Harkness KL, Monroe SM: "Childhood Adversity and the Endogenous Versus Nonendogenous Distinction in Women With Major Depression." *American Journal of Psychiatry* 159:387-393, 2002.

209. Brodsky BS, Oquendo M, Ellis SP, et al.: "The Relationship of Childhood Abuse to Impulsivity and Suicidal Behavior in Adults With Major Depression." *American Journal of Psychiatry* 158:1871-1877, 2001.

210. Bernet CZ, Stein MB: "Relationship of Childhood Maltreatment to the Onset and Course of Major Depression in Adulthood." *Depression and Anxiety* 9:169-174, 1999.

211. Bifulco A, Moran PM, Baines R, et al.: "Exploring Psychological Abuse in Childhood, II: Association With Other Abuse and Adult Clinical Depression." *Bulletin of the Menninger Clinic* 66:241-258, 2002.

212. Wolock I, Horowitz B: "Child Maltreatment as a Social Problem: The Neglect of Neglect." *American Journal of Orthopsychiatry* 54:530-542, 1984.

213. Egeland B: "Mediators of the Effects of Child Maltreatment on Developmental Adaptation in Adolescence," in *Developmental Perspectives on Trauma: Theory, Research, and Intervention*. Edited by Cicchetti D, Toth SL. Rochester, NY, University of Rochester Press, 1997, pp. 403-434.

214. Barnett D, Manly JT, Cicchetti D: "Defining Child Maltreatment: The Interface Between Policy and Research," in *Child Abuse, Child Development, and Social Policy: Advances in Applied Developmental Psychology*. Edited by Cicchetti D, Toth SL. Norwood, NJ, Ablex Publishing, 1993, pp. 7-73.

215. Bifulco A, Brown GW, Adler Z: "Early Sexual Abuse and Clinical Depression in Adult Life." *British Journal of Psychiatry* 159:115-122, 1991.

216. Garber J, Horowitz JL: "Depression in Children," in *Handbook of Depression*. Edited by Gotlib IH, Hammen C. New York, Guilford, 2002, pp. 510-540.

217. Kashani JH, Carlson GA: "Seriously Depressed Preschoolers." *American Journal of Psychiatry* 144:348-350, 1987.

218. Klein DN, Lewinsohn PM, Seeley JR, et al.: "A Family Study of Major Depressive Disorder in a Community Sample of Adolescents." *Archives of General Psychiatry* 58:13-20, 2001.

219. Lieb R, Isensee B, Hofler M, et al.: "Parental Depression and the Risk of Depression and Other Mental Disorders in Offspring." *Archives of General Psychiatry* 59:365-374, 2002.

220. Nelson DR, Hammen C, Brennan PA, et al.: "The Impact of Maternal Depression on Adolescent Adjustment: The Role of Expressed Emotion." *Journal of Consulting and*

Clinical Psychology 71:935–944, 2003.

221. Lewinsohn PM, Essau CA: "Depression in Adolescents," in *Handbook of Depression*. Edited by Gotlib IH, Hammen C. New York, Guilford, 2002, pp. 541–559.
222. Fergusson DM, Woodward LJ: "Mental Health, Educational, and Social Role Outcomes of Adolescents With Depression." *Archives of General Psychiatry* 9:225–231, 2002.
223. Kasen S, Cohen P, Skodol AE, et al.: "Childhood Depression and Adult Personality Disorder." *Archives of General Psychiatry* 58:231–236, 2001.
224. Spence SH, Sheffield JK, Donovan CL: "Preventing Adolescent Depression: An Evaluation of the Problem Solving for Life Program." *Journal of Consulting and Clinical Psychology* 71:3–13, 2003.
225. Rutter M: "Resilience Concepts and Findings: Implications for Family Therapy." *Journal of Family Therapy* 21:119–144, 1999.
226. Yates TM, Egeland B, Sroufe A: "Rethinking Resilience: A Developmental Process Perspective," in *Resilience and Vulnerability: Adaptation in the Context of Childhood Adversities*. Edited by Luthar SS. New York, Cambridge University Press, 2003, pp. 243–265.
227. Luthar SS, Zelazo LB: "Research on Resilience: An Integrative Review," in *Resilience and Vulnerability: Adaptation in the Context of Childhood Adversities*. Edited by Luthar SS. New York, Cambridge University Press, 2003, pp. 510–549.
228. Hammen C: "Risk and Protective Factors for Children of Depressed Parents," in *Resilience and Vulnerability: Adaptation in the Context of Childhood Adversities*. Edited by Luthar SS. New York, Cambridge University Press, 2003, pp. 50–75.
229. Serbin LA, Karp J: "The Intergenerational Transfer of Psychosocial Risk: Mediators of Vulnerability and Resilience." *Annual Review of Psychology* 55:333–363, 2004.
230. Thase ME, Jindal R, Howland RH: "Biological Aspects of Depression," in *Handbook of Depression*. Edited by Gotlib IH, Hammen C. New York, Guilford, 2002, pp. 192–218.
231. Mazure C: "Life Stressors as Risk Factors in Depression." *Clinical Psychology: Science and Practice* 5:291–313, 1998.
232. Monroe SM, Hadjiyannakis K: "The Social Environment and Depression: Focusing on Severe Life Stress," in *Handbook of Depression*. Edited by Gotlib IH, Hammen C. New York, Guilford, 2002, pp. 314–340.
233. Allen JG: "Psychotherapy: The Artful Use of Science." *Smith College Studies in Social*

Work, in press.

234. Brown GW, Bifulco A, Harris TO: "Life Events, Vulnerability and Onset of Depression: Some Refinements." *British Journal of Psychiatry* 150:30-42, 1987.

235. Brown GW, Harris TO, Hepworth C: "Loss, Humiliation and Entrapment Among Women Developing Depression: A Patient and Non-Patient Comparison." *Psychological Medicine* 25:7-21, 1995.

236. Beck AT, Rush AJ, Shaw BF, et al.: *Cognitive Therapy of Depression*. New York, Guilford, 1979.

237. Brown GW: "Loss and Depressive Disorders," in *Adversity, Stress, and Psychopathology*. Edited by Dohrenwend BP. New York, Oxford University Press, 1998, pp. 358-370.

238. Roberts JE, Gotlib IH: "Social Support and Personality in Depression: Implications From Quantitative Genetics," in *Sourcebook of Social Support and Personality*. Edited by Pierce GR, Lakey B, Sarason IG, et al. New York, Plenum, 1997, pp. 187-214.

239. Hammen C: "Generation of Stress in the Course of Unipolar Depression." *Journal of Abnormal Psychology* 100:555-561, 1991.

240. Shrout PE, Link BG, Dohrenwend BP, et al.: "Characterizing Life Events as Risk Factors for Depression: The Role of Fateful Loss Events." *Journal of Abnormal Psychology* 98:460-467, 1989.

241. Kendler KS, Karkowski LM, Prescott CA: "Causal Relationship Between Stressful Life Events and the Onset of Major Depression." *American Journal of Psychiatry* 156:837-841, 1999.

242. Weissman MM: "Advances in Psychiatric Epidemiology: Rates and Risks for Major Depression." *American Journal of Public Health* 77:445-451, 1987.

243. Whisman MA, Bruce ML: "Marital Dissatisfaction and Incidence of Major Depressive Episode in a Community Sample." *Journal of Abnormal Psychology* 108:674-678, 1999.

244. Robins CJ: "Congruence of Personality and Life Events in Depression." *Journal of Abnormal Psychology* 99:393-397, 1990.

245. Brown GW, Bifulco A, Veiel HOF, et al.: "Self-Esteem and Depression, II: Social Correlates of Self-Esteem." *Social Psychiatry and Psychiatric Epidemiology* 25:225-234, 1990.

246. Brown GW, Andrews B, Harris TO, et al.: "Social Support, Self-Esteem and

Depression." *Psychological Medicine* 16:813-831, 1986.

247. Kendler KS, Gardner CO, Prescott CA: "Toward a Comprehensive Developmental Model of Major Depression in Women." *American Journal of Psychiatry* 159:1133-1145, 2002.

248. Brown GW, Harris TO: "Depression," in *Life Events and Illness*. Edited by Brown GW, Harris TO. New York, Guilford, 1989, pp. 49-93.

249. Post RM: "Transduction of Psychosocial Stress Into the Neurobiology of Recurrent Affective Disorder." *American Journal of Psychiatry* 149:999-1010, 1992.

250. Post RM, Weiss SRB, Smith MA, et al.: "Impact of Psychosocial Stress on Gene Expression: Implications for PTSD and Recurrent Affective Disorder," in *Theory and Assessment of Stressful Life Events*. Edited by Miller TW. Madison, CT, International Universities Press, 1996, pp. 37-91.

251. Brown GW, Harris TO: "Life Events and Endogenous Depression." *Archives of General Psychiatry* 51:525-534, 1994.

252. Lewinsohn PM, Allen NB, Seeley JR, et al.: "First Onset Versus Recurrence of Depression: Differential Processes of Psychosocial Risk." *Journal of Abnormal Psychology* 108:483-489, 1999.

253. Kendler KS, Thornton LM, Gardner CO: "Genetic Risk, Number of Previous Depressive Episodes, and Stressful Life Events in Predicting Onset of Major Depression." *American Journal of Psychiatry* 158:582-586, 2001.

254. Tangney JP: "Perfectionism and the Self-Conscious Emotions: Shame, Guilt, Embarrassment, and Pride," in *Perfectionism: Theory, Research, and Treatment*. Edited by Flett GL, Hewitt PL. Washington, DC, American Psychological Association, 2002, pp. 199-215.

255. Blatt SJ: "The Destructiveness of Perfectionism: Implications for the Treatment of Depression." *American Psychologist* 50:1003-1020, 1995.

256. Flett GL, Hewitt PL: "Perfectionism and Maladjustment: An Overview of Theoretical, Definitional, and Treatment Issues," in *Perfectionism: Theory, Research, and Treatment*. Edited by Flett GL, Hewitt PL. Washington, DC, American Psychological Association, 2002, pp. 5-31.

257. Flett GL, Hewitt PL, Oliver JM, et al.: "Perfectionism in Children and Their Parents: A Developmental Analysis," in *Perfectionism: Theory, Research, and Treatment*. Edited

by Flett GL, Hewitt PL. Washington, DC, American Psychological Association, 2002, pp. 89-132.

258. Zerbe KJ: *The Body Betrayed: Women, Eating Disorders, and Treatment*. Washington, DC, American Psychiatric Press, 1993.

259. Antony MM, Swinson RP: *When Perfect Isn't Good Enough: Strategies for Coping With Perfectionism*. Oakland, CA, New Harbinger, 1998.

260. Shahar G, Blatt SJ, Zuroff DC, et al.: "Role of Perfectionism and Personality Disorder Features in Response to Brief Treatment of Depression." *Journal of Consulting and Clinical Psychology* 71:629-633, 2003.

261. Shahar G, Blatt SJ, Zuroff DC, et al.: "Perfectionism Impedes Social Relations and Response to Brief Treatment." *Journal of Social and Clinical Psychology* 23:140-155, 2004.

262. Eisenberg N, Losoya S, Spinrad T: "Affect and Prosocial Responding," in *Handbook of Affective Science*. Edited by Davidson RJ, Scherer KR, Goldsmith HH. New York, Oxford University Press, 2003, pp. 787-803.

263. Nussbaum MC: *Upheavals of Thought: The Intelligence of the Emotions*. Cambridge, UK, Cambridge University Press, 2001.

264. Scheff T: "Shame and Community: Social Components in Depression." *Psychiatry* 64:212-224, 2001.

265. Nathanson DL: *Shame and Pride: Affect, Sex, and the Birth of the Self*. New York, W.W. Norton, 1992.

266. Shahar G: "Personality, Shame, and the Breakdown of Social Bonds: The Voice of Quantitative Depression Research. (Commentary on 'Shame and Community: Social Components in Depression')." *Psychiatry* 64:228-239, 2001.

267. Freud S: "Mourning and Melancholia" (1917), in *The Standard Edition of the Complete Psychological Works of Sigmund Freud*. Edited by Strachey J. London, England, Hogarth Press, 1957, pp. 243-258.

268. Berkowitz L: "Affect, Aggression, and Antisocial Behavior," in *Handbook of Affective Sciences*. Edited by Davidson RJ, Scherer KR, Goldsmith HH. New York, Oxford University Press, 2003, pp. 804-823.

269. Horwitz L: "The Capacity to Forgive: Intrapsychic and Developmental Perspectives." *Journal of the American Psychoanalytic Association* 53:485-511, 2005.

270. Murphy JG: *Getting Even: Forgiveness and Its Limits*. New York, Oxford University Press, 2003.

271. Card C: *The Atrocity Paradigm: A Theory of Evil*. New York, Oxford University Press, 2002.

272. Abramson LY, Alloy LB, Hankin BL, et al.: "Cognitive Vulnerability-Stress Models of Depression in a Self-Regulatory and Psychobiological Context," in *Handbook of Depression*. Edited by Gotlib IH, Hammen C. New York, Guilford, 2002, pp. 268-294.

273. Coyne JC, Gallo SM, Klinkman MS, et al.: "Effects of Recent and Past Major Depression and Distress on Self-Concept and Coping." *Journal of Abnormal Psychology* 107:86-96, 1998.

274. Shahar G, Davidson L: "Depressive Symptoms Erode Self-Esteem in Severe Mental Illness: A Three-Wave, Cross-Lagged Study." *Journal of Consulting and Clinical Psychology* 71:890-900, 2003.

275. Ingram RE, Miranda J, Segal ZV: *Cognitive Vulnerability to Depression*. New York, Guilford, 1998.

276. Edelman GM: *Wider Than the Sky: The Phenomenal Gift of Consciousness*. New Haven, CT, Yale University Press, 2004.

277. Swanton C: *Virtue Ethics: A Pluralistic View*. New York, Oxford, 2003.

278. Kosslyn SM: *Image and Brain: The Resolution of the Imagery Debate*. Cambridge, MA, MIT Press, 1994.

279. Calvin WH: *The Cerebral Symphony: Seashore Reflections on the Structure of Consciousness*. New York, Bantam, 1989.

280. Levitan IB, Kaczmarek LK: *The Neuron: Cell and Molecular Biology*. New York, Oxford University Press, 1997.

281. Cook ND: *The Brain Code*. New York, Methuen, 1986.

282. Borod JC: "Interhemispheric and Intrahemispheric Control of Emotion: A Focus on Unilateral Brain Damage." *Journal of Consulting and Clinical Psychology* 60:339-348, 1992.

283. Mayberg HS: "Limbic-Cortical Dysregulation: A Proposed Model of Depression," in *The Neuropsychiatry of Limbic and Subcortical Disorders*. Edited by Salloway S, Malloy P, Cummings JL. Washington, DC, American Psychiatric Press, 1997, pp. 167-177.

284. Miller EK, Cohen JD: "An Integrative Theory of Prefrontal Cortex Function." *Annual*

Review of Neuroscience 24:167-202, 2001.

285. Fuster JM: *Memory in the Cerebral Cortex: An Empirical Approach to Neuronal Networks in the Human and Nonhuman Primate*. Cambridge, MA, MIT Press, 1995.
286. Nauta WJH: "The Problem of the Frontal Lobe: A Reinterpretation." *Journal of Psychiatric Research* 8:167-187, 1971.
287. Damasio A: *The Feeling of What Happens: Body and Emotion in the Making of Consciousness*. New York, Harcourt Brace, 1999.
288. Barrett LF, Salovey P: *The Wisdom in Feeling: Psychological Processes in Emotional Intelligence*. New York, Guilford, 2002.
289. McEwen BS: *The End of Stress As We Know It*. Washington, DC, Joseph Henry Press, 2002.
290. Sapolsky RM: *Why Zebras Don't Get Ulcers: A Guide to Stress, Stress-Related Diseases, and Coping*. New York, W.H. Freeman, 1994.
291. Yehuda R: "Neuroendocrinology of Trauma and Posttraumatic Stress Disorder," in *Psychological Trauma*. Edited by Yehuda R. Washington, DC, American Psychiatric Press, 1998, pp. 97-131.
292. Rajkowska G, Miguel-Hidalgo JJ, Wei J, et al.: "Morphometric Evidence for Neuronal and Glial Prefrontal Cell Pathology in Major Depression." *Biological Psychiatry* 45:1085-1098, 1999.
293. Nemeroff CB: "Psychopharmacology of Affective Disorders in the 21st Century." *Biological Psychiatry* 44:517-525, 1998.
294. Shelton RC: "Cellular Mechanisms in the Vulnerability to Depression and Response to Antidepressants." *Psychiatric Clinics of North America* 23:713-729, 2000.
295. Nemeroff CB: "The Neurobiology of Depression." *Scientific American* 1998, pp. 42-49.
296. Plotsky PM, Owens MJ, Nemeroff CB: "Psychoneuroendocrinology of Depression: Hypothalamic-Pituitary-Adrenal Axis." *Psychiatric Clinics of North America* 21:293-307, 1998.
297. Dunman RS, Heninger GR, Nestler EJ: "A Molecular and Cellular Theory of Depression." *Archives of General Psychiatry* 54:597-606, 1997.
298. Graham YP, Heim C, Goodman SH, et al.: "The Effects of Neonatal Stress on Brain Development: Implications for Psychopathology." *Development and Psychopathology* 11:545-565, 1999.

299. Newport DJ, Stowe ZN, Nemeroff CB: "Parental Depression: Animal Models of an Adverse Life Event." *American Journal of Psychiatry* 159:1265-1283, 2002.

300. Kozol J: *Amazing Grace: The Lives of Children and the Conscience of a Nation*. New York, HarperCollins, 1995.

301. Gold PW, Goodwin FK, Chrousos GP: "Clinical and Biochemical Manifestations of Depression: Relation to the Neurobiology of Stress." *New England Journal of Medicine* 319:413-420, 1988.

302. Sapolsky RM: "Stress, Glucocorticoids, and Damage to the Nervous System: The Current State of Confusion." *Stress* 1:1-19, 1996.

303. Dunman RS, Malberg J, Thome J: "Neural Plasticity to Stress and Antidepressant Treatment." *Biological Psychiatry* 46:1181-1191, 1999.

304. Marek G, Dunman RS: "Neural Circuitry and Signaling in Depression," in *Brain Circuitry and Signaling in Psychiatry*. Edited by Kaplan GB, Hammer RP Jr. Washington, DC, American Psychiatric Publishing, 2002, pp. 153-178.

305. Ressler KJ, Nemeroff CB: "Role of Norepinephrine in the Pathophysiology and Treatment of Mood Disorders." *Biological Psychiatry* 46:1219-1233, 1999.

306. Insel TR, Fernald RD: "How the Brain Processes Social Information: Searching for the Social Brain." *Annual Review of Neuroscience* 27:697-722, 2004.

307. Drevets WC, Gautier C, Price JC, et al.: "Amphetamine-Induced Dopamine Release in Human Ventral Striatum Correlates With Euphoria." *Biological Psychiatry* 49:81-96, 2001.

308. Spangel R, Weiss F: "The Dopamine Hypothesis of Reward: Past and Current Status." *Trends in Neuroscience* 22:521-527, 1999.

309. Davidson RJ, Putnam KM, Larson CL: "Dysfunction in the Neural Circuitry of Emotion Regulation: A Possible Prelude to Violence." *Science* 289:591-594, 2000.

310. Brothers L: *Friday's Footprint: How Society Shapes the Human Mind*. New York, Oxford University Press, 1997.

311. Hyman SE, Nestler EJ: "Initiation and Adaptation: A Paradigm for Understanding Psychotropic Drug Action." *American Journal of Psychiatry* 153:151-162, 1996.

312. Healy D: "The Antidepressant Drama," in *Treatment of Depression: Bridging the 21st Century*. Edited by Weissman MM. Washington, DC, American Psychiatric Press, 2001, pp. 7-34.

313. Binder J, Price CJ: "Functional Neuroimaging of Language," in *Handbook of Functional Neuroimaging of Cognition*. Edited by Cabeza R, Kingstone A. Cambridge, MA, MIT Press, 2001, pp. 187-251.

314. Davidson RJ: "Affective Style, Psychopathology, and Resilience: Brain Mechanisms and Plasticity." *American Psychologist* 55:1196-1214, 2000.

315. Davidson RJ, Pizzagalli D, Nitschke JB: "The Representation and Regulation of Emotion in Depression: Perspectives From Affective Neuroscience," in *Handbook of Depression*. Edited by Gotlib IH, Hammen C. New York, Guilford, 2002, pp. 219-244.

316. Davidson RJ, Pizzagalli D, Nitschke JB, et al.: "Parsing the Subcomponents of Emotion and Disorders of Emotion: Perspectives from Affective Neuroscience," in *Handbook of Affective Sciences*. Edited by Davidson RJ, Scherer KR, Goldsmith HH. New York, Oxford University Press, 2003, pp. 8-24.

317. Davidson RJ: "Affective Style and Affective Disorders: Perspectives From Affective Neuroscience." *Cognition and Emotion* 12:307-330, 1998.

318. Dawson G: "Development of Emotional Expression and Emotion Regulation in Infancy: Contributions of the Frontal Lobe," in *Human Behavior and the Developing Brain*. Edited by Dawson G, Fischer KW. New York, Guilford, 1994, pp. 346-379.

319. LeDoux J: *The Emotional Brain*. New York, Simon and Schuster, 1996.

320. Drevets WC, Videen TO, Price JL, et al.: "A Functional Anatomical Study of Unipolar Depression." *Journal of Neuroscience* 12:3628-3641, 1992.

321. Drevets WC: "Prefrontal Cortical-Amygdalar Metabolism in Major Depression." *Annals of the New York Academy of Sciences* 877:614-637, 1999.

322. Drevets WC: "Neuroimaging and Neuropathological Studies of Depression: Implications for the Cognitive-Emotional Features of Mood Disorders." *Current Opinion in Neurobiology* 11:240-249, 2001.

323. Drevets WC: "Neuroimaging Studies of Mood Disorders." *Biological Psychiatry* 48:813-829, 2000.

324. Dougherty D, Rauch SL: "Neuroimaging and Neurobiological Models of Depression." *Harvard Review of Psychiatry* 5:138-159, 1997.

325. Videbech P: "PET Measurements of Brain Glucose Metabolism and Blood Flow in Major Depressive Disorder: A Critical Review." *Acta Psychiatrica Scandinavica* 101:11-20, 2000.

326. Elliott R, Baker C, Rogers RD, et al.: "Prefrontal Dysfunction in Depressed Patients Performing a Complex Planning Task: A Study Using Positron Emission Tomography." *Psychological Medicine* 27:931-942, 1997.

327. Gallagher HL, Happe F, Brunswick N, et al.: "Reading the Mind in Cartoons and Stories: An fMRI Study of 'Theory of Mind' in Verbal and Nonverbal Tasks." *Neuropsychologia* 38:11-21, 2000.

328. Klin A, Schultz R, Cohen DJ: "Theory of Mind in Action: Developmental Perspectives on Social Neuroscience," in *Understanding Other Minds: Perspectives From Developmental Cognitive Neuroscience,* 2nd Edition. Edited by Baron-Cohen S, Tager-Flusberg H, Cohen DJ. New York, Oxford University Press, 2000, pp. 357-388.

329. Stone VE: "The Role of the Frontal Lobes and the Amygdala in Theory of Mind," in *Understanding Other Minds: Perspectives From Developmental Cognitive Neuroscience,* 2nd Edition. Edited by Baron-Cohen S, Tager-Flusberg H, Cohen DJ. New York, Oxford University Press, 2000, pp. 253-273.

330. Drevets WC, Raichle ME: "Reciprocal Suppression of Regional Cerebral Blood Flow During Emotional Versus Higher Cognitive Processes: Implications for Interactions Between Emotion and Cognition." *Cognition and Emotion* 12:353-385, 1998.

331. Mayberg HS: "Modulating Dysfunctional Limbic-Cortical Circuits in Depression: Towards Development of Brain-Based Algorithms for Diagnosis and Optimised Treatment." *British Medical Bulletin* 65:193-207, 2003.

332. Mayberg HS, Liotti M, Brannan SK, et al.: "Reciprocal Limbic-Cortical Function and Negative Mood: Converging PET Findings in Depression and Normal Sadness." *American Journal of Psychiatry* 156:675-682, 1999.

333. Mayberg HS, Brannan SK, Tekell JL, et al.: "Regional Metabolic Effects of Fluoxetine in Major Depression: Serial Changes and Relationship to Clinical Response." *Biological Psychiatry* 48:830-843, 2000.

334. Mayberg HS, Silva JA, Brannan SK, et al.: "The Functional Neuroanatomy of the Placebo Effect." *American Journal of Psychiatry* 159:728-737, 2002.

335. Brody AL, Saxena S, Stoessel P, et al.: "Regional Brain Metabolic Changes in Patients With Major Depression Treated With Either Paroxetine or Interpersonal Therapy: Preliminary Findings." *Archives of General Psychiatry* 58:631-640, 2001.

336. Martin SD, Martin E, Rai SS, et al.: "Brain Blood Flow Changes in Depressed Patients

Treated With Interpersonal Psychotherapy or Venlafaxine Hydrochloride: Preliminary Findings." *Archives of General Psychiatry* 58:641-648, 2001.

337. Coryell W, Endicott J, Maser JD, et al.: "Long-Term Stability of Polarity Distinctions in the Affective Disorders." *American Journal of Psychiatry* 152:385-390, 1995.
338. Johnson SL, Kizer A: "Bipolar and Unipolar Depression: A Comparison of Clinical Phenomenology and Psychosocial Predictors," in *Handbook of Depression*. Edited by Gotlib IH, Hammen C. New York, Guilford, 2002, pp. 141-165.
339. Hales RE, Yudofsky SC: *Synopsis of Psychiatry*. Washington, DC, American Psychiatric Press, 1996.
340. Hammen C, Gitlin M: "Stress Reactivity in Bipolar Patients and Its Relation to Prior History of Disorder." *American Journal of Psychiatry* 154:856-857, 1997.
341. Malkoff-Schwartz S, Frank E, Anderson B, et al.: "Stressful Life Events and Social Rhythm Disruption in the Onset of Manic and Depressive Bipolar Episodes." *Archives of General Psychiatry* 55:702-707, 1998.
342. Malkoff-Schwartz S, Frank E, Anderson BP, et al.: "Social Rhythm Disruption and Stressful Life Events in the Onset of Bipolar and Unipolar Episodes." *Psychological Medicine* 30:1005-1016, 2000.
343. Johnson SL, Sandrow D, Meyer B, et al.: "Increases in Manic Symptoms After Life Events Involving Goal Attainment." *Journal of Abnormal Psychology* 109:721-727, 2000.
344. Bellak L: "Basic Aspects of Ego Function Assessment," in *The Broad Scope of Ego Function Assessment*. Edited by Bellak L. New York, Wiley, 1984, pp. 6-30.
345. Goldberg JF, Harrow M, Whiteside JE: "Risk for Bipolar Illness in Patients Initially Hospitalized for Unipolar Depression." *American Journal of Psychiatry* 158:1265-1270, 2001.
346. Swann AC: "Mixed or Dysphoric Manic States: Psychopathology and Treatment." *Journal of Clinical Psychiatry* 56 (suppl):6-10, 1995.
347. Krasuski JS, Janicak PG: "Mixed States: Current and Alternate Diagnostic Models." *Psychiatric Annals* 24:371-379, 1994.
348. Krasuski JS, Janicak PG: "Mixed States: Issues of Terminology and Conceptualization." *Psychiatric Annals* 24:269-277, 1994.
349. Perugi G, Micheli C, Akiskal HS, et al.: "Polarity of First Episode, Clinical Characteristics,

and Course of Manic Depressive Illness: A Systematic Retrospective Investigation of 320 Bipolar I Patients." *Comprehensive Psychiatry* 41:13-18, 2000.

350. Delgado PL, Gelenberg AJ: "Antidepressant and Antimanic Medications," in *Treatments of Psychiatric Disorders*, Volume 2, 3rd Edition. Edited by Gabbard GO. Washington, DC, American Psychiatric Publishing, 2001, pp. 1137-1179.
351. Reilly Harrington NA, Alloy LB, et al.: "Cognitive Styles and Life Events Interact to Predict Bipolar and Unipolar Symptomatology." *Journal of Abnormal Psychology* 108:567-578, 1999.
352. Johnson SL, Winett CA, Meyer B, et al.: "Social Support and the Course of Bipolar Disorder." *Journal of Abnormal Psychology* 108:558-566, 1999.
353. Mineka S, Watson D, Clark LA: "Comorbidity of Anxiety and Unipolar Mood Disorders." *Annual Review of Psychology* 49:377-412, 1998.
354. Brown C, Schulberg HC, Madonia MJ, et al.: "Treatment Outcomes for Primary Care Patients With Major Depression and Lifetime Anxiety Disorders." *American Journal of Psychiatry* 153:1293-1300, 1996.
355. Joiner TE, Steer RA, Beck AT, et al.: "Physiological Hyperarousal: Construct Validity of a Central Aspect of the Tripartite Model of Depression and Anxiety." *Journal of Abnormal Psychology* 108:290-298, 1999.
356. Kessler RC, Sonnega A, Bromet E, et al.: "Posttraumatic Stress Disorder in the National Comorbidity Survey." *Archives of General Psychiatry* 52:1048-1060, 1995.
357. Breslau N, Davis G, Adreski P, et al.: "Epidemiological Findings on Posttraumatic Stress Disorder and Co-Morbid Disorders in the General Population," in *Adversity, Stress, and Psychopathology*. Edited by Dohrenwend BP. New York, Oxford University Press, 1998, pp. 319-330.
358. Mueller TI, Lavori PW, Keller MB, et al.: "Prognostic Effect of the Variable Course of Alcoholism on the 10-Year Course of Depression." *American Journal of Psychiatry* 151:701-706, 1994.
359. Goldstein A: *Addiction: From Biology to Drug Policy*. New York, Oxford University Press, 2001.
360. Changeux J-P: "Drug Use and Abuse," in *The Brain*. Edited by Edelman GM, Changeux J-P. New Brunswick, NJ, Transaction, 2001, pp. 145-165.
361. Edell D: *Eat, Drink, and Be Merry*. New York, HarperCollins, 1999.

362. Holahan CJ, Moos RH, Holahan CK, et al.: "Drinking to Cope and Alcohol Use and Abuse in Unipolar Depression: A 10-Year Model." *Journal of Abnormal Psychology* 112:159-165, 2003.

363. Windle M, Davies PT: "Depression and Heavy Alcohol Use Among Adolescents: Concurrent and Prospective Relations." *Development and Psychopathology* 11:823-844, 1999.

364. Hyman SE, Nestler EJ: *The Molecular Foundations of Psychiatry*. Washington, DC, American Psychiatric Press, 1993.

365. Swendsen JD, Tennen H, Carney MA, et al.: "Mood and Alcohol Consumption: An Experience Sampling Test of the Self-Medication Hypothesis." *Journal of Abnormal Psychology* 109:198-204, 2000.

366. Sorg BA, Kalivas PW: "Stress and Neuronal Sensitization," in *Neurobiological and Clinical Consequences of Stress: From Normal Adaptation to Posttraumatic Stress Disorder*. Edited by Friedman MJ, Charney DS, Deutch AY. Philadelphia, PA, Lippincott-Raven, 1995, pp. 83-102.

367. Stine SM, Kosten TR: "Complications of Chemical Abuse and Dependency," in *Neurobiological and Clinical Consequences of Stress: From Normal Adaptation to Posttraumatic Stress Disorder*. Edited by Friedman MJ, Charney DS, Deutch AY. Philadelphia, PA, Lippincott-Raven, 1995, pp. 447-464.

368. Hasin D, Tsai W-Y, Endicott J, et al.: "Five-Year Course of Major Depression: Effects of Comorbid Alcoholism." *Journal of Affective Disorders* 41:63-70, 1996.

369. Kessing LV: "The Effect of Comorbid Alcoholism on Recurrence in Affective Disorder: A Case Register Study." *Journal of Affective Disorders* 53:49-55, 1999.

370. Greenfield SF, Weiss RD, Munez LR, et al.: "The Effect of Depression on Return to Drinking: A Prospective Study." *Archives of General Psychiatry* 55:259-265, 1998.

371. Hasin D, Liu X, Nunes E, et al.: "Effects of Major Depression on Remission and Relapse of Substance Dependence." *Archives of General Psychiatry* 59:375-380, 2002.

372. Regan C: *Intoxicating Minds: How Drugs Work*. New York, Columbia University Press, 2001.

373. Marlatt GA, Barrett K: "Relapse Prevention," in *Treatments of Psychiatric Disorders*, Volume 1, 3rd Edition. Edited by Gabbard GO. Washington, DC, American Psychiatric Publishing, 2001, pp. 863-878.

374. McKellar J, Stewart E, Humphreys K: "Alcoholics Anonymous Involvement and Positive Alcohol-Related Outcomes: Cause, Consequence, or Just a Correlate? A Prospective 2-Year Study of 2,319 Alcohol-Dependent Men." *Journal of Consulting and Clinical Psychology* 71:302-308, 2003.

375. Kelly JF, McKellar JD, Moos RH: "Major Depression in Patients With Substance Use Disorders: Relationship to 12-Step Involvement and Substance Use Outcomes." *Addiction* 98:499-508, 2003.

376. Rutter M: "Temperament, Personality, and Personality Disorder." *British Journal of Psychiatry* 150:443-458, 1987.

377. Gunderson JG: "The Borderline Patient's Intolerance of Aloneness: Insecure Attachments and Therapist Availability." *American Journal of Psychiatry* 153:752-758, 1996.

378. Dolan-Sewell RT, Krueger RF, Shea MT: "Co-Occurrence With Syndrome Disorders," in *Handbook of Personality Disorders: Theory, Research, and Treatment*. Edited by Livesley WJ. New York, Guilford, 2001, pp. 84-104.

379. Zanarini MC, Frankenburg FR, DeLuca CJ, et al.: "The Pain of Being Borderline: Dysphoric States Specific to Borderline Personality Disorder." *Harvard Review of Psychiatry* 6:201-207, 1998.

380. Fonagy P, Target M, Gergely G: "Attachment and Borderline Personality Disorder: A Theory and Some Evidence." *Psychiatric Clinics of North America* 23:103-122, 2000.

381. Millon T: *Disorders of Personality: DSM-IV and Beyond*. New York, Wiley, 1996.

382. Shea MT, Widiger TA, Klein MH: "Comorbidity of Personality Disorders and Depression: Implications for Treatment." *Journal of Consulting and Clinical Psychology* 60:857-868, 1992.

383. Gabbard GO: *Psychodynamic Psychiatry in Clinical Practice*, 4th Edition. Washington, DC, American Psychiatric Publishing, 2005.

384. Perry JC, Banon E, Ianni F: "Effectiveness of Psychotherapy for Personality Disorders." *American Journal of Psychiatry* 156:1312-1321, 1999.

385. Target M: "Outcome Research on the Psychosocial Treatment of Personality Disorders." *Bulletin of the Menninger Clinic* 62:215-230, 1998.

386. Clary GL, Krishnan KRR: "Treatment of Mood Disorders in the Medically Ill Patient," in *Treatment of Psychiatric Disorders*, Volume 2, 3rd Edition. Edited by Gabbard GO.

Washington, DC, American Psychiatric Publishing, 2001, pp. 1389-1415.

387. McEwen BS: "Mood Disorders and Allostatic Load." *Biological Psychiatry* 54:200-207, 2003.

388. Harris EC, Barraclough B: "Suicide as an Outcome for Mental Disorders: A Meta-Analysis." *British Journal of Psychiatry* 170:205-228, 1997.

389. Angst J, Angst F, Stassen HH: "Suicide Risk in Patients With Major Depressive Disorder." *Journal of Clinical Psychiatry* 60 (suppl):57-62, 1999.

390. Jamison KR: *Night Falls Fast: Understanding Suicide*. New York, Random House, 1999.

391. Favazza AR, Rosenthal RJ: "Diagnostic Issues in Self-Mutilation." *Hospital and Community Psychiatry* 44:134-140, 1993.

392. Roy A, Nielsen D, Rylander G, et al.: "Genetics of Suicide in Depression." *Journal of Clinical Psychiatry* 60 (suppl):12-17, 1999.

393. Blumenthal SJ: "An Overview and Synopsis of Risk Factors, Assessment, and Treatment of Suicidal Patients Over the Life Cycle," in *Suicide Over the Life Cycle: Risk Factors, Assessment, and Treatment of Suicidal Patients.* Edited by Blumenthal SJ, Kupfer DJ. Washington, DC, American Psychiatric Press, 1990, pp. 685-723.

394. Bronisch T: "The Relationship Between Suicidality and Depression." *Archives of Suicide Research* 2:235-254, 1996.

395. Soloff PH, Lynch KG, Kelly TM, et al.: "Characteristics of Suicide Attempts of Patients With Major Depressive Episode and Borderline Personality Disorder: A Comparative Study." *American Journal of Psychiatry* 157:601-608, 2000.

396. Williams M: *Cry of Pain: Understanding Suicide and Self-Harm*. New York, Penguin Books, 1997.

397. Baumeister RF: "Suicide as Escape From Self." *Psychological Review* 97:90-113, 1990.

398. Dement WC: *The Promise of Sleep*. New York, Random House, 1999.

399. Hauri P, Linde S: *No More Sleepless Nights*. New York, Wiley, 1996.

400. Foster RG, Kreitzman L: *Rhythms of Life: The Biological Clocks That Control the Daily Lives of Every Living Thing*. New Haven, CT, Yale University Press, 2004.

401. Van Moffaert MMMP: "Sleep Disorders and Depression: The 'Chicken and Egg' Situation." *Journal of Psychosomatic Research* 38:9-13, 1994.

402. Benca RM, Obermeyer WH, Thisted RA, et al.: "Sleep and Psychiatric Disorders: A Meta-Analysis." *Archives of General Psychiatry* 49:651-668, 1992.

403. Cartwright RD: "Sleeping Problems," in *Symptoms of Depression*. Edited by Costello CG. New York, Wiley, 1993, pp. 243–257.

404. Kessler RC: "Epidemiology of Depression," in *Handbook of Depression*. Edited by Gotlib IH, Hammen C. New York, Guilford, 2002, pp. 23–42.

405. Maes M, Meltzer HY, Suy E, et al.: "Sleep Disorders and Anxiety as Symptom Profiles of Sympathoadrenal System Hyperactivity in Major Depression." *Journal of Affective Disorders* 27:197–207, 1993.

406. Sandor P, Shapiro CM: "Sleep Patterns in Depression and Anxiety: Theory and Pharmacological Effects." *Journal of Psychosomatic Research* 38:125–139, 1994.

407. Allen JG, Console DA, Brethour JR Jr, et al.: "Screening for Trauma-Related Sleep Disturbance in Women Admitted for Specialized Inpatient Treatment." *Journal of Trauma and Dissociation* 1:59–86, 2000.

408. Breslau N, Roth T, Rosenthal L, et al.: "Sleep Disturbance and Psychiatric Diagnosis: A Longitudinal Epidemiological Study of Young Adults." *Biological Psychiatry* 39:411–418, 1996.

409. Perlis ML, Giles DE, Buysse DJ, et al.: "Self-Reported Sleep Disturbance as a Prodromal Symptom in Recurrent Depression." *Journal of Affective Disorders* 42:209–212, 1997.

410. Ehlers CL, Frank E, Kupfer DJ: "Social Zeitgebers and Biological Rhythms." *Archives of General Psychiatry* 45:948–952, 1988.

411. Southmayd SE, Cairns J, David MM: "Sleep Disturbance in Depression Reconsidered." *Canadian Journal of Psychiatry* 36:366–373, 1991.

412. Benson H: *The Relaxation Response*. New York, William Morrow, 1975.

413. Neylan TC: "Treatment of Sleep Disturbances in Depressed Patients." *Journal of Clinical Psychiatry* 56:56–61, 1995.

414. Thayer RE, Newman JR, McClain TM: "Self-Regulation of Mood: Strategies for Changing a Bad Mood, Raising Energy, and Reducing Tension." *Journal of Personality and Social Psychology* 67:910–925, 1994.

415. Dunn AL, Dishman RK: "Exercise and the Neurobiology of Depression," in *Exercise and Sport Sciences Reviews*. Edited by Holloszy JO. Baltimore, MD, Williams and Wilkins, 1991, pp. 41–98.

416. Babyak M, Blumenthal JA, Herman S, et al.: "Exercise Treatment for Major Depression: Maintenance Therapeutic Benefit at 10 Months." *Psychosomatic Medicine* 62:633–638,

2000.

417. Fredrickson B, Levenson RW: "Positive Emotions Speed Recovery From the Cardiovascular Sequelae of Negative Emotions." *Cognition and Emotion* 12:191-220, 1998.

418. Lewinsohn PM: "A Behavioral Approach to Depression," in *The Psychology of Depression: Contemporary Research and Theory*. Edited by Friedman RJ, Katz MM. New York, Wiley, 1974, pp. 157-178.

419. Lewinsohn PM, Munoz RF, Youngren MA, et al.: *Control Your Depression*. New York, Simon and Schuster, 1986.

420. Fredrickson B: "The Value of Positive Emotions." *American Scientist* 91:330-335, 2003.

421. Folkman S, Moskowitz JT: "Positive Affect and the Other Side of Coping." *American Psychologist* 55:647-654, 2000.

422. Ekman P: *Emotions Revealed*. New York, Holt, 2003.

423. Bechara A, Damasio H, Tranel D, et al.: "Deciding Advantageously Before Knowing the Advantageous Strategy." *Science* 275:1293-1295, 1997.

424. Beck AT: "Cognitive Therapy: A 30-Year Retrospective." *American Psychologist* 46:368-375, 1991.

425. Taylor SE: *Positive Illusions: Creative Self-Deception and the Healthy Mind*. New York, Basic Books, 1989.

426. Thase ME, Beck AT: "An Overview of Cognitive Therapy," in *Cognitive Therapy With Inpatients: Developing a Cognitive Milieu*. Edited by Wright JH, Thase ME, Beck AT, et al. New York, Guilford, 1993, pp. 3-33.

427. Mineka S, Rafaeli E, Yovel I: "Cognitive Biases in Emotional Disorders: Information Processing and Social-Cognitive Perspectives," in *Handbook of Affective Sciences*. Edited by Davidson RJ, Scherer KR, Goldsmith HH. New York, Oxford University Press, 2003, pp. 976-1009.

428. Peterson C, Buchanan GM, Seligman MEP: "Explanatory Style: History and Evolution of the Field," in *Explanatory Style*. Edited by Buchanan GM, Seligman MEP. Hillsdale, NJ, Erlbaum, 1995, pp. 1-20.

429. Rose DT, Abramson LY, Hodulik CJ, et al.: "Heterogeneity of Cognitive Style Among Depressed Inpatients." *Journal of Abnormal Psychology* 103:419-429, 1994.

430. Abramson LY, Metalsky GI, Alloy LB: "Hopelessness Depression: A Theory-Based

Subtype of Depression." *Psychological Review* 96:358-372, 1989.

431. Alloy LB, Abramson LY, Whitehouse WG, et al.: "Depressogenic Cognitive Styles: Predictive Validity, Information Processing and Personality Characteristics, and Developmental Origins." *Behavior Research and Therapy* 37:503-531, 1999.
432. Lyubomirsky S, Nolen-Hoeksema S: "Self-Perpetuating Properties of Dysphoric Rumination." *Journal of Personality and Social Psychology* 65:339-349, 1993.
433. Nolen-Hoeksema S: "The Role of Rumination in Depressive Disorders and Mixed Anxiety/Depressive Symptoms." *Journal of Abnormal Psychology* 109:504-511, 2000.
434. Lyubomirsky S, Nolen-Hoeksema S: "Effects of Self-Focused Rumination on Negative Thinking and Interpersonal Problem Solving." *Journal of Personality and Social Psychology* 69:176-190, 1995.
435. Lyubomirsky S, Tucker KL, Caldwell ND, et al.: "Why Ruminators are Poor Problem Solvers: Clues From the Phenomenology of Dysphoric Rumination." *Journal of Personality and Social Psychology* 77:1041-1060, 1999.
436. Nolen-Hoeksema S, Davis CG: "'Thanks for Sharing That': Ruminators and Their Social Support Networks." *Journal of Personality and Social Psychology* 77:801-814, 1999.
437. Arean PA, Perri MG, Nezu AM, et al.: "Comparative Effectiveness of Social Problem-Solving Therapy and Reminiscence Therapy as Treatment for Depression in Older Adults." *Journal of Consulting and Clinical Psychology* 61:1003-1010, 1993.
438. Haverkamp R, Arean PA, Hegel MT, et al.: "Problem-Solving Treatment for Complicated Depression in Late Life: A Case Study in Primary Care." *Perspectives in Psychiatric Care* 40:45-52, 2004.
439. Brewin CR, Reynolds M, Tata P: "Autobiographical Memory Processes and the Course of Depression." *Journal of Abnormal Psychology* 108:511-517, 1999.
440. Williams JMG: "Depression and the Specificity of Autobiographical Memory," in *Remembering Our Past: Studies in Autobiographical Memory*. Edited by Rubin DC. Cambridge, UK, Cambridge University Press, 1996, pp. 244-267.
441. Pillemer DB: *Momentous Events, Vivid Memories*. Cambridge, MA, Harvard University Press, 1998.
442. Kuyken W, Brewin CR: "Autobiographical Memory Functioning in Depression and Reports of Early Abuse." *Journal of Abnormal Psychology* 104:585-591, 1995.
443. Brittlebank AD, Scott J, Williams JMG, et al.: "Autobiographical Memory in Depression:

State or Trait Marker?" *British Journal of Psychiatry* 162:118-121, 1993.

444. Watkins E, Teasdale JD: "Rumination and Overgeneral Memory in Depression: Effects of Self-Focus and Analytic Thinking." *Journal of Abnormal Psychology* 110:353-357, 2000.

445. Williams JMG, Teasdale JD, Segal ZV, et al.: "Mindfulness-Based Cognitive Therapy Reduces Overgeneral Autobiographical Memory in Formerly Depressed Patients." *Journal of Abnormal Psychology* 109:150-155, 2000.

446. Williams JMG, Scott J: "Autobiographical Memory in Depression." *Psychological Medicine* 18:689-695, 1988.

447. Mackinger HF, Pachinger MM, Leibetseder MM, et al.: "Autobiographical Memories in Women Remitted From Major Depression." *Journal of Abnormal Psychology* 109:331-334, 2000.

448. Long AA: *Epictetus: A Stoic and Socratic Guide to Life*. New York, Oxford University Press, 2002.

449. Aurelius M: *Meditations*. Translated by Hays G. New York, The Modern Library, 2002.

450. Lebell S: *Epictetus: The Art of Living*. New York, HarperCollins, 1995.

451. Ellsworth PC, Scherer KR: "Appraisal Processes in Emotion," in *Handbook of Affective Sciences*. Edited by Davidson RJ, Scherer KR, Goldsmith HH. New York, Oxford University Press, 2003, pp. 572-595.

452. Burns DD: *Feeling Good*. New York, Avon, 1980.

453. Zuroff DC, Blatt SJ, Sanislow CAI, et al.: "Vulnerability to Depression: Reexamining State Dependence and Relative Stability." *Journal of Abnormal Psychology* 108:76-89, 1999.

454. Lewinsohn PM, Joiner TE, Rohde P: "Evaluation of Cognitive Diathesis-Stress Models in Predicting Major Depressive Disorder in Adolescents." *Journal of Abnormal Psychology* 110:203-215, 2001.

455. Bothwell R, Scott J: "The Influence of Cognitive Variables on Recovery in Depressed Inpatients." *Journal of Affective Disorders* 43:207-212, 1997.

456. Williams JMG, Healy D, Teasdale JD, et al.: "Dysfunctional Attitudes and Vulnerability to Persistent Depression." *Psychological Medicine* 20:375-381, 1990.

457. Alloy LB, Abramson LY, Hogan ME, et al.: "The Temple-Wisconsin Cognitive Vulnerability to Depression Project: Lifetime History of Axis I Psychopathology in

Individuals at High and Low Cognitive Risk for Depression." *Journal of Abnormal Psychology* 109:403-418, 2000.

458. Gibb BE, Alloy LB, Abramson LY, et al.: "Cognitive Vulnerability to Depression: A Taxometric Analysis." *Journal of Abnormal Psychology* 113:81-89, 2004.
459. Hollon SD, Haman KL, Brown LL: "Cognitive-Behavioral Treatment of Depression," in *Handbook of Depression*. Edited by Gotlib IH, Hammen C. New York, Guilford, 2002, pp. 383-403.
460. Segal ZV, Williams JMG, Teasdale JD: *Mindfulness-Based Cognitive Therapy for Depression: A New Approach to Preventing Relapse*. New York, Guilford, 2002.
461. Segal ZV, Gemar M, Williams S: "Differential Cognitive Response to a Mood Challenge Following Successful Cognitive Therapy or Pharmacotherapy for Depression." *Journal of Abnormal Psychology* 108:3-10, 1999.
462. Teasdale JD, Segal ZV, Williams JMG: "How Does Cognitive Therapy Prevent Depressive Relapse and Why Should Attentional Control (Mindfulness) Training Help?" *Behavior Research and Therapy* 33:25-39, 1995.
463. Hahn TN: *The Miracle of Mindfulness: A Manual on Meditation*. Boston, MA, Beacon Press, 1975.
464. Kabat-Zinn J: *Full Catastrophe Living: Using the Wisdom of Your Body and Mind to Face Stress, Pain, and Illness*. New York, Delta, 1990.
465. Kabat-Zinn J, Massion AO, Kristeller J, et al.: "Effectiveness of a Meditation-Based Stress Reduction Program in the Treatment of Anxiety Disorders." *American Journal of Psychiatry* 149:936-943, 1992.
466. Kabat-Zinn J: *Wherever You Go, There You Are: Mindfulness Meditation in Everyday Life*. New York, Hyperion, 1994.
467. Teasdale JD, Segal ZV, Williams JMG, et al.: "Prevention of Relapse/Recurrence in Major Depression by Mindfulness-Based Cognitive Therapy." *Journal of Consulting and Clinical Psychology* 68:615-623, 2000.
468. Hahn TN: *Peace is Every Step: The Path of Mindfulness in Everyday Life*. New York, Bantam Books, 1991.
469. Antoni MH, Millon CM, Millon T: "The Role of Psychological Assessment in Health Care: The MBHI, MBMC, and Beyond," in *The Millon Inventories: Clinical and Personality Assessment*. Edited by Millon T. New York, Guilford, 1997, pp. 409-448.

470. Stein H, Allen JG, Hill J: "Roles and Relationships: A Psychoeducational Approach to Reviewing Strengths and Difficulties in Adulthood Functioning." *Bulletin of the Menninger Clinic* 67:281-313, 2003.

471. Baumeister RF, Leary MR: "The Need to Belong: Desire for Interpersonal Attachment as a Fundamental Human Motivation." *Psychological Bulletin* 117: 497-529, 1995.

472. Nezlek JB, Hampton CP, Shean GD: "Clinical Depression and Day-to-Day Social Interaction in a Community Sample." *Journal of Abnormal Psychology* 109:11-19, 2000.

473. Coyne JC, Burchill SAL, Stiles WB: "An Interactional Perspective on Depression," in *Handbook of Social and Clinical Psychology*. Edited by Synder CR, Forsyth DR. New York, Pergamon, 1991, pp. 327-349.

474. Segrin C, Dillard JP: "(Non)Depressed Persons' Cognitive and Affective Reactions to (Un)Successful Interpersonal Influence." *Communication Monographs* 58:115-134, 1991.

475. Joiner TE: "Depression in Its Interpersonal Context," in *Handbook of Depression*. Edited by Gotlib IH, Hammen C. New York, Guilford, 2002, pp. 295-313.

476. Swann WB Jr, Rentfrow PJ, Guinn JS: "Self-Verification: The Search for Coherence," in *Handbook of Self and Identity*. Edited by Leary M, Tagney J. New York, Guilford, 2002, pp. 367-383.

477. Segrin C, Abramson LY: "Negative Reactions to Depressive Behaviors: A Communication Theories Analysis." *Journal of Abnormal Psychology* 103:655-668, 1994.

478. Coyne JC: "Toward an Interactional Description of Depression." *Psychiatry* 39:28-40, 1976.

479. Potthoff JG, Holahan CJ, Joiner TE: "Reassurance Seeking, Stress Generation, and Depressive Symptoms: An Integrative Model." *Journal of Personality and Social Psychology* 68:664-670, 1995.

480. Coyne JC: "Interpersonal Processes in Depression," in *Depression and Families: Impact and Treatment*. Edited by Keitner GI. Washington, DC, American Psychiatric Press, 1990, pp. 31-53.

481. Silver RC, Wortman CB, Crofton C: "The Role of Coping in Support Provision: The Self-Presentational Dilemma of Victims of Life Crises," in *Social Support: An Interactional*

View. Edited by Sarason BR, Sarason IG, Pierce GR. New York, Wiley, 1990, pp. 397-426.

482. Beach SRH, Fincham FD, Katz J: "Marital Therapy in the Treatment of Depression: Toward a Third Generation of Therapy and Research." *Clinical Psychology Review* 18:635-661, 1998.

483. Benazon NR: "Predicting Negative Spousal Attitudes Toward Depressed Persons: A Test of Coyne's Interpersonal Model." *Journal of Abnormal Psychology* 109:550-554, 2000.

484. Keller MB, Boland RJ: "Implications of Failing to Achieve Successful Long-Term Maintenance Treatment of Recurrent Unipolar Major Depression." *Biological Psychiatry* 44:348-360, 1998.

485. Harkness KL, Monroe SM, Simons AD, et al.: "The Generation of Life Events in Recurrent and Nonrecurrent Depression." *Psychological Medicine* 29:135-144, 1999.

486. Leff J, Vaughn C: *Expressed Emotion in Families: Its Significance for Mental Illness*. New York, Guilford, 1985.

487. Hooley JM: "Expressed Emotion and Depression," in *Depression and Families: Impact and Treatment*. Edited by Keitner GI. Washington, DC, American Psychiatric Press, 1990, pp. 57-83.

488. Davila J, Hammen C, Burge D, et al.: "Poor Interpersonal Problem Solving as a Mechanism of Stress Generation in Depression Among Adolescent Women." *Journal of Abnormal Psychology* 104:592-600, 1995.

489. Klerman GL, Weissman MM, Rounsaville BJ, et al.: *Interpersonal Psychotherapy of Depression*. New York, Basic Books, 1984.

490. Weissman MM, Markowitz JC, Klerman GL: *Comprehensive Guide to Interpersonal Psychotherapy*. New York, Basic Books, 2000.

491. Gabbard GO: "Psychodynamic Psychotherapies," in *Treatments of Psychiatric Disorders*, Volume 2, 3rd Edition. Edited by Gabbard GO. Washington, DC, American Psychiatric Publishing, 2001, pp. 1227-1245.

492. Gabbard GO, Westen D: "Rethinking Therapeutic Action." *International Journal of Psycho-Analysis* 84:823-841, 2003.

493. Menninger KA, Holzman PS: *Theory of Psychoanalytic Technique*, 2nd Edition. New York, Basic Books, 1973.

494. Busch FN, Rudden M, Shapiro T: *Psychodynamic Treatment of Depression*.

Washington, DC, American Psychiatric Publishing, 2004.

495. Fonagy P, Roth A, Higgitt A: "Psychodynamic Psychotherapies: Evidence-Based Practice and Clinical Wisdom." *Bulletin of the Menninger Clinic* 69:1-58, 2005.

496. Coyne JC, Kessler RC, Tal M, et al.: "Living With a Depressed Person." *Journal of Consulting and Clinical Psychology* 55:347-352, 1987.

497. Beach SRH, Jones DJ: "Marital and Family Therapy for Depression in Adults," in *Handbook of Depression*. Edited by Gotlib IH, Hammen C. New York, Guilford, 2002, pp. 422-440.

498. Hirschfeld RM: "Antidepressants in the United States: Current Status and Future Needs," in *Treatment of Depression: Bridging the 21st Century*. Edited by Weissman MM. Washington, DC, American Psychiatric Press, 2001, pp. 123-134.

499. Kramlinger K: *Mayo Clinic on Depression*. Rochester, MN, Mayo Clinic, 2001.

500. Papolos D, Papolos J: *Overcoming Depression,* 3rd Edition. New York, Harper-Collins, 1997.

501. Lissman TL, Boehnlein JK: "A Critical Review of Internet Information About Depression." *Psychiatric Services* 52:1046-1050, 2001.

502. Rosenbaum JF, Fava M, Nierenberg AA, et al.: "Treatment-Resistant Mood Disorders," in *Treatment of Psychiatric Disorders,* Volume 2, 3rd Edition. Washington, DC, American Psychiatric Publishing, 2001, pp. 1307-1387.

503. March J, Silva S, Petrycki S, et al.: "Fluoxetine, Cognitive-Behavioral Therapy, and Their Combination for Adolescents With Depression: Treatment for Adolescents With Depression Study (TADS) Randomized Controlled Trial." *Journal of the American Medical Association* 292:807-820, 2004.

504. Licinio J, Wong M-L: "Depression, Antidepressants and Suicidality: A Critical Appraisal." *Nature Reviews* 4:165-171, 2005.

505. U.S. Food and Drug Administration: *Public Health Advisory: Suicidality in Children and Adolescents Being Treated With Antidepressant Medications*. Washington, DC, U.S. Food and Drug Administration, Center for Drug Evaluation and Research, 2004.

506. Whittington CJ, Kendall T, Fonagy P, et al.: "Selective Serotonin Reuptake Inhibitors in Childhood Depression: Systematic Review of Published Versus Unpublished Data." *The Lancet* 363:1341-1345, 2004.

507. Rush AJ, Kupfer DJ: "Strategies and Tactics in the Treatment of Depression," in

Treatments of Psychiatric Disorders, Volume 2, 3rd Edition. Edited by Gabbard GO. Washington, DC, American Psychiatric Publishing, 2001, pp. 1417-1439.

508. Thase ME, Sachs GS: "Bipolar Depression: Pharmacotherapy and Related Therapeutic Strategies." *Biological Psychiatry* 48:558-572, 2000.

509. Weiner RD, Krystal AD: "Electroconvulsive Therapy," in *Treatments of Psychiatric Disorders,* Volume 2, 3rd Edition. Edited by Gabbard GO. Washington, DC, American Psychiatric Press, 2001, pp. 1267-1293.

510. American Psychiatric Association: *Practice Guideline for the Treatment of Patients With Major Depressive Disorder,* 2nd Edition. Washington, DC, American Psychiatric Association, 2000.

511. Trivedi MH, Rush AJ, Crismon L, et al.: "Clinical Results for Patients With Major Depressive Disorder in the Texas Medication Algorithm Project." *Archives of General Psychiatry* 61:669-680, 2004.

512. Thase ME, Bhargava M, Sachs GS: "Treatment of Bipolar Depression: Current Status, Continued Challenges, and the STEP-BD Approach," *Psychiatric Clinics of North America* 26:495-518, 2003.

513. Kupfer DJ, Frank E, Perel JM, et al.: "Five-Year Outcome for Maintenance Therapies in Recurrent Depression." *Archives of General Psychiatry* 49:769-773, 1992.

514. Byrne SE, Rothschild AJ: "Loss of Antidepressant Efficacy During Maintenance Therapy: Possible Mechanisms and Treatments." *Journal of Clinical Psychiatry* 59:279-288, 1998.

515. Sackeim HA, Lisanby SH: "Physical Treatments in Psychiatry: Advances in Electroconvulsive Therapy, Transcranial Magnetic Stimulation, and Vagus Nerve Stimulation," in *Treatment of Depression: Bridging the 21st Century*. Edited by Weissman MM. Washington, DC, American Psychiatric Press, 2001, pp. 151-174.

516. Fink M: *Electroshock: Healing Mental Illness*. New York, Oxford University Press, 1999.

517. Sackeim HA, Prudic J, Devanand DP, et al.: "A Prospective, Randomized, Double-Blind Comparison of Bilateral and Right Unilateral Electroconvulsive Therapy at Different Stimulus Intensities." *Archives of General Psychiatry* 57:425-434, 2000.

518. Rush AJ, George MS, Sackheim HA, et al.: "Vagus Nerve Stimulation (VNS) for Treatment-Resistant Depressions: A Multicenter Study." *Biological Psychiatry* 47:276-286, 2000.

519. Elkin I, Shea MT, Watkins JT, et al.: "National Institute of Mental Health Treatment of Depression Collaborative Research Program: General Effectiveness of Treatments." *Archives of General Psychiatry* 46:971-982, 1989.

520. Elkin I, Gibbons RD, Shea MT, et al.: "Science is Not a Trial (But It Can Sometimes Be a Tribulation)." *Journal of Consulting and Clinical Psychology* 64:92-103, 1996.

521. Jacobson NS, Hollon SD: "Cognitive-Behavior Therapy Versus Pharmacotherapy: Now That the Jury's Returned Its Verdict, It's Time to Present the Rest of the Evidence." *Journal of Consulting and Clinical Psychology* 64:74-80, 1996.

522. Shea MT, Elkin I, Imber SD, et al.: "Course of Depressive Symptoms Over Follow-Up: Findings From the National Institute of Mental Health Treatment of Depression Collaborative Research Program." *Archives of General Psychiatry* 49:782-787, 1992.

523. Blatt SJ, Zuroff DC, Bondi CM, et al.: "Short-and Long-Term Effects of Medication and Psychotherapy in the Brief Treatment of Depression: Further Analyses of Data From the NIMH TDCRP." *Psychotherapy Research* 10:215-234, 2000.

524. Zuroff DC, Blatt SJ, Krupnick JL, et al.: "Enhanced Adaptive Capacities After Brief Treatment for Depression." *Psychotherapy Research* 13:99-115, 2003.

525. Olfson M, Marcus SC, Druss B, et al.: "National Trends in the Outpatient Treatment of Depression." *Journal of the American Medical Association* 287:203-209, 2002.

526. Casacalenda N, Perry JC, Looper K: "Remission in Major Depressive Disorder: A Comparison of Pharmacotherapy, Psychotherapy, and Control Conditions." *American Journal of Psychiatry* 159:1354-1360, 2002.

527. Antonuccio DO, Danton WG, DeNelsky GY: "Psychotherapy Versus Medication for Depression: Challenging the Conventional Wisdom With Data." *Professional Psychology: Research and Practice* 26:574-585, 1995.

528. Beutler LE, Clarkin JF, Bongar B: *Guidelines for the Systematic Treatment of the Depressed Patient*. New York, Oxford University Press, 2000.

529. Keller MB, McCullough JP, Klein DN, et al.: "A Comparison of Nefazodone, the Cognitive Behavioral-Analysis System of Psychotherapy, and Their Combination for the Treatment of Chronic Depression." *New England Journal of Medicine* 342:1462-1470, 2000.

530. McCullough JP: *Treatment for Chronic Depression: Cognitive Behavioral Analysis System of Psychotherapy*. New York, Guilford, 2000.

531. Gabbard GO, Kay J: "The Fate of Integrated Treatment: Whatever Happened to the Biopsychosocial Psychiatrist?" *American Journal of Psychiatry* 158:1956-1963, 2001.

532. Hollon SD, Fawcett J: "Combined Medication and Psychotherapy," in *Treatments of Psychiatric Disorders,* Volume 2, 3rd Edition. Edited by Gabbard GO. Washington, DC, American Psychiatric Publishing, 2001, pp. 1247-1266.

533. Fava GA, Grandi S, Zielezny M, et al.: "Four-Year Outcome for Cognitive Behavioral Treatment of Residual Symptoms in Major Depression." *American Journal of Psychiatry* 153:945-947, 1996.

534. Fava GA, Rafanelli C, Grandi S, et al.: "Six-Year Outcome for Cognitive Behavioral Treatment of Residual Symptoms in Major Depression." *American Journal of Psychiatry* 155:1443-1445, 1998.

535. Fava GA, Rafanelli C, Grandi S, et al.: "Prevention of Recurrent Depression With Cognitive Behavioral Therapy." *Archives of General Psychiatry* 55:816-820, 1998.

536. Luborsky L, Singer B, Luborsky L: "Comparative Studies of Psychotherapies: Is It True That 'Everyone Has Won and All Must Have Prizes'?" *Archives of General Psychiatry* 32:995-1008, 1975.

537. Smith ML, Glass GV: "Meta-Analysis of Psychotherapy Outcome Studies." *American Psychologist* 32:752-760, 1977.

538. Jones EE, Pulos SM: "Comparing the Process in Psychodynamic and Cognitive-Behavioral Therapies." *Journal of Consulting and Clinical Psychology* 61:306-316, 1993.

539. Ablon JS, Jones EE: "Psychotherapy Process in the National Institute of Mental Health Treatment of Depression Collaborative Research Program." *Journal of Consulting and Clinical Psychology* 67:64-75, 1999.

540. Ablon JS, Jones EE: "Validity of Controlled Clinical Trials of Psychotherapy: Findings from the NIMH Treatment of Depression Collaborative Research Program." *American Journal of Psychiatry* 159:775-783, 2002.

541. Jacobson NS, Dobson KS, Truax PA, et al.: "A Component Analysis of Cognitive-Behavioral Treatment for Depression." *Journal of Consulting and Clinical Psychology* 64:295-304, 1996.

542. Rogers CR: "The Necessary and Sufficient Conditions of Therapeutic Personality Change." *Journal of Consulting and Clinical Psychology* 60:827-832, 1992.

543. Burns DD, Auerbach A: "Therapeutic Empathy in Cognitive-Behavioral Therapy: Does It Really Make a Difference?" in *Frontiers of Cognitive Therapy*. Edited by Salkovskis PM. New York, Guilford, 1996, pp. 135-164.

544. Luborsky L: "Helping Alliances in Psychotherapy," in *Successful Psychotherapy*. Edited by Claghorn JL. New York, Brunner/Mazel, 1976, pp. 92-116.

545. Colson DB, Horwitz L, Allen JG, et al.: "Patient Collaboration as a Criterion for the Therapeutic Alliance." *Psychoanalytic Psychology* 5:259-268, 1988.

546. Frank E, Kupfer DJ, Perel JM, et al.: "Three-Year Outcomes for Maintenance Therapies in Recurrent Depression." *Archives of General Psychiatry* 47:1093-1099, 1990.

547. Pruyser PW: "Maintaining Hope in Adversity." *Bulletin of the Menninger Clinic* 51:463-474, 1987.

548. Peterson C, Chang EC: "Optimism and Flourishing," in *Flourishing: Positive Psychology and the Life Well-Lived*. Edited by Keyes CL, Haidt J. Washington, DC, American Psychiatric Press, 2003, pp. 55-79.

549. Groopman J: *The Anatomy of Hope: How People Prevail in the Face of Illness*. New York, Random House, 2004.

550. Menninger KA: "Hope." *Bulletin of the Menninger Clinic* 51:447-462, 1987.

551. McGinn C: *Mindsight: Image, Dream, Meaning*. Cambridge, MA, Harvard University Press, 2004.

552. Erikson EH: *Childhood and Society*. New York, Norton, 1963.

553. Csikszentmihalyi M: *Flow: The Psychology of Optimal Experience*. New York, HarperCollins, 1990.

554. Snyder CR, Cheavens J, Michael ST: "Hoping," in *Coping: The Psychology of What Works*. Edited by Snyder CR. New York, Oxford University Press, 1999, pp. 205-231.

추천도서

일반서적

Allen, J. T. (2010). 트라우마의 치유(Coping with trauma through understanding). (권정혜, 김정범, 조용래, 최혜경, 최윤경, 권호인 역). 서울: 학지사(원전은 2005에 출판)

Bowlby, J. (2014). 존 볼비의 안전기지: 애착이론의 임상적 적용(A secure base: Parent-child attachment and healthy human development). (김수임 역). 서울: 학지사(원전은 1988에 출판).

Burns, D. D. (2011). 필링 굿(Feeling good: The new mood therapy). (차익종, 이미옥 역). 서울: 길벗어린이.

Jamison, K. R. (2012). 자살의 이해(Night falls fast: Understanding suicide). (박민철 역). 서울: 하나의학사(원전은 1999에 출판).

Solomon, A. (2004). 한낮의 우울: 내면의 어두운 그림자, 우울에 관한 모든 것(The Noonday Demon: An atlas of depression). (민승남 역). 서울: 민음사(원전은 2001에 출판).

Styron, W. (2002). 보이는 어둠: 우울증에 대한 회고(Darkness Visible). (임옥희 역). 서울: 문학동네(원전은 1990에 출판).

전문서적

Allen JG: *Traumatic Relationships and Serious Mental Disorders*. Chichester, UK, Wiley, 2001.

Beutler LE, Clarkin JF, Bongar B: *Guidelines for the Systematic Treatment of the Depressed Patient*. New York, Oxford University Press, 2000.

Blatt SJ: *Experiences of Depression: Theoretical, Clinical, and Research Perspectives*. Washington, DC, American Psychological Association, 2004.

Bowlby J: *Attachment and Loss*, Volume III: *Loss, Sadness and Depression*. New York, Basic Books, 1980.

Brown GW, Harris TO: *Social Origins of Depression: A Study of Psychiatric Disorder in Women*. New York, Free Press, 1978.

Busch FN, Rudden M, Shapiro T: *Psychodynamic Treatment of Depression*. Washington, DC, American Psychiatric Publishing, 2004.

Flett GL, Hewitt PL (eds): *Perfectionism: Theory, Research, and Treatment*. Washington, DC, American Psychological Association, 2002.

Gabbard GO (ed.): *Treatments of Psychiatric Disorders,* 3rd Edition. Washington, DC, American Psychiatric Publishing, 2001.

Gilbert P: *Depression: The Evolution of Powerlessness*. New York, Guilford, 1992.

Goodman SH, Gotlib IH (eds.): *Children of Depressed Parents: Mechanisms of Risk and Implications for Treatment*. Washington, DC, American Psychological Association, 2002.

Gotlib IH, Hammen C (eds.): *Handbook of Depression*. New York, Guilford, 2002.

McCullough JP: *Treatment for Chronic Depression: Cognitive Behavioral Analysis System of Psychotherapy*. New York, Guilford, 2000.

Roth A, Fonagy P: *What Works for Whom? A Critical Review of Psychotherapy Research,* 2nd Edition. New York, Guilford, 2005.

Segal ZV, Williams JMG, Teasdale JD: *Mindfulness-Based Cognitive Therapy for Depression: A New Approach to Preventing Relapse*. New York, Guilford, 2002.

Watson D: *Mood and Temperament*. New York, Guilford, 2000.

Weissman MM, Markowitz JC, Klerman GL: *Comprehensive Guide to Interpersonal Psychotherapy*. New York, Basic Books, 2000.

Wells KB, Sturm R, Sherbourne CD, et al.: *Caring for Depression*. Cambridge, MA, Harvard University Press, 1996.

부록

인터넷 정보 사이트

우울에 관한 정보와 관련 주제들

우울에 관하여 www.depression.about.com

미국자살연구학회 www.suicidology.org

미국자살예방재단 www.afsp.org

미국정신의학회 www.psych.org

미국정신의학출판사 www.appi.org

미국심리학회 www.apa.org

미국불안장애학회 www.adaa.org

미국행동치료개선학회 www.aabt.org

우울 및 양극성 장애 지지 동맹 www.dbaslliance.org

우울닷컴(GlaxoSmithKline 후원) www.depression.com

우울(미국임상정신병리학회 후원) www.depression.org

이반 박사의 우울 센터 www.psycom.net/depression.central.html

메이요 클리닉 www.mayoclinic.com

메닝거 클리닉 www.MenningerClinic.com

정신건강 스크리닝 www.mentalhealthcreening.com

미국정신질병협회 www.nimh.nih.gov

정신의학 타임즈 www.psychiatrictimes.com

온라인 심리학 정보: 우울 www.psychologyinfo.com/depression/

Sidran 재단 sidran.org

스트레스, 불안, 우울 자원 센터 www.stress-anxiety-depression.org

졸로프트 www.zoloft.com

찾아보기

인명

Ainsworth, M. 108
Aurelius, M. 282

Bandura, A. 69, 72
Baumeister, R. 242
Beck, A. 149, 272
Blatt, S. 112, 164
Bowlby, J. 106, 131, 132, 133
Brown, G. W. 147, 149, 157
Burns, D. 283
Buss, A. 72

Card, C. 175
Cartwright, R. 251
Csikszentmihalyi, M. 265

Darwin, C. 228
Davidson, R. 208
De Botton, A. 72
Dement, W. 249
Drevets, W. 209

EGoldberg, E. 193
Ekman, P. 263
Epictetus, C. 282
Erikson, E. 354

Field, T. 95, 128
Folkman, S. 262
Fonagy, P. 215
Freud, S. 105, 131, 171
Fuster, J. 194

Goldstein, A. 237
Groopman, J. 347

Hammen, C. 131, 150
Harris, T. 147, 149, 157
Hauri, P. 249, 254

James, W. 25, 29, 98
Jamison, K. R. 243

Kabat-Zinn, J. 289
Kauffman, S. 68
Kendler, K. 151, 155
Klerman, G. 302
Kraepelin, E. 57, 97

MacLean, P. 191
Marangell, L. 146
Mayberg, H. 213
Meehl, P. 203
Menninger, K. 348
Michels, R. 51
Millon, T. 239
Moskowitz, J. 262

Neylan, T. 255
Nolen-Hoeksema, S. 100, 277

Nussbaum, M. 168, 271

Panksepp, J. 203
Parsons, T. 78
Pruyser, P. 346

Regan, C. 237

Roth, A. 215

Sapolsky, R. 195
Snyder, R. 348
Solomon, A. 81, 105, 230, 248, 311, 324, 343, 348, 357
Stern, D. 68
Styron, W. 23, 205, 337, 345
Swanton, C. 180

Thayer, R. 257

Weissman, M. 302
Willams, M. 280

내용

Calm Energy(평온한 활력) 257
HPA 축 197
HPA 축의 개관 197
II형 양극성 장애 222
I형 양극성 장애 222

ㄱ
가역성 회복하기 213
갈등 301
갈등이 있는 분노 307
감마아미노부티르산 189
강박성 성격장애 238
거리두기 301
건설적인 비평 84
경계선 성격장애 238
경두개 전기 자극 328
경미한 우울장애 32
경조증 222
계절성 기분장애 36
공통요인 335
과잉일반화 274
과잉일반화 기억 280
관계를 유지하는 것의 어려움 304
관리 의료 338
글로벌 질병 부담 56
글루타메이트 189
긍정적 의미를 찾기 262
긍정적 재평가 262
긍정적 정서 220, 259
긍정적 정서 성향 28
긍정적 정서에 주의 집중하기 263
긍정적 정서의 기능 260
기본 신뢰와 관계 354
기분부전 34
기분부전 장애의 준거 34
기분부전의 조증 225
기질 96
기질적인(temperamental) 사람 96

ㄴ
낮은 자존감 154
내적 작동모델들 113
노르에피네프린 188, 201
뇌 조직 186
뇌 파생 신경영양 요인 200
뇌와 신체 185
뉴런 187

ㄷ
단기치료 336
당신 자신과 유대 맺기 180

대상피질 192
대인 간 외상 135
대인 간 취약성 301
대인관계 문제 영역 302
대인관계 심리치료 302
대인관계 행동 294
대처 음주 230
대처하기 297
대화 행동 294
도덕적 비난 80
도파민 188, 202
독심술 274

ㄹ

리튬 321

ㅁ

마음의 스트레스 161
만성(chronic)의 주요 우울 33
만성적인 장애 58
말기 불면증 251
맹목적 신념 349
멜랑콜리아 33
모노아민 산화효소 억제제 317
무력감 226
무심함 132
문제해결 태도 279
문제해결하기 279
물질남용 229
물질남용과 우울의 과정 235
물질 유발 기분장애 232
미주신경 자극 328

ㅂ

반추하기 277
발달적 영향 94
방어기제들 308
변연계 191, 192
변연계의 정서 불균형 209
보이는 어둠 23, 205
보호-철회 44
부부 및 가족 치료 312
부신피질 자극 호르몬 방출 인자 198
부작용 319
부정적 사고 272
부정적 생각 273
부정적 인지의 변화 273
부정적 정서 성향 26
부정적 피드백 추구 295
분개 172
분노와 분개 171
분리와 상실 131
불면증 251
불안 25, 26, 29
불안 경향성 97
불안 대 우울 27
불안장애 226
불안정 애착 111
브레인스토밍 279
비난 79
비음성언어 294
비의도적인 순종 46
비인간 외상 135

ㅅ

사랑의 상실 105
사회적 자기효능감 69
사회적으로 부과된(socially prescribed) 완벽주의 163
산후 우울 101, 126
삼위일체의 뇌 191
삼환계 항우울제 317
상상 349
상상력 350
상실과 실패 105
생물 작용 89
선택적 세로토닌 재흡수 억제제 318
설명 양식 275
섭식 256
성 100
성격장애 238
세로토닌 93, 188, 204
손상된 주체성과 전전두 기능 210
수면 249
수면 부채 250

수면 위생 253
수면의 특징 249
수면장애 251, 252
수치심 168
순환성 장애 222
스트레스 101
스트레스 누적 38, 73, 252
스트레스 사건 145, 216
스트레스 사건에 대한 반응 93
스트레스 생성 150
스트레스 줄이기 159
스트레스가 되는 삶의 사건 148
스트레스의 누적 95
슬픔 303
시간 의존적 각성 250
시상하부 192
시상하부-뇌하수체-부신 축과 코르티솔 196
식욕 감소 256
신경전달물질 91, 188
신경조절물질들 201
신경증적 경향성 27, 227
신체 건강 247
신체 건강의 세 가지 주춧돌 247
신체 이미지 101
신체적 방임 136
심리적 폭력 136
심리치료 간의 비교 333
심리치료 유지하기 336

ㅇ
아동기 상실 133
아동기 우울 137
악화 37
안녕 266
안식처 108
안전기지 108
안정 애착 106, 107, 121
알아차림-기반 인지치료 288
알코올 의존 236
알코올 중독 진단 229
애착 105
애착 외상 134, 135
애착 외상의 형태 135
애착관계에서의 갈등 299
약물 처치 61, 316
약물치료와 심리치료 328
약물치료와 심리치료 혼용 331
약물치료와 심리치료의 효과 329
양가 애착 111
양가 패턴 114
양가감정 114
양극성 장애 220
억제제 232
엄마-유아 우울 126
엄마-유아의 상호작용의 질 129
역할 논쟁 303
역할 전환 304

완벽주의 162, 305
완벽주의 길들이기 165
완벽주의의 발달 164
완벽주의의 유형 163
외상 134, 153, 228
외상 스트레스 152
외상후 스트레스 장애 228
용서 175
우울 23, 24, 25, 28, 29, 31, 146, 221
우울 54, 55, 57
우울 기분 증상 31, 32
우울 성격장애 35
우울 인내 47
우울과 조증 221
우울의 과정 156
우울의 두 가지 유형 112
우울의 성차 101
우울장애 24, 31
우울한 기분 24
우울한 기질 97
우울한 성격장애 239
우울한 여성 154
운동 257
운동피질 190
월경전불쾌감장애 100
위로 추구하기 296
유산소 운동 259
유연한 사고 271

유용한 비평적 사고 284
유인가 중단 45
유전자 결정론 90
유전자 암호 92
유전적 위험 90, 93
유지 약물치료 323
의존적 성격장애 238
의존적 우울 112, 113
의존적 패턴 114
이상화와 평가절하 308
이완 기술 253
이중 우울증 35
인지적 삼제 274
인지적 왜곡 274
인지적 취약성 285, 286
인지치료 272, 281, 331
일반화된 불안장애 227
일상적인 스트레스 146
입원 337, 339

ㅈ
자가생성 73
자극제 233
자기 알아차림 110
자기가치 176
자기비평적 우울 112, 117
자기애적 취약성 307
자기의심 296
자기의지 122
자기조절 109
자기지향의 분노 171
자기지향의(self-oriented) 완벽주의 163
자기효능감 69
자동적인 부정적 사고 273
자동적인 부정적 사고를 찾는 것 283
자비 353, 355
자살 충동 240
자살 충동 상태 242
자살의 이해 243
잠 관리 253
장애 75
장애의 과정 36
재발 37, 157, 324
재발 예방 287
재발 위험 60
재발의 가능성 59
적응 실패 44
전 생애 스트레스 누적의 사례 39
전기충격 요법 322, 326
전두엽의 정서 불균형 207
전반적 부정적 사고 178
전이와 저항 306
전전두엽 194, 195
전전두엽 피질 190, 193
절망 132, 245, 275
절망감 226
정서와 이성 211
정서적 유대 106
정서적 추론 274
정신 상태 290
정신역동 심리치료 305
정신장애 76
정신증적 특징들 33
정신화하기 110, 290
정신화하기로 인지적 회복력 개선 291
조건화된 불안을 소거 254
조증 220, 221
조증 삽화 223, 225
조증과 우울의 혼재 224
조증의 심각 222
좌뇌의 전방영역 190
좌뇌의 후방영역 190
좌반구 189
죄책감 168
죄책의 느낌 167
주요 우울 삽화 30, 58
주요 우울의 증상들 31
주체 65, 68
주체성 65, 67, 70, 71, 79, 80, 82, 83, 325
주체성과 방책 348
중격의지핵 193
중기 불면증 251
즐거운 기질 98

즐거운 일과표 261
즐거운 일을 계획하기 261
지속 처치 323
지속되는 어려움 148
지연된 슬픔 303
지지하는 관계 293
진퇴양난 52
집행기능 83

ㅊ
차도 37, 321
창의성 356
처치에 대한 반응 37
철수 패턴 128
청소년기 우울 138
체질 89
초기 불면증 251
초자아 308
촉매 작용 230
촉발 요인 147
추구체계 28, 203
취약성 요인 242
치료 효과 319
치료동맹 335
침해 패턴 128

ㅋ
코르티솔 95
코르티솔 분비 196
쾌락-접근-보상 체계 223

ㅌ
타인지향의(other-oriented) 완벽 주의 163
태아기 스트레스 95
투쟁 또는 회피 196
트라우마 치유하기 264

ㅍ
편도체 193
프로작 320
피질하 구조 187
필링 굿 283

ㅎ
학습된 무력감 276
한낮의 우울(The Noonday Demon) 81
합리적인 대안 284
항변 단계 133
항변 반응 132
항우울제 317
항우울제의 효과 319
해마 193, 197
핵심 부정적 신념 284
핵심 주제 307
현실주의 347
혐오감 136
혼용처치 332
혼재성 양상 224
화학물질의 불균형 200
활동 257
회복 37, 62, 321, 343
회복과 건강 340
회복력 140, 141
회피 애착 111, 118
회피성 성격장애 238
흑백사고 274
희망 345, 346, 348, 351
희망과 절망 351
희망을 차용 352
희망의 발판들 352

저자 소개

Jon G. Allen은 Baylor 의과대학 정신건강 연구소의 Helen Malsin Palley 의장이고, 메닝거 정신의학 및 행동과학부의 정신의학 교수이자, 텍사스 휴스턴에 소재한 메닝거 클리닉의 선임연구원이다. Allen 박사는 코네티컷 대학교에서 심리학 학사, 로체스터 대학교에서 박사학위를 받았고, 메닝거 클리닉에서 박사 후 과정을 수료하였다. 그의 주요 직무는 심리치료, 진단적 심리 검사, 자문, 심리교육 프로그램 운영과 연구이며, 전문 분야는 외상 관련 장애들과 우울이다. 그는 로체스터 대학교, 노던 일리노이 대학교, 캔자스 대학교, 캔자스 주립 대학교, 토피카의 워시번 대학교에서 학생들을 가르치고 지도하였다.

그는『Bulletin of The Menninger Clinic』의 전 편집위원장이고,『Journal of Trauma and Dissociation』의 부 편집위원장이며,『Psychiatry』의 편집위원이다. 또한 여러 전문 학술지와 출판사의 심사위원, 자문위원으로 활동하였다. 그는『외상에 대처하기: 이해를 통해 희망을 갖기』『외상 관계와 심각한 정신장애』의 저자이며,『희망과 신뢰를 회복하기: 외상과 경계선 성격장애를 극복하기 위한 사례 접근: 내담자 맞춤형 상담』『최신 정신증의 처치: 뇌 과학의 시대의 관계 치유』『해리 장애의 진단과 상담』의 공동 저자이다. 그는 이 외에도 외상 관련 문제, 우울, 심리치료, 입원 처치, 작업동맹, 심리검사, 신경심리학, 정서와 관련된 다수의 논문과 책의 집필에 참여하였다. 또한 그는 재즈 피아니스트이며 작곡자이다.

역자 소개

최희철(Choi Heecheol)은 대구교육대학교를 졸업하고, 단국대학교 대학원 교육학과에서 석사학위와 박사학위를 취득하였다. 현재 광주여자대학교 상담심리학과 교수로 재직 중이다. '사랑의 전화' '아하! 청소년 성문화센터' '심향상담연구소' 등에서 상담원으로 일하였다. 아동 · 청소년기 애착경험이 개인의 인지 형성과 장래의 행복에 어떻게 관련되는지를 살피는 종단연구, 다양한 전집을 대상으로 자존감과 우울의 발달궤적 및 잠재 계층이 어떠한지를 살피는 종단연구를 지속해서 수행하고 있다.

강유임(Kang Yuim)은 단국대학교 대학원 교육학과에서 상담심리 석사학위와 박사학위를 취득하였고, '한국직업능력개발원 진로정보센터'와 '강서교육청'에서 심리상담사로 근무하였으며, 현재는 경기도청소년상담복지센터 센터장으로 재직 중이다. 트라우마에 대한 지대한 관심으로 2009년에 '심리적 외상 긴급지원단'을 창단하고 심리적 외상 체계를 구축하였으며, 자살 사건 발생 후 개입을 중심으로 충격적인 사건을 경험한 청소년들의 정서적 안정과 회복을 위한 노력을 기울이고 있다.

오혜진(Oh Heyjin)은 단국대학교 대학원 교육학과에서 석사학위와 박사학위를 취득하였으며 현재는 '해병대 리더십센터' 인성 · 상담교관으로 재직 중이다. '용인시청소년상담복지센터' '성남시청소년상담복지센터' '단국대학교 대학생활상담센터'에서 심리상담사로 근무하였으며, 국방부 해군본부 소속으로 백령도와 강화도에서 병영생활전문상담관으로 활동하였다. 개인의 정서적 안정감에 관심을 두고 있으며 군 내의 마음챙김 관련 연구를 지속하고 있다.

우울 다스리기

-역설을 딛고 희망으로-

Coping With Depression

From Catch-22 to Hope

2021년 5월 25일 1판 1쇄 인쇄
2021년 5월 30일 1판 1쇄 발행

지은이 • Jon G. Allen
옮긴이 • 최희철 · 강유임 · 오혜진
펴낸이 • 김진환
펴낸곳 • (주)학지사
04031 서울특별시 마포구 양화로 15길 20 마인드월드빌딩
대표전화 • 02-330-5114 팩스 • 02-324-2345
등록번호 • 제313-2006-000265호

홈페이지 • http://www.hakjisa.co.kr
페이스북 • https://www.facebook.com/hakjisabook

ISBN 978-89-997-2397-1 93180

정가 22,000원